LA FONTAINE À L'ECOLE RÉPUBLICAINE

RALPH ALBANESE, JR.

LA FONTAINE À L'ECOLE RÉPUBLICAINE:
DU POÈTE UNIVERSEL AU CLASSIQUE SCOLAIRE

ROOKWOOD PRESS
Charlottesville
2003

ISBN 1-886365-24-5

This book is printed on acid-free paper.

EMF CRITIQUES

EDITORS
Anne L. Birberick and Russell Ganim

COPY EDITOR
Marie Hertzler

PRODUCTION
Angel Applications

COVER DESIGN
Dallas Pasco

TABLE DES MATIERES

V. La Fontaine Et L'identite Nationale

La notion de francité; Critique exégétique et manuels scolaires; L'Ecole républicaine et le patrimoine national; L'apport culturel de La Fontaine; La transmission scolaire de la normativité par La Fontaine; L'univers normatif et la primauté de la nature dans les *Fables*; La Fontaine et le discours proverbial dans la France contemporaine

131

VI. Conclusion

La Fontaine au XXIème siècle—Le dépérissement de La Fontaine et le "mal français" actuel; Le déclin du républicanisme; La Fontaine et l'imaginaire culturel de la France; La désaffection de la jeunesse contemporaine; L'effacement de la mémoire collective

160

Pour Anthony, Gina et Natalia, délices de ma vie

LA FONTAINE À L'ECOLE RÉPUBLICAINE

AVANT-PROPOS

J'aime profondément La Fontaine. J'ai enseigné un nombre restreint de ses fables, à divers niveaux du cursus universitaire, pendant de longues années. Cependant, c'est le projet de recherche ci-présent qui m'a permis de découvrir la beauté poétique réelle des Fables ainsi que l'intelligence pénétrante de leur auteur. J'avoue, de même, que mon amour pour le fabuliste rejoint en quelque sorte celui pour la culture de la France et mon attachement à son peuple. Comme Molière, La Fontaine est ancré dans l'âme des Français. Si les deux restent des auteurs classiques envers lesquels on se sent particulièrement proche, c'est qu'ils relèvent de la même famille d'esprit et reflètent la même sensibilité. Alors que les personnages de Molière illustrent la force, ceux de La Fontaine incarnent la grâce et la finesse. Chose plus importante, peut-être, ce sont les deux auteurs classiques les plus susceptibles d'être laïcisés. D'où, à mon sens, le lien intrinsèque, voire viscéral, entre ces auteurs et l'idée de francité. Si je m'efforce, en ethnologue, de m'interroger sur le rapport entre la conception de la laïcité qui, issue de la Troisième République, sous-tend la formation de l'esprit des Français du XXème siècle et la notion d'identité nationale qui a eu cours jusqu'ici, c'est que l'œuvre de ces auteurs m'a permis de mieux comprendre les divers modes de penser des Français.

Mesurer la place de La Fontaine dans la culture française, c'est, tout d'abord, tenir compte de son apport significatif à la mise en place de l'identité française, car il est évident que le fabuliste joue, au même titre que Molière, Racine et Corneille, un rôle primordial dans l'espace culturel et psychique des Français. Bien culturel transmis de génération en génération, l'auteur des *Fables* sert de référence commune dans les échanges quotidiens. Cette référence procède souvent d'un réflexe inconscient. C'est à la manière du slogan révolutionnaire, "Liberté, Egalité, Fraternité," que les aphorismes tirés des Fables s'inscrivent dans la culture populaire de la France. Découlant du discours proverbial, une expression telle que "Adieu veau, vache, cochon, couvée" reste incrustée dans la mémoire. De même que le discours publicitaire, le discours proverbial s'enracine dans une sorte d'automatisme linguistique. Par ailleurs, La Fontaine a inculqué aux Français les valeurs civiques sur lesquelles le système éducatif de la nation a été fondé. Erigé en guide didactique du civisme français, le fabuliste a composé, en fait, la Bible laïque de la Troisième République, dans la mesure où il sert de gardien officiel des valeurs du patrimoine.

Le propos de l'ouvrage présent vise à amener le lecteur français à (re)penser son expérience scolaire, à mesurer le poids du patrimoine culturel et à s'interroger sur ce qui se transmet par l'intermédiaire des pratiques scolaires en France. Tâcher de saisir la culture française au début de ce nouveau millénaire, c'est s'apercevoir, en premier lieu, que l'on vit à une époque où l'unité culturelle de la France se perd. L'idéalisme républicain n'existe plus guère aujourd'hui. Plus précisément, les traits constitutifs de l'éthique républicaine, à savoir, le bon goût, la politesse, l'attitude "comme il faut," l'éducation, la générosité, la loyauté, l'esprit critique, l'héroïsme, la civilité, l'éloquence et la mission civilisatrice renvoient, de toute évidence, à l'image désuète de la "vieille France." D'ailleurs, l'entraide charitable n'est-elle pas une valeur traditionnelle qui se perd actuellement? Dans cette même perspective, d'après le système moral habituel, celui qui agit de manière correcte a de meilleures chances de réussir. Dès lors, on se rend compte de l'inefficacité de la vertu républicaine du travail, de l'effort car, du moins pour la jeunesse française de nos jours, le travail ne constitue plus une garantie du succès économique. Le scepticisme, voire la désaffection radicale à l'égard de tout ce qui sent l'école en France provient sans doute du fait que l'institution scolaire vit sur des valeurs de moins en moins admises dans la société. De plus, les enfants eux-mêmes résistent à la tyrannie du moralisme. Le classicisme devenant de plus en plus étranger à l'expérience scolaire contemporaine en France, l'initiation aux auteurs classiques s'amoindrit nettement dans les prémices de ce nouveau millénaire. En effet, à l'heure actuelle, La Fontaine ne dépasse plus guère la classe de Cinquième. Bref, en tant qu'auteur scolaire, il se désagrège. Si les jeunes ne comprennent plus le fabuliste, c'est qu'il s'avère trop prescriptif; en un mot, il n'est plus de leur monde. Tout se passe comme si la morale salutaire de La Fontaine offrait des réponses toutes faites à des situations qui ne leur conviennent plus. Le poète n'incarne-t-il pas, en fait, une valeur de consensus au moment où l'identité culturelle de la France se trouve radicalement mise en question? Alors que les grands-parents de nos jours peuvent toujours réciter plusieurs fables, les parents sont nettement moins aptes à le faire. Ceux-ci, et d'autant plus les lycéens de l'époque contemporaine, sont forcément des "immémorants," c'est-à-dire, des jeunes Français détachés du passé commun de la nation.[1]

Si l'Ecole (post)-républicaine ne se définit plus en fonction du mythe culturel que la nation se crée à l'égard de ses origines et de sa mission, on peut se demander quelle image de l'identité nationale elle cherche à projeter. Par référence à quel auteur, par le biais de quelle (ré)citation le collégien ou le lycéen manifeste-t-il son appartenance à la culture de nos jours? Même s'il n'est plus enseigné de manière aussi systématique, même si sa présence culturelle diminue insensiblement, La Fontaine continue à faire partie d'une culture dont le noyau restera intact, car il vivra toujours dans le cœur des Français. Notre étude des manuels et des pratiques scolaires se rapportant aux Fables de La Fontaine depuis le XIXème siècle a pour but d'illustrer l'étonnante survie culturelle de cette œuvre, qui entre dans son quatrième siècle d'existence posthume.

La Fontaine à l'Ecole républicaine s'adresse d'abord aux spécialistes du poète, qui s'aperçoivent bien de la relation étroite entre le discours scolaire et la perception critique des *Fables*. Cependant, notre enquête sur les pratiques scolaires aux divers niveaux de l'enseignement en France depuis la Troisième République, a cherché également un public bien plus large. Bon nombre de Français s'inquiètent que leurs enfants n'aient pas eu à l'Ecole la même formation intellectuelle qu'ils ont connue eux-mêmes. Que signifie, en fait, le nouveau bagage culturel des jeunes, bagage où la référence à l'auteur des *Fables* fait défaut? Grâce à notre étude des exercices scolaires, nous avons voulu évoquer, en quelque sorte, une réalité prise sur le vif, en l'occurrence les diverses expériences des collégiens ou des lycéens du passé, d'où la pertinence d'une sociocritique des pratiques employées par l'Ecole républicaine. Ce faisant, nous avons tenté de mettre en évidence une volonté institutionnelle de forger une vision de l'identité nationale et culturelle susceptible d'être assimilée par la vaste majorité des Français.

Nous avons tâché d'examiner la courbe selon laquelle la façon d'enseigner La Fontaine a évolué depuis le XIXème siècle. Jusqu'aux années 1960, en fait, elle avait tendance à se scléroser. Pourtant, elle a pu progresser pendant ces vingt-cinq dernières années. Nous avons voulu, d'autre part, souligner les effets de transformation et de déformation qu'a fait subir l'Ecole à la jeunesse de cette époque. Le carcan scolaire empêche, de toute évidence, le jeune lecteur français des années 1930, par exemple, d'apprécier les richesses poétiques des *Fables* de La Fontaine. A en croire J-P. Collinet: "Il m'a fallu trimer pour briser cette chrysalide et apprendre à voler de mes propres ailes."[2] La mauvaise scolarisation a bel et bien nui à l'image véritable du poète. Mû par une désaffection pour La Fontaine, J-P. Collinet, comme beaucoup d'autres lecteurs de sa génération, s'est engagé à le descolariser.

Notre analyse des manuels d'antan ne prétend pas à l'exhaustivité. Par ailleurs, la mise en perspective de la critique lafontainienne que l'on présente ici n'est guère une compilation indifférenciée de divers commentateurs, puisque nous avons cherché à dégager d'un corpus critique plus large une diversité d'aperçus, tant littéraires que politiques et socio-culturels. Dans la mesure du possible, nous avons tâché de faire ressortir les rapports de complémentarité et d'exclusion chez les divers critiques. Si nous tenons compte parfois de certains commentateurs moins connus du XIXème siècle, c'est pour signaler la pluralité exceptionnelle des réflexions suscitées par la lecture des *Fables* à cette époque. Soucieux de sortir des sentiers battus, notre échantillon de lectures offre, de la sorte, un intérêt historique plus large. Toujours est-il que l'on assiste à une volonté de mettre en place une orthodoxie critique sur La Fontaine, c'est-à-dire, un discours qui répugne à l'hétérodoxie. Quoi qu'il en soit, nous avons essayé de situer les auteurs de manuels tant sur le plan de leur place dans le système scolaire que sur le plan de leur orientation religieuse ou philosophique (l'enseignement confessionnel par rapport à l'enseignement laïque). Les "manuélistes" furent tour à tour des membres du clergé, des instituteurs laïques ou des universitaires. Nous nous sommes interrogés, de surcroît, sur le choix que ces textes ont opéré sur les fables. Repérer les choix faits dans les fabliers, c'est reconnaître le petit nombre de fables qui ont le plus souvent été choisies. Marquées par l'inspiration ésopique, la plupart des fables sont tirées du premier recueil.

Ayant interviewé une vingtaine de Français de dix-huit à cinquante-cinq ans, nous avons recueilli bon nombre de leurs souvenirs d'école, de leurs expériences personnelles et de leurs observations sur la place de La Fontaine dans le système scolaire et, par extension, dans l'imaginaire culturel français. L'échange des idées sur le fabuliste et sur les pratiques scolaires réellement vécues s'inscrit dans une perspective interculturelle.

Sur un autre plan, en tant que professeur de français de nationalité américaine, j'ai toujours été sensible à la signification culturelle d'un ensemble de paradigmes linguistiques qui sont transmis en France à travers l'expérience de l'école et de la famille. L'examen attentif d'un vocabulaire scolaire particulier qui sous-tend la formation de l'élève témoigne, à mon sens, de l'existence des codes culturels ayant pour objet de fixer et, par là, de régir le comportement des individus. Le premier de ces paradigmes est la notion de devoir, qui signifie bien davantage que le travail à fournir en classe. Le bon élève est d'abord celui qui accepte sans rechigner la règle impitoyable et qui possède un sens de la responsabilité morale. Le devoir s'inscrit dans l'ensemble des apprentissages fondés sur l'obéissance, vertu scolaire par excellence. Respecter la droiture, c'est reconnaître avant tout qu'aux droits (cf. "Liberté, Egalité, Fraternité") s'opposent les devoirs, c'est-à-dire, les obligations morales. Autant dire que l'Etat donne un ordre qu'il faut exécuter. Apprendre, c'est se soumettre à la contrainte, et le discours scolaire représente l'espace même de cette contrainte. La langue étant, par définition, une discipline, l'apprentissage du français suppose l'adoption d'une façon de penser française. Dans cette perspective dirigée d'une éducation à sens unique, on respecte le professeur en ce sens que c'est bien lui le détenteur du savoir, et l'on songe au portrait idéalisé que fait Marcel Pagnol du maître d'école dans *La Gloire de mon père*.

Etant donné la primauté du devoir dans cette conception disciplinaire de l'éducation héritée des Jésuites, l'élève ne dispose, paradoxalement, que de la liberté de faire des fautes. Si la France traditionnelle a dénoncé l'ignorance à l'école, c'est que la faute de français était strictement défendue. Chose honteuse en français, commettre une telle faute, c'était, en quelque sorte, violer sa culture. La faute de français, c'est ne pas comprendre la logique de la langue et, à ce titre, témoigner d'un manque de bon sens. D'autre part, la faute s'incorpore à l'individu et à son identité. De la faute de français au défaut de caractère, il n'y a donc qu'un pas, l'Ecole républicaine finissant par culpabiliser les enfants, perçus comme des êtres essentiellement fautifs. Ceux-ci se trouvaient vulnérables au ridicule, d'où l'humiliation publique qu'ils encouraient. De nombreux individus, qui ont fait l'expérience de l'école en France jusque dans les années 1960, sont témoins de l'obligation pour les mauvais élèves de porter le bonnet d'âne au coin de la salle de classe. Les barbarismes linguistiques leur valaient d'être traités d'âne, et l'on se souvient du rôle de cet animal dans le bestiaire de La Fontaine. Un étudiant français en gestion à l'Université de Memphis, Arnauld P., garde encore un sentiment négatif très aigu vis-à-vis d'une humiliation subie il y a vingt ans par son professeur de collège en France qui avait collé au mur ses mauvaises copies d'orthographe. En fait, la mère d'Arnauld P. le traitait d'illettré à cause de ses nombreuses fautes d'orthographe qui ont abouti, chez lui, à un véritable blockage en français. Obligé de vouvoyer ses parents, Arnauld P. était rebuté d'ailleurs par la mentalité perfectionniste et par la rigidité de ses professeurs. Selon lui, sa faute réelle consistait à ne pas entrer dans le moule, car un enfant de neuf ans en retard en orthographe se trouvait lésé en France sur le plan social. Il est évident, alors, que le fait de s'exprimer correctement est lié au statut social de l'individu. De tels souvenirs s'accordent avec ceux de Jean-Yves P., étudiant de commerce à l'Université de Memphis, dont un professeur de lycée, il y a seulement douze ans, après avoir retiré ses bagues, giflait ceux qui faisaient des fautes de français. Un de ses professeurs du primaire appliquait la règle en bois à ceux qui faisaient des fautes d'orthographe et de récitation. Il importe de signaler, peut-être, que Jean-Yves P. a effectué ses études dans une école catholique très rigide et que le cas de ce professeur reste exceptionnel.

C'est dans cette perspective disciplinaire, au sens éthique et militaire, que la formule "Sois sage" prend tout son sens. Etre sage, c'est avant tout se comporter correctement selon les attentes des parents. L'enfant sage apprend à utiliser sa raison en ne faisant pas de bêtises. Parvenir ainsi à la maîtrise de soi, c'est en même temps savoir ne pas sortir de la norme. La sagesse implique, d'autre part, qu'il faut faire ses devoirs. Reflet de l'autorité parentale, cet appel à la sagesse empêche, toutefois, les enfants d'agir naturellement, dans la mesure où ils doivent se comporter comme des adultes en miniature. Certains parents de familles aisées des années 1970 incitaient leurs enfants à les vouvoyer, espérant ainsi produire chez eux un comportement mimétique de la sagesse de l'adulte. De nos jours, l'impératif "Sois sage" a fini par perdre son efficacité culturelle. Il est évident que les parents français exercent à l'heure actuelle une moindre influence sur leurs enfants. Il en va de même pour les fautes de français – qui deviennent maintenant de moins en moins objet de reproche – ainsi que pour le dépérissement de l'idéal de civilité en France. Fondée sur une soumission d'ordre comportemental, la sagesse des parents apparaît, de la sorte, comme un idéal presque impossible à atteindre, car il est intimement lié à la vieillesse, c'est-à-dire, à la période de la vie où l'individu est censé avoir vécu le maximum d'expériences.

Si l'on admet que la bonne récitation des *Fables* devait être associée à une posture correcte, on comprend que le paradigme "Tiens-toi correctement" ou "Tiens-toi droit" relève de la discipline du corps. Il s'agit de limiter d'une autre façon la liberté de l'élève/enfant, en l'occurrence en matière de tenue et de maîtrise corporelle qui reflètent un comportement social. La droiture étant un type de comportement fondé sur l'éducation, la correction suppose que l'on laisse transparaître la bienséance. Catégorie de pensée essentiellement linguistique, la correction prend en France une dimension socio-éthique. Si les journaux parisiens proclamaient, pendant l'Occupation, que "les Allemands sont corrects," c'est que ces derniers n'entendaient pas détruire le patrimoine architectural de la France. Dans cette même perspective, ceux qui n'agissent pas selon l'attente collective, qui refusent de vivre dans la norme, sont passibles d'instance correctionnelle. La politesse ou l'étiquette impliquant un ensemble de règles sociales qui amènent l'individu à s'adapter aux normes, les enfants qui, de nos jours, savent de moins en moins se tenir à table sont perçus comme étant mal élevés. Dans le domaine scolaire, l'enfant incorrigible subissait, jusqu'à une époque relativement récente, soit la punition du piquet, humiliation physique publique, soit celle de porter le bonnet d'âne, autre technique destinée à corriger les mauvais élèves.

Issus des règlements administratifs, les divers paradigmes que nous examinons se cristallisent autour de la notion de norme. Pourvoyeurs des normes, les instituteurs se donnaient pour tâche de normaliser les enfants, qui étaient considérés, au départ, comme une matière brute. Ces normes représentaient, avant tout, les valeurs que l'on se forgeait depuis la jeunesse, des valeurs du bien-vivre traditionnel. Idéal social, la norme est, par ailleurs, intimement liée à la justice: ce qui est normal va dans l'ordre des choses, d'où le souci constant, chez La Fontaine, de se résigner au sort. Il s'agit, de plus, d'une tentative pour fonder un consensus, aboutissant à un universalisme culturel qui définit tout ce qui est parfaitement convenable et tout ce qui ne l'est pas, d'où la portée de la formule, "il n'y a rien à dire." Il va de soi que le discours normatif est transmis aux enfants par les plus âgés, seuls les adultes voyant, au départ, l'intérêt de la normalité dans les *Fables*. Grâce à l'enseignement de cette œuvre, on témoigne de la mise en place d'une sorte de logique normative. En dramatisant le cas de ceux qui ne savent pas toujours se comporter correctement, La Fontaine fonde une éthique de conduite qui correspond aux normes établies. Si l'on admet que les comportements normatifs constituent une base fondamentale de la culture française, c'est que la langue trahit des attentes culturelles que les usagers utilisent sans réfléchir. Plus précisément, on assiste à une figure inconsciente de la culture, à une donnée naturelle inhérente au comportement global. C'est que les Français sont élevés sans songer aux implications éthiques du terme "normal." Or, mai 68 représente la première étape dans la démolition de l'Ecole républicaine: dès lors, la normalité devient "politiquement incorrecte" ou dépassée. Répugnant au système sévère et répressif, les jeunes se rebellent contre la rigidité de la discipline, contre la réprimande et enfin, contre le fait d'être constamment poussés vers la perfection. On est en présence, actuellement, d'un effort pour remettre en question, sinon détruire, la normativité. Si les normes basculent de manière radicale, c'est que tout ce qui était normal il y a trente ans ne l'est plus aujourd'hui, d'où la volonté de créer une normalité post-républicaine. C'est ainsi que l'élimination officielle du terme "normal" de l'Ecole Normale d'instituteurs prend alors tout son sens — elle s'appelle maintenant l'Institut Universitaire pour la Formation des Maîtres (l'IUFM)— tentant, par là, de donner à l'Etat une image moins vieillissante. Toutefois, comme l'Ecole s'attache toujours, d'une manière ou d'une autre, à développer des aptitudes qui conduisent à des stratégies de correction, la mentalité véhiculée par La Fontaine est toujours présente, la normativité restant plutôt sous-entendue, c'est-à-dire, insidieuse.

Aujourd'hui, on ne s'attache plus à la faute de l'individu ignorant; le mal s'est déplacé en quelque sorte vers la faute de l'Etat. L'individualisme l'emporte, de toute évidence, sur le républicanisme. On assiste, à l'heure actuelle, à un passage de la responsabilité de l'individu à sa liberté personnelle: la solidarité républicaine comporte des droits spéciaux, en l'occurrence, ce que l'Etat doit offrir à tout individu. Une fois qu'on est adulte, c'est-à-dire, que l'on a bien accompli ses devoirs, on s'attend à ce que l'Etat protège chaque citoyen. La dépendance vis-à-vis de l'Etat a bel et bien pris la relève des valeurs propres à la solidarité. S'étant battus pour avoir des droits sociaux —qui prolongent, paradoxalement, le système des privilèges en vigueur sous l'Ancien Régime—les Français considèrent ces droits comme des acquis. La persistance de problèmes économiques, à son apogée dans les années 1990 en France—un taux de chômage fort élevé, une Sécurité Sociale mise en danger, la "fuite des cerveaux," etc.—aggrave les goûts de végétatisme et de paresse. Malgré un certain rebondissement économique que la France connaît aujourd'hui, quelques comportements sous-jacents demeurent. Après tout, le symbole lafontainien de la cigale représente à merveille l'individu qui s'en remet à la protection de l'Etat. Grâce, enfin, à la nouvelle orientation des maîtres et à la mise en place d'une nouvelle image publique de l'école en France, l'enseignement prescriptif du passé—enseignement au centre duquel les *Fables* ont joué un rôle prépondérant—et la valorisation des paradigmes linguistiques et culturels tels que le devoir et la faute de français, la sagesse, la correction et la normativité ne s'appliquent qu'aux plus de cinquante ans.

Je reconnais ma dette ici envers de nombreux dix-septiémistes qui ont eu la générosité de me faire bénéficier de leurs aperçus: Jim Gaines, Jules Brody, Marcel Gutwirth, Marie-Odile Sweetser, Alain Niderst, Roger Fayolle, Jean Emelina, Lise Leibacher, François Lagarde et Anne Birberick. Quant à l'histoire de l'enseignement français, je remercie vivement Alain Choppin et Pierre Albertini, qui m'ont procuré des conseils fort utiles. Mes remerciements les plus profonds vont aux spécialistes de La Fontaine qui ont pris un intérêt réel à ce projet et qui ont lu et commenté l'avant-dernière version du manuscrit. Ainsi, des collègues français, tels que Jean-Pierre Collinet, Alain-Marie Bassy, Fanny Népote-Desmarres et André Chervel (celui-ci étant spécialiste de l'histoire de l'éducation en France), tout aussi bien qu'américains, tels que David Lee Rubin, Richard Danner et Michael Vincent, m'ont offert une aide particulièrement précieuse. Chef de file des critiques lafontainiens aux Etats-Unis, David Lee Rubin m'a proposé ce sujet de recherche il y a environ huit ans. Fanny Népote-Desmarres, quant à elle, a pris le temps de me faire parvenir, au début de ce projet, une documentation importante provenant de sa bibliothèque privée alors que je bénéficiais d'un congé sabbatique à Paris. Anne Birberick et Russell Ganim ont su, à titre d'éditeurs, offrir des suggestions pertinentes, notamment en ce qui concerne les appendices. Enfin, Jim Gaines m'a fait part de ses réflexions judicieuses sur la place des *Fables* dans l'univers rural de la France sous la Troisième République. En plus d'une vingtaine de Français qui ont eu l'amabilité de répondre à mes questions sur leurs expériences scolaires et sur la place de La Fontaine dans la culture française, je remercie mes élèves: Elisabeth Silverman, Stéphanie Delabre et Laurence Paisley, ainsi que mes collègues, Will Thompson, Barbara Ching et Michel Gueldry ici à l'Université de Memphis. Je sais profondément gré, de surcroît, à mes assistants de recherche, Michelle Thompson, Ellan Maloney, Vincent Gachet-Varlet, Hugues Montaudon, Maxime Pacan et, notamment, Eloïse Sureau, qui ont bien vécu ce projet avec moi et m'ont communiqué leurs excellentes observations personnelles et leurs commentaires d'ordre stylistique. Qu'il me soit permis, enfin, d'exprimer ma gratitude envers le Collège des Arts et des Sciences de l'Université de Memphis, dont le généreux soutien financier a assuré la publication de cet ouvrage.

NOTES

[1] J-C. Barreau, *La France va-t-elle disparaître?*, Paris, Grasset (1997), 121.
[2] Correspondance personnelle, le 25 janvier 1999.

INTRODUCTION

Les *Fables* de La Fontaine occupent une place privilégiée dans le patrimoine culturel de la France. La popularité du "fablier national" ne se dément pas depuis plus de trois siècles. La vitalité extraordinaire de cette œuvre est telle que son auteur apparaît, à l'instar de Hugo, comme le poète par excellence de la France républicaine. Rendre compte de l'étonnante survie culturelle et littéraire de La Fontaine, c'est d'abord mettre en lumière la longue tradition scolaire dont il fait partie intégrante, tradition qui, remontant au début du XVIIIème siècle, imposait à de multiples générations d'écoliers des exercices de récitation et l'apprentissage par cœur des fables. Ouvrage incontournable parmi les classiques, les *Fables* ont connu une diffusion massive dans le domaine de l'édition et des manuels scolaires tout au long du XIXème siècle. On ne saurait trop insister sur le destin scolaire exceptionnel de La Fontaine; l'Ecole républicaine s'est bel et bien approprié le fabuliste dont l'œuvre sert avant tout à véhiculer des valeurs institutionnelles, des valeurs de sûreté et de consensus culturel, en un mot, d'efficacité de l'impératif pédagogique. Cependant, étant donné l'exploitation des *Fables* dans un but instructif et moral, on assiste à un mythe scolaire qu'il convient d'éliminer. Grâce à un discours critique répétitif et pétrifié, l'Ecole a créé, de toute évidence, un obstacle entre La Fontaine et les Français; elle a fini, en un mot, par écraser le vrai La Fontaine. Une telle dévalorisation de l'écriture poétique du fabuliste est liée à la perception communément admise selon laquelle La Fontaine n'est qu'un auteur scolaire s'adressant tout particulièrement aux enfants. L'Ecole ayant fait de lui l'auteur d'un seul livre, on ne retient du fabuliste que des fragments poétiques ou des souvenirs de récitation, et pour peu que l'on se souvienne d'une morale, celle-ci nous semble dépassée ou bien nous est restituée, tronquée ou faussée par notre mémoire.[1]

Afin de démontrer à quel point les *Fables* représentent un des grands textes fondateurs de la civilisation française, c'est-à-dire, s'inscrivent dans les codes culturels de la France, il faut s'interroger sur la gestion institutionnelle de l'image de La Fontaine. Nous nous proposons d'abord de mettre en évidence l'histoire des lectures "professionnelles" des *Fables* depuis le XIXème siècle, insistant en particulier sur l'exégèse critique correspondant à la fondation de l'Ecole républicaine et sa période conquérante (1870-1914). Nous espérons de la sorte faire ressortir la signification socio-culturelle des *Fables* en fonction d'une réception critique visant à la récupération idéologique du fabuliste à travers les âges. La diversité des grilles de lecture est du reste intimement liée aux aléas de la fortune scolaire de La Fontaine. Notre enquête consiste, en somme, à valoriser les rapports de complémentarité qui relient l'exégèse

1

critique et universitaire ainsi que la mise en place d'un discours scolaire marquant l'enseignement primaire et secondaire de la Troisième République.

Il est peu de pays, en fait, qui investissent aussi profondément que la France dans leur éducation nationale. Ce qui marque d'ailleurs le système éducatif français, c'est son caractère centralisateur. Dans la mesure où le républicanisme coïncide avec l'avènement de la modernité culturelle en France,[2] il définit dans son ensemble la culture politique contemporaine. La Troisième République se livre, plus précisément, à la construction symbolique de la nation, c'est-à-dire, à la création d'une nouvelle mémoire historique fondée sur l'Etat républicain, et qui devait effacer celle de l'Ancien Régime. Consacrant le triomphe de l'idéologie républicaine, l'Ecole se donne pour tâche l'exaltation de l'unité culturelle de la nation, d'où la promotion systématique des disciplines modernes, telles l'histoire, la géographie, ainsi que la langue et la littérature françaises qui visaient toutes, à des degrés divers, à créer un profond sentiment d'appartenance nationale. Instance de socialisation et de moralisation, l'Ecole républicaine s'attache à forger une vision de l'identité nationale qui puisse être adoptée par l'immense majorité des Français. Il s'agit, en fait, d'une sorte d'endoctrinement collectif soutenu et surtout mis en place par un gouvernement qui voulait avant tout un peuple soumis et docile. L'image de La Fontaine se prête également à l'enseignement primaire marqué par la laïcité tandis que l'enseignement secondaire est plutôt dominé par les humanités classiques. Grâce à leur dimension morale, les *Fables* ont été fondatrices des valeurs culturelles des Français, et l'Ecole a constitué la source principale de la reproduction des valeurs. Ainsi, la mise en place des lycées modernes à la fin du XIXème siècle aboutit à la formation de plusieurs générations d'esprits républicains à partir d'un ensemble de références culturelles communes (cf. *res publica*). Ces références relevaient, en dernier ressort, des valeurs éthiques essentiellement consensuelles, c'est-à-dire, ayant une légitimité historique dans la mesure où elles se fondaient sur l'humanisme laïque de la Révolution. Dès 1840, en effet, les *Fables* ont été inscrites au programme du baccalauréat.[3] Selon A. Chervel, spécialiste à l'Institut National de la Recherche Pédagogique, bien avant d'être un auteur du primaire, La Fontaine a d'abord incarné un auteur du secondaire: "on l'apprend par cœur après avoir traduit les fables d'Esope et surtout de Phèdre, et dès le début du siècle (probablement même au XVIIIème siècle)."[4]

LA LÉGENDE DU "BONHOMME"

De très bonne heure, il s'est constitué autour du poète une légende de bonhomie, légende ayant une dimension à la fois scolaire et populaire. On assiste, d'une part, au décalage entre l'image négative du bonhomme naïf et crédule et celle de l'homme bon, c'est-à-dire, celui qui fait preuve des meilleures qualités morales (générosité, compassion, intelligence, etc.). Remarquons que c'est souvent la première perception qui l'emporte et l'image d'ensemble est négativisée. A cela s'ajoutent, d'autre part, les multiples paradoxes de la personnalité de La Fontaine: il écrit des contes licencieux mais des fables morales; sa vie personnelle dément sa défense des droits de l'enfance, alors qu'il préconise, par moments, le travail ("La Cigale et la Fourmi" [I, 1]; "Le

Laboureur et ses Enfants" [V, 9]). Il mène une vie marquée par une certaine nonchalance et une léthargie certaine. Le poète souffre en outre d'une réputation d'étourdi[5] et d'immoralité, car il fait figure de libertin manquant à ses devoirs d'époux et de père. De telles contradictions sur le plan personnel rendent compte, en partie, de son manque de crédibilité au sein de l'enseignement moderne. Tout se passe comme si le fabuliste entretenait cette auréole de mystère qui plane autour de lui : rêveur distrait, naïf, quasi bouffon, voilà les principaux traits d'un masque qu'il prend plaisir à cultiver.

Par suite d'une volonté de modeler l'image de l'auteur sur son œuvre, les *Fables* reflètent les éléments constitutifs du caractère légendaire du "bonhomme" : la gaillardise du savetier, l'attachement à la liberté propre au loup et la fidélité en amitié chère à la tortue. On a affaire, au total, à une image factice qui ressort d'une naïveté primitive que l'on associe souvent à l'ethnie française : le poète nonchalant rejoint de la sorte le gaulois indiscipliné qui suit les impulsions d'un tempérament fougueux. C'est ainsi que l'on érige La Fontaine en "chantre du pays et du paysage français,"[6] en poète qui s'identifie par ailleurs avec la mentalité paysanne. Sur un autre plan, ce joyeux paresseux se trouve dépourvu de la "vertu," du "devoir" et de la "dignité morale" que les maîtres d'école républicains s'appliquent à discerner chez lui. Le "bonhomme" se trouve enfin victime des stéréotypes à long terme et la critique s'est livrée à une démystification de cette légende.[7]

LA RÉCEPTION CRITIQUE DE LA FONTAINE ; UNE ANALYSE DES LECTURES DES "FABLES" DEPUIS LE XVIIIÈME SIÈCLE

ROUSSEAU

C'est Rousseau dans l'*Emile* qui ouvre le débat sur la morale des *Fables*, de même qu'il ouvre un débat analogue à propos du théâtre de Molière dans sa *Lettre à d'Alembert sur les spectacles*. Sa remise en question des vertus pédagogiques de la littérature classique s'est étendue tout au long du XIXème siècle. C'est sur le terrain de la pédagogie que Jean-Jacques prend à partie l'immoralité des *Fables* ; son attaque est d'autant plus significative que La Fontaine représente le maître suprême du XVIIème siècle.[8] Méprisant à la fois l'éducation livresque et la mémorisation, Rousseau prend pour tâche de remplacer La Fontaine en tant que modèle pédagogique pour les enfants. Dans sa relecture du "Corbeau et le Renard," il joue le rôle de l'enfant. Une telle démarche aboutit à une série de questions imaginaires le plus souvent oiseuses et à la conclusion que l'enfant finit par s'identifier avec le dupeur de la fable. Alors que Rousseau a le mérite de mettre en évidence le caractère problématique de toute entreprise pédagogique et de rattacher l'univers de La Fontaine aux préoccupations des adultes, il faut reconnaître que le but de l'enfant consiste à comprendre pourquoi la vantardise du renard est mauvaise ; il ne bénéficie pas d'une analyse systématique des rouages de cette fable. Au demeurant, ce qui ressort de la lecture de Rousseau, c'est l'impossibilité radicale de se mettre à la place de l'enfant, une telle tentative relevant sans doute d'une volonté de nier l'enfance par la correction pédagogique. S'interrogeant sur l'efficacité des moyens mis en place par le renard dans un but éducatif, Rousseau souligne le fait que ce dernier dégage, à la manière du maître, la signification des actions du corbeau. Il dénonce, en dernier ressort, la projection imaginaire qui provient de la lecture de cette fable, car le renard s'apparente à un maître séducteur et cynique. Ce mauvais maître prend, enfin, la relève du fabuliste lui-même, dont la séduction pédagogique entreprise dans les *Fables* est la principale cible de la critique rousseauiste.

Dans son réquisitoire célèbre, le "citoyen de Genève" fait ressortir les conséquences néfastes d'une lecture prématurée des *Fables*, car il s'agit avant tout d'une morale d'adultes qui s'accommode mal aux enfants. De nombreux auteurs de manuels se sont interrogés sur l'idéalisme doctrinaire de Rousseau, dans la mesure où il soutient une philosophie de l'éducation enfantine. Lire les *Fables*, c'est, pour l'enfant, être renvoyé à l'univers de la faute ou, plus précisément, de l'expérience fautive; le chef-d'œuvre se ramène ainsi à un immense livre de fautes. Une dialectique s'établit alors, dans la vision rousseauiste, entre la culpabilité (= faute) et l'innocence, entre l'injustice et la justice. Le méfait impardonnable du fabuliste consiste à induire l'enfant en erreur, en l'amenant à s'identifier à la raillerie hautaine de la fourmi et à l'inhumanité inhérente à "la raison du plus fort."

CHAMFORT

Dans son *Eloge de La Fontaine*, Chamfort valorise l'attrait irrésistible de l'éthique du fabuliste. Loin de se limiter à une pensée partisane, celle-ci doit atteindre aux valeurs universelles. Faisant figure d'anthropologue avant l'heure, La Fontaine s'apparente à Molière qui, lui aussi, sert de révélateur des défauts humains. Etant donné la réciprocité esthétique et éthique reliant l'œuvre de Molière à celle de La Fontaine, on s'aperçoit sans peine que chacun a ridiculisé les tares des hommes et leurs abus du pouvoir à travers deux genres différents. Dans les deux cas, le rire et la honte apparaissent comme des techniques pédagogiques visant à l'apprentissage d'une leçon qui aboutira au changement de caractère, et à la perte totale de la "tare." L'avantage du fabuliste, c'est que son univers poétique fait place à la raison et à la bonté humaines, d'où l'efficacité morale de la correction chez La Fontaine, alors que Molière se fonde le plus souvent sur une stylisation comique du caractère étudié:

> "...l'homme corrigé par Molière, cessant d'être ridicule, pourrait demeurer vicieux: corrigé par La Fontaine, il ne serait plus ni vicieux ni ridicule, il serait raisonnable et bon; et nous nous trouverions vertueux, comme La Fontaine était philosophe, sans nous en douter."[9]

La supériorité de la morale du fabuliste par rapport à la philosophie antique réside dans le fait qu'il s'agit d'une morale à usage pratique; par son insistance sur l'expérience vécue, le poète met en valeur une morale en action. Constatant la nécessité d'apprécier intrinsèquement le génie littéraire du fabuliste, Chamfort exalte la simplicité propre à ce génie, liée en l'occurrence à sa constante démarche vulgarisatrice. Les *Fables* mettent en évidence l'idéal d'œcuménisme, d'où le recours du poète à un vocabulaire noble ou paysan pour rassembler toute la société. Loin d'être le poète de l'héroïsme, La Fontaine est celui de la vie quotidienne, son solide bon sens faisant appel aux besoins du Français moyen:

> "Le travail, la vigilance, l'économie, la prudence sans inquiétude, l'avantage de vivre avec ses égaux, le besoin qu'on peut avoir de ses inférieurs, la modération, la retraite, voilà ce qu'il aime et ce qu'il fait aimer" (43).

Quoique les observations de Chamfort aient servi d'inspiration à de nombreux livres scolaires—son *Eloge de La Fontaine* a fourni un nombre considérable de sujets de dissertation tout au long du XIXème siècle—il est permis de mettre en question sa croyance à une morale de l'indulgence chez le fabuliste.

LA HARPE

La Harpe admire, comme tout le XVIIIème siècle, l'aisance du style de La Fontaine, la diversité et la souplesse d'une écriture poétique axée sur le naturel, la naïveté et la simplicité. L'originalité du poète réside dans le fait qu'il a présenté les fables sous une nouvelle forme. Ses fables sont une observation de la vie quotidienne à travers son âme d'enfant. Cette qualité bon enfant du poète est liée à son caractère distrait. Le critique met en relief la présence affective de La Fontaine qui suscite l'adhésion du lecteur au même épisode. L'engagement personnel du fabuliste dans son écriture est tel qu'on a l'impression qu'il a assisté à l'ensemble des épisodes. Aussi se fait-il aimer par une candeur naturelle. Le pouvoir évocateur des *Fables* tient à leur transmission même, car tout se passe comme si La Fontaine racontait des expériences réellement vécues. Ecrites sur le ton de la confidence, les fables nous sont livrées comme un secret que l'on n'oublie pas. Nul effort ne se fait sentir chez le poète, et son naturel exclut la recherche littéraire. La Harpe loue également l'élégance poétique du fabuliste, son don de l'observation, son art de la digression et son souci de la correction linguistique. On pourrait évoquer, d'autre part, une poétique lafontainienne du (res)souvenir, le "plaisir du texte" procédant d'une reconnaissance intuitive, par l'intermédiaire de la récitation, d'une fable particulière; il s'agit, plus précisément, d'un plaisir issu d'une expérience commune, voire ancestrale. Ainsi, la simple (ré)jouissance de la (re)lecture des "Deux Pigeons" l'emporte sur une critique intellectuelle de cette fable:

> "Relisons-la, cette fable divine: il ne faut pas louer La Fontaine; il faut le lire, le relire et le relire encore. Il en est de lui comme de la personne que l'on aime: en son absence, il semble qu'on aura mille choses à lui dire, et quand on la voit, tout est absorbé dans un seul sentiment, dans le plaisir de la voir. On se répand en louanges sur La Fontaine, et dès qu'on le lit, tout ce qu'on voudrait dire est oublié: on le lit, et on jouit."[10]

Relire La Fontaine, c'est toujours en quelque sorte le réciter, et aucun écrivain n'est plus gravé dans la mémoire du public français, quel que soit son degré d'instruction. La Harpe fait ressortir, à ce propos, la communion intime qui s'établit entre le poète et son lecteur; bref, il dégage la valeur thérapeutique des *Fables*. Sa critique "belle-lettriste" débouche enfin sur une idéalisation du bonhomme en raison de ses qualités personnelles (bonté, douceur, probité, etc.).

LECTURES ROMANTIQUES

Contrairement au sort réservé à Racine, le Romantisme a épargné La Fontaine et l'a en fait grandi par suite de son originalité irréductible. Le XIXème s'applique à l'ériger en représentant achevé de la Poésie (Joubert, Chateaubriand, Stendhal). Au titre de grand poète va s'ajouter celui du "poète national": soucieuse de faire la part des traditions nationales, la critique romantique s'attache à définir le *Zeitgeist* propre à chaque pays. Selon Musset, Lamennais, Nisard et Vinet, par exemple, La Fontaine apparaît comme le symbole national de la poésie. Pour "l'enfant terrible" du Romantisme, la langue lafontainienne constitue un instrument privilégié de la francité (cf."Sylvia"). L'image romantique d'un La Fontaine gaulois suppose une filiation ethnique le reliant aux auteurs du Moyen Age et du XVIème siècle. Grâce aux remous socio-historiques propres à la Révolution, on assiste, notamment à partir de 1830, à une crise d'identité française, car on essaie d'identifier les références culturelles qui rattachent le pays à ses origines. Lamennais voit en La Fontaine un unique produit national dont la poésie terrienne s'explique par un réseau de circonstances cosmiques. Pour que le génie de cette "fleur des Gaules" puisse s'épanouir, "il lui fallait ... l'air, le soleil de la terre féconde où naquirent Joinville, Marot et Rabelais."[11] Par ailleurs, Lamennais prête au fabuliste une image socialiste, dans la mesure où celui-ci fait une revendication humanitaire en faveur des droits de l'individu, où il plaide la cause des faibles en proie à l'oppression des forts, où il se fait, en un mot, porte-parole d'une humanité opprimée. En revanche, Lamartine se révèle, à l'instar de Rousseau, un des grands détracteurs des *Fables* au XIXème siècle. Il prend à partie ce qu'il perçoit comme l'étroitesse mesquine de La Fontaine et la fausseté derrière son apparence de bonté. S'il ne décèle dans son œuvre aucune valeur "nutritive," c'est qu'il s'agit, au total, d'un "mauvais maître": "Que penser d'une nation qui commence l'éducation de ses enfants par les leçons d'un cynique?"[12] La critique de Lamartine sert d'épitaphe pour tous les lecteurs professionnels de La Fontaine, y compris des poètes tels qu'Eluard qui, par un apprentissage mécanique des *Fables*, ont fini par éprouver à l'égard du fabuliste une profonde désaffection scolaire.

SAINT-MARC GIRARDIN

Soulignant la valeur formative des *Fables*, Saint-Marc Girardin estime que lire La Fontaine, c'est nécessairement apprendre par cœur: les vers lafontainiens s'inscrivant naturellement dans la mémoire de l'enfant, on comprend que l'apprentissage "par cœur" suppose un processus mécanique analogue au battement irrépressible du cœur. Les *Fables* exercent donc une influence permanente sur l'enfant qui apprend à lire.

D'après cette "bonne éducation de l'esprit," l'exercice de la mémoire donne lieu à la maîtrise de la langue.[13] La Fontaine ne ressemble pas aux auteurs égoïstes et dogmatiques qui retiennent le lecteur dans l'emprise de leur propre pensée. Il vise plutôt à faire réfléchir le lecteur pour lui-même, s'appliquant, par l'intermédiaire de ses apologues, à engager l'élève, à le pousser à prendre position. Ainsi, loin de prêcher, le poète donne à penser et finit par faire appel à l'introspection et à la remise en question individuelle (182). La vision humaniste de Saint-Marc Girardin l'amène à louer la bonté foncière et le caractère honnête du fabuliste. Le réalisme de ce dernier réside dans le fait qu'il comprend la nature humaine et, au lieu de la condamner ou de tenter de la transformer, il propose de la comprendre afin de mieux la contrôler.

SAINTE-BEUVE

Grâce au jugement de Sainte-Beuve, l'image dix-neuviémiste de La Fontaine se fixe en tant que l' "Homère des Français." Auteur ethnique par excellence, le poète symbolise, dans cette perspective, le génie gaulois face aux incursions d'un romantisme cosmopolite, et le critique se plaît à exalter la grandeur des tableaux campagnards qui fleurissent dans les *Fables*. Réfutant l'opinion dépréciative de Lamartine sur La Fontaine, Sainte-Beuve la rattache à une vision du monde fondée sur un romantisme sentimental, afin d'établir une mise en opposition de deux races, de deux modes d'inspiration poétique foncièrement antithétiques. Marquée par le réalisme, la tendance gauloise s'oppose ainsi à la tendance romantique, empreinte d'idéalisme. Dans cette optique, l'approche à la fois pragmatique et positive de La Fontaine s'oppose à la métaphysique de Lamartine. Là où le poète gaulois s'occupe des "bêtes," le poète romantique, lui, vise, en des termes pascaliens, à "faire l'ange…"[14] De même, alors que la poésie éthérée des *Méditations* s'avère, pour l'enfant, d'un accès difficile, celle de La Fontaine est bien plus facilement accessible. Le jeune élève peut, dès lors, appréhender la fable en tant que réalité visuelle, plastique, l'auteur des *Causeries du lundi* rapprochant la création lafontainienne d'une "peinture" (xiv). Enfin, profondément marqué par la tradition satirique des fabliaux et par les poètes et conteurs de la Renaissance, La Fontaine en vient à représenter la dernière "voix gauloise" de la littérature française. Lamartine, par contre, n'est point enraciné dans le terroir français et la "race française" répugne à son idéalisme mystique (xiv).

Un des objectifs du "vrai classique" consiste à découvrir "quelque vérité morale non équivoque" (48), démarche qui rejoint, on le verra, l'un des principaux traits du discours scolaire sur La Fontaine. Sainte-Beuve insiste sur l'influence à long terme de l'écrivain classique, à la fois bénéfique et enrichissante, car il contribue au patrimoine spirituel de l'humanité. L'expérience de la vie, voilà ce que les jeunes ne connaissent pas encore. En effet, l'expérience livresque des *Fables* doit de la sorte précéder l'expérience réelle de la vie. Or l'apprentissage de l'existence, la maturation par l'expérience enrichit notre lecture de La Fontaine. Vivre, c'est forcément "prendre de l'âge" (i); les très jeunes et les plus âgés bénéficient le plus du poète, qui s'adresse donc au rythme même de la vie:

"Parler de La Fontaine n'est jamais un ennui, même quand on serait
bien sûr de n'y rien apporter de nouveau: c'est parler de l'expérience
même, du résultat moral de la vie, du bon sens pratique, fin et
profond, universel et divers, égayé de raillerie, animé de charme
et d'imagination, corrigé encore et embelli par les meilleurs
sentiments, consolé surtout par l'amitié; c'est parler enfin de toutes
ces choses qu'on ne sent jamais mieux que lorsqu'on a mûri soi-
même. Ce La Fontaine qu'on donne à lire aux enfants ne se goûte
jamais si bien qu'après la quarantaine; c'est ce vin vieux dont parle
Voltaire et auquel il a comparé la poésie d'Horace; il gagne à vieillir,
et, de même que chacun en prenant de l'âge sent mieux La Fontaine,
de même aussi la littérature française, à mesure qu'elle avance et
qu'elle se prolonge, semble lui accorder une plus belle place et le
reconnaître plus grand" (i).

Si Sainte-Beuve postule, d'autre part, que l'on "sent mieux La Fontaine," il laisse
transparaître, de ce fait, un mode d'appréhension intuitif du fabuliste. Il ne s'agit pas,
selon lui, d'une compréhension intellectuelle et abstraite de son œuvre, d'où son recours
à un vocabulaire sensuel ("parler," "goûter," "sentir" [i]) pour évoquer sa notion d'un
véritable plaisir du texte/fable.

NISARD

La publication de l'*Histoire de la littérature française* de Nisard en 1844 a
beaucoup contribué au développement de la critique exégétique en France et à la mise
en place du classicisme scolaire qui devait être adopté par la plupart des universitaires
de la Troisième République. Ce critique souligne, d'abord, l'idéal de la mésothèse
chez La Fontaine ainsi que son universalité homérique.[15] Estimant que la grandeur se
cache, chez le fabuliste, derrière l'apparence du badinage, il exalte, du reste, la part
considérable de compassion dans l'univers des *Fables*, le doux apprentissage que
l'on y trouve inclinant les hommes à découvrir un moi aimable au fond de leur
comportement. Saluant en La Fontaine le créateur d'un genre particulier, Nisard
considère les *Fables* comme une sorte de catéchisme laïque, d'où la valeur œcuménique
du poète dont l'œuvre rapproche les esprits et fait disparaître les antagonismes de tout
ordre.[16] Grâce à son bréviaire poétique propre à tous les âges, La Fontaine incarne
l'esprit de la "formation permanente," nous offrant une sorte d'itinéraire spirituel à
travers la vie. Ainsi, lire les *Fables*, c'est se recréer en quelque sorte les démarches
mêmes de la réflexion. Il convient de signaler la métaphore nutritive à laquelle recourt
le critique pour rendre compte de la substance pédagogique de ce texte primordial:
"La Fontaine est le lait de nos premières années, le pain de l'homme mûr, le dernier
mets substantiel du vieillard."[17] Soulignons, enfin, que Nisard dégage des *Fables* un
univers théâtral en raccourci, une série de drames comiques, sérieux, et même tragiques,
en somme, des pièces en miniature qui engagent le lecteur et le transforment en
spectateur.

A. DE MARGERIE

Dans son *La Fontaine moraliste*,[18] A. de Margerie soutient que la morale du fabuliste s'inscrit sous le signe d'une prudence épicurienne, et celui qui règle sa conduite sur ses préceptes devrait faire de son mieux pour éviter en toute circonstance d'être dupé. Il s'agit, plus précisément, d'une morale fondée sur la nécessité d'esquiver le péril. La peur des fautes constituant un ressort essentiel du comportement humain, il convient de fuir l'excès à tout moment (19). Les apologues servent donc à vérifier le fondement de diverses mésaventures de la part de ceux qui s'enorgueillissent de leurs "propres forces." Dans cette perspective, on peut considérer les *Fables* comme une vaste machine à narrer les conséquences fâcheuses qui découlent des erreurs de jugement de toute sorte. L'acquisition de la sagesse dans le cas du berger, par exemple "Le Berger et la mer" (IV, 2), relève d'une expérience négative par laquelle il a dû passer. Dans "Le Loup, la Chèvre et le Chevreau" (IV, 15), Margerie évoque le rôle des "précautions maternelles" de la chèvre, qui représente la voix de l'expérience et de la sagesse et qui sert à fonder les bons instincts de son enfant.

Le critique insiste, d'autre part, sur l'influence bénéfique de la mère de famille, qui détourne son enfant d'une lecture cynique des *Fables*. Dans la mesure où la mère entend exercer la mémoire de son enfant, il lui faut certes faire un choix judicieux des fables marquées par l'évidente punition de la sottise des animaux ou des êtres humains. Il convient de noter ici que l'exemple du "Corbeau et le Renard" (I, 2) dément l'affirmation de Margerie puisque, dans cette fable, une des plus étudiées à l'école et que l'enfant apprendra avant les autres, le flatteur emporte le fromage. Ainsi, La Fontaine ne donne que l'idée principale; ensuite, les parents doivent amener l'enfant à appliquer la morale au jour le jour. Le rôle du maître d'école consiste à aider la famille dans sa tâche. L'auteur de *La Fontaine moraliste* précise enfin que même un recueil de fables expurgé ne peut aucunement dispenser du catéchisme. Quoiqu'il en soit, il faut constater que pour un athée, le fabuliste donne une base de morale tout comme la Bible le ferait pour un pratiquant.

Margerie s'interroge alors sur l'influence sociale et morale du christianisme sur le peuple. Alors que la résignation du peuple chrétien trouve sa source dans les images d'expiation et de souffrance qui imprègnent le christianisme, le peuple, démystifié sur le plan religieux, tente de dégager un sens des nombreux méfaits de l'Ordre social. Le souci de réforme sociale naît donc d'une perception des injustices dans le monde. Evoquant les conséquences sociales de la déchristianisation progressive des Français au XVIIIème siècle, le critique fait ressortir la distance irréductible entre le mécontentement du peuple au XVIIème siècle et l'esprit de révolte populaire qui se manifestera au siècle suivant. De telles observations laissent entendre le dépérissement général de la religion dans le monde moderne. Incapable de trouver une explication satisfaisante de l'inégalité sociale de son époque, La Fontaine traduit à merveille le mécontentement populaire qui se trouve à l'état latent chez lui. L'univers des *Fables* valorise la primauté, chez le peuple, de la souffrance morale par rapport à la souffrance physique. Traçant le passage de l'hostilité du peuple envers le "maître étranger" à l'éclosion du sentiment patriotique lors de la Terreur, Margerie se montre moraliste conservateur et dénonce les excès des révolutionnaires. Ainsi, il soutient que, dans une société déchristianisée, on n'accepte plus la vertu exemplaire de la souffrance. De surcroît, l'égalitarisme social suppose que la jouissance des biens est un droit accessible à tous: ce principe constitue, certes, le fondement de toute théorie d'économie politique. Il s'ensuit alors que la meilleure façon d'empêcher que le vœu légitime de mobilité sociale ne se transforme en volonté d'une transformation socio-politique révolutionnaire, c'est de diriger le peuple par une idéologie conservatrice:

> "...ce même instinct pousse le peuple à souhaiter un changement radical dans la société, dès qu'il ne croit plus qu'au bien-être, et dès qu'il a cessé de voir dans la douleur un grain destiné à fructifier au centuple de l'autre côté du tombeau. Or, du souhait à l'effort violent pour hâter la réalisation, il n'y a qu'un pas; et il n'y a au monde que deux moyens d'empêcher qu'il ne le soit: ou avoir une bonne armée et de bons canons...ou...remettre dans l'âme populaire les principes conservateurs dont on l'a affranchie à plaisir" (114).

Les théoriciens contemporains du socialisme s'inspirent de la critique anti-cléricale aboutissant à la Révolution de 1789. Ces "semeurs du socialisme" peuvent prendre appui sur la boutade "subversive" du fabuliste: "Notre ennemi, c'est notre maître" ("Le Vieillard et l'Ane," [VI, 8, v. 15]). Dans cette allégorie de l'injustice politique qu'est "Les Animaux malades de la peste" (VII, 1), le poète transforme la sincérité de l'âne en culpabilité méritant une punition expiatoire. Etant donné la prédominance de la faute chez La Fontaine, les vices humains sont beaucoup plus répandus que les vertus. Autant dire que l'expérience des *Fables* est à tel point négative que le plus grand risque pour les enfants consiste à envisager le recueil sous forme de manuel. D'où la tendance, propre au maître d'école, à anticiper l'apprentissage des points négatifs en présentant les diverses perspectives morales du poète.

Les *Fables* de La Fontaine soulignent à souhait une multiplicité de mésaventures chez ses personnages qui tiennent, à des degrés divers, à une erreur de jugement quelconque. Malgré la difficulté quasi insurmontable de guérir les diverses fautes morales, il convient d'entreprendre l'instruction du peuple. Dès lors, la valeur symbolique de l'œuvre de La Fontaine, c'est-à-dire, sa modernité, se confond en quelque sorte avec le christianisme, car la religion chrétienne a servi de source de régénération sociale et morale dix-huit siècles durant. L'efficacité sociale de cette religion se traduit par les multiples bienfaits qu'elle a entraînés dans le monde moderne. Grâce à l'influence d'une religion "pure," correcte et normative, la famille chrétienne du XIXème siècle s'applique à améliorer le sort des faibles au lieu de les exploiter. De plus, le christianisme a sauvegardé le principe de la propriété privée et a aidé l'humanité à acquérir un niveau d'intelligence plus élevé. Au total, La Fontaine s'avère véritable "poète païen." Margerie lui accorde, néanmoins, une place importante parmi les moralistes du XVIIème siècle:

"(L'œuvre de La Fontaine)…manque de ce sens du divin qui seul achève la poésie. ("Ce sens du divin") explique l'indifférence railleuse du poète, son peu de respect pour les femmes, son peu de foi à la vertu, son manque non de délicatesse, mais d'élévation dans les sentiments. Il nous permet de lui assigner sa place parmi les moralistes du grand siècle, et de dire de lui qu'il est le plus aimable et le plus parfait des poètes païens de notre littérature" (241).

TAINE

On ne saurait trop insister sur la diffusion remarquable des idées de Taine sous la Troisième République. S'étant inspiré de Nisard, de Saint-Marc Girardin et d'E. Géruzez, son maître à l'Ecole normale, le critique a exercé une influence prépondérante sur l'Université française de la fin du XIXème siècle. Selon Lanson: "(Taine) a été avec Renan l'un des directeurs intellectuels des générations qui se sont formées entre 1860 et 1890."[19] Il hérite de Spinoza, peut-être, une adhésion aux catégories de pensée mécaniques et rigides, qui l'amène à appliquer systématiquement le *Zeitgeist* de la société française du XVIIème siècle, par exemple, aux *Fables* de La Fontaine. La doctrine tainienne a eu, de même, une évidente répercussion sur l'enseignement secondaire de la Troisième République et de l'époque précédente; tous les lycéens de l'époque ont dû rédiger des sujets de dissertation sur "la peinture de la société dans les *Fables* de La Fontaine."[20] C'est Taine qui brosse le portrait officiellement admis du poète au moins jusqu'à la Première Guerre mondiale:

"(La Fontaine) nous a donné notre œuvre poétique la plus nationale, la plus achevée et la plus originale…(Il) est le seul en qui l'on trouve la parfaite union de la culture et de la nature, et en qui la greffe latine ait reçu et amélioré toute la sève de l'esprit gaulois."[21]

Cette dichotomie entre la nature (l'esprit gaulois) et la culture (la tradition latine) chez les Français fait partie intégrante de sa critique. Taine érige La Fontaine en poète national; ce faisant, il emprunte ce lieu commun cher à maints critiques du XIXème siècle, de Joubert à Sainte-Beuve, qui voient chez le fabuliste l'Homère de la poésie française. Génie poétique incomparable, La Fontaine est bel et bien l'auteur de l'épopée nationale de la France: "Tels Shakespeare en Angleterre et Gœthe et Allemagne, La Fontaine détient en France un statut à proprement parler monumental" (343).

Le déterminisme scientifique de Taine l'amène à accorder une place privilégiée à la géographie et à la race en tant que facteurs déterminants dans l'histoire littéraire de la France. Sa théorie de l'histoire naturelle s'appuie sur les dispositions génétiques propres au peuple français: le climat et la nature servent de principales sources du conditionnement de l'homme, et la genèse du caractère national s'explique en fonction de cette perspective "scientiste." D'après la vision déterministe du monde chère à l'auteur de *La Fontaine et ses fables*, il n'existe aucune solution de continuité entre l'individu et l'univers; l'individu s'efface, dès lors, derrière le type ethnique. Ainsi, les *Fables* sont l'expression du caractère de La Fontaine, qui se déduit, de même, de sa race et de son temps. Envisager le poète comme un "produit" de la France, c'est mettre en évidence un langage économique, voire même un discours de récupération matérielle fondé sur une tautologie: la France enfante son peuple (représenté par La Fontaine); ce représentant du peuple enfante une œuvre (un produit) qui renvoie à la source. Dans cette chaîne de production, les trois éléments s'enchevêtrent, La Fontaine étant le meilleur technicien de la langue. Dans son souci de rattacher le poète à son terroir, Taine fait de la Champagne un microcosme de la France "moyenne"; il fait valoir les beautés et les grâces du paysage champenois. Il privilégie de la sorte son pays natal. Selon sa vision étroite du contenu ethnique de la francité, le critique finit par exclure l'influence celte. Il recourt en plus à une métaphore végétale pour définir la culture: La Fontaine sort littéralement de la terre, d'où l'analogie entre le poète et le monde paysan. C'est ainsi qu'il postule que la race humaine pousse à la fois du sol et du climat. Dans cette perspective, enfin, la métaphore végétale et la métaphore nutritive (cf. Nisard) sont intimement liées à l'idée et à la terre en tant que sources de produits "naturels." La critique tainienne répond donc aux exigences d'une nation essentiellement agricole. Conformément à Sainte-Beuve, Taine fait la part entre la culture autochtone "terrienne" et la culture importée. La nationalité, c'est l'idéal de perfection à atteindre; il existe donc des degrés de francité et si La Fontaine incarne le poète "parfait," c'est qu'il reflète le *nec plus ultra* de l'idéal national. La mise en place de l'image d'un La Fontaine "gaulois" relève, en dernière analyse, d'une volonté de rattacher le poète aux origines de la race française.

Selon la conception tainienne de la fable poétique, le fabuliste met en jeu un art du portrait fondé sur l'attention au détail. Le pouvoir évocateur des fables est tel que l'on assiste à une représentation intérieure du personnage/animal qui en valorise l'âme au détriment de l'apparence physique. En s'investissant dans l'émotion particulière de son personnage—souffrance, joie ou bien passion—le poète permet au lecteur de s'engager affectivement dans le sentiment en question. Désireux de dégager ce qui fait à la fois l'unité et la diversité des *Fables*, Taine en vient à envisager cette poésie comme un mode de connaissance privilégié; elle a une prise bien plus directe sur la vie que sur les divers traités abstraits. Grâce à une sorte de curiosité œcuménique, La Fontaine se met à l'écoute des expériences les plus diverses, sa faculté d'observation lui permettant de saisir la totalité de l'existence—humaine, végétale et animale. Le poète est si proche de la nature, de par son métier et son goût prononcé pour la campagne, qu'il parvient à dépeindre les hommes et les animaux avec beaucoup de réalisme et de chaleur.

Le réalisme véridique des *Fables* amène le critique à accorder à la nature peinte par La Fontaine une dimension fortement sociale. Les espèces animales fonctionnent, tout simplement, à la manière des races et des classes sociales: le rat annonce ainsi la bourgeoisie éclairée du XVIIIème siècle. En fait, les traits stéréotypiquement bourgeois (la peur, la lâcheté, la vanité, le sens de l'épargne et l'avarice) apparaissent notamment chez la grenouille, la fourmi, l'âne et le rat. On a souvent l'impression que Taine s'applique à transformer les *Fables* en une espèce de pamphlet politique. Dans bien des cas, c'est le loup ou le lion qui agit en seigneur autoritaire et brutal. De plus, le critique s'en prend à l'image lafontainienne des paysans, qui ne songent qu'au gain matériel et s'avèrent trop enclins à boire. Toutefois, en insistant sur le caractère rustique de l'esprit français, le poète prête à ses fables une coloration campagnarde, ce qui lui permet de s'adresser à cette grande population non encore pleinement urbanisée qui était celle de la Troisième République. Ainsi, par son don de l'observation sociale, La Fontaine se montre ethnologue avant la lettre. Taine fait un parcours symbolique à travers le paysage français pour mettre en valeur les lieux réels de l'inspiration poétique du fabuliste. Toujours est-il que sa grille explicative est par trop réductrice car, de même qu'on ne saurait ramener l'esprit français au seul caractère gaulois, de même l'âne lafontainien ne saurait incarner tout le peuple français.

M. Guinat

En réponse à la question qui a présidé à l'évolution de la réception critique de La Fontaine au XIXème siècle—la morale du fabuliste est-elle salutaire ou dangereuse?—M. Guinat, qui rêvait d'être Ministre de l'Instruction Publique en 1885 (et n'occupait en fait qu'un poste subalterne dans ce ministère …), affirme que les *Fables* traduisent la morale chrétienne.[22] Quant à la place des *Fables* à l'école primaire, les maîtres en dégagent sans peine une acceptation des faiblesses humaines et la création d'une morale qui se développe autour de ces faiblesses et des besoins de la nature; il ne convient pas, du point de vue pédagogique, de dénoncer les défauts humains par des jugements rigides et intolérants. Le critique cite à cet effet Chamfort, qui loue la valeur thérapeutique des *Fables* (6). Ce "disciple fervent de La Fontaine" soutient au surplus que le fabuliste a utilisé la parabole comme méthode pédagogique, à la manière du Christ (13). Conformément au christianisme social de Lamennais, La Fontaine se révèle partisan des petits. Il prête aux animaux un comportement simple et réaliste propre à l'univers des enfants. Fondé sur la sagesse et la modération, son art de vivre aboutit à une prise de responsabilité pour soi et pour ses actions.

Abordant la morale républicaine, M. Guinat met en évidence le décalage entre l'idéalisme politique sous-jacent à la devise révolutionnaire ("Liberté, Egalité, Fraternité") et la réalité d'une France irrémédiablement divisée par suite de la défaite de 1871 (279). Soucieux de fonder une méthodologie pour mieux enseigner les *Fables* à l'école primaire, il valorise l'efficacité morale de cette œuvre. Tel qu'il le conçoit, son manuel idéal devrait être organisé de façon à départager les vices et les vertus, à classer les divers préceptes formulés par le fabuliste, dont la morale sert à remédier aux antagonismes politiques qui divisent le peuple français (374). Il faut bien reconnaître la contribution réelle de La Fontaine au progrès social de la France du XIXème siècle: le rayonnement des principes républicains tels que la justice, la liberté, l'instruction, la moralité et le niveau de vie est en grande partie dû à l'enseignement de son œuvre. Aux yeux de M. Guinat, le poète apparaît comme un socialiste par excellence selon l'acception chrétienne du terme:

"Notre poète a donc été un socialiste dans la vraie acception du mot, un socialiste sans le savoir et sans le vouloir...Aussi a-t-il plus fait avec son livre de Fables pour l'avancement de l'humanité que tous les socialistes de profession" (386).

Ainsi, à défaut de meilleurs ouvrages de référence morale, les *Fables* finissent par remplacer la Bible à l'école, et le critique fait ressortir la valeur cathartique de cette œuvre, car tout excès et toute ambition y sont punis. Il précise que les *Fables* ne sont un support à la morale que lorsqu'elles sont expurgées. Il serait intéressant, à ce sujet, de calculer le pourcentage d'apologues vraiment lisibles pour les enfants. M. Guinat cite, enfin, "Les Membres et l'estomac" (III, 2) et "Le Pouvoir des Fables" (VIII, 4) en tant que fables particulièrement révélatrices de l'idéologie de la République.

J. Larocque

Dans "Les Poètes devant le pouvoir (Jean de La Fontaine),"[23] J. Larocque dépeint une image volontairement républicaine de La Fontaine. Afin de sonder les diverses composantes de son image politique, il faut noter, au départ, que le poète s'est affublé de manière délibérée du masque de la bonhomie, d'où un certain nonchaloir esthétique qui sous-tend sa conception des *Fables*. Son idéal philosophique l'amène à s'adresser à l'Homme au sens large du terme. La Fontaine s'applique à transmettre la vérité socio-politique brute, voire brutale. J. Larocque déconseille la lecture des *Fables* dans les éditions expurgées, une telle lecture tronquée empêchant de saisir la dimension contestataire du fabuliste, qui s'en prend aux principales institutions de son époque, à savoir, l'Eglise, la Médecine et l'Ecole.

"Tout y est sincère, agressif, brutal. Dans cette 'ample comédie à cent actes divers,' toutes les fonctions parasitaires, toutes les ligues des mangeurs de gens, tous les abus de la force, tous les pièges tendus aux petits, les vaines conventions sociales, les préjugés, les hypocrisies, tout ce qui est contraire à la liberté, à la dignité de la personne, au vrai, à la nature, passe tour à tour, cinglé du fouet justicier. La Fontaine n'a pas une syllabe de respect pour les puissances constituées ni pour les religions établies. Il déteste, comme Molière, les médecins, les sacristains et les cuistres" (556).

Mis à part la critique du clergé et des médecins, la satire du poète est d'une telle envergure que les *Fables* s'avèrent particulièrement inaptes à la jeunesse, et les enfants apparaissent comme ignorants et sans pitié. Toujours est-il que La Fontaine souscrit fermement à la finalité pédagogique de son œuvre et il s'attribue, à cet effet, le rôle du fou du Roi qui dit la vérité sous des apparences bouffonnes. La folie étant liée à la notion de bonhomie propre à la farce du XVème siècle, on comprend sans peine le rôle méditatif du poète, qui rejoint par là le masque allégorique pris par un Rabelais désireux de transmettre un libertinage caché ou la démarche même de Descartes qui, en proie à la censure de l'Eglise, prend soin de dissimuler quelques-unes de ses idées. Ainsi, si l'on admet que le vrai public de La Fontaine est à la fois adulte, lettré et réfléchi, la fable apparaît alors comme un mythe poétique qui décèle, sous la surface du récit, de profondes vérités (cf. "la substantifique moelle" de Rabelais).

A partir d'une analyse des préoccupations socio-politiques du poète, de ses souvenirs de la Fronde jusqu'à la doctrine de l'Etat, en passant par ses revendications personnelles, on aboutit à une vision lafontainienne du peuple français, vision qui fait ressortir la réciprocité morale entre le poète et le peuple. La visée républicaine du critique se manifeste par la peinture saisissante du peuple français en fonction du "drame de l'humanité dans sa conscience et dans sa forme, dressée contre toutes les oppressions qui l'oppriment" (563). Définissant le génie national comme la disposition primordiale du peuple, J. Larocque privilégie l'idéal de la "liberté individuelle" comme partie intégrante d'une culture unitaire qui relie les Français. L'esprit républicain vise, lui, à mettre en question la tradition absolutiste du pouvoir politique en France. Poète de la revendication, La Fontaine se rattache alors à une tradition de la protestation politique. Poète national, il reprend la tradition de la Ligue du Bien public contre la monarchie; ce faisant, il s'érige en défenseur de l'esprit public. On peut dégager également un reflet de l'actualité politique des années 1648-1652, et le fabuliste se montre solidaire de la première Fronde. "La Cigale et la Fourmi" (I, 1) met en jeu, par exemple, une critique de l'imprévoyance dans le domaine politique. Là où la fourmi représente la bourgeoisie économe, la cigale symbolise la noblesse abaissée. Si J. Larocque évoque le cas du mulet du fisc, c'est afin de dévoiler les risques de se mettre au service des Grands. S'il invoque l'image du Lion tout-puissant, c'est pour démontrer le mythe du droit divin. Le portrait de la servile complaisance du peuple auprès de son maître annonce l'abolition de cette servitude lors de la Révolution. La Fontaine prône ainsi l'idéal d'une monarchie réglée, car il entend avant tout restreindre le pouvoir du monarque. Il s'oppose, en somme, à toute forme d'imposture et de tyrannie. Pour finir, sa mise en cause de l'opinion publique a pour objet le souci de maîtriser la foule, cet "animal à plusieurs têtes" (577).

Les *Fables* véhiculent avant tout une leçon de méfiance généralisée liée à une éthique de l'individualisme, et la vilenie du monde exige ces valeurs égoïstes afin de mettre en sûreté un moi fragile et vulnérable. On s'aperçoit, dans cette perspective, du statut héroïque de l'entraide. Au terme de sa lecture politique de l'œuvre de La Fontaine, J. Larocque affirme qu'il n'y a aucune croyance, chez le fabuliste, dans l'au-delà et, paradoxalement, tout en admettant que les *Fables* n'annoncent en rien la Révolution, le critique laisse entendre que c'est bien à son insu que La Fontaine a préparé les Français à l'avènement de 1789:

> "La Fontaine est sans espoir dans ce monde, et il ne croit pas à l'autre. La résignation active et courageuse du stoïque est le seul réconfort qu'il offre à l'homme. Car, s'il prévoit les grandes lignes du dix-huitième siècle, et peut-être, par son culte de la méthode expérimentale, le mouvement scientifique du dix-neuvième, il ne conçoit pas 89. Qui, cependant, a fait davantage pour le préparer?" (586).

15

H. DE BROC

S'interrogeant sur le rôle de La Fontaine dans le domaine familial, H. de Broc fait remonter les premiers souvenirs d'enfance du poète "sur les genoux de nos mères."[24] On serait tenté d'ajouter que de tels souvenirs se rattachent plutôt aux bancs de l'école ou, plus précisément, de la petite école. En vérité, c'est l'école qui initie l'enfant à La Fontaine et c'est la famille qui renforce ce que l'école enseigne. La récitation et l'apprentissage par cœur à l'école forment la mémoire des *Fables*. Le poète s'adresse à la jeunesse tout aussi bien qu'à la vieillesse, englobant ainsi la totalité de l'existence: son œuvre sert de compagnon fidèle à travers la vie; lire les *Fables*, c'est se procurer un pouvoir de consolation, c'est effectuer un retour bienfaisant à l'enfance. Mis à part la valeur nutritive des classiques scolaires, on ne peut que constater la modernité de La Fontaine car, une fois qu'il s'inscrit dans l'imagination enfantine, il perdure durant toute la vie chez l'individu. D'où le rôle primordial joué par le fabuliste dans la formation du caractère du jeune écolier. Le poète s'adresse à celui-ci par l'image, c'est-à-dire, par l'impression visuelle et non par le discours logique ni par les explications. L'utilité de l'image provient du fait que l'enfant ne connaît pas tous les animaux. Son apprentissage de la nature se fait donc grâce à l'image.

Sur un autre plan, H. de Broc suggère que les animaux des *Fables* s'avèrent plus raisonnables que les hommes, ce qui entraîne un paradoxe puisque les hommes ont été pourvus du don de la raison par la nature. Bien que le critique soutienne que "(La Fontaine) cherche moins à nous corriger qu'à nous avertir" (122), il va de soi que l'avertissement que l'action est mauvaise ou moralement inacceptable entraîne une correction qui permet à l'individu de se perfectionner. En somme, les *Fables* sont sans doute plus utiles à l'âge où la compréhension est possible. Par ailleurs, dans la mesure où la morale de La Fontaine "…correspond à l'état d'esprit populaire, fait de patience et de résignation" (93), elle laisse place au jugement individuel et à la liberté du choix. N'ayant rien de systématique ni de dogmatique, cette morale préconise la compassion envers les faibles et les petits et signale les pièges auxquels il faut échapper (l'illusion de croire à la possibilité de réformer les gens, la vanité des propos de ceux qui se mêlent des affaires d'autrui, etc.). D'après cette approche normative de la lecture des *Fables*, il faut surtout les lire lorsqu'on est plus mûr afin de les comprendre en profondeur; ce n'est qu'à un âge plus avancé (= assagi) que l'on est muni de l'expérience de la vie (243). Somme toute, La Fontaine adopte une philosophie pratique: s'accepter et accepter le monde autour de soi, s'y adapter en en tirant le meilleur. Sans aspirations héroïques ni perfectionnistes, le fabuliste enseigne l'indulgence vis-à-vis de ce qu'est la nature humaine.

FAGUET

Faguet met en lumière le décalage entre l'image scolaire de La Fontaine et son image réelle.[25] La morale contenue dans les *Fables* s'oppose en fait à la personnalité du poète. Tout porte à croire que celui-ci a tâché de compenser le succès médiocre des *Contes* en publiant des fables au contenu moralement acceptable. Sa gloire littéraire laisse donc supposer qu'il aurait rédigé les fables à la morale auxquelles il n'adhère pas. La morale de La Fontaine n'est, en fait, qu'un masque. Le paradoxe suprême, c'est que le poète a réussi, grâce à l'investissement profond de l'Ecole républicaine dans son image scolaire, à imposer ses fables comme modèle de moralité pendant plus d'un siècle.

S'étant créé une réputation mondaine en tant que critique/journaliste s'adressant au grand public, Faguet se donne pour tâche de vulgariser les connaissances issues de la critique exégétique de La Fontaine. Conformément à une démarche rhétorique mise en évidence par les commentateurs scolaires, le critique se soucie avant tout de dégager des conclusions sous forme de "résumé." Ainsi, à l'en croire, La Fontaine se montre partisan, en un mot, d'un éclectisme philosophique marqué par "un certain scepticisme."[26] Le poète ne moralise pas; il ne fait que constater des expériences. Il faut insister sur le fait que le discours constatif sert à soutenir des valeurs normatives puisque les observations lafontainiennes relèvent le plus souvent d'une évidence incontournable. Autant dire que l'acte de décrire la diversité d'expériences humaines telles qu'elles sont repose sur la reconnaissance unanime de la norme (cf. "c'est comme ça"). Ainsi, on finit par accepter la réalité de l'expérience présentée par La Fontaine. Une telle démarche donne lieu à une lecture active de la part de l'élève en ce sens qu'elle exerce son jugement et lui permet en l'occurrence de reconnaître la légitimité du raisonnement du fabuliste/commentateur. La vérité fait de la sorte partie intégrante du manuel scolaire; elle peut, de surcroît, correspondre au champ de l'expérience personnelle de l'élève.

La Fontaine conseille de recourir à l'habileté et même à la duplicité pour se tirer d'affaire. Mû par un sentiment d'amour et de compassion pour les petites gens, il prêche également la solidarité. Faguet évoque "Les Grenouilles qui demandent un Roi" (III, 4) afin de mettre en relief la tendance fâcheuse à se plaindre, à ne pas savoir se contenter de son sort, tant sur le plan personnel que sur le plan politique. Dans cette perspective, la vérité "expérientielle" sert de correctif au berger trop ambitieux ("Le Berger et la mer" [IV, 2]). Du reste, les circonstances nous obligent parfois à faire l'expérience d'une solidarité illusoire (cf. "Le Pot de terre et le Pot de fer" [V, 2]). Quant à la vertu du travail, La Fontaine en fait ressortir une sorte de grandeur sacrée. A cela s'ajoutent le souci de faire preuve de méthode en s'appliquant au travail et la nécessité de s'en remettre à ses propres ressources ("Aide-toi, le Ciel t'aidera" [VI, 18]). Porter plainte à son sort, c'est se montrer, de toute évidence, naïf, une telle attitude se révélant aussi peu productrice qu'inefficace. Se plaindre, c'est, en un mot, perdre son temps, puisqu'on ne peut s'empêcher d'accepter la réalité, malgré la difficulté. D'autre part, la colère ressort de la passion et n'apporte rien de bon. Enfin, dans la hiérarchie des conseils, la prudence et la flatterie l'emportent sur la bonté et l'aide aux autres. Bien qu'il fasse appel à l'amitié, à la charité et à la bienveillance, La Fontaine exalte au plus haut degré l'idéal de *mediocritas*: il faut être charitable, mais de manière sélective; il faut faire confiance, mais pas à tout le monde … L'ultime leçon du fabuliste, c'est le goût de la retraite et de l'introspection, qui aboutit à la connaissance de soi (cf. "Le Juge arbitre, l'Hospitalier et le Solitaire" [XII, 24]). Alors que Faguet se situe dans la lignée de Rousseau et de Lamartine, qui soutiennent la thèse de l'immoralité des *Fables*, il souscrit en même temps à l'amoralité de cette œuvre, dans la mesure où "la morale de l'intérêt" prend, chez lui, une résonance nietzschéenne: les "vertus ménagères," à savoir, "travail, prudence, économie, résignation," rendent compte de la servitude des faibles:

> "En somme, c'est la morale de l'intérêt…, du véritable intérêt bien entendu, qu'a soutenue La Fontaine, et non pas une autre et presque jamais une autre. Avec sa brutalité ordinaire, Nietzsche lui dirait: 'Oui, vos vertus, travail, prudence, économie, résignation, tout cela ce sont des vertus ménagères, ce sont des vertus de bêtes de troupeau, ce ne sont pas des vertus nobles, ce ne sont pas des vertus élevées. Il n'y a rien qui sente le surhomme et qui sente le héros dans vos fables.' Il est certain qu'il aurait parfaitement raison. Voilà pourquoi un certain nombre de grands esprits, et d'esprits justes, mais peut-être un peu sévères, ont dénoncé les fables de La Fontaine comme immorales" (126-27).

G. Michaut

L'apport de G. Michaut à l'histoire de la critique lafontainienne s'avère considérable. Fondé sur l'idéal d'érudition scientifique et positiviste cher à l'histoire littéraire de Lanson, son ouvrage[27] marque un tournant dans l'histoire du discours critique sur le fabuliste de la période qui a suivi la Première Guerre mondiale. Tout en mettant en question la part d'exagération dans les thèses de Taine, G. Michaut s'emploie, comme il l'a fait dans le cas de Molière, à démystifier la légende lafontainienne du XIXème siècle. N'ayant jamais été naïf, le poète était plutôt distrait, mais sa distraction naturelle ne l'a pas empêché d'être un excellent observateur des caractères humains. Il fait preuve de subtilité dans la représentation des caractères (le héron dédaigneux, le savetier gaillard, le renard cynique et flatteur, etc.); il s'agit en fait d'une description qui dit tout en elle-même sans éprouver le besoin de recourir à des jugements de valeur (II, 107). La Fontaine offre des constatations logiques d'ordre pratique tirées d'une expérience bien réelle, à savoir, la sienne. Mis à part "Les Membres et l'Estomac" (III, 2), "Le Dragon à plusieurs têtes…" (I, 12) et "Le Renard, le Singe et les Animaux" (VI, 6), la vision du fabuliste se révèle, dans l'ensemble, a-politique (163). Soucieux avant tout de rétablir des "valeurs vraies" et "véritable(s)" (169-70), le poète finit par adopter un épicurisme fondé sur la quête du bonheur. A cela s'ajoute une mise au point des vertus qu'il prône—"travail, prudence, prévoyance, modération, résignation, solidarité"—vertus qui tendent à corriger la vision déterministe du droit du plus fort, c'est-à-dire, l'agneau est, dans la logique des choses, dévoré par le loup de même que l'araignée est mangée par l'hirondelle. Enfin, si G. Michaut rapproche La Fontaine de Molière, c'est que tous deux partagent le don de peindre des caractères, d'où la profondeur de leur analyse psychologique et morale, ainsi que leur perception commune de l'homme en tant que victime des pièges de l'amour-propre.

Introduction

L. ARNOULD

Dans *La Terre de France chez La Fontaine*,[28] L. Arnould met en lumière la place prépondérante de la méfiance dans les *Fables*. Il s'agit d'une donnée psychologique de premier ordre apparaissant jusqu'au tiers de cette œuvre. Il convient, d'abord, de se mettre en garde contre les lois de la nature, et "la raison du plus fort" en vient à incarner de la sorte un sophisme philosophique qu'il faut éviter à tout prix (376-77). L. Arnould dresse un inventaire de tous les vices humains envers lesquels la méfiance est recommandée. La défiance s'applique alors à tous les excès, notamment la sottise, qui provient de l'ignorance, et la vanité, qui reflète l'apathie spirituelle de celui qui se croit supérieur. De même que la sagesse découle de l'expérience, l'imprudence procède de l'inexpérience. Moraliste populaire et en même temps philosophe, La Fontaine tire sa sagesse de son expérience pratique et sa philosophie se fonde sur sa sensibilité. L. Arnould insiste sur le fait que le poète s'érige en défenseur de la morale paysanne: il faut se souvenir de sa place et se méfier des puissants (382). Ame "profondément humaine," La Fontaine fait preuve d'une compassion réelle envers les petites gens et il s'acharne à défendre leur cause. Il va même jusqu'à faire l'éloge des vertus héroïques propres à la paysannerie française: ses préceptes ont fort bien servi ces défenseurs du sol national, de la "terre des ancêtres" qui a été envahie le 2 août 1914, et le critique valorise leur "esprit de travail," leur "suprême défiance," leur attitude de "résignation" face aux fléaux de tout ordre et leur "entraide nationale" (385). Dans la mesure où les paysans français ont formé "l'immense majorité des armées modernes," ces "manants de La Fontaine" ont bel et bien sauvé la patrie et, par extension, le monde (385). Ainsi, à la "morale sublime" propre à Corneille, La Fontaine oppose une humanité pratique, universelle, et mue par un esprit de tolérance éclairée. A la différence de l'auteur du *Cid*, le fabuliste n'est guère un maître de grandeur d'âme et, de ce fait, ne propose pas de vision héroïque:

> "Somme toute, cette morale de La Fontaine, comme celle des paysans, semble bien manquer d'idéal et d'envol, se trouver à l'opposé de la morale sublime de Corneille et ne devoir guère être génératrice d'hommes hardis, de colons, d'explorateurs, de héros ou de martyrs, de Jeanne d'Arc ou de Jacques Cartier, de Vincent de Paul...ou de Guynemer. Elle paraît être à la taille des Jacques Bonhomme sensés, prudents et patients, qui se défendent contre tout écart, et qui gardent, tout contre terre, leurs vieilles traditions du sol" (384).

L-P. FARGUE

De même que celui qui arbore ces signes de l'identité américaine, à savoir "Mother, Baseball and Apple Pie"—sans oublier le hamburger caricatural, symbole mondialement stéréotypé—est perçu comme un "véritable Américain," pour être vraiment français, il faut connaître La Fontaine. Référence la plus commune de la littérature française, le fabuliste est bel et bien l'auteur qui, aux yeux de L-P. Fargue, symbolise la percée initiale dans la mémoire du Français:

"De tous les écrivains français, La Fontaine est celui qui s'installe le premier dans une mémoire de Français. C'est le plus traduit, le plus estimé aussi, même de celles qui ne l'ont jamais lu, qui ne l'ont jamais pris pour un auteur, mères d'écoliers ou courtisanes. Et qui le confondent avec les Saints du calendrier."[29]

S'il a touché à de nombreuses générations de professeurs, c'est en grande partie grâce à l'influence d'une véritable mythologie scolaire. L-P. Fargue tient le fabuliste pour l'incarnation du "poète complet," sa naissance signalant en quelque sorte la naissance même de la poésie en France. Naturel, humour et liberté, voilà les principaux traits de son tempérament poétique et, en jouant le distrait, il a pu vivre dans un univers féerique, une telle stratégie lui permettant sans doute d'éviter bien des tracas du monde. C'est ainsi que Musset opère une "charmante réhabilitation" de La Fontaine, admirant avant tout chez lui le goût profond de la rêverie (522-23). Toutefois, à en croire L-P. Fargue, il ne faut jamais perdre de vue la réalité exclusivement scolaire de La Fontaine, véritable "personnage de dissertation." L'éternel distrait, négligeant et rêveur, apparaît alors comme une pure invention des programmes officiels de l'enseignement secondaire. A l'instar des autres "grands classiques," le fabuliste s'associe mécaniquement à l'instruction: il finit par prendre l' "odeur" du lycée français, c'est-à-dire, par évoquer au plus haut degré la physiologie du lieu scolaire (523). Ses apologues s'apparentent à des pièces de théâtre, bref, à de purs sketchs dramatiques, et le poète excelle à dresser des portraits. Quant à sa morale, elle se distingue par la dureté et par la nécessité de se montrer "modéré"—"ce terme si français"—voire indulgent face aux multiples faiblesses humaines (525). Chantre de la vie rustique au XVIIème siècle, La Fontaine fait preuve d'un attachement particulier aux paysans et partage notamment leur économie verbale.

Parmi les multiples paradoxes de la vie et de l'œuvre du fabuliste, on peut citer l' "absence" de poésie, qui n'est qu'une apparence, un leurre de sa part. Il va de soi que cette poésie avait une résonance particulière aux yeux et aux oreilles de l'auteur des *Espaces*. Mis à part sa conception de l'ironie lafontainienne en tant que gage d'amitié, L-P. Fargue est particulièrement sensible à l'éthique sensualiste, chère aux libertins, qui se dégage des *Fables*. Cette éthique s'insère également dans une poétique de la rêverie de la part d'un fabuliste épris de la nature et de la solitude. Face à l'absence radicale des valeurs éthiques dans le monde ou du moins d'une croyance chez lui au système de "justice distributive" dont Nisard a dégagé le fonctionnement dans le théâtre de Molière, on peut néanmoins déceler chez La Fontaine un rapport de complémentarité entre la poésie et la morale. L-P. Fargue finit par évoquer l'image stéréotypée du poète à la Cour—il l'appelle "ce sauvage sociable et candide"—image créée et soutenue par l'histoire littéraire traditionnelle. Il se livre au demeurant à une série de superlatifs afin de mettre en évidence la diversité d'attributs qui fonde son originalité irréductible au XVIIème siècle:

"Ainsi l'on aura tout essayé à propos de La Fontaine, qui est à coup sûr le plus lu des classiques, le plus facile en apparence, le mieux destiné aux enfants, alors qu'il leur est en réalité le plus fermé. Mais c'est également le plus original des auteurs, le plus nouveau pour son siècle, celui que l'on aurait le plus interrogé sur ses habitudes, sur ses goûts en matière de mœurs et de vêtements, s'il y avait eu de grands journalistes sous Louis XIV" (526).

Tant au Grand Siècle qu'à nos jours, le fabuliste s'adresse à tous les publics, y compris "les raffinés et les prolétaires." L-P. Fargue a mal prévu, enfin, à quel point les *Fables* donneraient lieu à de nombreuses caricatures réalisées par les dessinateurs. Elément de prédilection de l'enfant, l'art du dessin animé allait sûrement révéler l'essence vive et succincte de l'œuvre de La Fontaine (534-35).

P. Clarac

Devenu inspecteur des lettres en 1940, P. Clarac a régné en tant que doyen officiel de la littérature française dans les années 1950 et 1960, période qui correspond à un moment de stabilité dans l'enseignement littéraire en France. Cette période marque une phase encore importante de l'Ecole républicaine puisqu'elle précède les événements de 1968. L'œuvre de P. Clarac symbolise à merveille une stratégie étatique consistant à s'assurer du rapport entre l'enseignement du français (sa langue et sa littérature) et l'identité culturelle de la France. Cette prise de position traditionnelle trouve sa meilleure expression dans *L'Enseignement du français*,[30] où l'auteur s'applique à légitimer la culture littéraire en postulant la valeur sacrée des classiques scolaires. Pour être un maître efficace, il faut respecter et renforcer le décalage entre la position de sagesse acquise par l'âge et l'enfant inexpérimenté. C'est par l'adhésion aux normes que le maître directif parvient à fonder son rapport avec l'élève: "Eduquer, c'est faire d'un enfant un adulte, d'un élève un maître" (6). Le disciple s'apparente ainsi à celui qui assimile la discipline du maître. L'explication française incorpore donc la logique de la faute et du devoir de français. P. Clarac attache par ailleurs une valeur liturgique aux "textes sacrés" qu'il ne faut aborder qu'avec révérence. Il croit, de même, à la valeur monumentale des "grands textes" qui servent à évoquer les "thèmes éternels" s'appliquant à toute l'humanité. Il s'agit, plus précisément,

"(de) textes dont professeurs et élèves ne doivent approcher qu'avec respect et comme en tremblant...Il est inexcusable de profaner une page sacrée, de prétendre la juger de haut, de l'aborder sans préparation ni humilité" (44).

Si P. Clarac s'interroge sur la place de La Fontaine dans les programmes d'enseignement officiels en France en 1960, c'est pour faire ressortir la continuité des *Fables* sur l'étendue du cursus scolaire.[31] Il s'attache à démontrer que l'ambiguïté poétique du fabuliste échappe à un traitement scolaire par trop didactique. C'est au niveau de la langue—sa subtilité et ses composantes hétérogènes—que l'écriture poétique des *Fables* présente la plus grande difficulté pour les élèves. D'autre part, le charme naturel et naïf de cette œuvre présuppose une connaissance de la culture antique et moderne. A partir du deuxième recueil, on assiste à un élargissement de la conception littéraire des *Fables*. Le poète touche ici à tous les genres: élégie, épopée, conte et méditation philosophique. De plus, on trouve, dans ce recueil, une plus grande diversité stylistique et philosophique. Bien que les *Fables* se caractérisent par une simplicité thématique qui les rapproche de la réalité, la nuance poétique due au recours à la litote, par exemple, donne lieu souvent à une lecture problématique. La Fontaine cultive à tout moment le paradoxe, d'où la difficulté à tirer une interprétation univoque et "correcte" de "La Laitière et le pot au lait" (VII, 10), pour ne citer que cette fable. P. Clarac souligne la finesse de sa poétique, qui force le lecteur à une participation active, d'où la double signification propre à la rêverie qui découle de cette fable. Le critique prend soin d'indiquer, à ce sujet, que si les élèves de l'enseignement secondaire se méprennent sur la valeur réelle des *Fables*, ceci tient sans doute à une certaine désaffection scolaire à l'égard de cette œuvre (7). La sélection des fables les plus ésopiques relève de la paresse et de la routine mécaniques; seules les fables les plus accessibles aux enfants sont admises. Ces apologues seraient, au total, une espèce de résumé de la vie. La déduction que l'on ferait de l'expérience en constituerait la morale. La "simplicité" des *Fables* s'avère, en dernière analyse, un leurre, une simple apparence.

Si P. Clarac insiste sur la valeur linguistique des œuvres qui se rattachent à l'humanisme traditionnel, c'est pour légitimer la place importante prise par La Fontaine et les auteurs classiques dans l'enseignement des jeunes. Force est d'habituer ceux-ci à la langue ancienne afin de ne pas la perdre. Malgré la subtilité du vers irrégulier qui ne cesse de déconcerter les jeunes lecteurs, il importe de les former à partir des intonations poétiques du fabuliste. S'adressant alors aux plus grands détracteurs de La Fontaine, à savoir, Rousseau, Lamartine et Eluard, le critique précise que le poète véhicule une morale terrienne fondée sur la méfiance absolue. Il s'agit, plus précisément, d'une morale républicaine valorisant "l'amour du travail" et "l'esprit de l'entraide" (13). Cette morale s'inspire en même temps des principes de la démocratie républicaine et populaire; elle sert du reste à humaniser les apologues ésopiques. Ainsi, les *Fables* contribuent à rehausser l'idéal démocratique propre à la France moderne. Au total, P. Clarac s'inspire d'Alain qui, idéologue radical socialiste, l'amène à privilégier les qualités de La Fontaine laïc, à savoir, la probité, le sens de l'économie et le goût du travail, qui constituent les meilleures valeurs de la France. P. Clarac envisage La Fontaine comme le poète républicain par excellence, le chantre exemplaire des valeurs populaires.

Ainsi, dans "Le Loup et le Chien" (I, 5), par exemple, être domestiqué, tel le chien, c'est se résigner à la servitude. "Les Animaux malades de la peste" (VII, 1) renferment une protestation implicite de la part du fabuliste contre l'arbitraire politique. Si P. Clarac recommande une sélection judicieuse des fables destinées à l'usage de l'école primaire, c'est pour éviter les implications sexuelles inadmises, comme, par exemple, de "L'Homme entre deux âges, et ses deux Maîtresses" (I, 17); c'est également pour éviter des explications trop compliquées et des concepts trop "adultes" pour l'esprit simple de l'enfant. Toutefois, il s'en prend au vœu de tronquer les fables pour des raisons morales (cf. "Le Jardinier et son Seigneur" IV, 4). Quoi qu'il en soit, pour lui, c'est la poésie des *Fables* qui en représente la qualité maîtresse, et non la morale. Dans la mesure où la lecture de cette œuvre engage forcément le lecteur dans le jeu du fabuliste, la poésie constitue le moyen idéal pour communiquer le message voulu. Ainsi, bien que l'enseignement littéraire réponde à des finalités objectives et subjectives, le sens des *Fables* peut et doit, selon P. Clarac, se fixer de manière rigoureuse en déchiffrant l'intentionnalité créatrice de La Fontaine.

P. Clarac apporte, enfin, un démenti nuancé aux critiques qui perçoivent en l'auteur des *Fables* un précurseur de la Révolution, un partisan d'une vision sociale progressiste: "La Fontaine n'a rien certes d'un révolté; pourtant sa clairvoyance et sa franchise lui inspiraient dans le recueil de 1678 bien d'autres audaces."[32] Dans sa conclusion d'ensemble sur le premier recueil, il affirme que La Fontaine met en scène des personnages particuliers qui appliquent des principes généraux, ceci afin de permettre à son lecteur de dégager une vérité morale particulière, tel l'idéal de la connaissance de soi. Somme toute, le poète se fait l'apôtre d'un épicurisme sans illusion.

Trilogie de lectures politiques des 'Fables' de La Fontaine (1947-1960)

A. Bisi

Dans son analyse de la place de la figure royale dans les *Fables*, A. Bisi met en lumière le penchant républicain du moraliste, qui insiste sur les conséquences néfastes du pouvoir monarchique.[33] Il critique l'orgueil et la condescendance du souverain, et ses conseils ressortent parfois du machiavélisme politique. En fait, la ruse et la trahison, qui se manifestent avec éclat dans l'univers poétique de La Fontaine, s'appliquent parfaitement à l'actualité historique de l'entre-deux-guerres. Conformément au discours hagiographique sur le fabuliste, qui s'est manifesté notamment après la Première Guerre mondiale, A. Bisi rattache la rapacité tyrannique du Lion à Hitler (23). Dans cette même perspective, La Fontaine annonce les méfaits des tyrans du monde moderne, à savoir, Napoléon, Mussolini et Hitler. Si Talleyrand a pu dominer le monde de la diplomatie internationale en 1815 en "fin renard," c'est qu'il a su mettre en œuvre une stratégie de la ruse chère au renard lafontainien afin de triompher de ses adversaires. Un des conseils d'ordre politique du poète, tel que "l'union fait la force" ou, alternativement, "diviser pour conquérir," se traduit avec vigueur dans la politique allemande vis-à-vis des états balkaniques; à savoir que l'impérialisme des fascistes était fondé sur l'agrandissement territorial, sur la nécessité de sauvegarder "l'espace vital" de l'Italie et de l'Allemagne (cf. la politique hitlérienne de *Lebensraum*). Si "La Laitière et le pot au lait" (VII, 10) fait l'éloge de l'imagination, cette "puissance trompeuse" prend la forme d'un appétit immodéré du pouvoir chez les deux dictateurs de l'Axe. A ce délire d'impérialisme politique s'ajoute enfin l'imprévoyance des conquérants fascistes qui ont été en proie aux vicissitudes de la fortune ("Le Renard et le Bouc" [III, 5]).

Quand on aborde le rôle du peuple dans les *Fables*, on s'aperçoit que la vision républicaine du poète s'exprime avec plus de netteté encore. Apôtre d'un humanitarisme social, La Fontaine pourrait s'adresser à une Europe décimée par deux guerres mondiales, marquée sur le plan politique par une volonté de puissance déréglée:

> "Dans la péroraison du sauvage paysan du Danube, on sent passer tout l'amour de La Fontaine pour la justice, toute sa pitié pour les opprimés. Ce qu'il dit n'est que trop vrai aujourd'hui: l'avidité de domination a déchaîné la guerre la plus atroce. Jamais on n'a eu d'exemples d'une semblable cruauté, d'un égoïsme aussi dévergondé…" (60).

Dans le cas de l'Italie à la suite de 1945, le redressement national est mû par une volonté unanime de créer un nouvel avenir, et le précepte du "Chartier embourbé" ("Aide-toi, le Ciel t'aidera" [VI, 18, v. 33]) s'avère particulièrement pertinent. Quant à la France, A. Bisi fait ressortir la critique de l'aveuglement du peuple qui se dégage de "La Tête et la Queue du Serpent" (VII, 17) pour rendre compte de l'instabilité ministérielle de l'entre-deux-guerres, qui donne lieu à la débâcle de 1940 et à la souffrance et aux martyres témoins de l'Occupation. La sympathie dont fait preuve le poète à l'égard du peuple est démontrée non seulement par l'image de Jacques Bonhomme, taillable et corvéable sans merci, mais aussi par le fait que le principe de l'entraide suppose une solidarité dans le malheur chez les pauvres (cf. "L'Aigle et l'Escarbot" [II, 8]).

A. Siegfried

Dans *La Fontaine, Machiavel français*,[34] A. Siegfried met en lumière la portée politique contemporaine qui se dégage de ces histoires d'enfance que sont les *Fables*. A l'instar du *Prince*, l'œuvre de La Fontaine peut servir de manuel, voire de bréviaire pour l'homme d'Etat. Envisageant cette œuvre à la lumière des événements de l'entre-deux-guerres, A. Siegfried suggère que la morale politique du "Lion amoureux" (IV, 1), par exemple, aurait pu empêcher la France d'abandonner le Rhin aux forces d'Hitler. Dans cette même perspective, "Le Loup et l'Agneau" (I, 10) sert d'arrière-plan à la prise arbitraire de la Pologne, et l'on songe à ce sujet à l'iconographie réaliste de J. Mas. Par ailleurs, "Les Deux Chèvres" (XII, 4) dramatisent le désastre réel auquel donne lieu une attitude d'intransigeance politique et "Le Loup plaidant contre le Renard par-devant le Singe" (II, 3) met en évidence une sorte de *Realpolitik* lafontainienne: en matière de politique, les torts sont universellement partagés et une vision dichotomique des purs, d'un côté, et des impurs, de l'autre, est le fait d'esprits naïfs.

Abordant le discours normatif de La Fontaine qui sous-tend la sagesse des Nations, le critique exalte "notre vieille sagesse paysanne" (62). Ainsi, de même qu'une méfiance automatique envers certains animaux est de rigueur, il faut se méfier de certains hommes d'Etat. Une telle sagesse suppose qu'il y a des situations où ce serait folie de faire confiance. Dans son éloge du paysan français, A. Siegfried soutient que, restant en harmonie avec la Nature, ce type idéal marque l'hypocrisie et les inhibitions des citadins. La sagesse immémoriale des paysans insiste non seulement sur l'importance de s'assujettir au rythme de la Nature et de construire des projets, en bonne méthode cartésienne, à partir d'un fondement sûr, mais aussi sur la modération:

> "Au fond de cette morale il y a la mesure. Rien de trop est l'avis le plus fréquent des mères françaises à leurs enfants. Tout ce qui est en excès finit par être retranché, les éloges abusifs se retournent contre celui qui en est le bénéficiaire apparent et, comme le disait Talleyrand, ce qui est exagéré ne compte pas, pas plus que la vitesse non contrôlée du cheval emballé" (64-65).

Dans cet ordre d'idées, La Fontaine chanterait les louanges d'une sorte d'école naturelle, c'est-à-dire, celle de "ces paysans éternels, fils de la terre, frères des arbres et des vents, qui, mieux que les spécialistes, ont appris le secret de la conduite" (66).

A. MARTEL

A. Martel situe "le vrai La Fontaine" au niveau de la dimension politique des *Fables*, l'érigeant en l'occurrence en "anti-Machiavel" qui ne condamne pas la monarchie mais bien plutôt ses excès.[35] Dans "Le Paysan du Danube" (XI, 7), par exemple, apologue en faveur des droits humains, on voit avec netteté l'engagement politique et la propagande judiciaire du fabuliste, qui prend à partie la gestion louis-quatorzienne de la France. Cet apologue fait valoir le pouvoir contestataire des *Fables* en ce sens que La Fontaine se montre anti-colonialiste avant la lettre. Humanitaire au sens moderne, il procure aux plus démunis de quoi se défendre et survivre. Après avoir rattaché la figure de l'âne qui prend sur lui les fautes collectives ("Les Animaux malades de la peste" [VII, 1]) à la figure contemporaine du "lampiste," A. Martel cite cette critique oblique mais courageuse du Roi en plein absolutisme: "Prétendrais-tu nous gouverner encore,/Ne sachant pas te conduire toi-même?" (93) (cf. "Le Renard, le Singe, et les Animaux" [VI, 6, vv. 28-9]). Dans la mesure où la monarchie de Louis XIV devait déjà montrer des signes de faiblesse et d'agitation du temps de La Fontaine, les *Fables* sont éminemment prémonitoires, car le poète prévoit non seulement les grands bouleversements politiques de la France des XVIIIème et XIXème siècles (cf. "Les Grenouilles qui demandent un Roi" [III, 4]), mais encore la débâcle politique entraînée par le nazisme. La Fontaine anticipe de la sorte l'avènement de la démocratie moderne, et cette tendance républicaine chez lui en plein XVIIème siècle est un fait exceptionnel:

> "Unique, dans tout le dix-septième siècle, La Fontaine est déjà empreint de cet esprit social qui va animer les penseurs du siècle suivant pour aboutir à la Révolution. On dit que les poètes sont des voyants. Notre Bonhomme semble avoir pressenti les changements de régimes qui vont se produire après la chute de la monarchie… (Ne prévoit-il pas) les temps agités qui amèneront toutes les formes

de gouvernements de circonstances, glissant plus ou moins vers des dictatures, pour en venir à la Restauration?...N'évoque-t-on pas encore, de fraîche mémoire, un pouvoir de fer, porté au pinacle par des foules consentantes, et qui les a sacrifiées dans de monstrueux holocaustes?...Notre bonhomme est un républicain avant l'heure...Même Jupin, alias Jupiter, le Dieu des dieux, incline de ce côté...C'est assez extraordinaire qu'en 1668, date de la parution des six premiers livres de fables, La Fontaine ait déclaré en somme que le meilleur régime était encore la République" (94-95).

Bien que Louis XIV ait cru les *Fables* inoffensives, elles portaient en fait des germes révolutionnaires, et le format des apologues constituait un refuge idéal pour ce contestataire du pouvoir. L'audace réelle du Bonhomme réside dans le fait qu'il s'attaque directement à l'autorité royale en faisant indirectement parler des animaux. Sa critique sociale étant plus vigoureuse que celle de La Bruyère, le fabuliste s'en prend aux abus des Grands et rejoint, par là, la critique moliéresque du "grand seigneur méchant homme" de *Dom Juan*. A l'instar d'Alceste, désireux de fuir l'hypocrisie qui règne à la Cour, il préfère se réfugier dans les mœurs campagnardes où les habitants sont bien plus sincères. Etant d'origine modeste, il se sent naturellement attiré par la vie rurale.

La Critique moderne

Quoiqu'un recensement systématique des commentateurs de La Fontaine dans les vingt-cinq dernières années dépasse les limites de notre propos, il convient de noter que la mise en place de l'image moderne du fabuliste s'explique par une volonté unanime de le déscolariser, voire de le "dé-républicaniser." Et les diverses tentatives de la nouvelle critique ayant pour objet l'œuvre de Racine, Corneille, Molière ou Mme de Lafayette ne mettent que plus en lumière l'absence relative d'exégèse moderne sur les *Fables* de La Fontaine. Un tel manque d'intérêt tient à l'influence profonde de l'Ecole républicaine encore décelable jusqu'aux années 1960. Pour les Français, (re)lire les *Fables* à l'âge adulte, c'est nécessairement désapprendre les lectures moralement correctes transmises par le discours scolaire à travers les générations. Le renouvellement des études lafontainiennes a été de la sorte retardé par le poids des approches scolaires plus traditionnelles des *Fables*. La désaffection des lecteurs français à l'égard de la morale du fabuliste comporte un certain dédain à l'égard de cette morale "enfantine." Il n'est guère indifférent alors de constater le nombre significatif de critiques étrangers et francophones[36] qui ont contribué à l'expansion remarquable de la critique lafontainienne à partir des années 1980.

La modernité de La Fontaine repose sur l'ouverture des *Fables*, qui permet la multiplicité des perspectives critiques. Elle suppose une mise en question radicale du didactisme du fabuliste, bref, de son efficacité pédagogique. Dans la mesure où la critique moderne se refuse aux interprétations pré-fabriquées, elle privilégie la valeur non-référentielle du discours poétique de La Fontaine. Sans médiation institutionnelle, ce discours est dépourvu de visée directe; il se veut désintéressé, voire "intransitif." La modernité lafontainienne rejette, en un mot, la principale stratégie de l'Ecole républicaine, qui consiste à accorder aux *Fables* une référentialité discursive particulière, c'est-à-dire, une signification philosophique, éthique, socio-historique ou bien idéologique. Dans leur souci de repenser la vision et les valeurs qui se dégagent de cette œuvre, des critiques tels que D. Rubin, R. Danner et M. Vincent s'appliquent, par exemple, à mettre en lumière l'indétermination éthique des apologues et, notamment, celle des apologues ésopiques marqués par une clôture morale. Alors que D. Rubin vise avant tout à problématiser les fables didactiques, M. Vincent, lui, perçoit une "anti-moralité" dans "La Laitière et le pot au lait" (VII, 10) (52). R. Danner, pour sa part, propose une lecture intertextuelle des *Fables* fondée sur une reconnaissance du pouvoir corrosif de l'ironie poétique du fabuliste. En ce qui concerne A. Birberick, enfin, elle s'attache à démontrer les stratégies lafontainiennes de dissimulation et de dévoilement ayant pour objet la création, au XVIIème siècle, d'un lectorat anticanonique.

Quant aux critiques français récents de La Fontaine, il convient de mentionner d'abord l'apport de R. Jasinski qui, datant de 1966, envisage déjà le fabuliste en tant que chroniqueur politique, son œuvre s'insérant dans l'ensemble de la littérature militante.[37] Axée sur une lecture à clefs qui donne lieu à une grille explicative positiviste, cette démarche critique présente Colbert en objet de réprobation du fabuliste. J-P. Collinet ne s'adresse pas, de son côté, au problème de l'intentionnalité de l'auteur.[38] Voyant dans le décalage entre la fiction ("l'agréable mensonge") et la vérité le ressort fondamental de la poétique lafontainienne, il souligne l'art du contrepoint, c'est-à-dire, le jeu intertextuel subtil qui s'opère d'un recueil à l'autre, jeu qui privilégie notamment la complémentarité entre diverses fables. Signalons par ailleurs que J-P. Collinet a plaidé en faveur de la "déscolarisation" de La Fontaine.[39] Soucieux de dégager l'architecture secrète des *Fables*, A-M. Bassy fait apparaître l'univers lafontainien comme un parcours initiatique, semé d'embûches et de fausses pistes, le lecteur/*viator* devant sortir de ce labyrinthe d'interprétations contradictoires en découvrant l'intégralité des fables.[40] Dans *La Fabrique des 'Fables': Essai sur la poétique de La Fontaine*,[41] P. Dandrey démontre que la démarche du fabuliste aboutit à une subversion du genre antique: on assiste à une transformation de la lecture univoque de la morale ésopique en une poétique qui tâche de mettre en évidence les limites de cette lecture. Le poète s'engage alors dans une dialectique entre le modèle et sa re-création, ou plutôt sa ré-écriture perpétuelle.

La Fontaine représente, aux yeux de l'ensemble des Français, le poète républicain par excellence et, par extension, aux yeux du genre humain, le poète universel: universel dû au fait qu'il s'adresse à tout un chacun dans un style simple et épuré; tenu pour républicain de par le caractère hautement moraliste de ses *Fables*, idéalisées par les défenseurs de ce mouvement populaire. L'œuvre du "bonhomme" le plus célèbre de l'Hexagone est communément admise comme l'une des plus représentatives de l'identité gauloise. De surcroît, à travers l'utilisation scolaire des *Fables* sous la Troisième République, La Fontaine contribue à rebâtir les fondations d'une unité culturelle fragmentée sous l'Ancien Régime.

La place privilégiée occupée par le poète dans l'imaginaire gaulois, tout comme les valeurs qu'il prodigue dans ses fables, restent jusqu'à nos jours inégalées. Traduite en de multiples langues depuis la fin du XVIIème siècle, son œuvre l'érige au banc des poètes universels. Cependant, certains détracteurs remettent en question la moralité de l'univers lafontainien. Rousseau, pour ne citer que lui, mû par une soif exacerbée de justice et d'égalité, s'avérera être le plus virulent d'entre eux et dénoncera, selon son idéologie, le caractère souvent implacable des *Fables*. En dépit de la controverse littéraire, le bilan critique sur cette œuvre demeure essentiellement laudatif. La fraîcheur du style, la dimension éducative des apologues et, bien plus significatif, l'aspect purement "terrien" de l'auteur émeut l'ensemble du peuple français sans distinction d'opinion religieuse ou politique.

NOTES

[1] Il convient de réinscrire, comme l'a suggéré pertinemment F. Népote-Desmarres, la problématique de la fable dans sa dimension historique. Il faut donc mettre en relation l'exercice de collège républicain de la fin du XIXème siècle avec l'exercice de "collège" originel qu'est la fable. Etant à l'origine un apanage de l'art oratoire des gestionnaires de la cité (cf. la *Rhétorique* d'Aristote), la fable servait alors d'exercice rhétorique à finalité morale. La maîtrise de cet art politique supposait l'entraînement de l'individu grâce à la fréquentation des fables/exercices (cf. *Progymnasmata*). Etant donné la mise en place de la nouvelle rhétorique et des questions religieuses de formation de l'être humain à partir du XVIème siècle, "la fable se pédagogise de plus en plus … en même temps qu'elle perd sa finalité politique appliquée" (cf. "Le Pouvoir des Fables," VIII, 4) (Correspondance personnelle, le 9 janvier 1999).

[2] C. Nicolet, *L'Idée républicaine en France (1789-1924)*, Paris, Gallimard, 1982.

[3] A. Chervel, *Les Auteurs français, latins et grecs au programme de l'enseignement secondaire de 1800 à nos jours*, Paris, INRP et Ed. de la Sorbonne (1986), 235.

[4] Correspondance personnelle, le 11 janvier 1999.

[5] De nombreux critiques discernent chez La Fontaine un côté "grand enfant": E. Géruzez, *Cours de littérature*, Paris, Delalain (1854); 173; G. Merlet, *Extraits des classiques français*, Paris, Fauraut (1901), 339; et F. Hémon, *Cours de littérature*, V, Paris, Delagrave (1906), 36.

[6] A-M. Bassy, *Les 'Fables' de La Fontaine: Quatre siècles d'illustration*, Paris, Promodis (1986), 186.

[7] A. Gazier, *Choix de fables de La Fontaine*, Paris, Colin (1886), ii; A. Albalat, "Le Vrai La Fontaine," *Revue hebdomadaire*, 11 (1909), 180.

[8] J. DeJean, "The Law(s) of the Pedagogical Jungle: La Fontaine Read by Rousseau," *Semiotica*, 51 (1984), 181.

[9] *Œuvres complètes de Chamfort*, I, Genève, Slatkine (1961), 41.

[10] *Cours de littérature*, VII, Paris, Emler (1829), 22.

[11] *De l'art et du beau*, Paris, Garnier (1885), 281.

[12] *Méditations*, Paris, Garnier (1968), 301.

[13] *La Fontaine et les fabulistes*, Paris, Calmann-Lévy (1862), II, 94-96.

[14] "Préface," *Fables de La Fontaine*, Paris, Jouvet (1885), xiii.

[15] *Histoire de la littérature française*, III, Paris, Didot (1857), 72.

[16] *Histoire de la littérature française*, 151. M. Guinat estime, de même, que la morale

républicaine de La Fontaine doit remédier aux querelles politiques qui divisent le peuple français (*La Morale des 'Fables' de La Fontaine*, Paris, Lemerre [1886], 374).

[17] *Histoire de la littérature française*, 152.

[18] Nancy, Vagner, 1861.

[19] *La Grande Encyclopédie*, 30, Paris, Larousse (1974), 883.

[20] S. Jeune, *Poésie et système. Taine interprète de La Fontaine*, Paris, Colin (1968), 66.

[21] *La Fontaine et ses fables*, Paris, Hachette (1861), 61-62, 122-23.

[22] *La Morale des 'Fables' de La Fontaine*, Paris, Lemerre (1886), vi.

[23] *La Nouvelle Revue*, 5 (1890), 553-82.

[24] *La Fontaine moraliste*, Paris, Plon, Nourrit et Cie (1896), 1.

[25] *La Fontaine*, Paris, Société française d'imprimerie et de librairie, 1913; *Histoire de la poésie française*, Paris, Boivin, 1930, IV.

[26] *Histoire de la poésie française*, 139.

[27] *La Fontaine*, Paris, Hachette, 1929, 2 vols.

[28] Tours, Mame, 1924.

[29] "La Fontaine," *La Nouvelle Revue française*, 44 (1935), 519.

[30] Paris, PUF, 1964.

[31] "Les *Fables* de La Fontaine, de l'école primaire à la Sorbonne," *Bulletin de la Société française de Pédagogie*, 134 (1960), 1-27.

[32] *Œuvres choisies de La Fontaine*, Paris, Delalain (1926), 214.

[33] *L'Actualité de La Fontaine*, Rome, Società de Dante Alighieri, 1947.

[34] Paris, Ventadour, 1955.

[35] *La Fontaine n'est pas un imbécile*, Paris, Le Soleil dans la tête, 1960.

[36] R. Danner, *Patterns of Irony in the 'Fables' of La Fontaine*, Athens: Ohio University Press, 1985; J. Brody, *Lectures de La Fontaine*, Charlottesville, Rookwood Press, 1994; D. Rubin, *A Pact With Silence: Art and Thought in the 'Fables' of La Fontaine*, Columbus: Ohio State University Press, 1991; M. Vincent, *Figures of the Text: Reading and Writing (in) La Fontaine*, Amsterdam, Benjamins Publishing Co., 1992; J. Grimm, *Le Pouvoir des Fables. Etudes lafontainiennes*, Paris, Biblio 17, 1994, I; etc.

[37] *La Fontaine et le premier recueil des 'Fables'*, Paris, Nizet, 1966, 2 vols.

[38] "La Fontaine et son faux Orphée," dans *L'Intelligence du passé. Les faits, l'écriture et le sens. Mélanges offerts à Jean Lafond*, Tours, l'Université François Rabelais (1988), 381.

[39] "Les Classiques à l'école," dans *Destins et enjeux du XVIIème siècle*, Y-M. Bercé et al, éds. Paris, PUF (1985), 223-30.

[40] "Les Fables de La Fontaine et le labyrinthe de Versailles," *Revue française des Bibliophiles de Guyenne*, 12 (1976), 367-426.

[41] Paris, Klincksieck, 1992.

OUVRAGES CITÉS

Bien que l'on ne puisse rendre compte de tous les commentateurs contemporains qui ont fait une contribution importante à la critique lafontainienne, il convient de citer les références suivantes, qui doivent s'ajouter aux critiques déjà mentionnés:

J-M. Adam, "Types de séquences textuelles élémentaires," *Pratiques*, 1987

M. Arditi, *Mon Cher Jean...De la cigale à la fracture sociale*, 1997

A. Birberick, ed. *Refiguring La Fontaine: Tercentenary Essays*, 1996

———. *Reading Undercover: Audience and Authority in Jean de La Fontaine*, 1998

P. Boutang, *La Fontaine politique*, 1981

J. Brody, *Lectures de La Fontaine*, 1994

J-C. Darmon, "Les *Fables* et le jardin: figuration du plaisir selon Jean de La Fontaine," dans *Philosophie épicurienne et littérature au XVIIème siècle*, 1998

J. DeJean, "The Laws of the Pedagogical Jungle: La Fontaine Read by Rousseau," *Semiotica*, 1984.

H. De Ley, *Fixing Up Reality. La Fontaine and Lévi-Strauss*, 1996.

O. De Mourgues, *O Muse, fuyante proie*, 1962.

R. Fayolle, "Notes sur le devenir de La Fontaine," dans *Fables et fabulistes*, 1992

M. Fumaroli, *Le Poète et le roi. Jean de La Fontaine en son siècle*, 1997.
   La Diplomatie de l'esprit: De Montaigne à La Fontaine, 1994.

R. Gillet, "Vérité et idéologie dans les notices biographiques et critiques: l'exemple de La Fontaine," *L'Ecriture du savoir*, 1991.

J. Grimm, *Le Pouvoir des fables. Etudes lafontainiennes*, 1994.

M. Gutwirth, *Un Merveilleux sans éclat: La Fontaine ou la poésie exilée*, 1987.

O. Leplatre, *Fables. La Fontaine*, 1994.

P. Malandain, *La Fable et l'intertexte*, 1981.

L. Marin, "Les Tactiques du renard," dans *Le Portrait du roi*, 1981.
   "La Raison du plus fort…," dans *Exigences et perspectives de la sémiotique: Recueil d'hommages pour Algirdas Julien Greimas*, 1985.

G. Maurand et al., *Lire La Fontaine*, 1992.

G. Maurand, *Lire et enseigner. Le Texte et l'image*, 1989.

J. Moussarie, "Les *Fables* de La Fontaine: un malentendu tenace," dans *Fables et fabulistes*, 1992.

F. Népote-Desmarres, *Jean de La Fontaine, les 'Fables'*, 1999.
   "Au terme d'une lecture des *Fables:* l'image du roi et du poète," *Le Fablier*, 1996.

J-H. Périvier, "Fondement et mode de l'éthique dans les *Fables* de La Fontaine," *Kentucky Romance Quarterly*, 1971.

J. Rohou, "Les *Fables*, le négociant et le financier: un La Fontaine aveugle et réactionnaire?," *XVIIème siècle*, 1995.

R. Runte, "La Dominance dans les *Fables* de La Fontaine," dans *La Poétique des 'Fables' de La Fontaine*, 1994.

M-P. Schmitt, "La Place et l'image de La Fontaine dans l'enseignement durant la décennie," *Le Fablier*, 1991.

M. Slater, "La Fontaine and Brevity," *French Studies*, 1990.

M. Soriano, "Le Ton inimitable de La Fontaine," dans *The Wolf and the Lamb. Popular Culture in France*, 1977.

M.O. Sweetser, *La Fontaine*, 1987.

S. Tiefenbrun, "Signs of Irony in La Fontaine's *Fables*," *Papers on French Seventeenth-Century Literature*, 1979.

II. La Place de La Fontaine dans l'enseignement primaire

Les *Fables* de La Fontaine acquièrent une signification culturelle sinon au berceau, du moins à l'école maternelle, où elles sont racontées aux tout jeunes enfants. En fait, parmi tous les écrivains classiques, La Fontaine était le seul à être utilisé pour la formation des enfants de six ans. Conformément au rôle des rimes enfantines de *Ma Mère l'Oie* joué dans la culture anglo-américaine, les *Fables* représentent, à l'école primaire, un acquis culturel fondamental. Remontant à la tradition scolaire des Jésuites, qui faisaient un usage particulier de l'apologue ancien, la pièce maîtresse du fabuliste constituait une sorte de pédagogie préfabriquée. Apprendre la langue, se livrer à des exercices rhétoriques, c'est, en somme, former le jugement, et la pédagogie de ce "premier maître de français"[1] suppose que la sagesse propre à l'univers des fables puisse se réduire à de plates formules. Sortant du domaine abstrait, la sagesse finit de la sorte par se concrétiser: on peut la lire, l'apprendre et finalement l'intérioriser. On dégage la sagesse du texte sous forme de produit, d'objet à distribuer; elle devient alors un objet éminemment consommable. De même que l'alphabétisation en France au XVIIIème siècle comprenait la mémorisation, l'imitation et l'écriture, l'Ecole républicaine du siècle suivant a permis la transmission de la culture grâce à de pareilles méthodes. La Fontaine avait le mérite d'incorporer la sagesse d'Esope dans la langue française; les élèves ont inscrit, de même, ses fables dans leur mémoire. Leur apprentissage procédait ainsi de cette inscription d'un discours moral et poétique hérité de l'antiquité. L'Ecole se donnait pour tâche la formation du jugement et du goût des élèves, ainsi que la mise en place de leur culture intellectuelle et de leur éducation morale. Dans cette perspective, on ne saurait trop insister sur la relation étroite entre l'acculturation linguistique et la formation des structures cognitives.

Dictée et récitation

La dictée représentait un exercice primordial au niveau de l'école primaire. Source d'apprentissage mécanique et répétitif issu de la méthode des Frères Lasalle, elle permettait à cette discipline qu'est l'enseignement du français de s'assurer de sa capacité à faire réitérer des propos. La valeur disciplinaire de cet exercice résidait dans le fait que l'élève se faisait récepteur/objet du discours magistral. En latin, l'élève est le "discipulus," c'est-à-dire, celui qui doit apprendre et, notamment, apprendre à se comporter; par extension, celui qui reste à discipliner. Le terme "moraliser" désigne, par ailleurs, la volonté de faire conformer les enfants aux normes. Etant donné la primauté de la dictée dans la hiérarchie des exercices scolaires, l'apprentissage linguistique s'apparentait à une activité disciplinaire. Comme il n'y avait aucune place chez l'élève pour la liberté, la langue lui apparaissait sous la forme d'une contrainte. Là où le maître proposait (il énonçait, dictait), l'élève, lui, se trouvait à la disposition du maître (il écoutait, écrivait). Le maître fondait son autorité sur le pouvoir discursif puis accordait à l'élève le droit à la parole selon son bon vouloir. On ne s'étonne donc pas, dans ces conditions, que la dictée représentât, aux yeux de l'élève, une expérience linguistique passive, voire ennuyeuse.

P. Sansot, un auteur évoquant ses souvenirs d'enfance des années 1930, met en valeur l'air cérémonial qui entourait la langue parlée à l'école, le côté sévère de la parole du maître: "Le Maître se tenait droit, il se redressait de toute sa taille pour accéder à la dignité de porte-parole de la langue française."[2] On aurait affaire, selon lui, à une sémiotique corporelle permettant aux règles de grammaire d'envahir l'être même du maître. Soulignons, du reste, que l'enseignant de l'époque était vêtu de noir, couleur hautement symbolique d'autorité. La rigidité de celui-ci, tout attaché à son devoir d'instituteur, créait une attente chez l'élève, qui se mettait dans l'esprit d'écrire sérieusement; cela créait en même temps une crainte de l'instituteur qui rendait l'élève plus enclin à écouter par peur des représailles:

> "Le Maître, pendant la dictée, s'interdisait tous ces relâchements du corps. Un Maître debout, des élèves presque couchés sur leurs pupitres, que l'on ne voie pas, dans ce contraste, l'opposition de la maîtrise et de l'esclavage, de l'autorité et de l'obéissance mais plutôt une cérémonie où chacun avait un rôle bien défini dont il ne devait pas s'écarter" (25).

La dictée constituant une activité primordiale dans l'expérience scolaire à cette époque, on comprend que les enfants aient perdu leur puérilité naturelle une fois soumis au régime de cet exercice. La solennité de cet exercice convenait non seulement à la révérence due aux "grands auteurs" du programme, mais illustrait également l'importance de la langue en tant que fondement de l'identité nationale de l'élève. En prônant, d'autre part, l'intégration du moi dans l'identité du maître, la dictée mettait en jeu une théorie mimétique poussée à l'extrême:

> "Pour exceller en dictée, il ne suffisait pas...de connaître l'orthographe, de faire la chasse aux mots rares, de ne pas perdre son sang-froid, au moment d'une épreuve limitée dans le temps. Il fallait aussi et surtout se laisser 'posséder' par la voix du Maître, oublier son propre corps, devenir l'organe, le médium d'un autre corps" (27).

Tout compte fait, la parole du maître visait à être copiée, reproduite et finalement acceptée; de la voix que l'on ne saurait mettre en question à la main automate de l'élève en quelque sorte. D'où, de nouveau, la portée étymologique du terme "discipulus." C'est ainsi qu'A. Chervel définit la démarche magistrale:

"Il ne s'agit pas de 'convaincre' dans l'ordre de la raison et du dogme. Il s'agit d'implanter les formes mêmes de la connaissance, du raisonnement, de l'expression normée, voire du comportement gestuel."[3]

En dernière analyse, la dictée représentait une pratique par laquelle on acculturait les enfants du peuple. Habituer les élèves à écouter, c'est les habituer à obéir. Sur un autre plan, enfin, au collège, l'écolier était soumis à des dictées pour vérifier son orthographe et à une série de questions pour analyser ses connaissances grammaticales.

Si l'on admet que les *Fables* de La Fontaine ont été créées en vue de la (ré)citation, qu'elles constituent, selon M. Vincent, de véritables "machines à citation,"[4] il faut reconnaître que l'inlassable répétition représentait, pour tous les exercices d'élocution, un principe méthodologique sûr. Ainsi, si l'Ecole a érigé La Fontaine en maître de la récitation et de la diction, c'est que la place scolaire du fabuliste est intimement liée à l'histoire d'un long ânonnement par les écoliers français. D'autre part, l'utilisation d'animaux et la petite longueur de la fable se prêtent à merveille à cet exercice. Quoique l'apprentissage par cœur relève d'une activité involontaire et mécanique, cet apprentissage s'appuie sur la gradation des compétences, à savoir, l'orthographe, la prononciation et l'intonation. En maîtrisant la diction, l'élève finit par maîtriser le texte, et l'art de prêter la vive voix à la lettre morte signale le passage de l'abécédaire à l'œuvre littéraire. Axée sur la rhétorique de l'*amplificatio*, la pratique de la récitation aboutit à la mise en narration poétique.

L'oralité fondamentale des *Fables* se manifeste par le fait que l'on a affaire à un texte supposant une voix scolaire préalable: lire les *Fables*, c'est nécessairement les dire. La récitation des morceaux choisis dans les petites classes (de la neuvième [CE2] à la septième [CM2]) l'emporte sur la lecture proprement dite et témoigne de la facilité avec laquelle l'enfant inscrit cette pratique dans sa mémoire. L'enfant de six à huit ans n'étant pas capable d'une réflexion personnelle approfondie, l'apprentissage par cœur est un des moyens les plus efficaces pour lui de retenir ce qu'il a appris. L'enfant passe alors de la récitation à la réflexion, c'est-à-dire, d'un stade pré-réflexif à un stade réflexif (= la conscience réflexive). Notons qu'il faudra normalement plusieurs années avant que l'enfant ne comprenne tout à fait le sens de la fable. Autant dire que l'individu va de l'apprentissage formel à la mise en question de cet apprentissage. Ainsi, P. Schneider perçoit les exercices de récitation comme une expérience fâcheuse et pénible que doit subir l'écolier. Comportant des conseils de respiration artificielle, de tels exercices donnent lieu, selon lui, à la formation d' "une mémoire ânonnante de subalterne."[5] Toutefois, l'apprentissage par cœur transmet à l'élève des acquis culturels qui vont rester avec lui sa vie durant; la mémoire scolaire s'inscrit au plus profond de la culture. Au surplus, il serait bon de distinguer entre la récitation simple, qui permet de comprendre l'organisation syntaxique d'une phrase, et la lecture expressive. Signalons en passant que même au tournant du siècle, le terme "leçon" passait pour un parfait synonyme de "récitation," c'est-à-dire, ce qui est appris par cœur et récité en classe.[6] Dans cette optique, l'élève qui n'a pas appris sa leçon n'était pas capable de la réciter. Malgré le décalage qui existe entre une compréhension intellectuelle des

Fables et une appréhension intuitive de cette œuvre, décalage qui finit par ramener les enfants à des "perroquets,"[7] on ne saurait nier que la récitation permet d'exercer la mémoire afin d'en faire une aptitude intellectuelle de premier ordre.

Dans ses conseils de lecture, par lesquels s'achève son fablier destiné aux enfants du primaire, H. Leclerc soutient que savoir parfaitement une fable aide de manière considérable à sa compréhension et, à cet effet, il s'interroge sur les exigences de l'art de la récitation propre à l'enfance.[8] Au lieu d'ennuyer l'élève par une initiation aux règles techniques de la versification, mieux vaut l'amener à connaître le fond des fables, ceci pour éviter la déclamation creuse et illogique. Ainsi, dans ses observations sur l'intonation qu'il convient d'adopter pour "La Laitière et le pot au lait" (VII, 10), l'auteur insiste sur l'importance d'un ton jovial qui traduit la gaieté de Perrette au départ (vv. 4-6). Une récitation intelligente du texte devrait illustrer, de même, la naïveté de la laitière, qui se croit déjà en possession du porc (v. 17) et marquer, par la formule "bel et bon" une sorte d'accent tonique (v. 18). Pour atteindre à une récitation correcte, l'élève est convié, d'abord, à faire une paraphrase en prose de ces textes, démarche qui assure une meilleure connaissance de leur morale, quitte alors à départager les fables en moments d'interruption et de repos. On a affaire à une technique qui permet à l'élève de marquer les vers les plus expressifs, de distinguer les diverses situations dramatiques de la fable, et il s'agira, éventuellement, de rattacher le mouvement du rythme et de l'harmonie des mots aux divers tableaux narratifs de la fable. La récitation doit souligner la multiplicité et la spécificité de l'ensemble des tableaux mis en scène par La Fontaine. De plus, l'art de ménager les pauses est sous-jacent à une récitation naturelle et convenable. Si le maître se concentre, au départ, sur le dialogue ou le récit d'une fable particulière, c'est, en principe, afin de pouvoir le traiter à la suite des questions de rime. Quoique cette approche soit pédagogiquement juste, tout porte à croire que de nombreux instituteurs de l'époque ne l'ont pas mise en pratique. Dans son souci de transposer la poésie des *Fables* en de purs exercices de prose, H. Leclerc estime sans doute que cette "déversification" systématique sert à rendre le texte bien plus maniable pour l'enfant. Dans son commentaire sur "Le Vieillard et les trois Jeunes Hommes" (XI, 8), l'auteur fait ressortir la pause qu'il faut ménager après le verbe clef "plantait" (v. 1). Un autre arrêt significatif doit s'opérer à la fin du vers 9 et une interruption totale doit marquer la fin du dialogue (v. 27 *sqq*). De même, comme l'épitaphe morale va durer éternellement (vv. 35-36), cet exercice de récitation sert, lui aussi, à inscrire la morale de cet apologue dans la mémoire des écoliers. La récitation constitue, en dernière analyse, une forme de flatterie, car on plaît à l'auteur en l'imitant (c'est-à-dire, en le citant). Grâce à sa simplicité formelle, la rime se laisse aisément mémoriser. Leur facilité d'assimilation transforme donc les *Fables* en un outil pédagogique fort efficace. L'alexandrin est formel, lui aussi, mais bien moins aisé à apprendre par cœur par l'enfant, malgré sa musicalité. Remarquons, en plus, que les conseils techniques d'H. Leclerc risquent peut-être de demander trop à l'enfant qui, en récitant de la sorte, aura sans doute peur du ridicule de ses camarades; d'autre part, il n'est pas vraisemblable qu'il puisse réciter avec tant de passion. Au total, telle que la conçoit H. Leclerc, la "déversification" de La Fontaine, et de la poésie en général, constitue un exercice significatif dans les petites classes.

II. La Place de La Fontaine dans l'enseignement primaire

Le *Fablier scolaire* de L. Ricquier[9] met en relief les éléments constitutifs de l'art de la récitation, à savoir, le ton, l'inflexion et la manière de phraser afin d'atteindre l'idéal d'une "lecture expressive." Telle qu'elle a été héritée de l'antiquité, la fable véhicule un message moralisateur consistant à faire aimer la vertu et haïr le vice. A partir de principes abstraits qu'elle humanise, la fable représente le support mnémotechnique du message transmis. La raison d'être des fables consiste à la fois à mettre en évidence nos imperfections et à provoquer chez le lecteur la volonté de se perfectionner en se corrigeant de ses défauts. Il s'agit, plus précisément, d'une simple forme destinée à transmettre un fond plus complexe et, toujours selon L. Ricquier, le fait que les "simples d'esprit" peuvent saisir la fable à un niveau élémentaire ne signifie pas pour autant que la fable soit "simple" (6). Alors qu'un conseil ne touche que la surface de la mémoire ou bien de l'intelligence, l'apologue pénètre la mémoire au point de la "graver."

Quant à "l'art de dire la fable," L. Ricquier insiste sur l'oralité inhérente à la transmission du genre, qui sert à engager l'élève sur le plan intellectuel et affectif, car la fable lui fait vivre une expérience particulière qui dépasse une simple lecture du texte. Bien dire une fable, c'est avant tout savoir reproduire les idées énoncées par la voix narrative, démarche supposant, de toute évidence, la mise en jeu de l'intentionnalité de l'auteur. En deuxième lieu, il convient de moduler la voix de l'élève en fonction du caractère de chaque personnage du récit. Ainsi, dans une lecture à voix haute destinée aux enfants, on conçoit le recours à une grosse voix pour le loup et une voix fluette pour l'agneau. Dans la mesure où le ton particulier de la voix joue un rôle déterminant dans l'humeur propre à chaque fable, L. Ricquier se propose de mettre au point une technique, un art savant de la narration "naïve" et "naturelle." Il va de soi que la souplesse de la voix permet au "diseur" d'adopter toute une gamme de tons: ton grave et solennel dans "La Mort et le Mourant" (VIII, 1), tendre et affectueux dans "Les Deux Amis" (VIII, 11), énergique et vigoureux dans "Le Paysan du Danube" (XI, 7) (7). En somme, l'objectif principal de l'entreprise de L. Ricquier, c'est d'offrir aux enfants un modèle rhétorique. Leur enseigner la récitation de la fable, c'est leur apprendre à la saisir.

Lecture

Alors que la mémoire auditive servait de base à la récitation, la mémoire visuelle sous-tendait la lecture. L'école primaire des années 1880 visait à ramener la population rurale au sein de la culture écrite. Dépassant un simple apprentissage pratique, l'alphabétisme populaire à cette époque s'en tenait à une conception normative de la lecture qui exaltait les valeurs et les savoirs de l'enfance. Il s'agissait de fonder une première étape vers la culture lettrée en privilégiant la valeur formative de la lecture aussi bien que l'écriture. Pratiquer les textes obligatoires de l'école primaire du XIXème siècle, c'est promouvoir l'idéal de l'imitation. Quoique "le plus humble des arts," à en croire F. Buisson, l'apprentissage de la lecture et de l'écriture constituait une expérience significative dans la formation intellectuelle et morale de l'enfant.

D'après E. Fraisse, La Fontaine vient en premier des auteurs canoniques cités dans les manuels de morceaux choisis utilisés sous la Troisième République.[10] La présence massive du fabuliste dans ces manuels s'explique, comme on l'a vu, par la valeur indispensable des *Fables* en ce qui concerne la récitation. Les principaux critères de sélection sont la brièveté des textes et leur portée morale exceptionnelle. Les apologues choisis doivent illustrer, au demeurant, les principes directeurs de l'humanisme traditionnel (le vrai, le beau et le bien). E. Fraisse évoque alors le souvenir personnel d'un bercement du Français commun par les fables. Selon lui, La Fontaine représente, à l'instar de Hugo, un pilier de la jeune Troisième République, c'est-à-dire, de l'époque du républicanisme militant (les années 1880). Mus par le souci de transformer les œuvres littéraires en outils pédagogiques, les éditeurs de ces anthologies cherchent avant tout à dégager le contenu éthique de ces œuvres. La récitation scolaire des *Fables* a bel et bien contribué à la formation de la mémoire culturelle en France. Ces apologues s'apparentent, à n'en point douter, aux références obligatoires forgeant la maturité du Français.

Le manuel des morceaux choisis apparaissait alors comme un instrument privilégié d'acculturation sociale. Les *Fables* ressemblent à ce "roman pédagogique" qu'est *Le Tour de la France par deux enfants*,[11] car elles répondent, par la diversité de leurs apologues, à plusieurs des supports de ce "manuel total," c'est-à-dire, éthique, civique, littéraire et affectif. Les divers savoirs véhiculés par La Fontaine se révéleront, eux aussi, utiles à la vie ultérieure de l'enfant. Notons d'ailleurs que *Le Tour de la France par deux enfants* a été le livre de lecture le plus populaire de la Troisième République:

> "…ce livre-phare a su magistralement lier le récit d'un voyage, avec ses péripéties et ses émotions, aux informations attendues des apprentissages scolaires…(il) est parfait pour faire pénétrer la religion patriotique et rendre définitivement mémorable un espace national parcouru en tout sens…"[12]

Le triomphe du français scolaire coïncide avec la mise en place de l'Ecole républicaine. Erigé en nouvel objet disciplinaire et canonique à l'instar de l'histoire et de la philosophie, le français en arrive à représenter un véhicule de culture légitime au même titre que le latin. Intimement lié à la floraison de l'école primaire à cette époque, l'enseignement du français correspond également à l'avènement de la modernité culturelle en France. Si l'Ecole fait de la langue maternelle l'objet d'un impératif institutionnel obligatoire, c'est que cette langue constitue le seul modèle de correction, une valeur esthétique incontestable en ce sens qu'elle est la langue des grands écrivains. Comme on le verra par la suite, elle est à l'origine de l'identité culturelle de la nation. L'insistance officielle sur une seule langue nationale justifie donc la mise en place d'une tradition littéraire susceptible d'illustrer les qualités esthétiques de cette langue.

Dans la mesure où le discours est médiatisé par la culture, codé par le social et par la morale, on peut constater une relation ontologique entre le savoir-dire et le savoir-faire; l'opposition *logos/praxis* s'inscrit alors dans l'acculturation de l'élève. Maîtres du verbe, les "hussards noirs de la République" représentent en même temps les maîtres de sagesse chargés d'expliquer les codes linguistiques, philosophiques et éthiques. La normativité linguistique se manifeste particulièrement dans les dictionnaires de la langue française, qui fixent à long terme les critères de vérité/correction et de fausseté/incorrection. Si la langue constitue d'une part une des principales activités cognitives, elle contribue, d'autre part, à la formation de l'identité personnelle, socio-culturelle et nationale de l'élève. Instrument primordial de socialisation, elle permet également d'intégrer l'ensemble des signes et symboles qui fondent cette identité. De plus, l'apprentissage de la langue mène à la maîtrise morale, car les divers exercices de lecture, de grammaire, d'orthographe et de composition (y compris dictées et récitations) doivent s'appuyer sur des exemples susceptibles de former le sens moral de l'élève, en plus de la connaissance linguistique et la culture intellectuelle.[13] Les vers de La Fontaine se prêtent admirablement bien aux premiers exercices d'orthographe et d'analyse grammaticale; celle-ci doit apprendre à l'enfant "à penser correctement, ce qui est le moyen le plus sûr de lui apprendre à parler et à écrire correctement" (88). Quant aux exercices de rédaction, l'enfant doit "tenir la main à ce qu'il exprime correctement tout ce qu'il invente" (89). Enfin, "la correction se faisant en classe," l'enfant doit "chercher le mot propre, la forme correcte pour la rendre…" (89).

Si l'on admet que l'Ecole représente le lieu même de la correction, on comprend sans peine l'efficacité de la lecture univoque des *Fables*, qui n'admettait pas qu'un enfant puisse se méprendre sur la portée des apologues. On ne peut se permettre des fautes de jugement, quitte à se soumettre à l'instance correctionnelle de La Fontaine. Etre faible, dans l'univers des *Fables*, c'est se révéler dans un état d'erreur esthétique. Chez les personnages de cet univers, les "erreurs" portent toujours à conséquence. Divers types de comportement, par exemple, la crédulité ("Les Femmes et le secret" [VIII, 6]), l'irrésolution ("Le Meunier, son Fils et l'Ane" [III, 1]) et la vanité ("Le Corbeau et le Renard" [I, 2]) méritent la correction, et l'on a affaire, chez le fabuliste, à de multiples formes d'erreur qui mènent à la folie universelle. Devant le spectacle comique de l'incorrection, le lecteur des *Fables* est amené alors à sa propre correction. Dans de nombreux cas, "erreur" signifie, chez le poète, extravagance (cf. *extra-vagari*) ou bien course errante. La Fontaine laisse entendre, dans "Le Philosophe scythe" (XII, 20), par exemple, la futilité de vouloir "corriger la nature" (v. 11) et, du coup, l'impossibilité de régler l'incorrection morale. Ainsi, se corriger, c'est maîtriser ses erreurs en les rectifiant (cf. "Un Animal dans la lune" [VII, 18, v. 8]). Dans cette optique, la raison sert de base à la correction:

> "…le lecteur court grand risque, en lisant (les fables de La Fontaine) de ne pas les entendre correctement, et, souvent, d'en perdre le suc."[14]

L'enseignement du fabuliste est filtré à travers les "déceptions" et les "fautes" de ses lecteurs. Grâce à lui, ceux-ci seront en mesure de mieux éviter les déconvenues, de s'épargner les ennuis de tout ordre. Bref, son apprentissage principal consiste à donner à une humanité moralement imparfaite la pleine conscience de sa faute.

La notion de correction morale est intimement liée à la correction linguistique, démarche pédagogique par excellence. Dans cette perspective d'un enseignement correctif, la faute de français apparaît comme une transgression contre la langue maternelle. A en croire Alain, par exemple, la faute d'orthographe s'insère, jusqu'à un certain point, dans le domaine émotionnel puisqu'il s'agirait d'un défaut d'instruction qui offense les sensibilités.[15] Lié affectivement à la langue, l'enfant qui fait une faute se trouve en proie à un reproche personnel; tout se passe comme s'il trahissait son identité culturelle. En s'interrogeant sur la relation fondamentale entre les fautes de langue et les fautes de comportement, on s'aperçoit de l'emprise des règles grammaticales et syntaxiques sur l'apprentissage de l'écriture. Relevant d'une linguistique prescriptive, ces règles constituent un "appareil cœrcitif" qui se manifeste, par exemple, au passage de l'écrit (activité complémentaire de la lecture) à l'oral.[16] D'après cette pédagogie "corrective" du français, de même que le maître se doit de corriger les fautes d'ordre discursif (diction, grammaire, style, etc.), il doit aussi rectifier la lecture fautive d'un texte. Ainsi, selon les manuels scolaires recensés par A-M. Chartier et J. Hébrard, qui ont paru entre 1925 et 1950, les exercices exigent une correction s'appliquant à une multiplicité de domaines (l'orthographe, la grammaire et la syntaxe) (306).

Qu'elle soit discursive ou comportementale, l'acculturation constitue un objectif primordial de l'Ecole républicaine. S'inscrivant dans un développement progressif de l'individu, la correction prend la forme d'une habitude acquise, d'une attente culturelle parfaitement normative. Dans la mesure où l'identité sociale de l'enfant se forge en premier lieu par la langue, la correction s'opère principalement sur le plan linguistique. On ne saurait trop insister sur le passage du linguistique au moral, car il suppose, au préalable, la mise en jeu du jugement des parents envers leurs enfants/ élèves. Dans cette optique, le rôle de l'adulte est toujours d'ordre correctif: élever un enfant, c'est le modeler sur soi, le créer à sa propre image ou selon ce que l'on pense être une certaine forme de perfection. Les enfants étant en attente de socialisation, on comprend qu'ils soient souvent gâtés et parfois même incorrigibles. Etre humain, c'est, en un mot, avoir droit à l'erreur (*errore humanum est*). Fautif par nature, l'élève se trouve obligé en quelque sorte de faire des fautes dans le seul but d'apprendre. On voit par là la valeur instructive sous-jacente à l'exemple, qui s'inscrit dans une théorie pédagogique fondée sur la *mimésis*: pour se corriger, il convient de suivre un bon modèle. La correction morale suppose l'art de penser juste, c'est-à-dire, "comme il faut." Savoir réfléchir, c'est se faire corriger à tout moment: "Penser, c'est aller d'erreur en erreur."[17]

La pédagogie corrective du français s'appuie dans une grande mesure sur le principe de la répétition, qui constitue le seul moyen de faire apprendre, chez l'enfant, l'orthographe et la grammaire. L'élève se rend compte de ses fautes lorsqu'elles sont publiquement étalées au tableau. Corriger l'élève, c'est, de la sorte, souvent lui faire subir une humiliation publique, et l'on songe, en effet, à la valeur instructive du "Corbeau et le Renard" (I, 2). Autant dire qu'être mauvais en français ou, par extension, mal élevé, ressemble à un vice, bref, à un défaut de caractère. Alain insiste fortement à ce propos sur la reprise continue des divers processus scolaires: (ré)citant, (re)lisant et (re)copiant (140). Grâce à ces procédés d'itération identiques, la mémoire se trouve renforcée et Alain met en relief l'efficacité pédagogique de l'activité mimétique dans le domaine des fautes typographiques (156-57).

Si l'on souscrit, enfin, à une des "maximes de la semaine" de F. Buisson, directeur de l'enseignement primaire en 1879: "Il n'y a qu'un bonheur, c'est le devoir,"[18] le bonheur de l'élève consiste à vivre dans la correction morale. L'ambition démesurée de celui-ci se heurte à une attitude qui doit accepter parfois de bon cœur le principe de correction, c'est-à-dire, qui en saisit la valeur pédagogique:

> "…à moins que la préparation (de l'élève), toujours soutenue dans un sens ambitieux, c'est-à-dire, toujours dédaigneuse de la correction, ne prenne cette tournure orgueilleuse ou ennuyée qui choque à bon droit le grand nombre, et flétrit chez tous la fleur des meilleurs sentiments."[19]

Entreprise fondamentale de moralisation, les *Fables* ont joué un rôle privilégié dans la scolarité enfantine en France entre 1870-1950. Soucieuse d'opérer une sorte de captation idéologique et morale de l'élève, l'Ecole républicaine a tâché de transformer la fable en bréviaire de sagesse susceptible de former des enfants "bien élevés," c'est-à-dire, de ramener l'élève en quelque sorte à sa fonction ontologique: être bien élevé, c'est faire preuve d'une civilité où il se montrera en toute occasion correct. Il est significatif, à cet égard, que Condorcet mette en évidence le fait que seule la langue française utilise le terme "instituteur"—du moins, jusqu'à une époque très récente où, par correction politique, le terme "professeur des écoles" a été créé— pour désigner celui qui est chargé de l'éducation de l'enfance (cf. "De l'institution des enfants" de Montaigne)[20]: l'éducation nationale ressort bel et bien d'un appareil d'Etat. Si les *Fables* présentent, au total, des apprentissages concrets de la civilité, c'est que l'intégration des enfants dans les institutions sociales et politiques de la nation s'opère pour l'essentiel grâce à leur "institution" même.

S'étant transformés en professeurs de vertu, les maîtres d'école systématisaient les observations faites d'après nature par La Fontaine. Ils recouraient le plus souvent au raisonnement socratique afin d'engager l'élève à tirer les conclusions de sa propre logique. L'objectif didactique de l'Ecole ne leur permettait d'entretenir aucune ambiguïté, car il s'agissait avant tout de faciliter la tâche des élèves, et non de semer, chez eux, le désordre et la confusion. Leur discours visait à transmettre une idéologie à la fois rassurante et conformiste, ceci pour fonder une lecture non-problématique de la morale lafontainienne. Des valeurs telles que l'amitié, la gratitude, la solidarité et la modération représentent pour l'enfant des normes de conduite à respecter, bref, des leçons lui permettant de s'assimiler à la société quand il atteindra la maturité. Si, comme le suggère Faguet, l'éthique du fabuliste s'appuie plutôt sur les "vertus ménagères" tels que le travail, la prudence, l'économie et la résignation, elle aboutit alors à une attitude d'acceptation passive, d'où l'endoctrinement opéré par l'Ecole.[21] Malgré leur valeur littéraire incontestable, les *Fables* ont servi, depuis le XIXème siècle, d'outil institutionnel de la normalisation, voire de la manipulation du peuple français.

L'enseignement primaire de cette époque se fondait sur un agencement rigoureux de l'espace et du calendrier scolaires afin d'obliger les élèves à accomplir leurs devoirs; à l'instar de ses élèves, l'instituteur se soumettait au programme officiel. On a affaire à une sémiologie réglementaire d'après laquelle les élèves se devaient de rester assis, de garder le silence et, en cas de déplacement, de marcher au pas les bras croisés: tout était calculé pour discipliner les enfants, rien n'étant laissé au hasard. Il s'agissait là d'une sorte d'enseignement militaire dans lequel les enfants obéissaient "aux ordres" du maître. De surcroît, l'élève ne pouvait prendre la parole sans en demander formellement la permission. C'est ainsi que Foucault souligne les implications éthiques propres au "devoir" de l'élève.[22] Les exercices ont pour objet de créer, chez l'élève, l'habitude de faire son devoir en société. On est en présence, de la sorte, de l'assujettissement du sujet à des règles de tout ordre: grammaticale et linguistique, allant jusqu'aux démarches physiques et aux mœurs. Les habitudes de travail s'acquièrent, en dernière analyse, à l'école.

Ainsi, si le primaire a érigé La Fontaine en moraliste enfantin, c'est qu'il fournissait aux Français leur premier "habitus" culturel en ce sens qu'il se situait au berceau de leur formation morale. Etant donné la valeur pédagogique propre aux mythes poétiques constituant le tissu même des fables, La Fontaine aide l'enfant à créer les attentes qui édifieront les bases de sa socialisation:

> "On sait que pour nous Français, (cette première habitude) vint, pendant trois siècles, pour une part, des fables. Chicaner leur morale, comme fit Rousseau, résulte d'une incompréhension sauvage. D'abord parce que le but, pour La Fontaine, n'est pas de dire à quoi il faut tendre (il y a le catéchisme pour cela), mais à quoi il faut s'attendre."[23]

Ainsi, même si le propos du fabuliste n'est pas intrinsèquement normatif, les pédagogues l'ont transformé en une véritable "machine à idées."[24] L'institution scolaire a, de toute évidence, opéré cette transformation d'un poète gnomique en poète didactique, les *Fables* offrant cette maïeutique décrite ci-avant à l'usage des jeunes.

Le discours scolaire suppose un travail de ressassement, d'où sa tendance à représenter une forme vulgarisée sinon caricaturale de la critique exégétique. S'arrogeant un statut véridique, certains auteurs de manuels scolaires s'en tiennent à une conception catéchistique du texte en présentant des vérités orthodoxes sous forme de question/réponse. Un examen attentif des fabliers scolaires de La Fontaine au XIXème siècle révèle une mutilation idéologique des apologues qui correspond, du reste, à leur mutilation rhétorique lors de leur "ânonnement" en récitation. Servant d'escorte aux *Fables*, le discours scolaire fonctionne de la sorte en tant que *praelectio*.[25] Chargés de transmettre la vulgate officielle, les enseignants s'appliquent notamment à reconstituer une atmosphère de consensus, dans la mesure où ils jouent le rôle d' "agents de la socialité."[26] Plus précisément, à titre d'intermédiaires entre le programme d'Etat et le peuple, ils amènent l'élève à décoder correctement les œuvres canoniques et, de ce fait, à restructurer les codes culturels. Bien que R. Terdiman ne s'interroge pas, en particulier, sur la production du discours scolaire, son observation s'applique à notre propos: "Les discours sont des réseaux de signes et de pratiques qui organisent l'existence de la société et sa reproduction."[27] Foucault soutient, de même, que le discours est l'enjeu par lequel on lutte afin d'atteindre au pouvoir dans la culture dominante.

MANUELS ET ÉDITIONS SCOLAIRES EN TANT QUE VÉHICULES DE LA CULTURE DE LA TROISIÈME RÉPUBLIQUE

Mû par une finalité pédagogique qui rappelle celle des *Fables et historiettes* de H. Leclerc, *Le Fabuliste du jeune âge*, ouvrage anonyme, débute de façon originale du fait qu'il présente aux enfants des textes dont les mots sont divisés en syllabes, ceci afin de leur faciliter à la fois la récitation et la lecture. Il poursuit de manière très conventionnelle en proposant certaines fables, dont celles de La Fontaine.

S'adressant à ses "jeunes lecteurs," C. Delaitre rattache l'univers de La Fontaine aux sentiments d'intimité enfantine.[28] Le petit format de ce manuel lui fait ressembler à un catéchisme et il fait partie de la série "Bibliothèque des écoles et des familles." Cette intimité de la toute première enfance est le fait de tous ses "jeunes lecteurs":

> "Qui de vous ne connaît les fables de La Fontaine, et ne les a bégayées avant même de savoir lire? Pour nous tous, jeunes ou vieux, maître Renard, la Cigale, Jeannot Lapin, le Héron au long bec, Grippeminaud le bon apôtre, ne sont-ils pas intimement liés à nos premiers souvenirs d'enfance?" (3).

Tous les personnages de La Fontaine apparaissent comme "de vieilles connaissances...ce sont vos amis, vos compagnons de jeu, quelquefois vos souffre-douleur" (3). La diversité des tableaux qui se présentent dans ces apologues donne lieu à un sentiment d'émerveillement, d'une sorte de *theatrum bestiarum* chez La Fontaine.

Le fablier d'E. Géruzez, lui, fait l'objet d'une censure systématique.[29] Vingt-cinq fables du poète manquent dans cette édition, et l'éditeur justifie sa censure en évoquant des sujets "(qui sont) étrangers...aux idées de l'enfance;" il s'agit, en gros, de la politique ("Le Dragon à plusieurs têtes..." [I, 12], etc.), de la sexualité ("Le Mari, la Femme et le Voleur" [IX, 15], etc.) ou de la critique anti-féministe ("Le Mal marié" [VII, 2], etc.) (v).

V. MULLER, *LE FABULISTE DE LA FAMILLE*, PARIS, DELAGRAVE, 1867

Dans ce "recueil destiné aux mères et aux instituteurs," V. Muller organise 178 fables en fonction de soixante-quinze catégories morales réparties selon l'ordre alphabétique, allant de l' "amitié vraie" au "vrai et faux mérite." Son recueil rassemble, au total, les fables de trente-neuf poètes. La Fontaine, tout autant que les autres fabulistes, est perçu en tant que source des valeurs familiales. L'auteur souligne l'influence bienfaisante de la Fable en ce sens qu'elle cultive les "saines émotions" des enfants en insistant à la fois sur la recherche du bien et sur la répugnance à l'égard du mal. Dans la mesure où la morale peut être nettement "vraie" ou "fausse," "claire" ou "ambiguë," "optimiste" ou "amère," il va de soi que la censure de certaines fables se justifie en fonction de leur efficacité morale au sein des familles. Ainsi, dans ce cas, l'auteur passerait en quelque sorte de l'explication de textes à l'expurgation de textes... En bon père de famille, V. Muller se met par ailleurs à remplir le vide dans la littérature éducative et moraliste des années 1860 en France en rédigeant ses propres fables. Dans sa vision idéalisée des enfants, l'auteur laisse entendre, enfin, que toutes leurs émotions sont "saines" (ix).

Il convient de signaler que tout au long du XIXème siècle, d'autres fabulistes ont disputé à La Fontaine la première place à l'école primaire. A ce sujet, A. Chervel relève l'exemple du *Trésor poétique de l'enfance* d'A. Vallos[30] où, sur un ensemble de 149 poésies, les trente-trois fables de Florian l'emportent sur les vingt-quatre fables de La Fontaine. D'autre part, si l'on discerne, dans l'enseignement de l'Ecole républicaine, une fréquente association des *Fables* de La Fontaine et celles de Florian, qui véhiculent plus de valeurs morales et civiques, on peut se demander, avec A-M. Bassy, dans quelle mesure l'Ecole n'a pas interprété les *Fables* de La Fontaine en fonction de celles de Florian: "Celles-ci ont fini par 'déteindre' sur celles-là, et par déposer sur elles un substrat idéologique, moral et civique, qu'elles n'avaient pas…à l'origine."[31] Il va de soi donc que l'école primaire met, comme nous le rappelle, une nouvelle fois, A. Chervel, quelque temps à se rallier aux *Fables* de La Fontaine. Ceci tient sans doute à une raison essentiellement linguistique. Si F. Brunot déconseille les fables de La Fontaine à l'école, c'est que sa langue est archaïque, et l'était même au XVIIème siècle.[32] C'est ainsi que les deux grands dictionnaires de la fin du XIXème siècle (Littré et Darmesteter-Hatzfeld) offrent deux interprétations différentes de la morale du "Laboureur et ses Enfants" (V, 9): "C'est le fonds qui manque le moins" (v. 2).[33]

J-J. Porchat, *Le Fablier des écoles*, Paris, Delagrave, 1873

Dans ce fablier destiné à l'enseignement confessionnel, l'auteur entend inculquer des "leçons de morale" aux jeunes élèves. Celles-ci visent avant tout, selon J-J. Porchat, à remplir leurs devoirs envers Dieu et envers les hommes.

Chaque fable est minutieusement annotée de façon à faciliter la compréhension des mots les plus difficiles. Vient ensuite une explication personnelle de l'auteur dégageant de la fable une leçon morale républicaine. J-J. Porchat met en évidence d'abord le décalage entre les besoins de l'enfant urbain et ceux de l'enfant rural. Or, la tâche de l'enseignement national et uniforme consiste à s'adresser à cette société duelle de la France du XIXème siècle, et La Fontaine fait le pont entre les deux cultures, urbaine et rurale. La finalité morale de ce fablier est mise en valeur dès le début, car l'éditeur, faisant appel aux enfants du "premier âge," établit une distinction entre les notes morales et les notes plus littéraires (2). J-J. Porchat fonde sa sélection des fables sur deux critères, ayant pris soin, d'une part, de ne pas choisir des fables qui dépassent l'intelligence des enfants et celles qui risquent, d'autre part, d'être "mal interprétées" (4). Cependant, à en croire le Père Girard, le merveilleux lafontainien ne saurait "fausser le jugement de l'enfance," supposant, par là, une correspondance profonde entre l'univers de La Fontaine et l'imaginaire de l'enfant (4).

J-J. Porchat s'adresse alors directement aux enfants afin de valoriser le but primordial de son fablier catholique, à savoir, préparer les jeunes élèves à mieux remplir leurs devoirs, qui constituent, après tout, la raison d'être même d'un élève: bien accomplir ses devoirs, c'est s'assurer d'être littéralement "bien élevé," c'est, en bref, la preuve d'une formation réussie. Au titre de "première des sciences," la religion se fonde sur l'autorité divine. Venant en aide à la religion, la morale apprend à se comporter de manière pieuse, juste et sage. Il est bon de se rappeler, à ce sujet, que l'éducation française n'était pas encore officiellement laïque en 1873, date de la publication de ce fablier. Mue par une morale à tel point engageante et active, l'éducation religieuse du XIXème siècle visait à former le bon chrétien, et non le bon citoyen. Les animaux du fabuliste sont utilisés pour illustrer la morale dans la mesure où ils font partie de la vie quotidienne des enfants, ont des mœurs semblables à celles des hommes et prennent une évidente valeur symbolique. Si l'éditeur évoque les paraboles du Christ, c'est qu'elles transmettent, de toute évidence, des vérités qui ne sont pas étrangères aux vérités poétiques des apologues de La Fontaine; il faut signaler, d'ailleurs, que certains des préceptes du fabuliste ressemblent bien aux proverbes bibliques ("Aide-toi, le Ciel t'aidera" [VI, 18, v. 33]; "Garde-toi, tant que tu vivras,/ De juger des gens sur la mine" [VI, 5, vv. 41-42]). Puisque plusieurs des fables présentées dans son recueil s'adressent également à des lecteurs plus âgés, il est nécessaire de faire accompagner les textes choisis d'un appareil critique. J-J. Porchat s'empresse, en particulier, d'exhorter les enfants à ne pas perdre patience devant les difficultés linguistiques de ces textes. Leur tâche sera facilitée en partie par l'exemple de leurs maîtres, et parfois même, par l'aide de leurs camarades de classe. Comme La Fontaine va les accompagner leur vie durant, les enfants sont tenus de réussir dans l'art de la lecture orale; aussi pourront-ils rendre leurs parents fiers lors des réunions familiales en récitant l'une des célèbres fables dûment apprises à l'école. Cette longue série de conseils, dans le fond assez pédantesques, s'achève sur une mise en valeur de la communication orale dans l'école primaire en France au XIXème siècle.

Dans son commentaire sur "Le Corbeau et le Renard" (I, 2), en mettant en accusation la saisie illicite du fromage, l'éditeur défend, aux yeux des enfants, le principe de la propriété privée. Or le travers le plus sérieux du corbeau, c'est la méconnaissance, l'oubli de soi, car celui-ci jouit d'avance de l'admiration à laquelle il donnera lieu en tant que "phénix" (20). Dans son effort pour rendre la déconvenue du corbeau familière à l'enfant, J-J. Porchat crée une sorte de dialogue enjoué et franc:

> " 'il ouvre un large bec': pauvre bête!…et ton fromage? Tu n'y pensais guère, toi, et le renard ne pensait pas à autre chose. Vois-tu déjà ta proie dans sa gueule? Il te reste à écouter la leçon qu'il va te donner" (20).

L'échec spectaculaire de la "chétive pécore" dans "La Grenouille qui veut se faire aussi grosse que le Bœuf" (I, 3)—figure de l'homme misérable selon Pascal—permet au fabuliste de se livrer à une dénonciation de la noblesse et des privilèges, et il convient de noter ici la perspective anti-monarchique propre à ce fablier chrétien. Face à cette folie qui consiste à vouloir dépasser sa condition physique, le lecteur est amené à voir, chez le fabuliste, une acceptation de l'inégalité sociale en tant qu'injustice s'inscrivant dans l'ordre des choses. J-J. Porchat recourt ici à une rhétorique exclamative et interrogative susceptible d'engager l'attention d'un enfant:

> "Quelle folie dans ce désir (de paraître)! Que ferait-elle de la taille du bœuf, elle qui est destinée à vivre dans un bas marécage?... Quelle folie dans le moyen que la grenouille emploie pour s'égaler au bœuf! Que fait-elle pour cela? Elle s'enfle, elle se gonfle, elle se remplit d'air: vaine apparence! A-t-elle acquis de la masse, de la force? Ses muscles se sont-ils développés? Non, elle s'est bouffie seulement; elle n'a gagné que de se mettre fort mal à son aise" (24).

Selon l'éditeur, la notion de justice relève de l'ordre naturel, mais ce principe est démenti par le loup, qui abuse de sa force auprès de l'agneau et, mû par son appétit tyrannique, ne reconnaît aucun droit ("Le Loup et l'Agneau" [I, 10]). Dans la mesure où cette fable fait triompher la force, elle s'oppose aux valeurs issues de l'idéalisme républicain. Alors que le faible tient tête au fort, ou bien essaie de prouver que celui-ci a tort, le fort, lui, présente au faible une série continue de reproches. En dernière analyse, c'est l'existence même du faible qui représente, aux yeux du fort, le sujet fondamental de reproche. Se voulant le juge souverain du faible, le fort finit en l'occurrence par se faire bourreau. En fait, toutes les fonctions judiciaires se concentrent en lui: juge, partie et bourreau. Remarquons, au surplus, que le loup cherche un prétexte qui puisse lui donner l'apparence de l'équité: il emporte donc l'agneau hors de la scène ("au fond des forêts," v. 27). Cette démarche suppose un grain d'intégrité chez tout le monde, même chez les méchants. Si l'éditeur, s'inspirant de la tradition cléricale, rapproche la tyrannie du pouvoir qu'exerce le loup des violences arbitraires de la Révolution, c'est que, dans les deux cas, il s'agit de l'innocence persécutée. Notons en passant que de telles horreurs se sont reproduites lors de la Commune, mais J-J. Porchat choisit de ne pas citer cet événement sanglant tout récent (1871).

Le fait d'aider les autres n'est pas dépourvu d'intérêt égoïste, car c'est aussi satisfaire et réconforter sa propre conscience ("Le Lion et le Rat" [II, 11]). Puis, on ne sait jamais quand les autres vont venir à notre aide. C'est tout à fait vrai pour le rat bien qu'il ne sache pas, au préalable, si le lion allait lui apporter ou non sa clémence. Il se constitue de la sorte un "contrat social" qui rassemble une multiplicité d'espèces au sein de l'Ordre social: la bienveillance marque ainsi l'interdépendance de ces espèces. Tout compte fait, en travaillant pour une communauté politique, on ne peut s'empêcher d'en bénéficier. De toute évidence, l'union fait la force mais la somme des individus constitue l'union (cf. "Le Rat qui s'est retiré du monde" [VII, 3]). L'éditeur achève son commentaire sur une note de fraternité républicaine: malgré nos différences sociales, politiques, religieuses et linguistiques, "nous sommes tous enfants du même Dieu," et il en ressort que les inégalités de tout ordre proviennent de l'apparence (42).

Au lieu de faire fortune, lors de sa première expérience, le berger a fini par se ruiner ("Le Berger et la mer" [IV, 2]). Le bénéfice paradoxal qui découle de cette ruine, c'est que le berger apprend une leçon lui permettant de reprendre courage: "… il travaille; il fait quelques économies, et les place bien. De nos jours, il les eût portées à la Caisse d'épargne" (49). (Puisque nous sommes dans les animaux avec La Fontaine, il est intéressant de noter que le symbole de la Caisse d'Epargne unanimement reconnu était l'écureuil, petit rongeur économe et prévoyant, une sorte de seconde fourmi [cf. "La Cigale et la Fourmi"[I, 1]). En s'occupant de son propre travail, le berger se défie des vicissitudes de la fortune économique, notamment les risques inhérents aux investissements maritimes. J-J. Porchat prend soin d'indiquer que le commerce est une activité louable, mais réservée à une élite; sa pensée s'inscrit donc dans cette dénonciation généralisée de la prise de risques.

Dans ses observations sur "Le Vieillard et ses Enfants" (IV, 18), l'éditeur s'en remet à la tradition évangélique, à savoir, la parabole du vieillard et ses fils. Dans cette perspective religieuse, qui rejoint la valorisation républicaine de la fraternité, les hommes sont tous "frères." L'égoïsme qui transforme les frères en ennemis, notamment face au partage d'une succession, crée un spectacle de désunion domestique, et l'éditeur fait ressortir la valeur familiale propre à cet apologue.

Quoiqu'il soit légitime d'affirmer, en principe, que la richesse étant une source d'ennuis et de malheurs, seule la pauvreté rend heureux, l'éditeur estime qu'on aurait intérêt à chercher un équilibre entre la parfaite insouciance du savetier et l'avarice mesquine du financier ("Le Savetier et le Financier" [VIII, 2]). Ce qu'il faut retenir, avant tout, c'est que les valeurs de l'épargne—et, en particulier, la condamnation éthique de "la richesse acquise subtilement, par hasard et sans travail" (105)—étaient enseignées très tôt aux enfants en France au XIXème siècle. Cependant, s'il va de soi que l'épargne était perçue comme une protection contre les aléas de la vie, elle représentait également une source de financement considérable pour l'Etat (cf. les Caisses d'Epargne nationales).

H. LECLERC, *FABLES ET HISTORIETTES*, PARIS, LIBRAIRIE DUPONT, 1873

La Fontaine reste dans les esprits et l'on se remémore ses divers préceptes à l'âge adulte. Si l'on admet que l'enfance reste la période critique sur laquelle toute l'existence est fondée, aux parents incombe alors la responsabilité de veiller systématiquement à la formation de leurs enfants. Force est de profiter de la docilité des enfants afin de corriger dès le départ leur étourderie et leur indiscipline naturelles. Recourant à la métaphore de "l'arbre de la vie," H. Leclerc traite ses jeunes lecteurs de "chers étourdis" et de "petits indisciplinés." Ce sont, à cet âge, de petits défauts que les parents et les instituteurs pourront aisément corriger, et l'on note le ton aimable avec lequel il aborde ici le sujet de la correction morale (2). Selon l'idéal républicain, cette période de la vie facilite chez l'enfant l'ouverture sur une vie future de parfait citoyen au service de la nation. L'efficacité des fabliers dans l'instruction des jeunes tient sans doute au fait que la moralité des fables se laisse absorber en toute facilité par les enfants. Tout en plaisant naturellement, les aventures des animaux constituent une initiation aux principes élémentaires de la justice sociale et du droit, soutenue par une notion claire du partage entre le bien et le mal; en somme, on leur enseigne à devenir de bons "sujets":

> "...instinctivement on prend parti pour le modeste contre le superbe, pour l'innocent contre le coupable, pour l'opprimé contre l'oppresseur. L'idée du juste et de l'injuste s'éveille ainsi, et parce que cette idée a une forme aux yeux, elle laisse à l'esprit une notion du droit, un sentiment moral que rien ne saurait effacer" (3).[34]

Bien que La Fontaine soit "le père de la fable française," il faut choisir avec soin ses apologues, où l'enseignement moral se prête le mieux aux finalités de l'instruction enfantine. Au surplus, le style de son recueil se devant d'être simple pour ne pas embarrasser l'esprit des enfants, H. Leclerc fait ressortir le caractère fort impressionnable des jeunes. L'ouvrage s'organise en quatre parties: 1) le rôle de l'enfant en famille et à l'école, et ses divers devoirs en société; 2) les rapports entre l'enfant et ses amis et la mise en place de l'auto-éducation; 3) le jeu des bonnes et mauvaises influences dans la vie et l'importance de l'amitié; 4) la science du bonheur. Le développement éthique précédant chaque fable sert d'*amplificatio* au texte et tire son efficacité de la capacité d'absorption propre à l'enfance. La principale utilité de l'ouvrage consiste d'ailleurs à permettre aux individus de tous les âges d'approfondir leur connaissance de la vie. Mis à part l'idéal de cet apprentissage de la vérité ("la culture de l'esprit"), il faut tenir compte de l'apprentissage des multiples formes du devoir ("la culture du cœur") pour aboutir à l'éducation totale de l'homme. Enfin, une hiérarchie se dégage de la gradation des devoirs qui s'imposent à tous les jeunes esprits: "Dieu, son pays, sa famille et lui-même," hiérarchie qui place Dieu en premier et, pour renforcer l'humilité de l'individu/chrétien, le soi en dernier (5).

Le discours d'accompagnement qui ouvre la première partie de l'ouvrage met en avant une notion quasi militaire du "dressage" de l'individu relégué au rang de simple élément de la communauté, notion qui exclut avec netteté l'individualisme: "Pour savoir commander, il faut avoir appris à obéir" (7). Les enfants sont redevables d'une obéissance inconditionnelle d'abord à leurs parents, puis à leurs maîtres. Comme la sagesse est nécessairement fonction de l'âge, il convient de privilégier le rôle formateur de ceux qui sont plus âgés, donc plus sages, à savoir, les parents et les maîtres. Héritant de l'idéalisme des Lumières, H. Leclerc attribue l'origine de tout mal à l'ignorance; il postule, d'autre part, que la bonté est une des conséquences primordiales de l'éducation.

Dans sa lecture du "Vieillard et ses Enfants" (IV, 18), l'éditeur met en valeur le sentiment de la solidarité familiale. Grâce à l'efficacité de cette métaphore élémentaire—l'union avec ses semblables est utile à l'homme en ce sens qu'elle lui apporte force et sécurité—H. Leclerc transmet aux enfants l'idée de nation. L'esprit de corps représente, de toute évidence, un principe inhérent à toute organisation sociale ou professionnelle, et l'éditeur renforce cet argument par un commentaire moral de plus en plus vigoureux:

> "Tout sacrifice à la concorde produit un bénéfice; et de plus, il garde et vivifie l'esprit de famille…(qui est) un sentiment si précieux, qu'on doit le conserver avec autant de vigilance que le culte des choses saintes" (40).

Il se lamente, enfin, des impératifs économiques qui obligent les enfants à quitter l'enceinte familiale pour des raisons de travail. Selon lui, soutenir par divers moyens les liens de solidarité familiale s'avère d'une importance primordiale.

Dans la mesure où l'éducation primaire vise à socialiser les enfants, il importe d'apprendre, dès un très jeune âge, à maîtriser ce "vilain défaut" qu'est l'orgueil (71). En fait, la vanité va, en principe, à l'encontre de la constitution des Droits de l'Homme: "les hommes naissent et demeurent libres et égaux en droits" (Article premier). H. Leclerc prône donc la modestie en tant que vertu suprême; l'idéal de *mediocritas* se manifeste par une sorte de sémiotique affective et corporelle. Objet du soutien divin, cet idéal suppose en outre que le bon chrétien doive calquer son existence sur le modèle archétypal du Christ, qui "confond le superbe et exalte le modeste" (70).

C'est ainsi qu'H. Leclerc définit le "sujet moral" du "Loup devenu Berger" (III, 3): "(Les) fourberies (du loup hypocrite) ne trompent que lui" (106). Il voit, dans l'école de l'hypocrisie, une mauvaise éducation qui ne prend pas en main les défauts des écoliers, bref, une éducation non-corrective: "L'hypocrisie, ou le mensonge des actions, prend sa source dans l'amour-propre et se développe par les gronderies ou les mauvais traitements" (107). Etant donné la présence des tendances hypocrites chez les enfants, on comprend sans peine la formation, par ce biais particulier, de "mauvais" caractères. Comme elle est dépourvue de valeur pédagogique, la gronderie ne s'inscrit pas dans la morale républicaine.

L'enfant étant en proie à toute sorte de désordres moraux, y compris de mauvais conseils et de mauvais livres, il faut éviter à tout prix les influences pernicieuses, c'est-à-dire, les camarades qui se conduisent mal. Et le choix d'un ami s'avère, tout compte fait, être un reflet de soi. En valorisant, sur un autre plan, la prudence, la prévoyance et la persévérance, H. Leclerc évoque les éléments constitutifs de la morale lafontainienne transmise aux enfants de l'enseignement primaire.

Partant du principe que le travail des enfants réside dans l'étude à laquelle ils doivent se consacrer, l'éditeur démontre que le devoir scolaire prépare l'élève à entreprendre les nombreux devoirs sociaux qui vont s'imposer sur lui dans l'avenir ("Le Laboureur et ses Enfants" [V, 9]). Dans cette perspective, le travail scolaire apparaît comme le véritable salut de l'élève, le plus sûr moyen d'échapper à une vie d'ignorance et de misère. H. Leclerc a recours alors à une métaphore de la cultivation de la terre afin de peindre le développement intellectuel de l'enfant, c'est-à-dire, la formation d'un esprit cultivé, d'où la production de trois récoltes (ou bénéfices) particulières: la moralité, l'instruction et le bien-être, qui s'enchevêtrent tous. En dernier ressort, c'est la conscience qui dicte le comportement humain. La morale de cet apologue exalte donc le travail comme la vraie source de toute richesse:

> "En France, il n'y a pas des riches et des pauvres, il y a des oisifs et des laborieux. Les oisifs, si riches qu'ils soient, peuvent devenir pauvres; les laborieux, si pauvres qu'ils soient, doivent arriver au bien-être et à l'aisance.
> Apprenez donc à l'école, enfants, à devenir laborieux et économes, puisque vous avez la certitude que votre avenir est entre vos mains" (236).

L'analyse du "Coq et la Perle" (I, 20) donne lieu à une dénonciation de l'ignorance sous toutes ses formes et à l'expression d'un souci de sauver les enfants de l'analphabétisme qui les contraint. H. Leclerc propose, pour cette fable, le sujet moral suivant: "L'ignorance est cause de toute humiliation, de toute mésaventure, de toute ruine" (237). Moyen fondamental de promotion sociale, l'éducation vise à combattre les maux publics, tels l'alcoolisme, le crime, la prostitution, etc. L'ignorance, l'inexpérience, bref, l' "inéducabilité" sont perçues comme des défauts réels aux yeux de l'Etat républicain. Convaincu que l'éducation du peuple ressort d'un impératif politique et socio-culturel, H. Leclerc adopte un vocabulaire militaire afin d'établir l'ignorance comme une ennemie qui doit être attaquée:

> "…de nos jours, les pouvoirs publics tiennent pour certain que l'ignorance doit être combattue par toutes les armes, sarclée sur tous les terrains où elle pousse; qu'herbe vénéneuse, elle empoisonne le bien, engendre le mal, c'est-à-dire la misère et le crime. Aussi depuis trente ans le problème de l'éducation du peuple n'a pas cessé de préoccuper le Gouvernement" (238).

Armé de statistiques datant des années 1865 et 1866, l'éditeur met en valeur le rayonnement de l'éducation publique en France au XIXème siècle. Plus précisément, il fait état du développement considérable des cours pour adultes, des écoles publiques gratuites et de l'instruction primaire sous le Second Empire. Les campagnes publiques destinées à combattre l'analphabétisme et, par extension, les croyances superstitieuses, étaient particulièrement vigoureuses à cette époque.

Abordant "La Cigale et la Fourmi" (I, 1), H. Leclerc s'en remet au discours biblique des *Proverbes* (X, 5), où l'attitude fondamentale vis-à-vis du travail départage les gens en "enfant(s) de sagesse" et en "enfant(s) de confusion," c'est-à-dire, ceux qui profitent de la moisson et ceux qui n'en profitent pas. La vertu de *caritas* s'avère tout aussi importante que celle du travail: on a tort de ne pas travailler, mais on a tort aussi de ne pas partager les fruits de ses travaux avec les moins fortunés. L'éditeur signale alors le décalage entre la légende du "bon La Fontaine" et la note de cruauté méprisante sous-jacente au "mauvais enseignement" de la fourmi (251). Il finit par adopter une syntaxe biblique pour faire valoir la nécessité d'amasser les fruits de la récolte: "Heureux les sages qui pensent à emmagasiner (les trésors de la jeunesse)! Heureux les prévoyants qui ne sont point obligés d'aller 'crier famine'!" (252). Le discours biblique sur la paresse apparaît donc en filigrane dans les *Fables*. A travers cette œuvre, ne peut-on pas sous-entendre que La Fontaine éduque la jeunesse à participer au travail fraternel qui constitue une des bases principales de la culture française et qui contribue à la richesse de la nation? Si la France de la Troisième République érige La Fontaine en modèle suprême, c'est en partie grâce à cette double exploitation du thème de la fraternité, tant sur le plan religieux—les enfants de Dieu qui obéissent à l'impératif divin en travaillant ensemble—que sur le plan laïc: les citoyens qui travaillent pour le bien de la nation.

Après avoir rattaché l'enjeu de la solidarité sociale à l'idéal de productivité, H. Leclerc qualifie l'agriculture d'"art," en fait, "le premier des arts de la paix" (289). Dans la mesure où elle apporte la nourriture, l'agriculture s'avère vraiment source de vie. En exhortant les enfants campagnards à ne pas quitter leur lieu natal, l'éditeur renforce leur attachement à l'univers rural et évoque les plaisirs agrestes propres à l'existence du rat des champs:

> "Quant à vous, fils des campagnes, ne désertez pas les champs. De toutes les carrières, celle de cultivateur est la plus honorable et la plus heureuse; si elle ne conduit pas aux grandeurs et aux grandes fortunes, elle ignore les déceptions et donne des revenus certains: deux et demi pour cent valent mieux que sept et huit pour cent, avec la fièvre et les dangers de la spéculation" (289).

L'agriculture constitue une science correspondant à la vie moderne, digne par ailleurs d'être enseignée dans les écoles françaises. De tels propos mettent en lumière, de toute évidence, l'atmosphère campagnarde des *Fables* de La Fontaine, notamment pour les enfants provinciaux. C'est ainsi qu'H. Leclerc fait l'éloge des populations rurales qui, par leur productivité agricole, contribuent à la richesse de la nation. Il s'adresse directement au public scolaire fondamental de la France du XIXème siècle, à savoir, la masse des élèves issus de la campagne. Sa louange de la France agricole laisse entendre non seulement l'importance de cultiver la terre au même titre que l'esprit, mais l'utilité sociale de tous les métiers productifs, d'où l'expression "il n'y a pas de sot métier; il n'y a que de sottes gens."

J-M. Villefranche, *Le Fabuliste chrétien*, Paris, Delagrave, 1879

Selon une stratégie publicitaire visant à gagner le lectorat catholique aux vertus de son édition, J-M. Villefranche présente une série de discours d'accueil. Mgr. Mermillot, évêque d'Hébron, loue l'entreprise de l'éditeur et son éloge s'insère sans ambages dans une perspective d'humanisme traditionnel: "(les fables éditées) laissent dans l'âme de salutaires et fortifiantes pensées. Continuez à défendre le vrai et le bien par le culte du beau" (5). Mgr. François, lui, exalte *Le Fabuliste chrétien* puisque ce recueil contribue à l'idéal des maisons d'éducation religieuse en dénonçant les erreurs du siècle et en donnant, de ce fait, une vigueur nouvelle aux vérités chrétiennes (5-6). Le Vicomte de Panat, pour sa part, félicite l'éditeur de la sélection judicieuse des fables dont sept ont bien servi au concours de 1854 à l'Académie des Jeux floraux (6). Une note explicative justifie alors l'expurgation du "Chat et la Chatte" du *Fabuliste chrétien* en raison des notations "un peu réalistes" qui ne pourraient qu'offenser des sensibilités religieuses (7). Considérant la dimension satirique des *Fables* de La Fontaine comme une "voie dangereuse," P. Douaire soutient qu'on n'a guère besoin d'imiter sur ce point le poète pour créer d'excellents apologues. Nourrie de l'esprit de l'Evangile, la Fable chrétienne de M. Villefranche se révèle exempte du scepticisme malsain que projette l'auteur des *Fables* au sein de la comédie humaine (10-11). Enfin, dans sa diatribe, le vicomte G. de Chaulnes fustige l'idôlatrie laïque qui a été mise en place "sur les ruines du Panthéon" et qui fait piètre figure auprès de la religion chrétienne. Ainsi, il met en avant l'influence corruptrice des *Fables* de La Fontaine, qui pèchent avant tout par le fait que leur créateur est essentiellement païen et s'en tient à une morale platement utilitaire (11-12).

Dans cette même perspective, le fablier de l'abbé Vaillant[35] est destiné à de très jeunes enfants qui commencent l'apprentissage de la lecture. Comme le révèle le sous-titre, ce recueil a pour objet de raconter "les grands événements de l'histoire sainte" à la lumière des principales valeurs catholiques: la prière, l'ordre et le travail. Il s'agit, au total, d'orner la mémoire des enfants des "vérités de notre sainte religion" (v). Ainsi, *Le Fabuliste chrétien*, de même que les *Fables à l'usage des enfants* par l'abbé Vaillant, exploite l'œuvre de La Fontaine pour rendre attrayant l'apprentissage de la religion catholique et de ses règles aux jeunes enfants.

L. MAINARD, *ETUDES LITTÉRAIRES*, PARIS, DELAPLANE, 1882

L. Mainard s'en remet à la fois aux jugements de Saint-Marc Girardin, de Nisard et de Sainte-Beuve afin d'appuyer sa critique scolaire de La Fontaine. Au lieu de donner une allure dogmatique à sa morale, le fabuliste lui prête un caractère dramatique (221). De plus, loin d'offrir une grande morale héroïque, La Fontaine souscrit à une petite morale quotidienne à l'usage de tous. Cette morale n'a, en fait, rien de ce scepticisme démoralisant qui s'empare parfois de la jeunesse. Le fabuliste présente une série de mises en garde négatives, des conseils sous forme de préceptes impératifs, et exalte enfin un sentiment nationaliste:

> "N'est-ce pas la morale saine, utile, pratique, et, pour ne pas laisser une fable sans la citer, peut-on mieux finir que par ce souhait patriotique de La Fontaine auquel nous devons nous associer de toute notre âme: 'O peuple trop heureux! Quand la paix viendra-t-elle/Nous rendre, comme vous, tout entiers aux beaux-arts?' C'est-à-dire, souhaitons à la patrie la paix prospère et la liberté féconde qui la feront plus grande encore!" (222-23).

L. Mainard s'appuie également sur le jugement célèbre de Nisard, qui voyait dans les *Fables* la nourriture spirituelle des Français: "Le lait de nos premières années...le pain de l'homme mûr, le dernier mets substantiel du vieillard..." Le vocabulaire alimentaire de Nisard fait appel non seulement aux paysans mais aussi, de façon plus générale, à un besoin vital de l'existence. Notons aussi que la nourriture constitue un des principaux thèmes des *Fables*.[36] Dans son cri de ralliement destiné à créer des sentiments de révérence à l'égard des quatre grands poètes français—Corneille, Racine, La Fontaine et Molière—L. Mainard soutient que séparer ces auteurs, c'est diminuer la notion de grandeur qui s'attache à la désignation des classiques scolaires. Il en arrive à citer Sainte-Beuve, enfin, pour démontrer à quel point ces auteurs canoniques, notamment La Fontaine et Molière, font corps commun de par leur sentiment d'identification nationale.

C. ROUGÉ, *CHOIX DE FABLES DE LA FONTAINE*, PARIS, BELIN, 1882

Ce texte nous offre un choix de fables d'inspiration ésopique. Il présente en premier lieu la fable, puis l'analyse de façon rigoureuse. L'auteur exprime également son admiration envers un La Fontaine assez audacieux pour ses écrits irrévérencieux envers le Roi-Soleil (cf. "Les Grenouilles qui demandent un Roi [III, 4])". Il souligne enfin les préceptes lafontainiens susceptibles d'engager les hommes, qu'ils soient monarques ou bûcherons.

A la question rhétorique: "La Fontaine peut-il être considéré comme un moraliste?," C. Rougé répond par l'affirmative en signalant d'abord, selon Platon, la place privilégiée d'Esope dans la République des Lettres (17). Soucieux de transmettre la vérité par le biais des paraboles et des exemples fabuleux, le poète crée des apologues qui valent justement par une vertu nutritive propre à ce symbole maternel:

> "(Platon) souhaite que les enfants sucent ses fables avec le lait; il recommande aux nourrices de les leur apprendre: 'car on ne saurait s'accoutumer de trop bonne heure à la sagesse et à la vertu. Plutôt que d'être réduits à corriger nos habitudes, il faut travailler à les rendre bonnes' pendant qu'elles sont encore indifférentes au bien ou au mal. Or, 'quelle méthode y peut CONTRIBUER PLUS UTILEMENT que ces fables?'" (17).

Compte tenu de la rareté relative d'exemples à suivre autour d'eux, les enfants doivent être éduqués très tôt, avant qu'ils ne prennent de mauvaises habitudes. Dans cette perspective, la sagesse et la vertu n'étant pas innées, il convient de les cultiver chez l'enfant. Cet idéal de l'Ecole républicaine vise à l'enrichissement de l'élève par la force d'une culture morale; un tel processus éducatif a aussi pour objet de soumettre l'élève à un conformisme social. C. Rougé affirme alors que La Fontaine avait pleine conscience de la hauteur de sa tâche en faisant passer les apologues d'Esope dans la langue française. Soulignant la grandeur de son entreprise pédagogique, le fabuliste laisse entendre que la formation du jugement et du caractère moral de son public enfantin constitue un objectif fort louable:

"'...par les raisonnements et les conséquences que l'on peut tirer
de ces fables, ON SE FORME LE JUGEMENT ET LES MŒURS,
ON SE REND CAPABLE DE GRANDES CHOSES'" (18).

Les *Fables* illustrent donc les vérités éternelles de l'humanité, le fond permanent
de la nature humaine et, de surcroît, s'adressent à la fois à la jeunesse et à la vieillesse.
D'une part, la lecture des apologues de La Fontaine permet à l'enfant d'acquérir des
connaissances sur le monde, des valeurs éthiques qui seront vérifiées par la suite
grâce aux expériences réelles de sa vie. D'autre part, le vieillard, quant à lui, tire de
cette relecture une confirmation de la validité des enseignements que l'expérience de
la vie lui a déjà donnée; il prend plaisir en quelque sorte à cette redécouverte du
familier, ou bien il se rend compte de ce qu'il n'a pas achevé pendant son existence et
se remémore donc les principes de base pour terminer sa vie en sagesse. Les *Fables*
constituent un vaste tableau de la condition humaine, car tous les lecteurs se trouvent
dépeints dans ce tableau. D'ailleurs, tous pouvant y retrouver le reflet fidèle de "(leurs)
faiblesses et (leurs) défauts," il faut partir de cette perception de soi si l'on entend
vraiment "se corriger" (19). Enfin, dans sa peinture de l'ensemble des classes sociales
au XVIIème siècle, La Fontaine s'en prend à de nombreuses formes d'injustice sociale.
Sa sagesse l'affranchissait de toute servitude à l'égard de la hiérarchie sociale et
humaine; il avait donc le privilège de critiquer les rois et les grands, car, lui, le sage,
était "hors du monde."

E. Faguet, *La Fontaine expliqué aux enfants* (Collection des classiques populaires), Paris, Lecène et Oudin, 1885

Comme toute la littérature n'est pas bonne à enseigner aux enfants, il faut que
le pédagogue entreprenne un travail de sélection. C'est aux auteurs canoniques ("aux
grands écrivains populaires" [ix]) qu'il s'agit de confier l'éducation de la jeunesse: le
choix des classiques est donc effectué par le peuple. Abordant le cas La Fontaine,
Faguet estime que sa grandeur se manifeste par sa popularité exceptionnelle. Au surplus,
à la grandeur des sentiments s'ajoute leur bonté, c'est-à-dire, un amour profond du
petit peuple, de ceux qui sont réellement infortunés, qui méritent, en un mot, de la
compassion. Les grands principes humanitaires (la charité, la pitié, l'entraide et la
confiance mutuelle) sont bien évidemment à rechercher. A en croire Faguet, les grands
écrivains classiques ont acquis leur statut en faisant des courbettes au peuple. Ce qui
fait l'originalité de La Fontaine au XVIIème siècle, c'est son amour du peuple; un tel
amour est d'autant plus significatif à cette époque, marquée par une indifférence
généralisée à l'égard des petites gens. A n'en point douter, la qualité unique de ce
guide spirituel est son "polyphilisme," son ouverture totale au monde, liée à sa dévotion
envers "les faibles et les opprimés" (3-4).

L'imagination représente bel et bien le terrain privilégié de la poésie, et l'on
comprend que La Fontaine partage les principaux traits de l'enfance: l'imagination,
la sensibilité et la candeur. Quant à l'image communément admise d'un La Fontaine
"distrait," Faguet conseille aux enfants de ne pas prendre le fabuliste pour modèle en

ce qui concerne cet exemple (15). Il envisage la fable comme une peinture des travers humains sous la représentation des animaux, cette transposition symbolique saisissant l'ensemble de la condition humaine. On assiste à une vision antithétique de la société humaine—bons et méchants, simples et fourbes, orgueilleux et timides, trompeurs et trompés—et de "la république des bêtes" (26). Chaque fable illustre ou bien une vertu ou un vice particulier, ou bien une condition ou une profession particulière. Désireux de mettre en évidence l'esprit des bêtes, La Fontaine s'attache d'abord à "amuser" pour attirer l'attention de l'enfant sur des sujets plus graves. Dans la mesure où les animaux sont proches de la nature, le poète les aimait par bonté de cœur et même dans un esprit d'altruisme et d'humanitarisme républicain. S'élevant contre le mépris cartésien pour "ces frères inférieurs de l'homme," il évoque une sorte de fraternité affective qui relie les bêtes et les hommes (35), et il revalorise leur intelligence dans son Discours à Mme de la Sablière ("Les Deux Rats, le Renard, et l'Œuf" [IX, 21]). Le fabuliste accorde une préférence aux animaux les plus humbles, bref, les "déshérités" de la terre; peut-être avait-il de la sympathie pour eux parce qu'il se sentait lui-même déshérité (40). Dans son éloge des bonnes qualités de ceux qui habitent la société animale, La Fontaine exalte cet insigne insecte qu'est l'escarbot qui vient à la défense de Jean Lapin ("L'Aigle et l'Escarbot" [II, 8]) et fait preuve de courage, de bonté et d'esprit de sacrifice face au pouvoir de l'aigle. Mû par un sentiment de révolte contre l'injustice fondamentale du monde, l'escarbot fait diminuer l'aigle en détruisant, avec méthode et persévérance, trois couvées successives. S'annonce ici la victoire paradoxale des faibles de ce monde: il est malhabile de mépriser les plus petits, sans quoi ils se liguent contre les grands, d'où l'expression tirée du "Lion et le Rat" (II, 11): "On a souvent besoin d'un plus petit que soi" (v. 2).

Aux yeux de Faguet, "la raison du plus fort" n'est en fait que la logique déraisonnable et féroce des puissants dont la maîtrise du monde relève d'un abus fondamental du pouvoir. Dans cet ordre d'idées, le fabuliste se lamenterait sur l'inefficacité radicale du droit face à la force, de l'exploitation systématique des petits par ceux qui règnent en maître, bref, du spectacle affligeant de l'inégalité naturelle et sociale des conditions. Faguet compare alors l'auteur des *Fables* avec Victor Hugo, poète de la modernité républicaine—on songe aussi à Zola—qui, auteur populaire par excellence, défend les intérêts des plus faibles. L'indignation populiste de La Fontaine éclate dans "Les Animaux malades de la peste" (VII, 1), qui dramatisent le spectacle abrutissant de la persécution officielle des simples d'esprit. Révolté par le discours captieux et hypocrite de tous ceux qui se prétendent innocents, le fabuliste prend à partie la volonté d'accepter la logique égoïste du lion qui se veut infaillible; il n'est pas convenable de faire de lui un coupable.

A la plainte légitime des malheureux s'ajoute la nécessité de les instruire, et Faguet se fait l'apôtre des opprimés de ce monde, y compris les enfants. D'où la justification de son manuel de morale qui s'adresse aux problèmes des petits dans une perspective normative: le pédagogue/moraliste s'applique à leur montrer les travers qui leur sont propres afin qu'ils puissent s'en guérir. On ne saurait trop insister, de même, sur la dimension paternelle de La Fontaine, car c'est "en père éclairé" qu'il entend guider moralement ses petits lecteurs (65). L'attachement au fabuliste tient sans doute, selon Faguet, à son paternalisme bienveillant.

En premier lieu, il s'agit de rester sur ses gardes devant des inconnus, puisqu'on ne sait jamais quel danger ils représentent; l'instinct de conservation, qui se traduit par la méfiance, est plus sûr que la confiance dans les autres ("Le Chat et un vieux Rat" [III, 18]). Quant aux parents, certes, il convient de les écouter, vu que la famille— le premier maître des enfants—jouit de la primauté dans l'éducation. Ainsi, "faire le chemin de la vie," c'est savoir profiter de l'instruction des parents et des gens plus expérimentés (85).

Quoique Faguet reproche au fabuliste d'être "presque dur" quant à la vanité, il finit par reconnaître qu'il s'agit là du véritable "mal français" ("Le Rat et l'Eléphant" [VIII, 15]): c'est en France que l'on voit en particulier grand nombre d'imprudences à ce sujet. Le peuple doit, à titre de devoir national, selon lui, se corriger de sa vanité naturelle. Une des principales formes de ce défaut collectif, c'est la volonté de changer de condition, et la démarche ambitieuse du geai s'apparente à une sorte de plagiat, voire de *mimésis* ratée ("Le Geai paré des plumes du Paon" [IV, 9]). En ce qui concerne l'économie, La Fontaine met en valeur, à part l'entraide, trois vertus clefs: l'épargne, la patience et le travail. L'endettement étant source de malheur et de honte aux yeux du peuple, l'idéologie républicaine mise sur ces vertus populaires en tant qu'antidote à la définition traditionnelle d'une noblesse éprise de luxe et foncièrement oisive. "Bonne ménagère," la fourmi incarne l'idéal d'une gestion prudente et d'une prévoyance exemplaire (104). La patience et le travail apparaissent, de la sorte, comme des sources du bonheur des plus faibles. Faguet précise, toutefois, que la deuxième leçon de "La Cigale et la Fourmi" (I, 1), c'est que la charité vaut mieux que la dureté de cœur. Son républicanisme l'amène à dégager de la morale lafontainienne les valeurs fondamentales de l'humanisme: le vrai, le beau et le bien. Cette morale contribue donc à la formation d' "une belle et bonne nation de travailleurs probes, fiers et doux!" (121). La vision sociale du fabuliste souligne l'idéal de bienfaisance mutuelle reliant les nobles et les non-nobles, c'est-à-dire, les grands et les petits. Tout en raillant la sottise des grands, La Fontaine fait le portrait d'une paysannerie qui vit dans l'acceptation du *statu quo* et qui trouve le bonheur dans la pauvreté. Toutefois, dans "Le Savetier et le Financier" (VIII, 2), il ne s'agit pas de l'idéal de pauvreté en tant que tel, mais plutôt de l'insouciance et de la joie de vivre qu'elle entraîne. Le savetier n'est pas heureux d'être pauvre; il apprécie le simple fait qu'il n'a aucun souci. Faguet prend à son compte ici le discours bourgeois qui entend "éduquer" les pauvres en les maintenant à leur place socio-économique. Il se complaît dans une vision idyllique qui ne tient pas compte des insécurités réelles des pauvres sous la Troisième République: "Les petits ont leurs maux, mais bien des avantages aussi. Moins de souci, c'est plus de vraie richesse" (128). Si le poète prône l'idéal d'une amitié désintéressée, c'est que la vraie amitié s'avère une chose rare et précieuse, une source de joies pures. Dans cette perspective du populisme républicain cher à Faguet, l'amitié est, de toute évidence, ce qui permet aux plus faibles de survivre. Elle rejoint ainsi les thèmes lafontainiens de l'entraide et de la solidarité.

II. La Place de La Fontaine dans l'enseignement primaire

Faguet s'imagine, au terme de son enquête, les rêves de La Fontaine vieillissant: le poète aurait continué, jusqu'à sa mort, à aimer les humbles, à défendre les petits contre les injustices des grands. Sa conception républicaine du peuple reste volontairement idéalisée, fondée sur le bonheur des pauvres mus par la prudence morale et la productivité économique, par l'idéal de *caritas* et par la dignité du travail. Il exalte en particulier la simplicité de cœur et la finesse d'esprit propres aux pauvres. Seules les influences salutaires doivent s'exercer dans cette vision optimiste de l'humanité; les forces négatives—la sottise, l'ambition, la haine et l'outrecuidance—n'y ont pas place. La création de ce monde idéal, voilà l'objectif principal des enseignements des *Fables*, et l'Ecole républicaine doit forger l'image d'un "âge d'or" pour la génération d'écoliers français des années 1880 (161). Si Faguet insiste sur les valeurs familiales, sur les qualités humanitaires, tels l'entraide et l'altruisme, c'est qu'elles représentent, pour lui, une véritable "religion sociale." "Grand éducateur," La Fontaine aurait ramené l'homme à une perception réaliste et modeste de soi, tout en l'engageant à faire preuve d'une indulgence réelle envers les autres (162-63). Faguet exhorte les jeunes, enfin, à adopter les qualités morales qu'ils ont découvertes à travers les aventures de la fourmi économe et prévoyante, de la tortue méthodique, de l'abeille altruiste et pacifique, et du bon et généreux escarbot. En dernière analyse, telles que les présente Faguet, les *Fables* de La Fontaine se ramènent à une sorte de bible civile des petits. Il n'est guère difficile d'imaginer les parents de cette époque prenant plaisir à lire une fable chaque soir à leurs enfants.

G. Lyon, *Code moral de l'expérience et de la sagesse*, Toulouse, Privat, 1885

Le sous-titre de cet ouvrage—*pensées philosophiques et morales de La Fontaine commentées et appliquées dans un ordre méthodique aux différents travers de la vie humaine*—laisse pressentir que l'on a affaire à un répertoire systématique qui constitue, en fait, une véritable déformation scolaire de l'œuvre de La Fontaine. Après avoir loué le "naturel exquis" du poète (5), l'éditeur met en avant l'objectif essentiel de son recueil, à savoir, la formation morale de la jeunesse. S'il envisage ce texte comme un complément indispensable à l'étude des *Fables* au niveau de l'enseignement primaire, c'est dans le dessein de fournir à une jeunesse inexpérimentée une base d'expériences. Le recueil apparaît alors comme une compilation rigoureuse des expériences éthiques destinées aux jeunes élèves. Ainsi, c'est en évoquant la valeur bénéfique de la correction morale chez La Fontaine que Chamfort compose son célèbre éloge du fabuliste, éloge empreint, du reste, d'un optimisme tout républicain:

"L'homme corrigé par La Fontaine ne serait plus vicieux ni ridicule;
il serait raisonnable, et nous nous trouverions vertueux, comme La
Fontaine était philosophe, sans s'en douter" (6).

A l'instar des autres manuels qui s'adressent aux finalités de l'enseignement primaire, ce texte s'attache à éveiller chez l'enfant un certain sens de la sagesse et de la moralité. Il se présente sous forme d'articles numérotés, illustrés chacun par quelques vers d'une fable de La Fontaine. Il relève, enfin, d'une volonté de codifier l'ensemble des comportements des jeunes enfants alors que le républicanisme atteint son apogée.

Voici un aperçu des diverses catégories morales présentées par G. Lyon qui fait ressortir la philosophie mise en place par La Fontaine:

Ayez pitié des malheureux—"La Cigale et la Fourmi" (I, 1) étant une mise en valeur de la compassion, la dureté de la fourmi convient mal au principe de *caritas* chrétienne. Rousseau a dit à ce propos que cette fable enseigne la raillerie et l'arrogance à l'enfant. La mort de la cigale apparaît inévitable et son imprévoyance annonce celle des élèves peu disciplinés et ingrats, qui vont sûrement échouer aux concours scolaires.

Grandeur et médiocrité—Le culte de la médiocrité doit l'emporter sur la recherche effrénée de la grandeur, et "Les Deux Mulets" (I, 4) aboutissent à un éloge de la modestie et de l'humilité.

Prix de la liberté—Echanger la liberté contre une vie aisée, voilà ce qui relève d'un marché de dupes ("Le Loup et le Chien" [I, 5]).

Ecoutons les conseils de la sagesse—"Un enfant bien né écoute la voix de ses parents et de ses maîtres; il sait comprendre que leurs avis sont inspirés par l'unique désir de le guider, de l'orienter dans la carrière et la vie et de le préserver des écueils que les passions multiplient sous ses pas, et où il trouverait sa perte" (18). Dans ce passage, le critère anti-républicain de "naissance" équivaut à la sagesse. L'Ecole est perçue ici comme une extension de la famille; l'autorité familiale et institutionnelle a une motivation bienfaisante et éthique. Il faut préserver les jeunes de l'influence nocive des mauvais conseils. Dès lors, la sagesse se trouve à la fois du côté des instruits (les maîtres) mais aussi du côté des surveillants (les parents) qui s'assurent de la bonne conduite de leurs enfants ("L'Hirondelle et les Petits Oiseaux" [I, 8]).

Devoir d'un bon citoyen—G. Lyon valorise ici les vertus civiques, notamment le patriotisme. Là où le courage est le propre du bon citoyen dont le caractère est empreint d'une grandeur d'âme réelle, la lâcheté se montre le trait distinctif du mauvais citoyen. La citation suivante: "… Selon les gens: Vive le roi! Vive la ligue!" reflète une morale qui dément le patriotisme républicain ("La Chauve-Souris et les deux Belettes" [II, 5]).

Avantages du séjour de la campagne sur celui de la ville—Alors que la ville est le centre de l'agitation du monde, la campagne fournit un cadre plus convenable à l'harmonie et à la simplicité des mœurs ("Philomèle et Progné" [III, 15]).

Danger de certaines rencontres—La frivolité et l'oisiveté sont des vices particulièrement pernicieux pour la jeunesse. Il s'agit de se préserver à tout prix des rencontres fâcheuses avec des individus de cet acabit (c'est-à-dire, "fainéants" et "vicieux"). Faible, l'enfant se laisse facilement attirer vers le mal; il lui faut donc une épaule solide sur laquelle s'appuyer et demander conseil: c'est le rôle des parents. Aux yeux de l'enfant, les deux faces de la sagesse se rapportent à l'étude sérieuse et la conduite correcte ("La Mouche et la Fourmi" [IV, 3]).

Soyons les surveillants de nos entreprises—Il est nécessaire de s'occuper de ses entreprises industrielles; il n'est pas bon d'aliéner ce pouvoir aux autres. La gestion de l'emploi du temps et du travail ressort d'une sagesse particulière ("L'Alouette et ses petits, avec le Maître d'un champ" [IV, 22]).

II. La Place de La Fontaine dans l'enseignement primaire

Déception de ceux qui quittent la campagne pour aller habiter la ville—S'interrogeant sur la quête d'une sorte de bonheur urbain, G. Lyon montre que cette quête se heurte à de nombreuses réalités de la vie en ville: privations des vivres, dépenses élevées et multiples; la qualité de la vie de l'ouvrier est par ailleurs bien amoindrie. Est-ce qu'on quitte la campagne par besoin ou par avarice? L'éditeur évoque alors la nostalgie d'une existence rurale et les charmes de la vie champêtre. On sait ce que l'on perd mais jamais ce qu'on va gagner en échange ("Le Petit Poisson et le Pécheur" [V, 3]).

Dangers des marchés à livrer—G. Lyon souligne ici les gros risques propres à la pratique économique consistant à vendre d'avance un produit particulier. Des catastrophes naturelles, telle la grêle, peuvent ruiner la récolte ("L'Ours et les deux Compagnons" [V, 20]).

De la royauté—La naissance royale n'assure pas nécessairement des qualités administratives. Un roi n'atteint ce titre que par sa naissance; rien ne prouve donc qu'il détienne toutes les qualités requises pour être roi. Même si beaucoup le considéraient comme un dieu, il n'était avant tout qu'un homme ("Le Renard, le Singe, et les Animaux" [VI, 6]). On distingue, dans "Le Berger et le Roi" (X, 9), des idées nettement républicaines sur la royauté, c'est-à-dire, des sentiments anti-royalistes.

Rien de durable ici-bas—La mort frappe toujours à l'improviste parce qu'on ne l'accepte jamais. Certes, elle est "sans pitié," mais elle délivre également des maux de toute sorte. Quoiqu'il soit normal de ne pas vouloir quitter ses bien-aimés, on a moins de sympathie pour les vieillards qui sont dépourvus de sagesse. Seul le sage sait accepter la réalité de la mort en vieillissant avec grâce: "Le sage seul se montre toujours calme à son approche, conscient qu'il est de sa vie parfaitement remplie" (cf. Montaigne, "Que philosopher, c'est apprendre à mourir") (81). Affligés par des maladies, les vieillards ont tendance à se plaindre de plus en plus de leur sort, et on peut se demander si une telle attitude ne relève pas de l'ingratitude ("La Mort et le Mourant" [XI, 1]).

On vaut par soi-même, et non par ses aïeux—G. Lyon fustige ici le désir de se faire valoir par de multiples moyens, c'est-à-dire, la volonté farouche de se distinguer. Etre "distingué" en France, c'est l'équivalent moderne d'être noble (= supérieur) dans la France du XVIIème siècle. De plus, ce terme signifie, de nos jours, avoir une certaine classe, un certain charme de "gentleman" ou de "femme bien." Bien souvent, la brillance et la popularité de la famille représentent, pour l'individu, un fardeau, puisqu'il faut se montrer "à la hauteur." Enfin, la vanité se révèle être le défaut national (cf. "le mal français") ("Le Rat et l'Eléphant" [VIII, 15]).

Ayant mis en place une véritable machine pédagogique, on comprend sans peine que l'Ecole républicaine ait misé sur les *Fables* de La Fontaine. Si l'on admet que l'acculturation linguistique contribue de manière significative au développement des valeurs socio-culturelles et morales, il va de soi, alors, que La Fontaine était le plus souvent utilisé pour démontrer les règles grammaticales du français. Auteur le plus caractéristique de la récitation, le poète est devenu le classique par excellence de l'enseignement primaire. Ses *Fables* étant liées à un apprentissage scolaire minimaliste, il donne lieu à une compréhension immédiate. Ainsi, véritable "lieu de mémoire" s'il en fut, La Fontaine fait partie de la mémoire culturelle fondamentale de la France ou, plus précisément, des entrailles de ses écoliers jusqu'à une époque relativement récente. Autant dire que la France entière s'est nourrie traditionnellement du fabuliste à l'école primaire.

D'autre part, la rêverie étant, pour l'enfant, un état naturel, La Fontaine l'a aidé, sur un plan idéal, à développer son imagination, à tel point qu'on le considère, à juste titre, comme le père de la littérature enfantine. Le poète reste, de ce fait, au centre de l'enfance. En plus, l'acquis culturel portant sur les animaux découle directement du bestiaire lafontainien. C'est le poète qui a, de toute évidence, perpétué et cristallisé dans l'esprit des Français, l'image définitive du caractère rusé du renard et du caractère obtus de l'âne, image héritée en partie du Moyen Age. A un niveau plus profond, disons que dans la mesure où l'enfance constitue le moment privilégié pour assimiler les règles de français et, par extension, les normes de conduite, les *Fables* avaient pour objet d'orienter les enfants vers un état de pré-réflexion pour l'élite, qui deviendrait, par la suite, l'esprit d'analyse dont le lycéen devait faire preuve.

En effet, les *Fables* de La Fontaine orientent également le lecteur vers des valeurs plus adultes, notamment l'idée d'un certain déterminisme biologique, ou encore la présence de valeurs républicaines et laïques. L'élève du secondaire aura d'ailleurs l'occasion d'examiner ces concepts, présents dans les *Fables*, à travers le célèbre système des explications de texte du lycée censées forger le jugement et développer l'esprit critique propres aux jeunes adultes. (Voir les Appendices I, II, III et IV).

NOTES

[1] Hanlet, l'Abbé C., *Le Premier Maître de français, Jean de La Fontaine*, Paris, Dessain, 1962.

[2] *La France sensible*, Seyssel, Champ Vallon (1985), 25.

[3] "L'Histoire des disciplines scolaires," *Histoire de l'éducation*, 38 (1988), 84.

[4] *Figures of the Text: Reading and Writing (in) La Fontaine*, Amsterdam, Benjamins Publishing Co. (1992), 36.

[5] "Actualité de La Fontaine," *Critique* 7 (1951), 398.

[6] A. Chervel, "L'Histoire des disciplines scolaires," 96.

[7] A. Tastu, éd., *Fables de La Fontaine*, Paris, Lehnby (1850), vj (sic).

[8] *Fables et historiettes*, Paris, Librairie Dupont (1873), 326.

[9] Paris, Delagrave, 1897.

[10] "L'Invention d'une littérature scolaire: les manuels de morceaux choisis de 1872 à 1923," *Etudes de Linguistique appliquée* 59 (1985), 102-9.

[11] Mme A. Fouillée, *Le Tour de la France par deux enfants. Devoir et patrie*, Paris, Belin, 1882.

[12] A-M. Chartier et J. Hébrard, *Discours sur la lecture (1880-1980)*, Paris, Centre Georges Pompidou (1989), 272-73.

[13] G. Compayré, *Organisation pédagogique et législation des écoles primaires*, Paris, Delaplane (1908), 87.

[14] G. Compère et al., *Au Pays de La Fontaine*, Paris, Casterman (1994), 134.

[15] *Propos sur l'éducation*, Paris, Rieder (1932), 52.

[16] M. Crubellier, *L'Ecole républicaine, 1870-1940. Esquisse d'une histoire culturelle*, Paris, Ed. Christian (1993), 64.

[17] Alain, 127.

II. La Place de La Fontaine dans l'enseignement primaire

[18] *Leçons de morale à l'usage de l'enseignement primaire*, Paris, Hachette (1926), 13.

[19] E. Labbé, *Etudes de pédagogie morale*, Paris, Dupont (1883), 94.

[20] L. Maury, *Les Origines de l'école laïque en France*, Paris, PUF (1996), 7.

[21] *La Fontaine*, Paris, Société française d'imprimerie et de librairie (1913), 126.

[22] *Surveiller et punir*, Paris, Gallimard (1975), 163-64.

[23] G. Laffly, "Avez-vous lu La Fontaine?," *Les lettres et les arts* 481 (1981), 71.

[24] J. Brody, *Lectures de La Fontaine*, Charlottesville, Va., Rookwood Press (1994), xv.

[25] A. Viala, "Qu'est-ce qu'un classique?," *Littératures Classiques* 19 (1993), 27.

[26] J. Leenhardt, "Introduction à la sociologie de la lecture," *Revue des Sciences Humaines* 49 (1980), 40.

[27] *Discourse/Counter-Discourse. The Theory and Practice of Symbolic Resistance in Nineteenth-Century France*, Ithaca, N.Y., Cornell University Press (1985), 54 (nous traduisons).

[28] *La Fontaine*, Paris, Hachette, 1884.

[29] *Choix de fables de La Fontaine*, Paris, Hachette, 1872.

[30] Lyon, F. Guyot, 1836.

[31] Correspondance personnelle, le 5 février 1999.

[32] *L'Enseignement de la langue française*, Paris, Colin (1914), 66.

[33] Correspondance personnelle, le 11 janvier 1999.

[34] Voir, à ce sujet, l'article d'E. Mennehand, qui met en lumière la complémentarité s'instaurant entre la justice et la bienfaisance, l'entraide étant le fondement de la société et sa raison d'être ("Les *Fables* de La Fontaine à l'ecole primaire," *Revue Pédagogique* 1 [1880] 173–79). A partir d'une analyse de quatre fables ("Le Lion et le Rat [II, 11]; "La Colombe et la Fourmi" [II, 12]; "Le Cheval et l'Ane" [VI, 16] et "L'Ane et le Chien" [VIII, 17]), l'auteur entend fonder un apprentissage des principaux devoirs envers la société. Il s'applique, plus précisément, à valoriser une morale désintéressée, une sorte d'évangélisme social axé sur la solidarité et les besoins de tous. Ainsi, la notion de l'utilité universelle des individus—les petites gens se rendant importantes aux grands—témoigne d'une bienfaisance qui traverse les diverses couches sociales.

[35] *Fables et morceaux divers de poésie*, Paris, Perisse Frères, 1880.

[36] O. Leplatre, "Les Mots de la faim: Petite anthropologie de la nourriture dans les *Fables* de La Fontaine," *Papers on French Seventeenth-Century Literature*, 24 (1997), 199-214.

III. La Place de La Fontaine dans
l'enseignement secondaire

Représentant exemplaire de la République des Lettres, génie poétique qui fait valoir les plus belles qualités de la langue française, La Fontaine a été l'objet d'une canonisation scolaire en France au XIXème siècle. Nous nous proposons de mettre en évidence une socio-critique de l'image du poète dans l'univers de l'enseignement, afin de dégager la dimension scolaire et universitaire du mythe lafontainien. Grâce à l'engagement en profondeur de l'Ecole républicaine à tous les niveaux de l'enseignement, et notamment au niveau du primaire, dans ce que représente le fabuliste, ce dernier a été transformé en auteur exclusivement scolaire pour les écoliers, et son mythe culturel se fait lieu commun aux yeux des adultes, car on va de la mémorisation passive à l'interprétation active. C'est ainsi que P. Dandrey nous incite à nous interroger sur le décalage entre "le culte mythique" qui s'est élaboré autour de La Fontaine en France et "la répulsion pédagogique" dont le fabuliste fait l'objet[1]; on peut se demander, dès lors, s'il s'agit de cultiver un public écœuré en grande partie par son expérience de La Fontaine à l'Ecole.

A partir de la Troisième République et jusqu'aux années 1960, La Fontaine était considéré avant tout comme le classique le plus populaire de la littérature française, le poète incontournable des paysans et des ouvriers. A cette époque, ses valeurs n'étaient pas partagées par les classes élevées et entreprenantes. A partir des années 1970, on assiste à une transformation de son image scolaire. Les changements des mœurs entraînés par les bouleversements socio-politiques de la fin des années 1960 finissent par engendrer un nouveau regard sur le poète. A la lecture étriquée et univoque des *Fables*, C. Giardina oppose une approche fondée sur "la pluralité des sens" chez La Fontaine.[2] La critique lafontainienne, qui a connu un essor remarquable dans les vingt dernières années, est marquée, on l'a vu, par une volonté profonde de mettre en jeu l'ambiguïté du discours poétique du fabuliste.

Si l'institution scolaire a érigé les *Fables* en véritable fondement de la culture, c'est que cette œuvre tendait, même au titre de souvenirs de bribes poétiques, à s'inscrire dans la mémoire culturelle des Français, bref, à faire partie intégrante de leur bagage culturel. L'ensemble des apologues du poète restant "inoubliable," sa valeur pédagogique réside dans sa capacité à être appris, voire intériorisé dans l'imaginaire français contemporain. D'autre part, si le XIXème siècle accorde une consécration officielle à La Fontaine, il convient de signaler que le poète jouissait alors d'un triomphe commercial absolu. "Best-seller" incontestable dans l'univers de l'édition française de cette époque, les *Fables* ont joui d'une consommation publique massive, leur pouvoir se manifestant également dans une multiplicité de domaines publics — discours politiques,[3] médias (discours publicitaire), en famille, en classe — qui ont légitimé la citation des aphorismes lafontainiens. F. Fragonard évoque, à juste titre, l'entrée des *Fables* dans une sorte de "bonne conscience" nationale, un mécanisme de compensation qui s'opère dans le cas du poète qui a dû renier ses *Contes* immoraux.[4] Au travail de "déformation" des *Fables* par l'Ecole s'ajoute, par ailleurs, une occultation subtile du reste de l'œuvre de La Fontaine, et notamment des *Contes* qui, fort goûtés au XVIIIème siècle, n'ont fait l'objet d'une réhabilitation que récemment. Remarquons également que la place de La Fontaine dans le patrimoine culturel français se rétrécit depuis les années 1970. Etant donné qu'il n'occupe plus une place aussi importante dans le cursus officiel de l'enseignement secondaire depuis plus de vingt ans, et qu'il n'a qu'un statut facultatif dans les programmes primaires depuis le début des années 1990, le fabuliste connaît une déperdition progressive dans la culture française contemporaine. D'où la valeur de pressentiment propre à l'affirmation de l'Inspecteur général Chardon, prononcée en 1960:

> "Telle est la situation, qui me paraît assez affligeante, car enfin je crois pouvoir dire—et je pense que mon ami Clarac ne me démentira pas—que le jour où La Fontaine disparaîtrait de nos écoles, eh bien! Ce ne serait pas un jour de triomphe pour la culture."[5]

Dans la mesure où l'Ecole visait à fixer les normes de conduite, les instituteurs servaient de véhicules à la civilisation, représentant en l'occurrence l'idéal du progrès et les valeurs du modernisme: ils ont, en fait, érigé les *Fables* en catéchisme de la vertu républicaine. La socialisation primaire supposait donc l'apprentissage des savoirs de base—lire, écrire, compter—savoirs qui permettraient à l'enfant du peuple de s'insérer dans les structures socio-économiques (le futur travailleur) et civiques (le futur citoyen) de la nation. L'école primaire insistait par ailleurs sur l'utilité des savoirs transmis. A l'instruction de ces savoirs élémentaires, qui renvoyaient pour l'essentiel au code du savoir-faire, s'ajoute l'éducation, qui avait pour objet la formation sociale et morale de l'élève, c'est-à-dire, le code du savoir-vivre. Alors que l'école primaire dispensait, au fond, un enseignement de masse, l'école secondaire (les collèges et les lycées) se donnait pour tâche l'enseignement de l'élite bourgeoise. Il est bon de noter, à ce sujet, que moins de cinq pour cent des adolescents constituaient les effectifs des lycées à cette époque. La vaste majorité des jeunes était plus souvent aux champs à aider leurs parents qu'à l'école. Comprendre les divisions sociales irréductibles en France depuis les années 1880, c'est, en premier lieu, tenir compte de l'opposition fondamentale entre "l'esprit primaire" et "l'esprit secondaire" en matière d'éducation. L'Ecole sert alors à perpétuer cette dualité des cultures. Quoiqu'il y ait une certaine gradation et une continuité dans l'utilisation pédagogique de La Fontaine et de ses fables, force est donc de mettre en évidence la différence significative entre l'école primaire et le collège ou le lycée. Fondé sur un endoctrinement moral rigoureux, le premier degré visait avant tout à développer la mémoire de l'élève. Le bilan du second degré, en revanche, était plus fructueux, ayant pour but d'amener l'élève, par une réflexion personnelle intense, à modeler son intelligence, à développer sa sensibilité et à ciseler son goût. A ce décalage d'ordre méthodologique s'ajoutent des distinctions marquantes entre le maître d'école qui enviait souvent l'agrégé ses privilèges et celui-ci, qui aspirait à quitter son lycée pour accéder à l'université. Inversement, le professeur de faculté tendait à regarder avec dédain l'enseignant de collège qui lui-même considérait avec condescendance le "professeur des écoles." Il va sans dire que l'Ecole républicaine a créé d'épaisses cloisons entre les divers degrés d'enseignement.

Lieu de la formation de l'élite, l'école secondaire s'attachait à soumettre les besoins de l'individu au bien de l'Etat. Ce qui compte avant tout, c'est la réussite professionnelle d'un groupe d'élèves privilégiés. Pour le petit bourgeois, l'école représente une seconde famille, son avenir étant assuré. Compte tenu du caractère fort centralisé de l'enseignement en France, les élèves étudient tous les mêmes auteurs. Les références culturelles s'avèrent de la sorte communes à tous les élèves du même âge. Les élèves de l'enseignement secondaire avaient d'ailleurs conscience de représenter l'élite de la nation et l'héritage culturel devient une charge transmise d'une génération à l'autre. S'en tenant à l'idéal de la culture générale, ces élèves allaient devenir, par suite d'un enseignement littéraire qui s'appuyait sur un nombre très restreint d'œuvres canoniques—"les textes sacrés"—que l'on (re)lit systématiquement, les cadres dirigeants de la France. Bref, ils allaient constituer l'univers socio-professionnel des notables. La littérature française servait d'outil privilégié à la formation des élites, car ces élites seules étaient à même de perpétuer la grandeur nationale.

L'enseignement du français en tant que discipline moderne entraîne la disparition de la rhétorique traditionnelle. Pour saisir la finalité socio-culturelle de cette discipline clef de l'Ecole républicaine, il convient de souligner la direction radicalement nouvelle prise par cet enseignement obligatoire: on assiste, à partir des années 1880, au passage d'une approche fondée sur la mémoire à une nouvelle approche qui s'adresse à l'intelligence de l'élève, en l'occurrence, à sa conscience morale. La réorganisation du baccalauréat était basée à cette époque sur la suppression du discours latin. Notons, sur un autre plan, que d'après les distinctions des philologues du XIXème siècle tels que Littré et Lafaye, alors que le terme "écolier" renvoie à l'univers de l'instruction, marqué par le savoir et les compétences élémentaires, le terme "élève" correspond, lui, à l'univers de l'éducation, qui se caractérise par la formation morale, c'est-à-dire, l'acquisition d'une sagesse liée au développement du jugement et du caractère de l'enfant.[6] Ainsi, l'enseignement secondaire donne à l'élève une formation humaniste, à condition, certes, qu'il soit "bien élevé" à partir de l'école primaire. Il s'agit, plus précisément, d'un enseignement qui "discipline" l'élève pour le rendre apte à s'intégrer dans la culture. A. Chervel insiste, à cet égard, sur la valeur étymologique du verbe "enseigner" (= "faire connaître par des signes"), restreint à une activité scolaire, à la différence de la signification extra-scolaire propre à "apprendre" (81). Par "signes," il faut entendre les mots (écrits) et les sons (parlés), c'est-à-dire, les éléments de base d'une langue. D'où l'importance de l'enseignement littéraire aux niveaux primaire (la récitation) et secondaire (la lecture explicative). Il convient de se rappeler que La Fontaine représente le seul classique scolaire à occuper une place privilégiée dans les deux systèmes de l'enseignement littéraire de la Troisième République.

III: La Place de La Fontaine dans l'enseignement secondaire

La culture dispensée par l'enseignement secondaire reposait sur l'humanisme, le culte de l'antiquité et les valeurs esthétiques et universelles. L'enseignant s'assure d'une adhésion à ces valeurs de la part de ses élèves par imprégnation[7]; "...les professeurs de lycée souhaitent des classes d'enfants homogènes par rapport à eux-mêmes" (29). D'après la tradition humaniste, l'apprentissage des belles lettres suppose la valorisation des bonnes lettres.[8] Les valeurs éternelles de l'humanisme constituent alors les aspects symboliques de la culture que l'on tâchait de transmettre. Se livrant à une défense idéologique des humanités classiques, certains professeurs (Parigot, Albert-Petit) faisaient de la langue française un véritable culte et envisageaient l'éducation classique comme "le dernier refuge du génie français."[9] Alors que Lanson s'avère progressiste et s'applique à adapter l'enseignement du français aux besoins d'une démocratie, Péguy, lui, a "(le) sentiment...de la fragilité des cultures et des civilisations; son refus du monde moderne le rapproche des traditionalistes" (52-3).

En s'interrogeant sur les normes pédagogiques sous-jacentes à l'enseignement secondaire, on s'aperçoit que l'apprentissage des valeurs éthiques se fait de manière oblique. Un esprit cultivé doit, en principe, savoir bien présenter ses arguments; il doit se soucier d'une démonstration rhétorique correcte.[10] L'écriture rejoint la réflexion en ce sens que les deux activités constituent des démarches cognitives. Le fondement humaniste propre à la pensée d'Alain, par exemple, réside dans le fait que l'enseignement littéraire se ramène, selon lui, à une "leçon de choses morales professées par des écrivains de génie" (172).[11]

Les exercices scolaires fonctionnent, au niveau secondaire, à la manière des pratiques réitératives. C'est l'expérience ultérieure de l'élève qui lui permettra de confirmer la validité de la morale. Grâce à l'*habitus* verbal, l'élève parvient à intérioriser ses expériences. D'autre part, l'élève du secondaire était censé pouvoir réciter les jugements du professeur, et c'était là une des finalités pédagogiques du cours magistral. C'est ainsi que P. Clarac s'en prend, lui, au dogmatisme des cours de français qu'il a suivis entre les années 1910 et 1920: il s'agissait de cours dictés par le professeur qui devaient être par la suite récités par l'élève. Une telle transmission mécanique de la matière littéraire a fini par confondre les jugements magistraux et les "faits" ressentis par l'élève comme objectifs.[12] A. Mareuil laisse entendre que de telles pratiques étaient toujours présentes dans l'enseignement secondaire en France des années 1960.[13] On peut se demander, finalement, si cette allure dogmatique de l'enseignement du français a vraiment disparu de nos jours...Ainsi, pour ceux qui ont fait l'expérience de l'enseignement secondaire jusqu'à la fin des années 1960, évoquer La Fontaine, c'est le plus souvent provoquer chez eux des souvenirs de récitation.

Influencé par l'ancienne rhétorique, l'enseignement littéraire sous la Troisième République prônait le raisonnement, et non le développement exclusif de la mémoire; elle insistait sur la dimension morale des textes. Dans cette perspective moralisatrice, la littérature servait à vulgariser les connaissances philosophiques et éthiques (Bossuet, Montesquieu). Tout en poussant l'élève à élaborer une réflexion personnelle, exerçant par là son jugement, on visait en même temps à lui dicter "les bonnes réponses, même si elles lui passaient bien au-dessus de la tête."[14] Le devoir mène ainsi au "devoir-dire" et, de là, au "devoir/savoir faire." Dans cette perspective, on va de la correction linguistique à l'acceptation d'un comportement normal, démarche qui rejoint la notion de "value-added knowledge" dans la pédagogie américaine.[15] Grâce à cette pédagogie fondée sur des formules creuses et sur un endoctrinement massif, l'Ecole s'appliquait à créer un certain type de produit, une façon particulière de penser. Elle représentait, en dernier lieu, un instrument d'homogénéisation soucieux de transmettre une morale de résignation. L'élève devait abandonner ses envies personnelles afin de subir les contraintes socio-culturelles, linguistiques et éducatives.

Composition française

Un des principaux ressorts de l'enseignement secondaire était la composition française, qui a pris la relève du discours latin en 1881. Mis à part les lieux communs de morale, les narrations et les maximes à développer, les exercices de composition ont joué un rôle primordial dans cet enseignement destiné à la classe de lettres ou de rhétorique. Détenteurs d'un savoir privilégié, les lettrés ont pu mettre en évidence l'ampleur d'un tel savoir au moyen de la dissertation littéraire. S'appuyant sur l'analyse des textes, la pratique de la dissertation supposait une démarche d'imitation créatrice. Faisant appel au principe d'*amplificatio*, la dissertation permettait la pratique exclusive des modèles classiques. L'élève parvenait de la sorte à former son goût et à acquérir un style propre. Bref, cet exercice scolaire l'amenait à développer son jugement et ses aptitudes critiques. Toutefois, il importe de reconnaître les limites d'une telle démarche, qui servait de guide à l'élève, le conduisant vers une découverte des Grands, d'où l'efficacité à cette époque du Discours aux Morts ou bien du Dialogue des Morts, pratiques de plus en plus désuètes après 1914. Selon cet exercice-ci, l'élève était censé rédiger une composition sous forme de dialogue entre deux auteurs lors d'une rencontre imaginaire. De tels dialogues rassemblent, par exemple, Molière tour à tour avec Plaute, Boileau et Rousseau.[16] Car il fallait régurgiter les cours—qu'ils aient été professés, dictés ou récités—et en quelque sorte "faire parler les morts." On s'aperçoit, de ce fait, de l'immobilisme culturel qui soutient les programmes, bon nombre de professeurs estimant que la création littéraire était arrivée à un aboutissement définitif. Le Dialogue des Morts suivant, proposé dans l'enseignement secondaire des jeunes filles en 1904, suppose la rencontre fictive de La Fontaine et d'André Chénier:

> "Dans les Champs-Elysées, La Fontaine et André Chénier s'entretiennent de leur commune admiration pour les anciens, et chacun d'eux expose comment, selon lui, il convient aux modernes de les imiter" (Certificat d'aptitude) (*Revue Universitaire*, 13 [1904], 363).

Sur un autre plan, par le biais des animaux, La Fontaine initie les élèves à la réalité immédiate et aux rouages du pouvoir qui s'y opèrent. La pédagogie républicaine des *Fables* impliquait donc une ouverture sur le réel perçu sous forme d'expérience empirique, d'où le rôle de la leçon de choses, c'est-à-dire l'observation directe de la nature, dans cette pédagogie. Ainsi, dans un sujet de composition française, les élèves d'une classe de quatrième sont invités à s'interroger sur la question suivante: "La fréquentation des *Fables* de La Fontaine est pour les enfants une promenade au Jardin des Plantes."[17] Enfin, Mlle Mabire, professeur au lycée de jeunes filles d'Aix, signale que le but des rédactions scolaires, c'est la découverte du monde et la découverte de soi, stratégie pédagogique s'inscrivant dans la perspective du fabuliste, qui plonge son lecteur dans son environnement immédiat afin de l'amener, par cette expérience vécue, à une perception essentiellement subjective (à savoir, la connaissance ou la maîtrise de soi). Autant dire que les *Fables* offrent une série d'expériences qui mènent directement à la connaissance du monde et à la connaissance de soi; elles font ressortir le passage du vécu à la leçon.[18] Comme on le verra par la suite, les membres du corps enseignant à cette époque puisaient d'ordinaire dans l'univers des *Fables* pour créer des sujets de composition portant sur la valeur de la prévoyance, sur l'amour que l'on doit porter aux animaux, sur la vie rustique et sur les chemins et routes de France.

Explication de texte

Exercice canonique inauguré par l'Ecole républicaine sur le modèle des collèges jésuites, l'explication de texte valorisait, à l'instar de la dissertation, les qualités inhérentes au savoir-lire des élèves, c'est-à-dire, l'esprit critique et le jugement. S'appuyant sur la méthode expérimentale, elle privilégiait les matières "concrètes" et scientifiques, car elle se donnait pour tâche, en principe, la formation des citoyens indépendants, capables de raisonner par eux-mêmes. Pourtant, un regard sur les Instructions Officielles de 1890 qui sous-tendent l'explication de texte dévoile le caractère fortement normatif de l'enseignement du second degré à cette époque; ces Instructions impliquent, selon A. Choppin: "[…] la correcte interprétation du texte, la production d'un sens autorisé, canonique, contrôlé."[19] La rédaction d'un tel exercice consiste, pour l'élève, à organiser les connaissances vécues en classe. L'explication de texte a mis au point une méthode d'analyse littéraire qui a formé des générations de Français depuis la Troisième République, et l'on ne saurait trop insister sur l'influence massive de cette méthode dans le domaine du secondaire. Engager l'élève à se livrer à la construction d'un discours scolaire, à faire preuve d'une conduite discursive réussie, dans la mesure où elle est conforme aux attentes du professeur, c'est lui permettre de témoigner d'une maturité personnelle. Dans cet ordre d'idées, l'élève doit se montrer capable de produire le même discours que le professeur ou du moins de débattre vraisemblablement selon des normes discursives officiellement admises.[20] Le paradigme suivant s'établit dès lors: de même que l'enfant est obligé de répondre aux attentes de ses parents en se comportant sagement—c'est-à-dire, en adoptant des valeurs adultes—, l'élève, lui, doit pouvoir s'approprier le discours du maître afin de recevoir les gages de la réussite académique. La reproduction du savoir magistral amène l'élève en classe de cinquième à la sanction officielle de son succès, à savoir, le certificat d'étude. Chaque maître étant pourvu d'un charisme particulier, il s'adresse aux traits de personnalité de son élève; celui-ci finit ainsi par prendre en charge son avenir en développant son propre style. Si l'explication de texte constitue, enfin, un des piliers de l'enseignement du français sous la Troisième République, c'est que la langue littéraire des "écrivains de génie" échappait de plus en plus à la compréhension des lycéens français de l'époque, au point de devenir à leurs yeux une sorte de langue étrangère. Il s'ensuit, alors, que leur lecture des classiques français ait exigé une explication systématique leur permettant de saisir, de manière linéaire, les nuances linguistiques, philologiques et littéraires de ces auteurs.[21]

Les *Fables* se prêtent à merveille à l'explication de texte. Que l'on considère le problème de l'intelligence des bêtes, l'injustice humaine ou l'idéal de la retraite, La Fontaine était la source de multiples sujets du "bachot": "Nul auteur n'était plus qualifié pour nous fournir des sujets d' 'explication de textes,' ce merveilleux exercice, gloire de l'enseignement français."[22] Les textes classiques choisis en vue de l'explication faisaient office, il est vrai, de cours de morale, comme le suggère G. Gendarme de Bévotte:

> "...un des arguments les plus forts que l'on puisse donner en faveur des vieilles humanités, c'est qu'elles sont fécondes en enseignements moraux et que, si les spéculations philosophiques, les discussions et les théories sur la morale privée et la morale sociale chez nos écrivains modernes dépassent la culture et le développement intellectuel de nos élèves, ceux-ci trouvent, au contraire, chez les écrivains anciens les préceptes et les exemples qu'ils sont à même de comprendre et d'appliquer. La vie même de collège est un apprentissage des devoirs futurs du citoyen: de bonne heure, l'enfant y apprend le respect des droits d'autrui, la nécessité du labeur quotidien et la recherche du succès par le travail, la bonne conduite et la volonté."[23]

Signalons, toutefois, que La Fontaine est un auteur à double tranchant; si l'on s'aperçoit d'une partie de sa morale au premier abord, en creusant davantage, on déterre la richesse littéraire de ses fables. Remarquons d'autre part que cette épreuve obligatoire à l'oral du bac en classe de première comporte un discours imposé par l'enseignant, si bien que l'élève est contraint de se livrer à des commentaires qu'il ne peut pas vérifier; il se trouve obligé par ailleurs de véhiculer toutes ses réflexions à travers un filtre fort restrictif. Grâce à l'art de la synthèse, l'élève se montre apte à reproduire un savoir privilégié. Y. Reuter précise, à cet effet, que l'explication suppose "(une) sacralisation (du texte)...qui écrase l'apprenant et le renvoie à ses manques" (126). Dans cette même perspective, E. Vinaver met en cause les dangers de la méthode traditionnelle de l'explication de texte, notamment sa rigidité formelle et son recours aux schémas préconçus.[24] G. Dulong soutient, de même: "Incapables de formuler par eux-mêmes un jugement littéraire, les élèves ne peuvent que copier les manuels."[25] Il convient de constater, enfin, la dimension liturgique et célébrative propre à l'explication de texte, c'est-à-dire, la valeur sacrée inhérente à cet exercice laïc et positiviste. La lecture scolaire des années 1880 était fondée, on l'a vu, sur un ensemble de "textes sacrés." Evoquant son choc profond face à l'étrangeté culturelle que représente l'Amérique, étrangeté liée à l'altérité radicale de ce pays, S. Raffy observe que "le Nouveau Monde

n'avait pas d'explication de texte, comme on dit d'un pays qu'il n'a pas de fromages."
S. Raffy voit dans l'explication traditionnelle "(un) pilier des valeurs françaises et (le) cœur profond de nos goûts littéraires."[26]

HISTOIRE LITTÉRAIRE

La transmission exclusivement formelle du savoir littéraire s'oppose au développement chez l'élève des compétences de lecture. Le discours magistral s'en remet à un savoir codé, pré-établi, et ce savoir fait partie intégrante d'un consensus propre aux membres de la communauté littéraire. Il faut noter ici la mise en place d'une lecture contrôlée de textes, lecture qui répond aux attentes professionnelles de cette communauté. On a affaire à un savoir qui se fait l'objet d'une construction préalable, l'adhésion du lecteur relevant d'une totale passivité ou bien d'une ignorance présumée; l'activité de la lecture suppose ainsi une déconstruction du sens pré-existant. L'Ecole républicaine s'est chargée de cette fonction conservatrice des œuvres, qui consiste à faire prévaloir le sens fixe du texte, sens sur lequel chaque lecteur peut se mettre d'accord. D'où l'importance de la glose explicative visant à orienter le lecteur vers l'acceptation de l'interprétation correcte, à éviter qu'il commette des contresens. L'exégèse de Nisard, par exemple, se veut une critique définitive des textes; il s'agit, chez lui, d'une lecture consensuelle de la place des œuvres dans une hiérarchie, d'un souci d'attribuer à ces œuvres des valeurs communément admises. Assimilant les *Fables* à la Bible de la vie quotidienne,[27] la critique nisardienne insiste sur l'œcuménisme culturel de cette œuvre, qui finit par orienter les Français vers l'idéal d'unité nationale. L'histoire littéraire a pour objet de cataloguer la production littéraire selon des critères sûrs. Lire les œuvres, c'est se préparer à l'étude de l'histoire littéraire: les deux activités se complètent donc parfaitement.

Fondé sur une conception à la fois déterministe et positiviste, le lansonisme envisage l'œuvre comme un produit. Lanson confère à l'histoire littéraire une dignité scientifique en ce sens qu'il applique des sciences exactes, telles l'histoire et la sociologie, à l'analyse de la littérature. Appareil théorique au niveau de l'enseignement supérieur, cette nouvelle méthode sert de support à l'explication de texte, exercice privilégié du secondaire. Afin de dépasser les premiers jugements subjectifs, le lansonisme vise à l'appréhension des faits objectifs; l'érudition littéraire doit aboutir à des vérités incontournables. Toutefois, Lanson s'aperçoit des conséquences néfastes de sa méthode, notamment chez des maîtres inaptes à en dégager les bénéfices réels. Ainsi, il s'inscrit en faux contre les "mauvaises humanités" et dénonce l'enseignement qui puise dans l'histoire littéraire comme "une école de psittacisme."[28] Il se lamente, en plus, du fait que la parole du maître, c'est-à-dire, du discours magistral, ne soit jamais mise en cause et il met en évidence les écueils propres à un enseignement littéraire basé sur un humanisme traditionnel postulant l'a-temporalité des textes.

Pour s'interroger sur les enjeux culturels de cette discipline, qui s'attache à répertorier l'histoire des gloires nationales, il convient de tenir compte de la mise en place d'un ensemble des protocoles de lecture. Dans sa tendance à monumentaliser la littérature, l'histoire littéraire amène l'élève à révérer les grands textes du patrimoine en les transformant en icônes culturelles; il doit en même temps s'imprégner des principales idées de ces textes pour, plus tard, les mettre en pratique. Mis à part sa valeur formatrice, l'histoire littéraire représente une sorte de parcours initiatique à travers les œuvres les plus marquantes et fondatrices de la littérature française. Autant dire qu'il s'agit d'ancrer/encrer, par le biais de cette méthode, les fondements de l'identité nationale. Si les classiques scolaires "font école," c'est qu'ils servent de modèles aux élèves, qui les lisent et, pour certains, les admirent. Investis d'une autorité, voire d'une grandeur morale, les auteurs canoniques constituent, aux yeux des Français, des modèles communs. D'où la mise en place d'une véritable caractérologie nationale grâce à ces divers portraits de l'âme française: le "tendre" Racine, le "glorieux" Corneille, l' "aimable" Molière et le "bon" La Fontaine. Outre sa bonhomie gauloise, sa gaillardise naturelle et son sens particulier de l'humour, le fabuliste témoignerait des meilleures qualités morales de la personnalité française: la générosité, la compassion et l'intelligence.

Etant des livres d'apprentissage du français par excellence, les manuels agissent en tant que guides pour donner à l'élève accès à la vie littéraire en évoquant cette image institutionnelle du "Panthéon scolaire." Fondés sur l'humanisme traditionnel, ces manuels se caractérisent par le recyclage mécanique des connaissances, c'est-à-dire, la reprise systématique et la réitération constante des mêmes propos, bref, une espèce de rabâchage scolaire excluant rigoureusement tout ce qui n'appartenait pas au dogme humaniste. Dans la mesure où un corpus de règles fondait, dans les livres scolaires, le seul "discours autorisé,"[29] ces livres valorisaient une corrélation étroite entre le normatif et le mimétique. On assiste, dans ce règne de la règle discursive, à la primauté du générique par rapport à l'historique. Telle qu'elle se manifeste dans les manuels, l'histoire littéraire a pour objet de gommer les tensions réelles de la Troisième République, par exemple, le syndicalisme des ouvriers, les antagonismes de classes et le mouvement socialiste international. Au total, elle ne fait aucun cas du dynamisme propre à l'Histoire.

En somme, la finalité politique de l'histoire littéraire, qui met au point les éléments constitutifs du patrimoine national, ressort des "compétences de lecture" établies par l'Ecole républicaine. Influencée par l'idéologie héritée du XIXème siècle, cette méthode nouvelle se compose d' "idées reçues," de "synthèses rassurantes" et des formules qui révèlent "la volonté de connivence avec le lecteur nourri dans le sérail;" elle se ramène, en dernier ressort, à "un discours codé sur la littérature."[30] P. Albertini évoque, à juste titre, la conscience malheureuse des littéraires qui, empêtrés dans une espèce de piété professorale face aux "monuments" du Panthéon scolaire, éprouvent une nostalgie réelle à l'égard de la disparition des "grands textes," c'est-à-dire, à l'égard du dépérissement progressif des "références communes."[31]

COMPOSANTES DE LA MORALE SCOLAIRE DE LA FONTAINE

Avant de mettre en lumière le discours scolaire propre à quelques manuels destinés à l'enseignement secondaire sous la Troisième République, il convient de synthétiser les éléments constitutifs de la vision morale de La Fontaine, telle qu'elle se dégage d'une analyse d'une centaine de manuels de cette époque. Cette vision se résume, pour l'essentiel, à quatre catégories: 1) La primauté de la violence, de la peur et du danger dans l'univers des *Fables*; 2) l'acceptation de l'*ordo rerum*; 3) la mise en place d'une morale de l'expérience et le relativisme de cette morale; le rapport entre les pièges de l'ignorance et de la bêtise, et la notion d'*iter* existentiel; la valorisation de la méfiance; 4) la mise en évidence des valeurs républicaines.

La vision de La Fontaine projette l'image d'un monde régi par des besoins physiques et des instincts impitoyablement égocentriques. Malgré la force de l'ironie poétique ou du ton comique souvent créé par le fabuliste, il s'agit d'un univers essentiellement hostile, dépourvu de pitié, où les fauves s'entre-dévorent. Les *Fables* mettent en scène un univers conflictuel, litigieux où la cruauté de la fourmi et la fourberie du renard ne sont jamais punies chez le fabuliste. Celui-ci nous offre en fait la perception darwiniste d'une condition humaine corrompue, gouvernée par la violence arbitraire des puissants et la survie des plus aptes. Cette image d'une violence et d'une insécurité quotidiennes reflète la vie précaire du XVIIème siècle. La disette et la malnutrition représentaient des fléaux réels sous l'Ancien Régime; elles s'inscrivaient dans cette "angoisse quotidienne du lendemain" mise en valeur par R. Mandrou.[32] La réalité impérieuse de la faim s'imposait donc aux Français du XVIIème siècle qui devaient surmonter de nombreuses périodes de disette. La férocité des rapports dans l'univers lafontainien est telle que les bêtes vivent et meurent en tant que sujets de l'absolutisme. J. Wogue fait ressortir diverses catégories de "mangeurs," c'est-à-dire, exploiteurs dans cet univers: courtisans, gens de finance, nobles et magistrats.[33] Les gens de cour mettent en évidence une voracité propre aux fauves; il s'agit, en fait, des "mangeurs" d'autrui ("Le Renard, les Mouches et le Hérisson" [XII, 13, v. 25]). En s'élevant contre le despotisme royal, le poète tâche de résorber la difficulté profonde d'être à cette époque en "(une) esthétique de sublimation."[34]

Selon cette vision du monde irrémédiablement vouée au mal, on se met en rapport avec autrui avant tout pour tirer un avantage. La gestion des conflits s'opère par l'intermédiaire de la parole. Toutefois, l'échange entre les bêtes excluant le véritable dialogue, on assiste à l'impuissance radicale du discours à transformer le réel. De surcroît, la parole précède souvent l'acte de dévorer autrui ("Le Loup et l'Agneau" [I, 10]). La Fontaine dramatise les multiples vicissitudes de la chaîne alimentaire, où les mangeurs risquent à tout moment d'être mangés. La dialectique de la dévoration et de l'entre-dévoration rejoint ainsi le motif comique du trompeur/trompé. Mangeurs et mangés faisant de la sorte partie d'un ordre social vicieux, régi par "la raison du plus fort," La Fontaine souligne la permanence d'une posture agressive chez la bête. Il évoque la relation essentiellement conflictuelle entre ses divers protagonistes. La société valorisant le règne de la discorde, la confrontation se range dans l'ordre naturel des choses; on assiste à une rixe inévitable puisqu'elle sert de prélude à l'alimentation, l'élément vital ("La Querelle des Chiens et des Chats, et celle des Chats et des Souris" [XII, 8]). La querelle permanente dans laquelle s'engagent les membres du bestiaire lafontainien donne lieu au déchaînement des passions. Si le fabuliste met souvent aux prises des ennemis par nature, c'est qu'il tient à démontrer que leur comportement provient d'une disposition génétique. C'est ainsi que l'on ne voit pas souvent d'affrontement entre deux animaux de même force, tels un lion et un tigre, par exemple. Etant donné la dissemblance fondamentale des espèces, il est inconcevable d'associer par l'amitié deux animaux naturellement adversaires, d'où l'illogisme biologique de croire que les animaux d'espèces différentes peuvent être en communauté ("Le Vieux Chat et la Jeune Souris" [XII, 5]). Dépeignant la société sous forme d' "école à la dure," La Fontaine met en scène des animaux qui, mus par l'instinct de conservation, ne connaissent, tout simplement, ni foi ni loi. D'après cette perspective désabusée, chaque animal garde son pouvoir de survie: le loup est cruel, le renard est rusé, et ainsi de suite. Les *Fables* problématisent donc un véritable art de survivre. Malgré le rôle que s'attribue la société afin de protéger les individus les plus faibles, il va de soi que le fabuliste laisse transparaître l'impossibilité de tout échange réciproque entre les inégaux, sauf dans des cas d'entraide comme "Le Lion et le Rat" (II, 11).

Dans cet univers d'agressivité et de rapine, où les diverses espèces s'engagent dans une lutte à mort, il faut accorder à la nourriture une place primordiale; à cela s'ajoute le danger permanent de la faim. L'acte de manger constitue, de ce fait, le pouvoir lui-même. Plus précisément, la nourriture et la force physique représentent les deux piliers du pouvoir dans le bestiaire du poète. La nécessité de pourvoir à son repas apparaît, de toute évidence, comme une activité quotidienne qui correspond à un impératif biologique. Dans les *Fables*, où les ressources se montrent fort limitées, seuls les plus forts ou les plus rusés parviennent à survivre. On a affaire à un darwinisme social à l'état pur, où les gens les mieux "adaptés" ont les meilleures chances de survivre; il s'agit, en somme, d'une âpre lutte entre les espèces pour l'existence. A l'influence profonde qu'a exercée la thèse de Taine (*Essai sur les fables de La Fontaine*) auprès du corps enseignant jusqu'à la Première Guerre mondiale, il faut rattacher celle de *L'Origine des espèces* de Darwin, paru en 1859 et qui, quoique controversée par son déterminisme scientifique, a marqué de nombreux professeurs de l'Ecole républicaine. La Fontaine aurait donc adopté avant la lettre la pensée déterministe pour composer son bestiaire, ses personnages comportant dans leurs "gènes" une fonction précise: la cigale est prédestinée à chanter de même que la fourmi est programmée pour accumuler. Ainsi, en insistant sur la primauté d'une loi de la jungle qui donne lieu à une dialectique proie/prédateur, le poète signale que le lion—"roi des animaux"—va plus loin que le loup, ce qui lui confère une supériorité physique, psychologique et politique. Alors que le loup représente la force aveugle qui s'applique à assouvir sa faim, le lion, lui, symbolise la force dans une finalité politique qui se donne pour tâche l'assouvissement d'autrui.

La Fontaine ne s'élève pas contre le mal qui gouverne le monde. En prônant une acceptation de la nature en toute connaissance de cause, il estime que le mal, qui ressort de l'ordre naturel, doit être accepté avec sérénité. On est en face d'un déterminisme des bêtes qui suppose l'impossibilité radicale de changer l'*ordo rerum*. Comme l'univers est réglé d'avance, toute volonté de transformer l'ordre naturel implique, aux yeux du moraliste, le spectacle d'une vanité mise en échec. Tout se passe comme si les présupposés de la Fable s'inscrivaient dans une perspective fataliste du monde. Inspiré par Lucrèce, l'*ars moriendi* préconisé par La Fontaine laisse entendre qu'il n'y a rien de plus normal que la mort ("La Mort et le Bûcheron" [I, 16]). De plus, la vision morale du fabuliste postule la soumission d'un état de nature raisonnable à un état de nature brute. En outre, dans la mesure où la hiérarchie sociale est perçue comme un état naturel, mettre en question cette hiérarchie en sortant de sa condition, c'est retourner à la brutalité, à l'inculture foncière propre à l'état de nature. La grenouille qui veut se faire bœuf et la souris qui se métamorphose en fille symbolisent, de la sorte, des instances de gestes contre-nature. Il convient par ailleurs de ne pas perdre de vue sa place naturelle dans la hiérarchie, quitte à méconnaître le fondement même de son identité. Dans cette même perspective, on peut citer le cas de l'âne ("L'Ane et ses Maîtres" [VI, 1]), des grenouilles ("Les Grenouilles qui demandent un Roi" [III, 4]) et du héron ("Le Héron" [VII, 4]), qui ne savent pas se contenter de leur sort. S'accepter tel qu'on est, voilà la source du bonheur personnel dans les *Fables*. Dans la mesure où l'idéal d'acceptation suppose une maîtrise de soi réglant les instincts primitifs, c'est-à-dire, bestiaux, on peut affirmer que cet idéal constitue une forme de maturité. Ainsi, en dépassant le stade de l'animalité, on parvient à célébrer son humanité. Alors que la vision hiérarchique de La Fontaine laisse transparaître l'existence d'une grande chaîne des êtres, le poète ne remet en cause ni cette hiérarchie ni la monarchie en place au XVIIème siècle; il s'interroge plutôt sur leur légitimité. En faisant appel enfin à la valeur de la résignation et à l'idéal de *patior*, il s'inspire de la morale stoïque.

La Fontaine soutient que la jouissance de la vie réside dans le repos et la connaissance de soi plutôt que de chercher à connaître le monde environnant et les autres pays.[35] Sa morale de résignation et d'acceptation comporte un discours franchement a-historique, et de nombreuses fables mettent en jeu une morale bourgeoise de méfiance qui prône l'immobilisme en ce sens qu'il assure une certaine sécurité ("Le Pot de terre et le Pot de fer" [V, 2]). En fait, le poète a peur de l'inconnu et, par conséquent, du mouvement, qu'il soit d'ordre spatial (les voyages) ou social (la volonté de promotion sociale). Pour lui, l'homme n'est vraiment à sa place que là où, et dans la condition au sein de laquelle il est né. S'interrogeant sur la notion d'espace chez La Fontaine, R. Kochmann rattache "la sortie hors (de ses) limites," c'est-à-dire, hors de son espace natif, à la démesure.[36] Ainsi, le juste milieu se situe précisément entre le lieu d'accès (l'entrée) et le lieu d'excès (le hors-limite). Dans cette optique, la volonté de dépasser des limites physiquement et spirituellement impossibles paraît aussi périlleuse que l'ignorance: "L'Œil du Maître" (IV, 21), "La Grenouille et le Rat" (IV, 11) et "Le Vieillard et les trois Jeunes Hommes" (XI, 8) illustrent tous, à des degrés divers, des cas de déplacement spatial illégitime. Comme il faut reconnaître ses limites, les protagonistes de ces fables ne parviennent pas à éviter le risque, danger suprême, et éprouvent, de ce fait, le malheur existentiel propre au divertissement pascalien (voir aussi "La Tortue et les deux Canards" [X, 2]; "Les Deux Chèvres" [XII, 4] et "La Laitière et le pot au lait" [VII, 10]). La punition frappe ceux qui ne savent pas se contenter de leur lieu d'origine. La dévalorisation du risque est intimement liée à la critique morale de l'ignorance ou de l'arrogance chez La Fontaine. Le poète dénonce en l'occurrence ceux qui visent à contourner ce que l'Ecole républicaine a préconisé: le risque est éminemment anti-normatif. La Fontaine illustre, par ailleurs, la valeur attachée à la notion du naturel au XVIIème siècle et rejoint en même temps la critique moliéresque d'un bourgeois gentilhomme.

A ce refus généralisé du voyage, il faut ajouter, chez l'auteur des *Fables*, une méfiance profonde à l'égard de la spéculation, notamment les dangers propres au voyage maritime ("Le Berger et la mer" [IV, 2]). Puisque le capitalisme implique, de toute évidence, le risque, la volonté d'initiative et le goût de la spéculation économique ("La Laitière et le pot au lait" [VII, 10]), le voyage est dénoncé en ce sens qu'il comporte parfois de dangereux écueils. La progression normative de l'être ne va-t-elle pas à l'encontre du goût du risque inhérent à l'éthique capitaliste? Comme le démontre J. Rohou, la vision économique du monde met en question l'idéalisme républicain sous-jacent à la devise "liberté, égalité, fraternité."[37] La Fontaine affirme le triomphe de la nature et du naturel, et il s'agit d'un déterminisme auquel personne n'échappe, d'où la permanence du caractère chez lui. L'immobilisme qui soutient la hiérarchie sociale traditionnelle ressort, selon J. Rohou, d'une "perspective psycho-naturaliste" (493). Le capitalisme, ou du moins l'économie d'entreprise finit, aux yeux du poète, par pervertir l'ordre naturel du monde en ce sens que l'homme va transformer la nature à son profit. La Fontaine s'en prend, en dernière analyse, à l'esprit d'initiative économique.

Malgré les efforts des pédagogues de l'Ecole républicaine pour faire ressortir des *Fables* un ensemble de significations univoques, la morale de cette œuvre n'apparaît guère en noir et blanc, et le débat éternel auquel se sont livrées des générations de commentateurs à propos de l'éthique à dégager de "La Cigale et la Fourmi" (I, 1), rappelle la controverse scolaire qui, pendant très longtemps, a mis aux prises Alceste et Philinte.[38] La Fontaine excelle à créer des jeux de miroir qui soulignent les oppositions, et si l'on peut parler, chez lui, d'une quête de la vérité, celle-ci ne s'avère jamais définitive. L'ambiguïté de la vision poétique du fabuliste est telle qu'elle donne lieu à de multiples interprétations et le lecteur ne sait jamais, en fait, si le fabuliste juge ou constate.

Le conflit des valeurs se manifeste, dans les *Fables*, par le jeu de forces de deux positions éthiques qui s'opposent: la charité et l'égoïsme, la faiblesse et la force, le dénuement et la prospérité, la famine et l'abondance de nourriture. Dans l'ensemble, La Fontaine présente des cas de conscience qui s'imposent impérieusement à la réflexion de son lecteur; le poète se met en quelque sorte en quête de la vérité d'une situation particulière, c'est-à-dire, la mise en évidence d'une vérité relative. Conformément à la volonté de Durkheim de subordonner la morale à une science, des critiques se sont attachés à déceler, chez le poète, une morale cognitive qui consiste à découvrir des vérités à travers la multiplicité des expériences. La Fontaine recourt systématiquement au discours de la morale. Dans l'univers des *Fables*, l'existence humaine se déroule de manière rétrospective, comme une découverte à opérer ou bien comme une invention à entreprendre. Dans cette perspective, le lecteur est souvent convié à accomplir un devoir particulier. Le moraliste tâche d'inculquer un respect réel à l'égard du devoir pour qu'on y obéisse naturellement. D'où le décalage entre ce que l'on est et ce que l'on devrait devenir. On peut adopter, à tort ou à raison, des positions éthiques nettement différentes. Ainsi, la réflexion morale doit se transformer en action à accomplir, en expérience vécue.

Mis à part la pluralité des perspectives morales exposées par le fabuliste (l'épicurisme, le stoïcisme, l'utilitarisme, etc.), il convient de signaler la diversité paradoxale, voire contradictoire de ses diverses morales. Le comportement étant toujours ambigu, il ne se laisse pas comprendre de façon univoque. Ainsi, dans "L'Hirondelle et les Petits Oiseaux" (I, 8), la prudence consiste à écouter les conseils, alors que dans "Le Meunier, son Fils et l'Ane" (III, 1), La Fontaine recommande de les rejeter. La retraite égoïste du rat ("Le Rat qui s'est retiré du monde" [VII, 2]) s'oppose, de même, à la retraite idéale du solitaire dans "Le Songe d'un Habitant du Mogol" (XI, 4) ou dans "Le Juge arbitre, l'Hospitalier, et le Solitaire" (XII, 24). Bien qu'il exalte le rôle de la prévoyance sur le plan économique ("La Cigale et la Fourmi" [I, 1]), le poète préconise ailleurs une morale contraire: "...le moins prévoyant est toujours le plus sage" ("Le Cochon, la Chèvre et le Mouton" [VIII, 12, v. 32]). D'un côté, il prône la vie en ermite, loin des vices humains, afin d'opérer un retour sur soi et, de l'autre, il encourage l'entraide, donc la vie en société. Ne visant à aucune synthèse morale, La Fontaine étudie plutôt les diverses situations dans une perspective relativiste, c'est-à-dire, une à une. La dimension non-systématique de sa pensée repose sur le fait que chaque fable offre un cas particulier de morale, d'où la mise en évidence, dans les *Fables*, d'une éthique "de situation."[39] Ainsi, La Fontaine oblige son lecteur à passer par une multiplicité d'expériences, et le changement de lieu, de décor et de situation dans chaque apologue finit par créer une morale différente, voire instable.[40] Il prêche un relativisme moral qui contraint l'individu à réajuster sa pensée en fonction de la situation dans laquelle il se trouve. Se réajuster à des situations différentes, c'est se préparer à la complexité de l'existence, d'où le rôle du vieillard/sage qui s'en remet à son expérience.

Dans son souci de rattacher la morale aux expériences les plus concrètes, La Fontaine tâche d'amener son lecteur à dégager de chaque apologue une vérité personnelle. Le fait d'éprouver un grand nombre d'expériences contribue de la sorte à l'acquisition de la sagesse et exerce en même temps une influence formative sur le lecteur. Offrant une série de modèles à suivre, le fabuliste justifie toute action selon une approche quasi scientifique où rien n'est laissé au hasard. Empruntant la démarche cartésienne, la méthode de La Fontaine consiste à découper les diverses expériences de la vie. Que ces expériences soient attristantes, cruelles, violentes, etc., cela n'entre pas dans la comptabilité du fabuliste, qui présente des cas particuliers afin d'éviter le didactisme. Ainsi, sa morale, allant de soi, s'avère essentiellement normative.

Si la morale de La Fontaine prend souvent valeur d'avertissement—on songe au rôle du vieillard ou de l'hirondelle—c'est que l'individu se heurte à un ensemble de maux qui procède des erreurs de perception, de jugement sur soi et sur autrui; le fabuliste tire un plaisir narquois à constater la facilité avec laquelle on se fait des illusions sur son propre compte. Les *Fables* se ramènent, de ce fait, à un "livre des erreurs," et La Fontaine envisage l'existence humaine sous forme de voyage d'expérience, d'*iter* existentiel où l'individu se trompe souvent de chemin. Comme la volonté de se duper est enracinée chez les hommes, de nombreuses erreurs de jugement se donnent libre carrière. D'autre part, le jugement s'avérant souvent défectueux, seuls les réflexes nés de l'expérience assurent, en fin de compte, la survie de l'individu. La vie prend une valeur métaphorique d'apprentissage et il est bon de songer ici à la notion cartésienne du bon sens, qui évoque irrésistiblement celui du bon chemin; le terme "sens" renvoie d'ailleurs à une donnée naturelle et à une direction à suivre, d'où la portée morale propre au choix chez Descartes. A en croire A-M. Bassy, l'existence se déroulant sous le signe d'un long apprentissage, l'étudiant/lecteur doit passer par de multiples expériences pour arriver au double objectif du savoir-vivre et du savoir-mourir.[41] On assiste ainsi à une morale itinérante dont l'enjeu change constamment, d'où le dépassement perpétuel de cette morale d'une fable à l'autre. D'autre part, la courbe existentielle des personnages du fabuliste va souvent de la bêtise—de la naïveté ou du manque d'expérience—à la lucidité ("Le Corbeau et le Renard" [I, 2]; "Le Rat et l'Huître" [VIII, 9]).

La Fontaine met en évidence la permanence irréductible, chez les êtres humains, de la bêtise, et tout se passe comme s'il n'existait, selon lui, que deux états possibles: la sagesse et la bêtise. En affirmant le plus souvent le triomphe des malins, il ne cherche pas à adoucir une réalité parfois dure. N'ayant pas de pitié pour les sots, il favorise les forts pour motiver les faibles ("Le Renard et le Bouc" [III, 5]). Même si elle est mal employée, comme dans le cas du renard, l'intelligence et la finesse se révèlent toujours supérieures à l'ignorance et à la sottise. Il va de soi, dès lors, que la morale peu édifiante des *Fables* s'explique par la primauté du malin par rapport à l'imbécile. Ainsi, les plus hauts placés dans la hiérarchie de l'intelligence profitent de ceux qui se trouvent en bas. De surcroît, si l'on admet que la sottise côtoie la faiblesse, la vulnérabilité fondamentale de l'homme réside dans le rapport entre la sottise et la crédulité. De toute évidence, les *Fables* font ressortir l'universalité de la sottise; la crédulité apparaîtrait, aux yeux de leur auteur, comme "la chose du monde la mieux partagée." A tous les représentants de cette "immense armée de sots": "corbeaux dupés, pigeons aventureux, tortues voyageuses, oisillons incrédules, hérons dédaigneux, savetiers, jardiniers, laitières, souris étourdies, grenouilles qui demandent un roi…"[42] obligés de vivre sous le règne de la déraison et de la folie, La Fontaine prêche l'entraide, la ruse, et même parfois la nécessité impérieuse de plier (38). Il prend à partie une forme particulière de la bêtise, à savoir, l'immaturité de l'esprit. Les jeunes qui n'ont pas encore atteint la maturité à un certain âge restent éternellement jeunes, c'est-à-dire, naïfs. Cette association de la jeunesse avec l'immaturité, la précipitation et l'ignorance se manifestent, par exemple, dans "L'Hirondelle et les Petits Oiseaux" (I, 8) et "Le Rat et l'Huître" (VIII, 9).

Si la morale de La Fontaine comporte des valeurs bourgeoises, tels que la prudence, le travail et la prévoyance, elle accorde également une place privilégiée à la méfiance, valeur paysanne par excellence. De nombreux apologues mettent en évidence une morale proscriptive qui illustre soit un comportement soit un piège à éviter. En postulant que "la méfiance est mère de la sûreté," ("Le Chat et un vieux Rat" [III, 18, vv. 52-53]), La Fontaine laisse transparaître le statut épistémologique de la méfiance, c'est-à-dire, le bénéfice paradoxal qui se dégage de ce sentiment de repli procédant d'une mentalité défensive. Ainsi, le Père Caruel s'en remet, dans son manuel, à la critique de Taine pour insister sur la morale pratique, sans idéal surhumain du fabuliste, morale qui conseille la méfiance en toutes choses puisque la nature humaine se révèle, pour l'essentiel, vile.[43]

Il va de soi que les maîtres républicains ont érigé La Fontaine en professeur de vertu, privilégiant, dans son œuvre, les valeurs socio-culturelles et idéologiques de la Troisième République. Quant à sa morale prescriptive, il s'agit, selon A. Noël, d'un ensemble de conseils parfaitement irréprochables, notamment l'entraide.[44] A en croire D. Mornet, quoique la morale du fabuliste soit dépourvue de grandeur, la bonhomie en fait partie intégrante.[45] Visant à la formation intellectuelle, la morale sociale de La Fontaine préconise l'idéal d'intégration de l'élève dans les rapports sociaux officiellement reconnus. Principe fondamental de tout ordre social, la solidarité valorise le bien-être collectif. "La Cigale et la Fourmi" (I, 1) a le mérite d'installer une tension qui parcourt toute l'œuvre de La Fontaine, à savoir, la mise en opposition entre l'altruisme et l'égoïsme, la société reposant sur un équilibre délicat de ces forces antithétiques. Dans les *Fables*, en effet, la solidarité et l'entraide sont perçues comme des thérapeutiques contre un individualisme forcené ("Le Lion et le Rat" [II, 11]; "La Colombe et la Fourmi" [II, 12]). On ne s'étonne guère que de nombreux manuels scolaires s'attachent à dégager de cette œuvre non seulement la notion de réciprocité entre les droits et les devoirs, mais aussi une théorie de la solidarité qui sert à justifier les devoirs envers la famille, l'école et la nation. Enfin, par sa compassion et son appel à la justice, La Fontaine se montre précurseur d'un civisme moderne. A l'instar de Molière, le «moraliste pratique» La Fontaine sert à merveille les fins pédagogiques des manuels de l'époque: ils offrent tous deux des leçons de perspicacité dans la mesure où leur présentation des caractères donne lieu à un "goût de la dissertation morale" fort répandu sous la Troisième République.[46]

MANUELS ET ÉDITIONS SCOLAIRES

LE GÉNIE DE LA FONTAINE, PARIS, LEDENTU, 1817

Le sous-titre de cet ouvrage anonyme est *Choix de ses plus belles fables, et de celles de ce Poète célèbre qui sont relatives à la morale et à la politique.* Dès le départ, La Fontaine est présenté en tant qu'auteur universel s'adressant à tous les âges et répondant à tous les goûts. Tous peuvent tirer profit des leçons du fabuliste, des "souverains" et des "ministres," des "riches" et des "pauvres," des "oppresseurs" et des "opprimés," jusqu'aux "méchans" (sic) et aux "bons" (iij). Les soixante-quatorze fables de ce recueil constituent une sorte d'abrégé de l'histoire de la France depuis 1789 jusqu'à la veille de la chute de Napoléon. La période de l'Empire est bien plus susceptible d'apprécier la richesse philosophique des *Fables*:

> "O bon La Fontaine! Poète enchanteur, inimitable, toi l'écrivain
> de tous les temps et de tous les lieux, si l'on s'est trompé, dans le
> siècle où tu as vécu, sur le but réel que tu t'étais proposé dans tes
> fables, c'est que cet âge était celui des illusions; il était réservé au
> nôtre, qui est le siècle d'une raison sévère, et dans ces temps de
> calamités surtout, de les apprécier à leur juste valeur!" (v-vi).

S'ensuit un résumé de l'évaluation de quelques-unes des *Fables*:

"Les Deux Coqs" (VII, 13)—Il faut éviter la confiance démesurée à la suite d'une victoire.

"Le Chat et un vieux Rat" (III, 18)—La défiance du peuple ne l'emporte sur sa crédulité qu'après l'affirmation du mal.

"La Génisse, la Chèvre et la Brebis, en société avec le Lion" (I, 6)—La part du lion est fondée sur la puissance de ce "seigneur du voisinage" (14).

"Le Loup et l'Agneau" (I, 10)—Malgré l'injustice de sa cause, le loup/despote tient avant tout à avoir raison et à assouvir sa faim. Après tout, comme nous l'avons vu, le loup représente la nature dans sa dimension physique.

"Les Loups et les Brebis" (III, 13)—Compte tenu de la quasi permanence de l'état de guerre dans lequel se trouvent ces deux espèces, la paix ne peut représenter qu'une trêve éphémère.

"Le Loup et la Cigogne" (III, 9)—L'obligation personnelle ne s'applique pas aux méchants, d'où le drame paradoxal de l'ingrat qui ramène la bienfaisance à la simple inaction.

"L'Homme et la Couleuvre" (X, 1)—Cet apologue souligne l'arrogance de l'homme face à la couleuvre courageuse qui lui dit l'âpre vérité sur lui-même (cf. "la raison du plus fort").

"Le Vieillard et l'Ane" (VI, 8)—Changer de maître, ce n'est en aucune manière changer de servitude.

"Les Animaux malades de la peste" (VII, 1)—L'opinion publique s'en remettant aux pouvoirs établis, la justice n'entre guère en jeu dans ses déterminations.

"Le Lion devenu vieux" (III, 14)—Une fois sa dignité perdue, le lion se trouve en proie à la violence des lâches.

"La Lionne et l'Ourse" (X, 12)—Conformément à l'idéal stoïque, l'apprentissage de la souffrance exclut toute notion de plainte.

B. VAN HOLLEBEKE, *ETUDES SUR LA FONTAINE*, NAMEN, WESMAEL-CHARLIER, 1877

B. Van Hollebeke présente ici chaque fable suivie d'une série d'annotations fort détaillées et enfin, d'un ensemble de questions auxquelles l'élève est invité à réfléchir. Ces questions sont structurées en deux parties: la première ayant pour objet la compréhension de la langue française et la seconde donnant lieu à une analyse méthodique de l'écriture poétique de La Fontaine. Grâce à cet appareil, l'élève sera éventuellement apte à élaborer une explication personnelle d'une fable.

B. Van Hollebeke entrevoit, chez le professeur, un rôle de missionnaire, car en inculquant aux jeunes gens les meilleurs principes d'une sagesse pratique propre à La Fontaine, il démontre que le fabuliste s'adresse à tous les âges. En initiant les enfants aux expériences à venir, le critique s'efforce de dégager le sens du discours proverbial cher au poète. Il affirme d'abord que La Fontaine exalte en moraliste des vertus tout en dénonçant des vices. Etant moins sérieux que les vices, les travers ne méritent qu'une moquerie railleuse de la part du fabuliste. Il importe avant tout de mettre en pratique l'idéal chrétien de *caritas*, La Fontaine apparaissant en premier lieu comme l'ami universel, malgré l'âge et la condition sociale (187). Le poète a su lui-même vivre selon un idéal élevé de l'amitié, et la valeur essentiellement positive de sa morale se manifeste par l'importance qu'il attache au respect du voisin ("Le Lion et le Rat" [II, 11], "Le Lion et le Moucheron" [II, 9]) et à l'activité et au goût du travail ("Le Laboureur et ses Enfants" [V, 9]),"Le Lièvre et la Tortue" [VI, 10]). L'avarice et le pédantisme s'avèrent, par contre, deux formes de démesure selon La Fontaine. L'univers des *Fables* offre, du reste, maints exemples des pièges de la vanité et de l'amour-propre. Quant aux fourbes, les vices se soumettent à la correction et il convient, conformément à la démarche de Pascal face aux libertins, de s'adresser à leur amour-propre (191). Alors que certaines fables illustrent que les Grands ne disposent pas de tous les avantages ("Les Deux Mulets" [I, 4], "Le Combat des Rats et des Belettes" [IV, 6]), un plus grand nombre de fables met en cause leurs abus particuliers, à savoir, la vénalité des offices et l'exploitation cynique et abusive du pouvoir ("Les Animaux malades de la peste" [VII, 1]; "Les Deux Taureaux et une Grenouille" [II, 4]). Si le "bonhomme" pousse les individus à se prémunir contre les accidents de l'existence grâce à une philosophie de "sage méfiance," c'est qu'il adopte le modèle cartésien en ce qui concerne la conduite universelle de la raison (193). Savoir se conduire dans le monde, c'est apprendre à intérioriser l'ensemble des normes comportementales. Dans cette hiérarchie des valeurs, la modération l'emporte nettement sur la prudence ("Rien de trop" [IX, 11]). La sagesse équivaut, pour l'individu, à une sorte de gestion de son temps et de son langage ("Démocrite et les Abdéritains" [VIII, 26]). Au demeurant, lire les *Fables*, c'est nécessairement puiser à tout moment une multiplicité d'enseignements, et B. Van Hollebeke fait l'inventaire des nombreuses observations désabusées qui se dégagent de cette œuvre: la crainte paradoxale du plus petit que soi ("Le Lion et le Moucheron" [II, 9]), le parcours inattendu débouchant sur la connaissance de soi ("L'Horoscope" [VIII, 16]), la primauté irréductible du naturel ("La Souris métamorphosée en Fille" [IX, 7]), l'emprise des passions tels que la crainte et le désir ("Le Loup et le Renard" [XI, 6]) et, enfin, la nécessité d'être à tout moment prêt à mourir ("La Mort et le Mourant" [VIII, 1]).

Dans les questions qu'il pose au sujet du "Lièvre et la Tortue," (VI, 10), B. Van Hollebeke laisse entendre le drame moral sous-jacent au "ton d'assurance qui règne dans la provocation de la tortue," la légèreté du corps et de l'esprit du lièvre ("animal léger") et le jeu de condescendance auquel il s'adonne. En insistant de la sorte sur les défauts du lièvre, il finit par mettre en opposition deux caractères, deux conduites dans cette fable (12). La morale constitue, à n'en point douter, la vérité supérieure de cette fable. Plus précisément, sa "mission" élevée consiste à nous rappeler nos devoirs et à critiquer nos fautes:

> "La fable n'est-elle pas une censure adroite et délicate, et n'a-t-elle pas pour mission de nous dire nos devoirs et de flétrir nos fautes? La Fontaine ne veut-il pas cacher une leçon importante et sévère sous la riante apparence d'un récit inoffensif?" (22).

S'en tenir, par contre, au plaisir poétique du texte, c'est rester, selon B. Van Hollebeke, "dans l'erreur," c'est, en un mot, s'empêtrer dans une lecture incorrecte. Se livrant à une série de généralisations morales, le critique voit, chez le fabuliste, le triomphe d'une éthique universaliste. Sous l'apparence d'une fable inoffensive, La Fontaine dévoile "sa leçon importante" et prêche en l'occurrence "à l'homme vicieux" (22). Au surplus, le critique met en valeur la signification particulière du précepte "il faut partir à temps" pour l'élève, qui se trouve en proie à des "luttes journalières" (22). Cette morale s'applique à ses expériences quotidiennes avec ses camarades de classe, qui s'érigent soit en ennemis-rivaux, soit en modèles à imiter, avec un maître par trop exigeant imposant des devoirs qui les dépassent, enfin, avec les parents aussi. Ainsi, dans la mesure où la vie quotidienne des élèves apparaît comme une lutte sur le plan académique et familial, force est d'exalter la vertu de la persévérance et de mettre en cause, du même coup, les conséquences néfastes de la présomption et de l'insouciance. La formule "il faut partir à temps" suppose, dans l'esprit du professeur, qu'il faut commencer à un âge très jeune ou plutôt, on peut commencer à se cultiver à tout âge; autant dire qu'on peut se (re)former à n'importe quel moment de la vie. Si l'on admet, dès lors, que tous, même les moins doués, peuvent atteindre la sagesse, le professeur prend à cœur, alors, de développer la volonté de l'élève ("Qui veut, peut"). A cette formule volontariste s'ajoute "Le génie, c'est la patience," proverbe se rattachant à l'éthique stoïque du "savoir souffrir" (cf. *patior*). D'après cette stratégie pédagogique, le génie s'ouvre à tout le monde et la volonté permet la formation d'une intelligence fort privilégiée, accessible à tous ceux qui y aspirent. En somme, B. Van Hollebeke élabore ici un exercice de style qui convie l'élève à recréer le scénario imaginaire du lièvre et de la tortue dans un contexte contemporain (23).

E. LABBÉ, *ETUDES DE PÉDAGOGIE MORALE*, PARIS, DUPONT, 1883

Professeur de sixième au lycée Saint-Louis, E. Labbé met en garde l'étudiant contre toute forme d'orgueil et d'égoïsme. Il plaide volontiers en faveur des devoirs que tout homme se doit de respecter. Son manuel est organisé en chapitres à l'intérieur desquels la vision laïque de sa morale fait valoir l'attitude à adopter en société.

E. Labbé préconise un idéal de pédagogie morale: "Je dirais volontiers, à la manière de Platon, en parlant de l'école: 'Que nul n'entre ici s'il n'est moraliste'" (7). D'après ce père de famille, le professeur doit donner à tout moment "l'exemple du devoir inébranlable;" il doit, de surcroît, mettre en pratique la "droiture," la "modestie" et le "goût du travail" (22-23). L'enseignement ne peut s'empêcher, du reste, d'être imprégné d'une forte dimension morale, et le professeur doit s'appliquer à se faire "une conscience droite" qu'on peut interroger (39). E. Labbé insiste en particulier sur la valeur formatrice de cet idéal pédagogique:

"Jamais et nulle part la pédagogie morale n'a eu plus de matière à
s'exercer pour façonner l'enfant à l'image des mœurs, et ramener
au naturel l'état artificiel où la société consent et s'obstine à nous
le laisser malgré nous" (56).

L'enseignant doit représenter, pour l'enfant, toutes les qualités de la société. Modèle de toutes les vertus, il s'emploie à réparer les fautes de ses élèves. Le maître s'adresse notamment à leur timidité naturelle, fléau principal de la jeunesse. Dans la mesure où l'enseignement national se révèle être représentatif de la société et véhicule de ses valeurs, il constitue une entreprise de "salut public" (15); il aide, en plus, la population à s'enrichir intellectuellement. Après avoir démontré la nécessité de passer du constat à la correction des mœurs, E. Labbé voit dans l'enseignement un engagement patriotique et il souligne en l'occurrence le fort sous-entendu moral de l'enseignement secondaire:

> "…les jeunes gens auxquels (cet enseignement) s'adresse doivent
> y apporter chacun de leur famille, un fonds de morale qui se grossit
> tous les jours par l'influence d'une instruction élevée, et par le
> contact avec un personnel d'élite, ou avec des camarades dont on a
> soin d'épurer, par élimination, les natures rebelles" (42).

Les manuels doivent fixer les devoirs précis à l'usage des écoliers, devoirs portant sur l'ensemble des relations sociales (cf. le goût des *sententiae antiquae*), car les jeunes sont en quête des vérités sûres. L'école s'apparente donc à un *vivarium* où l'élève puise et adopte des comportements moralement corrects.

D'où l'efficacité des *Fables* de La Fontaine, qui tendent à redresser les mauvaises habitudes avant même leur apparition. Il convient donc de préconiser l'utilisation massive de la morale pour former l'élève selon le moule imposé par la société. Désireux de fortifier le caractère, l'enseignement secondaire vise en plus à affirmer les mœurs— et l'acquis du comportement normatif enseigné—en vue de l'idéal du perfectionnement moral. E. Labbé s'attache à (ré)humaniser cet enseignement en prenant en compte chaque élève comme un individu. Il exalte aussi la primauté de la pédagogie morale dans les diverses filières d'instruction. C'est ainsi que le professeur, désintéressé et modeste, doit enseigner avec dévouement. De là la mission sacrée dont se charge la pédagogie républicaine. Il va de soi, alors, qu'E. Labbé entend que les mauvaises influences n'entrent pas dans "le sanctuaire pédagogique" (89). Dans la mesure où la dialectique maître/élève s'appuie sur le principe de l'émulation du maître, l'école propose des modèles de conduite à inculquer aux élèves. L'âge de dix ans constitue un problème réel pour le maître consciencieux, "l'art de penser, de parler et d'écrire" soutenant la formation du jugement des élèves. Peu importe que les sujets soient rebattus; c'est le développement magistral qu'en fait le professeur qui compte (91). Les qualités intellectuelles de l'élève renvoient à son esprit et les qualités morales renvoient, ou du moins contribuent, à la formation de son caractère. L'enseignant se donne donc pour tâche de tenir en éveil les dispositions morales des élèves. L'école prépare l'élève à son entrée dans la société, qui va juger son éducation en fonction de son aptitude à évoluer au sein de cette société. E. Labbé met en évidence, alors, les limites d'une éducation exclusivement intellectuelle, car celle-ci aboutit à "(une) pédagogie sans grandeur" (96). Mis à part le but patriotique de la pédagogie morale, en fin de compte, l'art pédagogique "renferme tout, le don de penser, de parler et d'écrire, la sagesse de la réflexion avec l'originalité ou au moins la franchise du langage, pour celui qui, se sentant doué, ne craint pas de marcher droit devant lui, l'action toujours en éveil et toujours ramenée au respect des autres et au sentiment exquis de la pudeur, la modestie avec la virilité, le gouvernement des âmes par les moyens les plus consciencieux et les plus délicats" (97).

Grâce à l'image du droit chemin qui mène à la découverte de la vérité morale, l'idéal didactique d'E. Labbé rejoint, sur ce point, la morale de Descartes.

J. Gariel, *La Fontaine, Fables choisies*, Paris, Hatier, 1908

Bien que J. Gariel fasse ressortir la primauté du discours poétique par rapport au discours moral, il affirme que La Fontaine ne croit pas à la possibilité d'une réforme sociale. Il établit alors une dialectique entre la vertu du travail, perçu comme un *bien* social et personnel, et le vice de la paresse, un *mal* social et personnel. De plus, aux rêveurs éternellement mécontents (e.g., Perrette, le curé Jean Chouart) s'opposent les sages qui savent se contenter de leur sort. Quant aux grenouilles, leurs revendications reflètent la désaffection politique des républicains des années 1880 et leur transformation en monarchistes vingt ans plus tard. Le corbeau, lui, reste enfermé dans sa vanité: la perte humiliante de son fromage auprès du renard ne l'a point corrigé et voilà qu'il s'évertue, selon le critique, à agir en aigle. L'égoïsme de l'âne l'amène, de même, à "oublier" sa condition en jouant le rôle du chien. J. Gariel met en cause la morale égoïste du poète, car elle "manque de noblesse, d'élévation et de générosité" (24). S'inspirant d'une sorte de sainteté laïque, La Fontaine s'adresse au citoyen, bref, à l'*homo vulgus* de la Troisième République. Tout en reconnaissant, chez le fabuliste, la prédominance des animaux cruels et sanguinaires, l'auteur dresse un inventaire des bêtes bienfaisantes et humanitaires (la colombe, la fourmi, la guêpe, l'hirondelle, etc.). Après avoir mis en évidence les "contresens" découlant de la mauvaise compréhension des fables, J. Gariel s'en remet à l'autorité critique de Taine, qui ramène la totalité des conseils du fabuliste à une recommandation suprême: "Tâchez de n'être point sot ..." (26). Face à la popularité grandissante des *Fables*, il cite la boutade de Musset, qui s'applique également à cette œuvre: "Molière l'a prédit et j'en suis convaincu/ Bien des choses auront vécu/ Quand nos enfants liront encore,/ Ce que le Bonhomme a conté,/ Fleur de sagesse et de gaieté" (26). Il convient de souligner la portée prophétique de ces vers en matière de pratiques scolaires en France, du moins jusqu'au début du XXIème siècle.

"La Cigale et la Fourmi" (I, 1)—La rhétorique de la fourmi aurait été plus efficace si elle avait été précédée d'une aumône. Toutefois, l'auteur condamne la fainéantise improductive de la cigale et valorise la prévoyance active de la fourmi.

"Le Corbeau et le Renard" (I, 2)—Il faut dédommager La Fontaine d'avoir conseillé la défiance vis-à-vis des flatteurs. De nouveau, il s'agit de défendre le fabuliste contre le reproche d'immoralité qui lui a été fait depuis le XVIIIème siècle (cf. la transformation spécieuse de la simple constatation tirée du "Loup et l'Agneau" —"La raison du plus fort…"—en maxime de morale.

"Le Chêne et le Roseau" (I, 22)—Conformément à Chamfort, J. Gariel exalte la hauteur de l'inspiration morale dans cette fable.

"L'Astrologue qui se laisse tomber dans un puits" (II, 13)—Les astrologues sont répréhensibles pour avoir exploité sans remords la crédulité publique. D'où le caractère salubre de la morale du fabuliste.

"Le Renard et le Bouc" (III, 5)—L'auteur trace ici l'évolution de la leçon railleuse au *sermo humilius* de la part du renard.

"La Grenouille et le Rat" (IV, 11)—Cette fable évoque l'image d'un bourgeois qui, repu et content de soi, sait satisfaire son appétit. Signalons que, dans cette édition, les illustrations d'Oudry peignent l'actualité sociale, notamment le rôle de la bourgeoisie française du XIXème siècle.

"L'Aigle et le Hibou" (V, 18)—J. Gariel met en évidence le manque de compassion chez le fabuliste qui, dans une scène pathétique et cruelle, insiste sur la souffrance du hibou: "Excusable…était la faute, et le châtiment fut cruel" (132).

"Le Charlatan" (VI, 19)—Emettant des réserves d'ordre éthique, l'auteur s'en prend à l'épicurisme facile de cette fable. Il s'attaque en particulier à la "crudité… révoltante" de cette "triste morale" tirée de l'antiquité.

"Les Devineresses" (VII, 15)—Au lieu d'accepter la crédulité du peuple comme une faute irrémédiable, La Fontaine aurait dû prendre des mesures pour régler ce problème. Le critique dénonce la lâcheté et le danger sous-jacents à la maxime "C'est un torrent; qu'y faire? Il faut qu'il ait son cours" (175).

"Le Savetier et le Financier" (VIII, 2)—Comme les grands biens matériels ne peuvent être goûtés que dans l'imaginaire, il est bon de mettre une borne aux ambitions démesurées. De toute évidence, J. Gariel s'inspire ici de Saint-Marc Girardin qui, en donnant au fabuliste des gages de foi, exalte ainsi l'idéal de *mediocritas*.

"Le Chat et le Rat" (VIII, 22)—A la manière de Chamfort, l'auteur met en jeu la volonté de réconcilier le "conseil de prudence" offert par le fabuliste avec les exigences de la morale, qu'il ne faut avant tout blesser. Toutefois, il convient, selon lui, de ne pas confondre ce conseil avec "une leçon de morale proprement dite" (204).

"L'Ane et le Chien" (VIII, 17)—Cette fable met en relief la culpabilité réelle de l'âne qui viole la loi de l'entraide en réponse à la requête légitime du chien. Dans cette nouvelle instance de bête affamée, La Fontaine signale que l'âne égoïste mérite bien son sort. J. Gariel exalte donc la valeur éthique de cet apologue.

"Le Loup et le Chasseur" (VIII, 27) — L'homme et la bête sont punis, respectivement, en raison de leur convoitise et de leur avarice. Tout en défendant La Fontaine dans sa satire de l'avarice, J. Gariel critique l'épicurisme du poète: "…la saine morale ne saurait approuver ses exhortations pressantes et réitérées au plaisir" (213).

"Le Marchand, le Gentilhomme, le Pâtre, et le Fils du Roi" (X, 15)—L'auteur signale le mauvais usage que l'on a fait d'une observation de Saint-Marc Girardin, qui érige le fabuliste en précurseur de la Révolution. On ne peut guère soutenir que La Fontaine envisage le pâtre (c'est-à-dire, le peuple) comme la seule catégorie sociale utile. J. Gariel corrige ainsi l'interprétation étriquée des *Fables* selon laquelle le poète se donnerait pour tâche de démolir les valeurs qui soutiennent la société française de l'Ancien Régime.

"Le Corbeau, la Gazelle, la Tortue, et le Rat" (XII, 15)—L'idéal de solidarité réunissant les espèces sert à tempérer le reproche d'immoralité que l'on fait à La Fontaine. Cette perspective permet à l'élève de se faire une idée plus juste de l'éthique du fabuliste.

Somme toute, la valeur pédagogique du fablier de J. Gariel réside dans la multiplicité d'observations socio-politiques et morales portant sur les apologues de La Fontaine. En recourant aux critiques tels que Chamfort, Saint-Marc Girardin, Nisard et Taine, l'auteur opère une transformation du discours exégétique en un discours scolaire. Plus précisément, grâce à sa vulgarisation systématique des recherches érudites et des travaux critiques, il s'adresse aux besoins des élèves qui devaient se préparer aux examens en fonction des programmes officiels des classes. Une telle démarche correspond, de toute évidence, aux finalités de l'Ecole républicaine et Lanson met en lumière le rapport de complémentarité entre la critique universitaire et les manuels scolaires: "L'enseignement supérieur est apparu comme la source de la culture que les professeurs secondaires auront pour mission de distribuer à la jeunesse des lycées".[47]

F. Hémon, *Cours de littérature*, I, V, Paris, Delagrave, 1909

Notons, au préalable, que le manuel de F. Hémon, ayant été édité cinq fois entre 1889 et 1907, a connu un succès retentissant dans l'univers académique de cette époque. Inspecteur de l'Académie de Paris, l'auteur offre, au total, trente et un volumes destinés à aider les lycéens d'alors à se préparer aux divers examens. Dans son volume consacré à La Fontaine, il s'en prend à la thèse par trop exclusive de Taine, qui s'applique à dégager une satire systématique des *Fables* (I, 41-42). Le danger d'une telle lecture, selon F. Hémon, "c'est qu'il s'impose facilement aux esprits inexpérimentés, qui trouvent commode d'accepter pour vraies les idées simples" (42). Il s'inscrit en faux contre l'analyse tainienne des *Fables* dans la mesure où elle se montre volontairement laïque: "Les esprits inexpérimentés en arriveraient sans trop d'effort, à saluer en La Fontaine un censeur hardi de la cour du grand roi, une sorte de précurseur de la Révolution" (42). La pratique de la modération suppose la maîtrise de soi et la raison éclairée; elle refuse l'imagination démesurée qui égare "les fanfarons, les étourdis (et) les révoltés"; ceux-ci étant limités, en plus, par une "sagesse courte" (49). On est en présence, chez La Fontaine, d'une morale qui s'adresse aux besoins de l'homme en tant qu'animal social, qui valorise l'entraide, "cette grande loi de l'activité secourable," à titre de devoir primordial de l'homme en société (50) ("Le Corbeau, la Gazelle, la Tortue et le Rat" [XII, 15]). S'en remettant à Faguet, F. Hémon soutient que les défauts dénoncés par La Fontaine—"l'imprévoyance, la présomption, la prodigalité, les procès, les querelles"—qui sont particulièrement nuisibles aux petits et aux humbles, finissent par se transformer, grâce à la médiation de l'Ecole, en valeurs républicaines incontestables: la patience, l'obéissance, la résignation au sort et l'idéal de *mediocritas* (50). La survie des pauvres dans une société hiérarchisée implique l'assistance divine tout aussi bien que l'assistance des autres, voire l'union de tous (cf. "On a souvent besoin d'un plus petit que soi," "Le Lion et le Rat" [II, 11], v. 2). L'idéal lafontainien serait, enfin, l'homme du peuple, à la fois réaliste et terre-à-terre. La violence, la distribution arbitraire des biens et d'autres misères nées de l'injustice du monde prédisposent les humbles à accepter leur sort avec résignation et sérénité. Ainsi, à travers ce manuel fort populaire à l'époque, F. Hémon s'exerce à une réflexion approfondie sur le poète, vantant notamment l'extrême richesse de son imagination et la profondeur de son style. L'intérêt pédagogique essentiel de ce texte réside dans la présence d'un large éventail de sujets de narration et de dissertation.

J. Arnoux, *La Morale d'après les fables*, Paris, Belin, 1909

L'objectif de ce manuel consiste à inciter les enseignants à utiliser les fables de La Fontaine, ainsi que celles de Florian, pour initier les élèves à la morale et pour développer leur sens du devoir civique. Le critique se livre à une analyse thématique de l'œuvre du fabuliste, ayant pour but d'amener l'écolier à découvrir l'essence de cette œuvre tout aussi bien que sa finalité pédagogique.

Les fables qui se présentent dans ce manuel sont réparties en fonction des cours et des écoles particuliers (cours élémentaire, moyen, supérieur et écoles supérieures, normales et professionnelles; deuxième et troisième années). L'univers des *Fables* étant régi par la violence, la sagesse réside dans l'acceptation des "faits accomplis." Ainsi, l'obéissance envers le maître est obligatoire, même si l'élève ne le respecte pas en tant qu'individu. Elle est obligatoire, car il faut ériger des règles de conduite qui créent l'environnement dans lequel l'élève évolue et s'épanouit. Sans cette obéissance, l'école devient une anarchie et l'élève n'apprend rien. La seule défense est la moquerie en cachette de cet "ennemi" qu'est le maître (10) (cf. "Le Vieillard et l'Ane" [VI, 8], v. 15). Visant donc la modération, les valeurs du XVIIème siècle s'appliquent moins bien au XXème. L'optique franchement républicaine de J. Arnoux l'amène à émettre de sérieuses réserves quant à l'efficacité pédagogique des préceptes de La Fontaine:

> "…(le poète) se moque de la fidélité aux opinions politiques, il recommande la flatterie à l'égard des grands; il donne, en somme, pour fondement à la morale, l'utilitarisme le plus étroit et place l'économie bourgeoise bien au-dessus de la charité" (11).

Le critique aborde "La Lice et sa Compagne" (II, 7) afin de mettre en question la notion de la charité intéressée. Comme il ne convient pas de choisir envers qui se montrer charitable, on ne peut regretter que d'avoir fait le choix d'un mauvais destinataire. On ne doit pas, en somme, regretter le geste altruiste en tant que tel. La "moquerie en cachette" opérée par l'élève représente, de plus, une des seules libertés que l'élève peut s'offrir. La morale de certaines fables de La Fontaine est d'autant plus problématique que J. Arnoux s'en tient à une vision idéalisée des jeunes. Le fabuliste évoque la dureté de la vie du peuple au XVIIème siècle. Conformément à la légende du bonhomme distrait, La Fontaine se voit comme enfant; il méprise d'ailleurs l'institution scolaire. La complexité des *Fables* est telle que J. Arnoux fixe l'âge convenable de s'initier à cette œuvre:

> "…s'il est faux de dire que pas un (élève) ne les comprend (c'est-à-dire, les *Fables*), il faut reconnaître qu'un grand nombre d'entre elles ne sont pas à leur portée; de là, la nécessité de ne pas étudier La Fontaine avant neuf ou dix ans, et de réserver beaucoup d'apologues pour les écoles supérieures ou les hautes classes des lycées" (28).

Dans la mesure où ni la naïveté ni la sensiblerie n'appartiennent au système des valeurs prônées par La Fontaine, sa perspective sur le monde s'avère désabusée et il vise avant tout à dégager les défauts de ses personnages, démarche qui se prête aux objectifs du professeur porté sur la correction. Si l'on admet que le conflit apparaît comme une constante dans l'existence humaine, La Fontaine offre alors un apprentissage dans la force. L'agressivité définissant les rapports entre les hommes, les *Fables* mettent en cause la multiplicité des problèmes suscités par les conflits sempiternels, et J. Arnoux adopte à cet effet un vocabulaire de guerre pour dépeindre la vision du fabuliste:

> "La Fontaine est…viril; il nous enseigne qu'il faut être armé pour la vie, puisque le violent l'emporte souvent sur le faible, l'injuste sur l'honnête homme…Notre société n'est pas une bergerie; c'est un champ de lutte avec des conflits incessants entre individus et de nation à nation; il y a des renards et aussi des loups: tâchons de déjouer les uns et de mater les autres" (38).

S'employer à dégager la morale d'après les *Fables*, c'est leur accorder un statut élevé dans l'ordre de l'éthique universelle. A travers l'enfant, c'est l'adulte que le fabuliste entend toucher. La compréhension des fables est hors de la portée des enfants, qui n'ont pas l'expérience pour outil d'analyse. Il faut donc, en un mot, "déprimariser" La Fontaine. Les jeux de scène sont implicites dans les *Fables*, car chaque personnage représente le stéréotype de son genre. Comme il vivait dans une société beaucoup plus contrôlée politiquement, il va de soi que La Fontaine devait utiliser un langage déguisé. Tout se passe comme s'il détruisait la vision utopique d'une société juste telle que les enfants se la projettent. L'amitié reste, toutefois, le véritable engagement que tient le fabuliste. Quant au goût du sédentarisme chez lui, on ne saurait encourager l'esprit d'entreprise en donnant les *Fables* à lire aux enfants. Enfin, grâce à la brièveté des apologues de La Fontaine, ils répondent parfaitement aux finalités de l'Ecole républicaine.

"L'Aigle et l'Escarbot" (II, 8)—La tendresse se décélant rarement chez La Fontaine, celui-ci excelle à décrire la vie dure, l'image d'une société tiraillée par des conflits.

"Le Lion et le Rat" (II, 11) et "La Colombe et la Fourmi" (II, 12)—J. Arnoux prend à partie le manque relatif de charité dans les *Fables*.

"Les Deux Pigeons" (IX, 2)—Le goût de fréquenter le monde finirait par créer une prédisposition chez les Français à soutenir la politique coloniale des républicains: "Notre poète est sédentaire; il n'aime pas les voyages. Aujourd'hui nous voyageons beaucoup, nous sommes tous plus ou moins nomades, pas encore assez au gré de ceux qui nous proposent l'exemple des Anglais et nous engagent à mettre sérieusement en valeur notre empire colonial. Question intéressante à discuter" (59).

"Le Loup devenu Berger" (III, 3)—Vouloir sortir de son naturel, c'est manquer de droiture.

"Le Villageois et le Serpent" (VI, 13)—Comme la charité se fait autant pour nous-mêmes que pour les autres, elle ne doit pas être intéressée. Même si les autres sont parfois ingrats, on doit néanmoins pratiquer la charité pour apaiser sa conscience.

"Le Loup et le Chien" (I, 5)—La Fontaine évoque ici l'opposition entre l'idéal monarchique et l'idéal républicain: "Le chien nous représente un pauvre gentilhomme de la chambre du roi, un courtisan plat; le loup est une sorte de hardi capitaine d'aventures, un républicain farouche (voir Taine, p. 116), et qui ne transige pas dès que sa dignité personnelle est en jeu" (72).

"Le Renard et les Raisins" (III, 11)—J. Arnoux compare la vanité du renard à celle des écoliers mal élevés.

"La Grenouille qui veut se faire aussi grosse que le Bœuf" (I, 3)—Cette fable laisse transparaître la volonté de mobilité sociale qui se manifeste de plus en plus nettement depuis le XIXème siècle: "Restons nous-mêmes, au lieu de singer ceux qui sont au-dessus de nous: travers commun, dans tous les temps, mais qui sévit de plus en plus dans les Etats démocratiques" (74).

"Le Héron" (VII, 4)—L'auteur se réclame ici de Taine, qui voit dans le héron le symbole de l'arrogance nobiliaire. Son fier dédain s'oppose aux valeurs républicaines de la modernité, tels l'esprit d'initiative et le progrès: "Taine voit dans le héron (p. 118) un grand seigneur valétudinaire qui, sur ses longues jambes, semble prendre l'air par ordonnance du médecin, et qui croirait déroger si une fois, par hasard, il faisait mauvaise chère. La morale: 'On hasarde de perdre en voulant trop gagner' ne doit pas être prise à la lettre; à ne courir aucun risque, de parti pris, on supprimerait l'esprit d'initiative et l'on empêcherait tout progrès" (85).

"Le Laboureur et ses Enfants" (V, 9)—J. Arnoux dégage de cet apologue une critique du mode du travail infructueux qui va à l'encontre d'une bonne stratégie agricole; il valorise, du reste, le rôle bénéfique de la curiosité en matière des sciences.

"Le Loup et l'Agneau" (I, 10)—Le critique cite Saint-Marc Girardin, qui s'en prend à la vanité intellectuelle du loup, qui s'évertue à apparaître juste. La force ne légitime pas la position du loup.

"Les Animaux malades de la peste" (VII, 1)—Grâce au portrait de l'oppression du menu peuple en proie à l'arbitraire royal, soutenu par "le renard en courtisan de bonne race" (107), c'est-à-dire, qui agit en conformité avec les traits de la race, Taine voit en La Fontaine un précurseur de la Révolution.

"Le Cochon, la Chèvre et le Mouton" (VIII, 12)—L'éthique républicaine répugne à l'esprit monarchique de fatalisme:

"On conseille aux petits d'accepter sans se plaindre ce qui est inévitable: c'est une sorte de fatalisme oriental. Remarquons ici que la résignation est une vertu monarchique, et que les éducateurs républicains enseignent de préférence l'effort qui réagit" (108).

"Le Lion, le Loup, et le Renard" (VIII, 3)—Taine décèle, dans cette fable, la violence qui met les courtisans aux prises les uns avec les autres.

"Les Grenouilles qui demandent un Roi" (III, 4)—Cette fable illustre le conservatisme politique de La Fontaine. Le poète dépeint le mécontentement des bourgeois frondeurs qui, par une sorte de réflexe génétique, se portent contestataires de l'Ordre établi.

"L'Ours et les deux Compagnons" (V, 20)—J. Arnoux tire de cet apologue une mise en garde adressée aux candidats par trop présomptueux au baccalauréat.

"Le Coche et la Mouche" (VII, 9)—Face à la morale qui dénonce l'importance excessive que l'on attache à soi-même, chaque citoyen de la république a une responsabilité vis-à-vis des autres—que ce soit les affaires "de l'école, du collège, de l'usine ou de la ferme, de la commune ou du département" (114)—et cet idéal civique ne s'accorde pas avec l'outrecuidance de la mouche.

"La Vieille et les deux Servantes" (V, 6)—Le citoyen doit s'appliquer à améliorer son sort au lieu de le subir: "Comme dans 'le Héron,' l'on nous conseille de subir son sort sans vouloir l'améliorer: c'est une morale de sujet, non de citoyen" (116).

"L'Avare qui a perdu son trésor" (IV, 20)—La thésaurisation nuit à l'intérêt général puisque la prospérité de l'Etat implique la circulation des biens:

"On ne possède pas réellement le trésor dont on n'use pas; de plus, l'on commet un véritable dol à l'égard de la société. Il faut donc faire fructifier, par le travail et l'industrie, les capitaux de toute sorte: argent, terres, mines, usines, l'intelligence elle-même, dans l'intérêt général" (157).

"Les Membres et l'Estomac" (III, 2)—Il ne convient pas de protester pour le simple plaisir de se montrer contestataire, c'est-à-dire, de se prévaloir de sa politique d'opposition. Au lieu d'incarner la vérité elle-même, la fable représente plutôt un objet de discussion, voire de réfutation. Ainsi, il faut dénoncer les dégâts pédagogiques entraînés par "La Cigale et la Fourmi" (I, 1): "...le premier enseignement de La Fontaine est une leçon d'égoïsme brutal et, ce qui est pis, railleur" (162). La vertu d'économie ne doit pas discréditer celle, bien plus importante, de la charité. Vertu socialement légitime, celle-ci apparaît comme "un devoir impérieux" alors que l'économie fait figure de vertu secondaire et s'avère en l'occurrence "une simple qualité" (162).

"Le Berger et la mer" (IV, 2)—La Fontaine s'insère ici dans un courant anti-progressiste. Terrien impénitent, il reste attaché aux valeurs terrestres. Mû par une espèce de sédentarisme apeuré, le fabuliste fait ressortir, par ailleurs, les dangers de la "modestie" et de la prudence bourgeoise. Progressiste, J. Arnoux exalte les vertus économiques et le dynamisme socio-politique de la bourgeoisie française du XVIIIème siècle. Il regrette la déperdition de l'esprit d'initiative en France sous l'influence du colbertisme. Ainsi, au lieu de se rattacher de manière rétrograde à l'économie mercantile du XVIIème siècle, il s'agit plutôt de se modeler sur l'idéal britannique de l'époque victorienne dont l'essor capitaliste remarquable était intimement lié à sa politique d'empire colonial:

> "…si La Fontaine a été de son temps en condamnant le négoce et l'esprit d'initiative, soyons du nôtre par la froide audace, l'ambition réfléchie et la connaissance raisonnée du monde économique" (176).

"La Chauve-Souris et les deux Belettes" (II, 5)—La notion de citoyenneté républicaine suppose l'engagement du "bon citoyen" dans les affaires de l'Etat. Obligé de jouer un rôle actif pour faire prévaloir la doctrine républicaine et pour mettre en pratique ses croyances, le citoyen s'engage pour déterminer son sort. Ainsi, il répugne à la morale opportuniste de La Fontaine ("Vive le Roi, Vive la Ligue") qui inclinerait à une acceptation passive de son destin politique.

"L'Education" (VIII, 24)—L'Ecole républicaine vise, de toute évidence, à transformer les caractères.

"L'Enfant et le Maître d'école" (I, 19)—J. Arnoux exalte l'art de la formule, du discours lapidaire dans l'enseignement des enfants. Loin de discourir longuement avec les enfants, le bon professeur recourt à la parole succincte afin de mieux les corriger.[48]

SUJETS DE COMPOSITION

Grâce au relevé des sujets de baccalauréat de l'époque 1881-1900 que nous a fourni A. Chervel, on trouve à peu près 250 sujets traitant de La Fontaine sur 4000 sujets recensés. P. Michel, de son côté, donne la mesure de la fréquence réelle des sujets de composition ayant pour auteur La Fontaine et Molière dans les années 1930:

> "La Fontaine partage avec Molière le record du nombre de sujets. Deux exemples: en 1935, dans les seules Académies de la métropole, dix sujets; de 1937 à 1940, vingt-neuf sujets."[49]

C'est ainsi qu'un sujet de baccalauréat présente La Fontaine et Molière comme un couple inséparable: "ils se tiennent pour ainsi dire la main devant la postérité."[50] Tous deux touchent en priorité un public enfantin, s'adressant aux Français dès leur plus jeune âge.

De nombreux sujets de composition convient l'élève à s'identifier à l'action fictive mise en jeu dans les apologues de La Fontaine. En prolongeant ainsi l'univers fantaisiste des *Fables*, l'élève finit par s'engager affectivement et intellectuellement dans cet univers. Un devoir proposé en 1913 demande que le lycéen se livre à une narration imaginaire de la "maman Souris" à partir du "Cochet, le Chat et le Souriceau" (VI, 5).[51] Pour que la mise en garde éthique soit significative aux yeux de l'élève, il convient que ce dernier ait une connaissance satisfaisante des caractères des bêtes mises en scène par le fabuliste. Dans un exercice faisant suite à celui-ci, l'élève doit s'interroger sur la leçon d'ingratitude que l'on peut tirer du "Rat et l'Huître" (VIII, 9). Enfin, un troisième sujet envisage "Le Chêne et le Roseau" (I, 22) comme point de départ à une sorte de méta-fable scolaire dans laquelle l'élève imaginera l'intervention imprévue d'une force naturelle: une avalanche sur les hautes montagnes, une tempête au bord de la mer, un orage au champ d'aviation, etc. (276).

Tantôt les exercices de "narration française" engagent l'élève à créer un récit dans lequel il/elle jouerait le rôle de Perrette dans "La Laitière et le pot au lait" (VII, 10), et il s'agirait là d'une réflexion morale sur les chimères nées de l'imagination.[52] Tantôt on lui demande de s'adonner à une réécriture des fables, par exemple, une version moins tragique de "L'Ane et le Chien" (VIII, 17).[53] On demande souvent aux élèves de collège soit de ré-inventer la fin de la fable, soit d'imaginer une suite. Le sujet suivant pose le problème de la vicissitude du sort:

> "*Narration française*; classe de cinquième: 'Malgré son travail et son économie, la fourmi est tombée dans la misère…Comme la cigale, elle est réduite à mendier. Elle s'adresse à l'abeille qui refuse de lui faire l'aumône et lui reproche sa dureté envers la cigale. Composez un dialogue entre la fourmi et l'abeille.'"[54]

Enfin, un sujet de composition (Classe de troisième, l'enseignement secondaire des jeunes filles) propose la transposition des personnages du loup et du chien, respectivement, un hobereau retiré dans son château et un seigneur, devenu courtisan au palais de Versailles. L'élève est censé créer une rencontre fictive des deux animaux.[55]

Dans des "exercices de liaison entre le cours de morale et le cours de littérature" (cours de français et cours de morale de la classe de quatrième), l'élève doit entreprendre une analyse de plusieurs fables dans le dessein de démontrer la complémentarité réelle entre l'enseignement littéraire et l'enseignement moral. Il s'agit, à cet égard, de brosser un portrait du "sage épicurien" qui sait se contenter de son sort, garde assez de sang-froid pour ne pas mettre en accusation le Destin, et doit s'efforcer de pratiquer une attitude de sérénité face aux tracas qui peuvent survenir. Ainsi, en passant en revue "L'Ane et ses Maîtres" (VI, 11), "La Fortune et le jeune Enfant" (V, 11) et "L'Ours et les deux Compagnons" (V, 20), par exemple, le lycéen doit examiner les contre-modèles de cet idéal particulier.[56]

Dans une classe de rhétorique, on demande à l'élève de rédiger une lettre dans laquelle le fabuliste se défend contre le reproche d'immoralité que lui adressait son ami Maucroix. Selon le plan fourni par M. Gache, professeur au lycée d'Alais, La Fontaine ne fait que reprendre des sujets préalablement traités, c'est-à-dire, qu'il véhicule des expériences communément admises. Le poète peut se justifier, dès lors, en tant que moraliste car, dans les fables où la ruse l'emporte sur la vertu, il finit par "reproduire ce qui se passe tous les jours à la ville ou à la cour."[57] En constatant l'existence de divers degrés de corruption dans le monde contemporain, M. Gache aborde l'immoralité sous-jacente au souci de mettre en silence ou même de nier la maxime de "la raison du plus fort." Bien qu'il ne faille pas réduire La Fontaine à un simple prédicateur, ses *Fables* enseignent qu'il faut pousser les hommes à se corriger. Dans un autre traitement du même sujet, Maucroix reproche à son ami son cynisme, qui l'amène souvent à exalter la finesse du renard.[58] La Fontaine s'en tient à une sorte d'objectivité narrative en ce sens qu'il s'inspire directement de la tradition littéraire de la fable. Il se défend en évoquant la démarche constative qui sous-tend ses affirmations en matière de morale. D'autre part, le poète déproblématise les maximes qui ont été érigées en des formules dogmatiques, en les présentant comme de simples constatations de fait. Il se détache, en somme, du débat moral auquel son œuvre a donné lieu. Au lecteur, donc, de dégager la conclusion qui lui convient. Si morale il y a, ou bien, s'il faut absolument conclure, le poète exhorte ses lecteurs à fuir à tout prix la sottise, celle des autres tout aussi bien que celle dont on est personnellement responsable. Notons, enfin, que ce sujet archi-connu ("lettre de La Fontaine à son ami Maucroix") reprend le reproche que fait Rousseau de la vertu "ridiculisée" dans *Le Misanthrope.*

Dans un sujet littéraire proposé à l'école normale supérieure de jeunes filles de Sèvres, on laisse entendre que, quoique les *Contes* de La Fontaine soient perçus comme une influence corruptrice sur la jeunesse, ils offrent néanmoins un intérêt pédagogique réel: "La Fontaine disait: 'Si Peau d'Ane m'était conté/ J'y prendrais un plaisir extrême.' Aujourd'hui l'on paraît redouter fort ce charme des contes pour les jeunes esprits. Pourquoi? Ne présentent-ils que des dangers pour la jeunesse?"[59]

Pour sa classe de seconde, M. Giraud, professeur au lycée de Chaumont, fonde son sujet de composition—à propos de "La Fontaine moraliste"—sur un poème de Jean-François Ducis qui évoque la maxime hobbesienne "homo homini lupus." Alors que de nombreux apologues du poète affirment le triomphe de la méchanceté et de la laideur, sa bonhomie sert à atténuer une peinture du réel désabusée et amère. C'est en évitant l'écueil des "leçons doctorales" qu'il a su engendrer une vision du monde moderne marquée par l'agressivité et la violence. Ainsi, ce n'est guère de manière délibérée que La Fontaine est devenu un des "moralistes les plus pénétrants."[60]

M. Contoux, professeur au lycée de Toulouse, propose une sorte de portrait collectif du chat à partir d'une douzaine de fables. Fondé sur les divers traits du caractère félin, notamment les défauts telles que la cruauté et la méchanceté, ce sujet de composition vise à illustrer que l'apparence physique dévoile le caractère du chat chez La Fontaine. Pour compléter ce devoir, l'élève est invité à s'engager dans un discours moraliste sur l'hypocrisie (Classe de quatrième).[61] Relevant de l'enseignement secondaire des jeunes filles, un autre sujet de morale (Classe de troisième) demande aux écolières de s'interroger sur "la ligne de conduite" qui se dégage de l'univers de La Fontaine. Pour étayer cette hypothèse, d'après laquelle le fabuliste préconiserait un mode de comportement particulier dans chacun de ses apologues, Mlle Lacroix-

Gaussal, professeur au Collège de Lodève, s'en remet à la leçon de prudence politique par laquelle se termine "La Chauve-Souris et les deux Belettes" (II, 5).[62] Enfin, dans les exercices de lecture expliquée ou plutôt "dirigée," on mène l'élève à définir le comportement moral—et notamment les défauts—des bêtes. Il en est ainsi d'un exercice basé sur "Le Coche et la Mouche" (VII, 9):

> "Suivre, vers à vers, la peinture faite par La Fontaine pour définir la personne qui mérite d'être appelée 'la mouche du coche.' (Exemple: Elle se dépense en paroles et en mouvements désordonnés à côté des travailleurs, se croit la meilleure ouvrière et même l'organisatrice du travail et le dit bien haut. Elle va jusqu'à gourmander et critiquer les uns les autres; enfin elle prétend mériter un paiement pour sa besogne imaginaire et son importunité) Classe de cinquième."[63]

Enfin, l'égoïsme de la mouche s'applique par la suite aux fillettes chargées d'orner la salle des fêtes du lycée.

D. Mornet évoque un sujet de baccalauréat axé sur une réflexion de Taine sur les *Fables*. Dans le plan qu'il fournit pour le sujet, il montre le bien-fondé de la perspective critique de Taine (c'est-à-dire, la peinture lafontainienne de la société française au XVIIème siècle), et il émet d'importantes réserves sur cette thèse en insistant plutôt sur l'image d'un La Fontaine "amoral" qui dépasse les contingences socio-historiques du Grand Siècle. Au surplus, la fantaisie poétique et le goût de l'indépendance propres au fabuliste apportent un démenti à la doctrine tainienne (84). Abordant le jugement de Lamennais, qui décèle chez le fabuliste—le "poète du peuple"—une vision humanitaire, il soutient que l'auteur des *Paroles d'un croyant* aurait projeté sur La Fontaine son esprit revendicateur (84-85). Les questions suivantes renvoient à l'image populiste du poète:

> "Que pensez-vous de cette opinion que Lamennais formulait sur La Fontaine vers 1845: 'Il ne peint pas seulement les passions et les mœurs, mais aussi les misères sociales, les injustices auxquelles l'habitude rend presque indifférent; il les fait détester, il proteste en faveur du faible contre l'abus de la force, en faveur de l'humanité contre les oppresseurs…Il est vraiment le poète du peuple' (Strasbourg, 1938; Caen, 1940)."[64]
> "La morale enseignée dans nos classes doit-elle insister de préférence sur les droits de l'individu ou sur ses devoirs?" (l'enseignement secondaire des jeunes filles)."[65]

De tels sujets ont le mérite de faire ressortir la complémentarité des droits et des devoirs au sein d'une société laïque. L'individu est chargé de reconnaître avant tout qu'il doit à l'Etat sa liberté. Son devoir principal consiste alors à se montrer reconnaissant envers l'Etat en faisant preuve de qualités civiques, tels la solidarité et le patriotisme. D'autre part, remarquons que, sous la Troisième République, les garçons avaient des devoirs fort différents de ceux demandés aux filles; en principe, ils avaient des droits et des devoirs alors que les filles n'avaient souvent que des devoirs.[66] Dans cette même perspective, un sujet de pédagogie met en évidence le rapport entre les devoirs personnels et les devoirs scolaires.[67]

Le sujet suivant (Classe de première) propose une étude comparative de la condition du paysan au XVIIème siècle. Il s'agit, plus précisément, de rapprocher "La Mort et le Bûcheron" (I, 16) de La Fontaine et le passage célèbre de La Bruyère dans "L'Homme." Pour aider les élèves à rédiger une dissertation bien informée, M. Baumont, professeur au collège de Saint Dié, offre une série de références historiques,[68] critiques[69] et scolaires.[70] Une telle approche permettrait aux élèves de mieux s'adresser, de même, à ce sujet: "La peinture de la vie rustique et de ses acteurs, bêtes et gens, dans les *Fables* (Rennes, 1937).[71]

Un autre sujet aborde l'idéal classique de la modération:

> "Expliquez cette maxime de La Fontaine: 'Rien de trop.' Montrez,
> par des exemples, comment elle doit être appliquée dans l'école et
> dans la vie pratique" (Marne—Brevet élémentaire, 1887).

Apprendre la valeur de la mesure à l'école, c'est se préparer à l'utilisation de cette qualité exemplaire dans la vie quotidienne. A l'instar de Molière, La Fontaine offre, par le biais des *Fables*, de multiples illustrations de l'idéal de *mediocritas*.

La citation suivante traite de la peinture de la "nature entière" chez le poète, qui prête une existence discursive à la fois aux objets animés et aux objets inanimés; tout parle chez lui…:

> "Justifiez cette parole de Sainte-Beuve: 'L'Homère des Français,
> c'est La Fontaine" (Baccalauréat classique; Clermont, nov. 1896).

"La Fontaine est 'l'Homère des Français' parce qu'il est universel et *idéal* comme Homère. Il peint les caractères généraux de l'humanité, les enfants et les vieillards, les jeunes gens et les femmes, les petits et les puissants, les forts et les faibles."[72] On peut discerner dans son œuvre une vision homérique qui incarne le poète national, car les *Fables* renferment des éléments de l'esprit gaulois, du siècle de la Renaissance et du Grand Siècle. De même que Musset, Lamennais voit en La Fontaine un produit sorti du sol national. D'ailleurs, mis à part son don du naturel, la langue du fabuliste hérite des richesses de la tradition gauloise et de la tradition classique. En recourant à la citation célèbre de Nisard afin de rendre compte de la popularité exceptionnelle du poète ("La Fontaine est le lait de nos premières années…"), l'abbé Delmont illustre une démarche typique de la vulgate scolaire qui fait répercuter les citations les plus connues de la critique exégétique dans les manuels destinés à l'enseignement secondaire (499). Poète national, La Fontaine a légué aux Français une espèce de mini-épopée qui l'emporte en popularité sur *La Chanson de Roland* et *Le Roman de Renard*, jugés tantôt trop éloignés tantôt trop amers, et sur l'œuvre truculente de Rabelais.

Alors que le fabuliste occupe une place prépondérante à l'école primaire républicaine, sa présence reste vivace au niveau du secondaire. L'enseignement des *Fables* y acquiert à cette époque un caractère plus analytique, grâce en particulier à la mise au point d'exercices canoniques telles que la composition française et l'explication de textes, ainsi que le triomphe de l'histoire littéraire. Ayant pour but l'idéal d'une lecture explicative et méthodique, ces pratiques scolaires amènent l'élève à reproduire (= réciter) les jugements du professeur. C'est ainsi que les cours «professés» doivent être l'objet d'une récitation savante et l'explication de textes vise, en somme, à la reproduction du discours professoral. L'objectif recherché de l'éducation nationale était alors de développer, chez le lycéen, la capacité à énoncer un jugement personnel, c'est-à-dire, l'affirmation de son esprit critique. Cet objectif ne sera d'ailleurs que partiellement atteint par faute de souplesse dans le système éducatif français de cette époque. Tandis que l'enseignement primaire privilégie l'apprentissage des compétences élémentaires de l'écolier, notamment le développement de sa mémoire, l'enseignement secondaire se donne pour tâche le développement de son intelligence et de son jugement moral, qualités lui permettant d'adhérer aux valeurs de la culture. On s'aperçoit donc de la continuité évidente entre les cycles primaire et secondaire de l'Ecole républicaine. Depuis l'exercice de récitation, l'élève poursuit un apprentissage qui accroît ses compétences discursives. Que ce soit au niveau du bac ou éventuellement au niveau de l'agrégation, il ne peut réussir qu'en recréant le discours professoral d'une manière savante.

Toutefois, l'enseignement des *Fables* sous la Troisième République relève aussi d'une toute autre ambition: celle d'unifier culturellement le peuple français, en proie à des tensions de plus en plus intenses. En effet, alors que la nation connaît à l'époque de graves inégalités sociales entre, d'une part, les villes et, d'autre part, les campagnes, La Fontaine devient le chantre d'une morale utilitaire fondée sur les valeurs républicaines (le travail, la propriété et l'épargne). Dans ce contexte, il apparaît donc comme le défenseur de la laïcité et, finalement, le symbole d'une unité culturelle française. (Voir les Appendices V et VI).

NOTES

[1] "Présentation d'ensemble," *Le Fablier*, 3 (1991), 9.

[2] "La Pluralité du sens chez La Fontaine à partir de l'étude de quatre fables," *L'Information Littéraire*, 43 (1991), 13-16.

[3] *La Fontaine Président! Chronique fabuliste d'une campagne présidentielle*, Paris, Eska, 1995.

[4] F. Fragonard, éd., *Fables*, Paris, Presses Pocket (1989), 63.

[5] P. Clarac, "Les *Fables* de La Fontaine, de l'école primaire à la Sorbonne," 3.

[6] A. Chervel, "L'Histoire des disciplines scolaires," 72.

[7] V. Isambert-Jamati, *Les Savoirs scolaires*, Paris, Ed. Universitaires (1990), 12.

[8] "Les belles lettres seront toujours pour moi les bonnes lettres… Quand la religion est affaiblie en un pays, la morale s'appuie avant tout sur les grands exemples que donne l'exemple du passé" ("Débats de la commission extraparlementaire nommé par M. de Falloux". Cité par P. Kuentz, dans "L'Envers du texte," *Littérature* 7 [1972], 20). Selon cette citation d'A. Thiers, les "belles lettres" impliquent la dimension esthétique d'une œuvre alors que les "bonnes lettres"

laissent transparaître la dimension morale de cette œuvre.

[9] C-F. Bompaire-Evesque, *Un Débat sur l'université au temps de la Troisième République*, Paris, Aux Amateurs de Livre (1988), 118.

[10] Alain, *Propos sur l'education*, 103.

[11] C. Falcucci, *L'Humanisme dans l'enseignement secondaire en France au XIXème siècle*, Toulouse, Privat (1939), 417.

[12] *L'Enseignement du français*, Paris, PUF (1963), 33.

[13] "Les Programmes de français dans l'enseignement du second degré depuis un siècle (1872-1967)," *Revue française de Pédagogie*, 7 (1969), 35.

[14] T. Zeldin, *Histoire des passions françaises, 1848-1945*, II, Paris, Seuil (1980), 267.

[15] Voir à ce sujet R. DeVries et B. Zan, *Moral Classrooms, Moral Children: Constructing a Constructivist Atmosphere in Early Education*, New York, Teachers College Press (1994); L. Nucci, éd. *Moral Development and Character Education: A Dialogue*, Berkeley, McCutchan (1989); F. C. Power, A. Higgins, et L. Kohlberg, *Lawrence Kohlberg's Approach to Moral Education*, New York, Columbia University Press (1989); E. Turiel, *The Development of Social Knowledge: Morality and Convention*, New York, Cambridge University Press (1983); et J. Piaget, *Le Jugement moral chez l'enfant*, Paris, Delachaux et Niestlé (1963).

[16] B. Pérez, E. Malvoisin, et al., *La Composition de Rhétorique, recueil de tous les sujets de composition française donnés à la Sorbonne de 1893 à 1898*, Paris, Croville-Morant (1893), 396; T. Delmont, *Nouveau recueil de compositions françaises*, Paris, Poussielgue (1911), 451; le Père Caruel, *Etudes sur les auteurs français*, Tours, Cattier (1901), 669.

[17] *Revue Universitaire*, 8 (1899), 450.

[18] "Le Rôle de la composition française dans les lycées de jeunes filles," *Revue Universitaire*, 18 (1909), 111.

[19] "Les Imaginaires de la lecture," dans H-J. Martin et al., éds. *Histoire de l'édition française*, IV, Paris, Promodis (1986), 536.

[20] Y. Reuter, "L'Explication de texte au lycée," *Textuel*, 34/44 (1987), 198.

[21] M. Jey, *La Littérature au lycée. Invention d'une discipline (1880-1925)*, Metz, Centre d'Etudes Linguistiques (1998), 74.

[22] A. Bernelle, "La Fontaine est difficile ...," *Vie et Langage*, 87 (1959), 304.

[23] *Souvenirs d'un universitaire*, Paris, Perrin (1938), 43.

[24] "Le Chêne et le Roseau," *Modern Languages*, 42 (1961), 8.

[25] "L'Enseignement du français dans la classe de première," *Revue Universitaire* 17 (1908), 108.

[26] "Made in France," *Textuel*, 34/44 (1987), 127.

[27] Nisard, *Histoire de la littérature française*, 153.

[28] "Contre la rhétorique et les mauvaises humanités," dans H. Peyre, éd., *Essais de méthode, de critique et d'histoire littéraire*, Paris, Hachette (1965), 59.

[29] P. Albertini, "Le *Cursus studiorum* des professeurs de lettres au XIXème siècle," *Histoire de l'Education*, 45 (1990), 62.

[30] *Enseigner l'histoire littéraire*, Rouen, PUR (1993), 103.

[31] "L'Histoire littéraire au lycée: repères chronologiques," *Histoire de l'Education*, 33 (1987), 45.

[32] *Introduction à la France moderne (1500-1640)*, Paris, Michel (1961), 34.

[33] "Les Idées politiques et sociales de La Fontaine," *Revue bleue*, 71 (1933), 559.

[34] J. Rohou, "Pour une histoire fonctionnelle de la pratique littéraire," dans H. Béhar et al., éds., *L'Histoire littéraire aujourd'hui*, Paris, Colin (1990), 146.

[35] "Les Deux Pigeons" [IX, 2] (J-P. Collinet, "Le Temps et son expression poétique chez La Fontaine," U. Döring et al., éds., *Ouverture et dialogue*, Tübingen, Gunter Narr (1988), 76-77.

[36] "La Fontaine et les *Fables*: esquisse d'un espace," dans *L'Intelligence du passé...Mélanges Lafond*, Tours, Université François Rabelais (1988), 391.

[37] "Les *Fables*, le négociant et le financier: un La Fontaine aveugle et réactionnaire?," *XVIIème siècle*, 188 (1995), 491.

[38] A-M. Bassy, éd., *Fables*, Paris, Flammarion (1995), 16-17. Cette question a fait l'objet d'une multiplicité de devoirs dans l'enseignement secondaire traditionnel: "Voudriez-vous avoir un ami comme Alceste?".

[39] Malgré la rigueur de la norme chez La Fontaine, une seule norme ne peut guère convenir à toutes les situations. D'où l'ambiguïté réelle de la morale lafontainienne.

[40] A-M. Bassy, éd., *Fables: La Fontaine*, Paris, Hatier (1973), 144.

[41] *Dictionnaire des littératures de langue française*, II, Paris, Bordas (1984), 1179.

[42] C. Wever, *Textes français*, Paris, Masson (1912), 132.

[43] *Etudes sur les auteurs français*, Tours, Mame (1901), 552.

[44] *Fables de La Fontaine*, Paris, Delalain (1882), xiv.

[45] *La Littérature française enseignée par la dissertation*, Paris, Larousse (1936), 72-73.

[46] Voir, à ce sujet, E. Faguet, *Morceaux choisis des auteurs français*, Paris, Masson (1897), v; et *Notices littéraires sur les auteurs français*, Paris, Lecène et Oudin (1886), vii.

[47] "L'Enseignement secondaire," dans *Enseignement et démocratie*, A. Croiset, éd., Paris, Alcan (1905), 197.

[48] Bien qu'ils n'aient pas joué un rôle aussi considérable dans l'enseignement secondaire traditionnel que les manuels examinés ci-dessus, les textes suivants méritent d'être mentionnés:
    La Fontaine et ses fables, Paris, Maison de la bonne presse, 1922.
Quoiqu'il souligne la "modernité éternelle" de La Fontaine, un commentateur anonyme traite le poète de monarchiste qui s'oppose à la notion de suffrage universel et de penseur politiquement régressif puisqu'il ne croit pas à la validité du concept de "lutte des classes" (14). Il nous offre, par ailleurs, un aperçu de la vie du poète. Cette perspective biographique permet de saisir plus précisément l'ensemble des préceptes moraux propres aux *Fables* que l'auteur présente sous forme de "vues" enrichies de réflexions personnelles.
    L'Abbé C. Hanlet, *Initiation aux 'Fables' de La Fontaine*, Bruxelles, Office de Publicité, 1948.
Les *Fables* représentent une bonne leçon supplémentaire au catéchisme. Pour le Catholique, cette œuvre seule ne suffira pas. L'abbé Hanlet cite Charles Maurras, qui exalte le profit moral et littéraire à dégager des *Fables*: "Donnons (à l'enfant) La Fontaine pour maître de français" (38).

[49] *Expliquez-moi… les grands écrivains français par la dissertation, XVIIème siècle*, 3, Paris, Foucher (1947), 9.

[50] J. Condamin, *La Composition française*, Lyon, Vitte & Perrussel (1889), 534.

[51] *Revue Universitaire*, 22 (1913), 276.

[52] *Revue Universitaire*, 18 (1909), 365.

[53] *Revue Universitaire*, 6 (1897) 91-92.

[54] *Revue Universitaire*, 7 (1898), 429.

[55] *Revue Universitaire*, 10 (1901), 528.

[56] *Revue Universitaire*, 23 (1914), 366.

[57] *Revue Universitaire*, 11 (1902), 530.

[58] L'Abbé T. Delmont, *Nouveau recueil de compositions françaises*, Paris, Poussielgue (1899), 511.

[59] *Revue Universitaire*, 20 (1911), 77.

[60] *Revue Universitaire*, 20 (1911), 78-79.

[61] *Revue Universitaire*, 23 (1914), 363-64.

[62] *Revue Universitaire*, 19 (1910), 398.

[63] *Revue Universitaire*, 21 (1912), 276.

[64] P. Michel, 21.

[65] *Revue Universitaire*, 15 (1906), 266.

[66] Ayant mis en place un discours normatif visant à développer les compétences nécessaires à

l'accomplissement du rôle de la femme en société, l'Ecole républicaine s'est appliquée à préparer les lycéennes à devenir de bonnes épouses et mères de famille. Par conséquent, on ne saurait trop insister sur l'orientation sexuelle des sujets de composition proposés aux divers concours de cette époque, notamment dans l'enseignement secondaire des jeunes filles. De tels sujets supposaient une distinction rigoureuse entre les devoirs et les responsabilités qui s'imposaient aux garçons et ceux qui incombaient aux filles, tant sur le plan social que sur le plan moral. Il en est ainsi des nombreux défauts de caractère perçus comme essentiellement "féminins" et qui constituent donc des tares à éviter, à savoir, l'esprit de domination, la vanité, la dissimulation, la frivolité, l'indécision et la timidité:

> "L'Esprit de domination. Pourquoi est-il détestable dans ses causes, dangereux dans ses effets et particulièrement insupportable chez les femmes?" (Quatrième année), *Revue Universitaire*, 15 (1906), 365.
>
> "Du plaisir et du danger d'être belle" (Cinquième année), *Revue Universitaire*, 14 (1905), 275.
>
> "Est-il vrai que les femmes ont plus de tendance que les hommes à la dissimulation? d'où pourrait provenir ce défaut?" (Quatrième année), *Revue Universitaire*, 5 (1896), 332.
>
> "Beaucoup de femmes s'imaginent qu'en les traitant de frivoles les hommes leur reconnaissent à défaut d'utilité sociale, une grâce légère toute féminine. Etes-vous de cet avis?" (Quatrième année), *Revue Universitaire*, 15 (1906), 184.
>
> "De l'indécision. Pourquoi reproche-t-on souvent ce défaut aux femmes?" (Quatrième année), *Revue Universitaire*, 14 (1905), 459.
>
> "La timidité chez l'enfant et plus particulièrement chez la jeune fille. Ses dangers. Moyens de la combattre" (Ecole normale supérieure de Sèvres, *Revue Universitaire*, 15 [1906], 451).

Tout porte à croire que le choix de certaines fables de La Fontaine a dû servir à véhiculer ces valeurs. De surcroît, mis à part le caractère tendancieux de ces sujets, d'autres mettent en évidence le souci d'amener les lycéennes à se préparer aux règles de conduite destinées à la femme adulte (*Revue Universitaire*, 5 [1896], 220) ou bien poussent celles-ci à s'interroger sur les finalités propres à l'éducation domestique, c'est-à-dire, le bonheur familial tout aussi bien que les exigences de la vie du ménage:

> "Que doit-on entendre par 'éducation domestique'? S'agit-il uniquement de préparer les jeunes filles aux détails du ménage ou doit-on se faire de cette éducation une conception plus haute?" (Composition sur un sujet de morale ou de psychologie appliquée à l'éducation, *Revue Universitaire*, 4 [1895], 319).

Il va de soi que certains sujets de cet ordre abordent de manière prématurée le problème des devoirs conjugaux :

> "Il y a dans le programme du cours de morale en troisième année certains sujets qui semblent à première vue hors de la portée d'esprit et de l'âge des élèves, par exemple les devoirs des époux entre eux. Est-il bon de parler aux jeunes filles du mariage?—De quelle façon peut-on leur en parler?—Faites suivre votre opinion de la leçon que vous feriez à ce sujet" (*Revue Universitaire*, 10 [1901], 91).

Voir, enfin, L. Clark, *Schooling the Daughters of Marianne. Textbooks and the Socialization of Girls in Modern French Primary Schools* (Albany, SUNY, 1984) et notre article: "Images de la femme dans le discours scolaire républicain (1880-1914)," *French Review*, 62 (1989), 740-48.
[67] *Revue Universitaire*, 7 (1898), 429.

[68] P. Bonnefon, *La Société française du XVIIème siècle*, Paris, Colin, 1924.

[69] H. Taine, *Les Origines de la France contemporaine*, 6 vols., Paris, Hachette, 1888-94; *La Fontaine et ses fables*, Paris, Hachette, 1861.

[70] F. Hémon, *Cours de littérature*, I, V, Paris, Delagrave, 1909.

[71] Expliquez-moi….21

[72] Delmont, 498.

IV. LA FONTAINE À L'HEURE DE L'ENSEIGNEMENT
LAÏQUE ET CIVIQUE

Afin de saisir l'évolution des mentalités des Français du XIXème siècle, et notamment celles de la première partie de la Troisième République (1870-1914), il convient de mettre en évidence les bouleversements socio-historiques ainsi que les profondes mutations dans la vie quotidienne de cette époque, entraînées par la création des chemins de fer, de la vapeur et de l'électricité. Ces technologies nouvelles font alors partie intégrante de la modernité culturelle coïncidant avec la fin du siècle et aboutissant à la mise en question des valeurs rurales, c'est-à-dire, d'une vision relativement figée du monde. De là aussi, en même temps, la mise en place d'une attitude défensive face aux incursions du monde contemporain. Désireuse d'unité culturelle, la Troisième République confie à l'Ecole la tâche de prévenir la dislocation dans une période de rapide changement historique. Le développement des valeurs morales au XIXème siècle représente en grande partie, de même, une réaction aux conséquences néfastes de la Révolution industrielle (criminalité, alcoolisme, etc.). Se chargeant de la gestion de la culture, l'Etat républicain s'emploie à faire sortir la population française de l'obscurité intellectuelle que perpétuait l'Eglise. Ainsi, depuis la Révolution, l'Etat valorisait la propagation de la littérature à travers une société nouvellement alphabétisée. Comme la religion, la culture offre une idéologie de stabilité et de certitude morale dans un monde en pleine transformation sociale ou bien dans un monde qui apparaît comme irrémédiablement instable. Face à un internationalisme socialiste ou communiste, la France de la Troisième République avait le sentiment d'être menacée, de perdre son identité culturelle. La droite nationaliste s'en prenait aux formes de la décadence républicaine, à savoir, l'obscénité, la prostitution, la pornographie, etc.[1] Il fallait défendre la classe ouvrière et la classe paysanne contre le dévergondage propre au feuilleton et au roman naturaliste. On assiste donc à une entreprise moralisatrice contre le "mauvais livre," par les partis de droite, associant les divers désordres moraux avec la modernité républicaine.

La défaite de 1871 ayant mis en cause les déficiences du système national de l'enseignement, les manuels de Lavisse, par exemple, ont valorisé la notion du devoir scolaire, l'importance, chez l'élève, de l'effort personnel et de l'étude; d'où l'exaltation du travail en tant que vertu personnelle et sociale chez La Fontaine ("La Cigale et la Fourmi" [I, 1], "Le Laboureur et ses Enfants" [V, 9]). La culture politique de la Troisième République a fondé un ensemble de valeurs éthiques essentiellement consensuelles, c'est-à-dire, ayant des références sûres, issues de l'humanisme laïc de la Révolution. A la suite de la défaite de 1871, le patriotisme s'est imposé en tant que matière privilégiée d'enseignement. Le paradoxe sous-tendant sa mission civilisatrice est que la France ne pouvait atteindre à son idéal d'universalité culturelle qu'en s'adressant à l'idée nationale,[2] et E. Curtius fait ressortir la coïncidence parfaite entre cette perception nationale et la notion de civilisation (35). Etant donné l'universalité des normes françaises, toute l'humanité devait bénéficier du partage culturel offert par la France, nation civilisée par excellence. En fait, l'idée républicaine de la civilisation française est née par suite de la mise en péril de cette civilisation en 1870. Un des seuls pays européens qui a su intégrer les concepts de nation et de culture en une espèce de "supra-culture" à l'échelle nationale, la France aurait été, de la sorte, l'aboutissement de la civilisation gallo-romaine et aurait le devoir de partager cette culture avec d'autres peuples.

Si l'Etat se donnait pour tâche la socialisation politique des masses, c'est qu'il fallait combler l'absence relative du sentiment d'identité nationale lors de l'avènement de la Troisième République. La volonté républicaine d'unifier une nation linguistiquement hétérogène supposait l'imposition d'une unité en guerre contre les tendances linguistiques naturelles. Autant dire qu'en 1870, l'unité politique de la France relevait encore d'une abstraction:

> "(La France) n'était unifiée ni moralement ni matériellement, et sa cohésion était moins culturelle qu'administrative. En outre, nombre de ses habitants étaient indifférents à l'Etat et à ses lois et beaucoup les rejetaient complètement... L'hexagone est une vraie peau de chagrin."[3]

Le village représentant alors—et c'est encore le cas à l'heure actuelle—la véritable nation du paysan, l'Etat constituait une présence étrangère aux yeux des habitants patoisants de nombreuses régions (la Bretagne, les Pyrénées, la Corse, etc.). Toujours est-il que l'Ecole républicaine a fini, grâce à la dimension évangélique propre à l'enseignement du français, par imposer une langue minoritaire originaire de l'Ile de France et par l'instituer comme langue nationale. La normalisation linguistique se confondait ainsi avec "une sorte de vérité absolue de la langue."[4] Mis à part les règles de grammaire normatives, on est en présence d'une logique corrective sous-jacente au processus par lequel on fixe la langue de manière définitive (c'est-à-dire, sous forme scripturale); la langue écrite servira, dès lors, de modèle à la langue parlée. Grâce à la pratique institutionnelle de la récitation et de la lecture, au niveau primaire, puis de l'explication de texte et de la composition française au niveau secondaire, les *Fables* de La Fontaine ont bel et bien contribué à l'unification du pays à partir d'un français commun. Le fabuliste répond de la sorte au vœu révolutionnaire de créer une citoyenneté monolingue. Instance de socialisation et de moralisation, l'Ecole prônait un civisme républicain fondé sur les droits de l'homme. Elle mettait en relief un idéal de fraternité tout en soutenant la division des classes sociales, d'où le rôle de la morale de l'entraide chez La Fontaine:

"L'Ecole est un endroit où l'on apprend à la fois le respect d'autrui, considéré indépendamment de sa force ou de sa puissance, et la solidarité qui nous unit à lui, au moins dans le cadre national."[5]

Sur un autre plan, l'efficacité de la morale conservatrice du fabuliste se manifeste par le fait que, dans l'ensemble, au XIXème siècle, on restait dans son milieu social, c'est-à-dire, à sa place. Ainsi, les bourgeois assistaient les paysans afin de promouvoir l'avancement des couches sociales et la modernisation. Il va de soi qu'ils entendaient soutenir leur place privilégiée dans la hiérarchie sociale en inculquant aux paysans le respect.

LA MORALE LAÏQUE

Ayant créé une sorte de mythe culturel de la laïcité, la Troisième République a confié à l'Ecole la tâche de permettre aux Français l'accès à la modernité. Apparaissant comme une nouvelle religion, cette morale devait contribuer au projet républicain de laïcisation sociale. L'exceptionnelle popularité de La Fontaine s'explique en grande partie par la vision laïque du poète. Si les *Fables* se prêtent si bien à l'enseignement républicain, c'est qu'elles représentent une des rares œuvres démocratiques de l'Ancien Régime. Ainsi s'impose l'image du poète en tant que précurseur de la démocratie moderne:

"Peu à peu, la généralisation de l'enseignement obligatoire et l'utilisation des *Fables* dans les petites classes font du recueil de La Fontaine l'unique et premier patrimoine culturel commun à tous les Français, le 'Notre Père' laïque et national."[6]

Objectif primordial de l'Ecole, l'apprentissage des devoirs et des droits du citoyen s'appuie sur l'enseignement moral des *Fables*, qui privilégie la notion de laïcité. Notons d'ailleurs que cette œuvre présuppose que chacun puisse être instruit. Il y a, de plus, un avantage certain à bénéficier de l'expérience et, partant, de la sagesse. Grâce à ses récits imaginaires évoquant des situations tirées de la vie quotidienne, le fabuliste contribue à la transmission de la morale laïque du XIXème siècle. Conformément à la notion durkheimienne d'une "science des mœurs," La Fontaine présente en quelque sorte, dans les *Fables*, des histoires de mœurs particulières.

Mue par l'idéal d'œcuménisme éthique qui sous-tend la laïcité, l'idéologie républicaine s'apparente à une sorte de religion des droits de l'homme. C'est ainsi que F. Furet définit "la foi républicaine":

"Cet ensemble d'idées, si spécifiquement français qu'il n'a d'équivalent dans aucune culture politique européenne, renvoie à des valeurs qui gardent quelque chose de vénérable comme le religieux dans leur négation même du religieux: un culte à l'antique de l'égalité civique joint à la célébration de la liberté moderne. Avant que l'école n'en devienne le lieu et le drapeau, Michelet a été le prophète de cette citoyenneté religieuse."[7]

R. Collin envisage, dans cette même perspective, La Fontaine en tant que précurseur de la Révolution:

> "La liberté, l'égalité, la fraternité, autant dire l'amitié, mais c'est l'air des *Fables*, mis en action, tout simplement. C'est l'Agneau qui se rebiffe, le Renard pris au piège, les Grenouilles enfin sans Roi."[8]

Dans la mesure où les enseignants se donnent pour tâche la formation du caractère de leurs élèves, ils instruisent leur essence même: "(Le maître) n'enseigne pas ce qu'il sait, il enseigne ce qu'il est."[9] Il s'agit donc d'une expérience qui dépasse la connaissance scolaire. Etre bon élève, c'est répondre en quelque sorte à la définition ontologique de son être. On ne saurait trop insister sur le rôle des enseignants laïcs à la fin du siècle: "missionnaires" de l'idéologie républicaine, défenseurs du "bon La Fontaine," ils ramènent les *Fables* à un guide offrant une morale appliquée; cette œuvre témoigne à leurs yeux "d'une volonté de formation laïque ... commune aux deux ordres d'enseignement."[10] Héraut de la bourgeoisie éclairée et progressiste, La Fontaine répond, par son exaltation du travail, de l'économie, de l'ordre et de la discipline, à l'image républicaine de la culture ("La Cigale et la Fourmi" [I, 1], "Le Laboureur et ses Enfants" [V, 9]). En fait, toutes les fonctions liées au pouvoir sont dénoncées dans les *Fables*: de l'instituteur au roi, en passant par le financier. La Fontaine s'attaque, en somme, à la noblesse et au clergé. Bien qu'il condamne l'avarice, la sottise et l'ignorance chez les membres du Tiers Etat, il estime que ceux-ci sont moins corrompus que les membres des deux premiers états. Obligé de s'exprimer de manière oblique, le poète fait preuve ainsi d'une dimension contestataire. A l'instar de Rabelais, il a largement puisé dans la culture populaire, et M. Soriano voit en lui le porte-parole de la paysannerie au XVIIème siècle.[11] Enseigner au jeune écolier ce qui pourra lui être utile à l'avenir, notamment le moralisme utilitaire propre à la sagesse moyenne de La Fontaine, voilà l'enjeu principal de la morale laïque.

Comme l'enseignement religieux d'autrefois préparait l'élève pour l'au-delà, c'est-à-dire, à devenir en quelque sorte "citoyen" du Ciel, l'enseignement laïc invite l'élève à s'adapter à la citoyenneté républicaine. D'après le spiritualisme de V. Cousin, il fallait fonder une éthique à partir d'une philosophie dégagée des dogmes religieux. De même que la notion kantienne d'un impératif moral qui existe chez tous, la philosophie cousinienne du "juste milieu" régnant déjà lors de la Monarchie de Juillet, a servi de base à la morale civique de la Troisième République.[12] Facteur d'unité nationale, cette morale devait s'intégrer à l'idéologie républicaine et, par extension, nourrir diverses disciplines du premier au second degré. Ainsi,

> "...au lieu de parler au nom de Dieu, les protestants libéraux— Buisson, Pécaut et Steeg—parlaient au nom de la liberté, de la solidarité, de la dignité humaine,...de la justice, du respect des droits et des devoirs de l'individu, et d'un progrès social orienté vers l'égalité et la fraternité" (c'est nous qui traduisons).[13]

La République a emprunté le rôle moralisateur de la religion et y a substitué ses propres valeurs. Désireuse d'éliminer les inconséquences de la morale des Jésuites, la morale laïque définit chaque défaut en fonction d'un degré particulier de gravité et de relativité. Elle vise ainsi à régler l'univers des fautes en les codifiant dans une hiérarchie fixe. Donc, à en croire C. Grisé, de la casuistique jésuite on passe à cette époque à la casuistique laïque.[14] Compte tenu de la valeur catégorique des règles morales, l'élève est amené à adopter des démarches intellectuelles ainsi que des modes de conduite particuliers; il s'agit de créer des réflexes et des réflexions à la fois automatiques et naturels. La formation du jugement s'apparente de la sorte à l'enseignement de la morale laïque.

La notion de "patrie" représente la version laïque de la foi religieuse car elle suppose, elle aussi, la croyance en une entité/communauté spirituelle. La République, avec ses rites, ses lois, ses héros, ses temples, est elle-même une religion. Si l'on a ramené les *Fables* à une espèce de Bible laïque au XIXème siècle, il faut entendre cette Bible comme un recueil de contes cosmogoniques nécessaires à l'avènement d'une humanité éclaircie. L'ignorance constitue une menace réelle pour la démocratie, d'où la valorisation de l'instruction publique. A partir du moment où la morale peut se passer du Christ, le rôle du saint laïc, tel La Fontaine, entre en jeu. Se voulant neutre, l'Etat républicain prône la tolérance en matière de croyance religieuse. Alors que la religion sépare les hommes, la République, elle, vise à les rassembler et à s'imposer comme religieusement impartiale. Notons, enfin, l'influence profonde de la laïcité sur un ensemble de domaines se rapportant encore à la France contemporaine: la science, l'éthique, la nationalité, la citoyenneté et notamment l'éducation.[15]

A l'image du code de l'honnêteté mondaine au XVIIème siècle, la morale laïque des années 1880 constituait une forme de contrôle social: ses normes ont fini par régler la citoyenneté française. Etant donné la complémentarité entre les droits et les devoirs, respecter le droit d'autrui—il s'agit là d'un devoir fondamental—implique la justice sociale aussi bien que la liberté d'autrui. Le "droit" suppose, de même, à la fois l'existence de la loi morale et la liberté de l'individu. Ainsi, face à la misère réelle de la cigale, la fourmi doit remplir son devoir social en pratiquant la charité. Issu du républicanisme, l'esprit d'entraide offre la preuve du tort de la fourmi, à savoir, l'égoïsme.

Il va de soi que la solidarité et l'entraide s'opposent à l'individualisme forcené propre au darwinisme social. Malgré l'attrait théorique de la solidarité, la société française de la fin du XIXème siècle reste marquée par l'individualisme. L'Ecole républicaine se trouve donc obligée d'instituer une multiplicité de devoirs tirés d'une morale sociale. Cette morale comprend, en somme, les devoirs de l'enfant envers sa famille, ses maîtres, ses camarades et les vieillards; ses devoirs envers la nation, envers soi-même, envers autrui et envers Dieu. Destinés au cours moyen, les devoirs de morale pratique donnent lieu aux devoirs de morale sociale comprenant la famille, la société, la justice, la charité, la ville et la nation; ces devoirs-ci font l'objet du cours supérieur.[16] "Les Membres et l'Estomac" (III, 2) mettent en jeu, par exemple, une théorie organique de la société. Grâce à une métaphore corporative qui sous-tend un organisme politique centraliste, cette fable postule un idéal d'harmonie sociale qui s'oppose à la résignation passive. Ce n'est qu'en faisant rentrer chacun dans son devoir (v. 43) que l'on parvient à contrôler le comportement d'autrui. Le principe de réciprocité étant un des piliers de l'Ordre social, "Le Lion et le Rat" (II, 11) illustre la valeur étymologique de l'obligation (ob-ligare), élément essentiel de la cohésion sociale. Bien que le fabuliste définisse l'entraide comme "une loi de la nature" ("L'Ane et le Chien," [VII, 17], v. 1), l'âne fait violence à cette loi inscrite dans l'ordre des choses. Dans cette même perspective, "Le Corbeau, la Gazelle, la Tortue et le Rat" (XII, 15) met en évidence la possibilité de vivre en harmonie malgré les différences d'espèces. Enfin, mis à part l'utilité sociale du principe d'aide mutuelle, "Le Vieillard et ses Enfants" (IV, 18) souligne les vertus républicaines de bonté, de justice et de solidarité. Le recours fréquent au pronom "on" dans les *Fables* montre à quel point La Fontaine valorise la vie au sein de la société, c'est-à-dire, l'esprit de solidarité. La notion d'entraide suppose, enfin, chez le poète, que les diverses espèces soient mues par l'idéal de sociabilité afin de survivre. La morale s'accomplit parfaitement au moment où le bien personnel rejoint le bien social.[17]

La morale du devoir aboutissant au devoir de français, ainsi qu'à la "faute" de français, on s'aperçoit que l'enseignement laïc se réduit à un objectif principal, à savoir, l'obéissance. D'où la rigidité propre à l'Ecole républicaine, qui vise à former les élèves selon le même moule. Transformé en agent moral, l'élève doit se préparer à obéir à une règle donnée. La morale laïque constituant un ensemble de règles de conduite régissant les rapports entre individus, et de par ce fait restrictive, représente un obstacle réel à leur épanouissement. Au même titre que le patriotisme, la laïcité exige une obéissance inconditionnelle, d'où l'importance des devoirs conséquents.

Il faut tenir compte, de même, des préceptes économiques sous-jacents à la morale laïque: le travail, l'épargne, la propriété et le progrès sont des valeurs qui favorisent le développement du commerce. Le rôle des enfants à l'école correspond à la valorisation républicaine de la productivité des citoyens. Si les gens sont pauvres, c'est de leur faute, puisque leur misère est due à un défaut moral, telle que la paresse ("La Cigale et la Fourmi" [I, 1]) ou l'ivrognerie. Dans *Francinet* ou dans *Le Tour de la France par deux enfants*,[18] la vie entière de l'individu est prise en charge ou contrôlée. En l'occurrence, dans le dernier ouvrage cité, on trouve, comme chez La Fontaine, une mise en valeur de deux types de devoirs:

> "…le programme de morale de l'école républicaine: famille, école, patrie, devoirs envers soi-même et devoirs envers les autres…"[19]

Selon J. Clarétie, les *Fables* tiennent lieu en quelque sorte du sacré:

> "Pour moi, on m'a conté qu'un curé de campagne remplaçait quelquefois son sermon par la lecture d'une fable de La Fontaine, 'et, disait-il, ces jours-là, mes auditeurs, ma foi, semblent partir plus convaincus.'"[20]

IV. La Fontaine à l'heure de l'enseignement laïque et civique

Mis à part l'efficacité remarquable de la morale laïque de La Fontaine, le critique met en lumière la dimension populaire de cette morale, une sorte de populisme républicain propre à ce "poëte du peuple" mû par "(un) amour du droit et de la justice" (477). Remontant à l'ancienneté des Gaulois et évoquant par ailleurs des liens d'affection qui la rattachent aux Français du XIXème siècle, la figure de La Fontaine suscite une amitié réelle:

> "Un homme qui fut un poète distingué et un cœur d'élite, M. Andrieux, répétait souvent à ses amis: 'Dites du mal de mon père, si vous voulez, mais n'en dites pas de la Fontaine.' C'est mieux qu'un ami, la Fontaine, en effet, c'est un ancêtre; et de ce poète au style achevé, on peut dire ce que M. Sainte-Beuve a dit excellemment de Molière: 'Tout homme de plus qui sait lire, en France, est un lecteur pour la Fontaine.'"[21]

D'où, on l'a vu, l'insistance lafontainienne sur le sort des faibles et des petits, son souci d'inciter ses co-citoyens à recourir à l'entraide. Enfin, la morale laïque prône l'égalité et l'importance de chacun dans la société. C'est ainsi que, dans l'univers imaginaire des *Fables*, les hommes et les bêtes échangent des rôles. A titre d'exemple, dans "Les Compagnons d'Ulysse" (XII, 1), tenant à leur bestialité fondamentale, les animaux refusent de recouvrer le statut humain dont ils étaient pourvus au début de la fable. Dans cette mise en procès de l'homme par l'espèce animale, Ulysse finit par perdre sa naïveté et parvient de la sorte à la sagesse.[22] Jouant le rôle d'un humaniste déçu, ce héros antique est voué à un échec discursif.

L'ÉDUCATION CIVIQUE

On ne saurait trop insister sur la place prééminente accordée à la morale dans l'enseignement primaire. Chaque journée commence par un quart d'heure d'instruction morale et civique, de même que la prière ouvrait la journée de l'écolier dans l'enseignement confessionnel. On voit ainsi la valeur symbolique de l'organisation de l'horaire, car dans cette activité de départ, les élèves s'éveillant à la morale, se mettent en état de bonté. Il s'agit en plus d'une façon indirecte de les discipliner, d'où l'idéal de l'instituteur en tant qu'autorité morale s'adressant avec conviction à l'âme des enfants encore vierges de jugements. Quant aux instructions officielles se rapportant à l'éducation morale et civique, on souligne la valeur anoblissante de cette éducation en mettant en jeu la volonté de l'écolier:

> "Cette éducation n'a pas pour but de faire *savoir*, mais de faire *vouloir*…A l'école primaire surtout,…c'est un art, l'art d'incliner la volonté libre vers le bien."[23]

L'instituteur qui n'arrive pas à faire aimer la morale se trouve "en faute." D'autre part, la formation du caractère est tout aussi importante que la formation du jugement. On assiste donc à la mise en place d'un mécanisme institutionnel, à savoir, le programme de l'éducation morale et civique. Au cours élémentaire (de sept à neuf ans), le maître est chargé de faire comprendre ce qu'est une faute et son rapport à la punition. Mettre au point la raison d'être de la punition, c'est comprendre à la fois la réalité de la faute et la nécessité d'agir "comme il faut"; la punition a, de ce fait, sa logique propre, son intensité supposée étant proportionnelle à la faute commise. Au cours moyen (de neuf à onze ans), on enseigne la nécessité d' "avoir honte de l'ignorance et de la paresse."[24] Au cours supérieur (de onze à treize ans), on précise les divers attributs du patriotisme, les devoirs, et les droits qui découlent de leur pratique.[25] On a affaire, au total, à une mise au point pratique de divers problèmes de morale, et non d'une démonstration théorique.

L'éducation civique étant un concept appliqué à un groupe appartenant à un pays, l'Ecole républicaine visait à fournir un passé et une manière de penser commune à tous. C'est ainsi qu'elle contribuait à la mise en place de l'identité nationale. Il s'agissait également de la formation de l'électeur, c'est-à-dire, de la mise en institution du citoyen. L'idéal de politesse dans la France de la Troisième République se ramène à la bonne tenue et aux bonnes manières. La formation du bon citoyen suppose, elle, une adhésion à la doctrine de la solidarité; la fraternité apparaît comme un devoir du citoyen. L'éducation morale vise à une modification de la conduite de l'élève par l'intermédiaire de diverses sanctions (naturelles, artificielles et sociales). L'utilité d'une morale prescriptive va de pair avec la conception de l'école en tant que fournisseur de maximes. Comprendre la raison d'être profonde du programme étatique d'éducation morale et civique, c'est tenir compte du décalage entre l'idéal d'unité nationale, les valeurs républicaines de fraternité et de solidarité, et le manque de cohésion réelle, voire l'anomie dans certaines régions; la multitude des paysans incultes (= barbares) et des ouvriers "dangereux"[26] se heurtait à la volonté étatique de modernisation. Si l'Ecole s'employait à faire participer les élèves aux valeurs suprêmes, c'est-à-dire aux valeurs liées à la croissance économique et à l'individualisme, c'est qu'il fallait épargner afin de parer aux risques et aux incertitudes de l'avenir. Grâce aux *Fables*, l'enfant apprend les principes moraux dès son plus jeune âge. Il parvient à faire la différence entre ce qui est bien et ce qui est mal. G. Couton nous rappelle, à ce propos, que la morale du fabuliste doit être prise au sens large, c'est-à-dire, en tant qu' "un des fondements de la culture. La Fontaine n'a pas tort de dire que la première connaissance du monde se fait par elle."[27]

Manuels scolaires

F. Buisson, *Leçons de morale a l'usage de l'enseignement primaire*,

Paris, Hachette, 1926

Dans ses *Leçons de morale*, F. Buisson met en valeur le rôle de la conscience ainsi que l'importance de cultiver le jugement moral. Après avoir démonté le mécanisme de la conscience, et après en avoir dégagé l'autonomie, il souligne l'impossibilité de ne pas en écouter la voix (11). Personne n'étant exclu de la morale, on n'est jamais trop jeune pour l'apprécier. La conscience peut aboutir soit à une transformation personnelle soit à une transformation d'autrui. Elle est partie intégrante, enfin, de la dignité humaine et sa découverte s'apparente à une expérience quasi mystique (12-13). Parmi les "maximes de la semaine," F. Buisson cite Joubert, d'après qui la vertu se fait objet d'un apprentissage méthodique. Il présente alors les prescriptions qui sous-tendent le modèle de "l'enfant bien élevé": honnêteté, bonne tenue et manières, qualités supposant à la fois la maîtrise de soi (cf. l'idéal de l'honnête homme du XVIIème siècle), une correction physique et morale, et les devoirs des enfants vis-à-vis des adultes. La vertu de l'entraide constituant un des piliers de la civilisation, F. Buisson évoque en exergue le précepte de La Fontaine ("Il se faut entraider: c'est la loi de la nature") pour montrer que l'on n'agit pas seul; les autres sont, pour l'essentiel, liés à notre existence car ils affectent notre comportement (84). L'égoïsme est envisagé en tant que source de tous les vices, et l'enfant finit par imiter le mauvais adulte, puisqu'il partage déjà ses tendances naturelles vers la vanité. Dépourvue de règles et de code moral, l'humanité s'égare du bien, et l'on assiste au règne de la force. F. Buisson donne ensuite des conseils pédagogiques systématiques pour que les instituteurs amènent les enfants à découvrir l'analogie entre ces deux préceptes: "Ne fais pas à autrui ce que tu ne veux pas qu'on te fasse," et "Fais à autrui ce que tu voudrais qu'on fît pour toi" (133). Ce qui est paradoxal ici, de toute évidence, c'est le rapport de complémentarité entre la morale laïque et la morale religieuse. Alors que certaines espèces (les félins et quelques carnassiers) sont mus par "un instinct de destruction" dans l'univers des bêtes, la société humaine se doit d'être réglée par la solidarité. A ce sujet, F. Buisson cite l'exemple d'une bête qui s'avère portée plutôt vers le bien, à savoir, l'hirondelle, qui doit se protéger de cet oiseau de proie qu'est le milan. Il est significatif que ces exemples antithétiques soient tirés des *Fables*. L'auteur évoque par la suite le castor comme modèle de sociabilité. Dans la mesure où il met en relief la dimension sociale de l'humanité, F. Buisson rattache la valeur républicaine de la fraternité au précepte lafontainien de l'entraide (165). Par une question portant sur les multiples devoirs des enfants des générations antérieures—alimentation, langage, connaissances de tout ordre—il montre que l'existence de l'enfant s'inscrit sous le signe du devoir: le devoir scolaire est bel et bien une préparation pour la vie (166).

E. BRÉMOND ET D. MOUSTIER, *L'EDUCATION MORALE ET CIVIQUE À L'ÉCOLE*,

PARIS, DELALAIN, 1922

Dans leur manuel de morale républicaine, E. Brémond et D. Moustier, tous deux inspecteurs du primaire, présentent une série de leçons qui correspondent à l'enseignement des *Fables* dans les écoles primaires. Ils commencent par mettre en évidence la nécessité de la morale pour toute société civilisée, d'où "la misère morale des sauvages, à qui font défaut les principes de base de la morale qui apprennent la justice, la tolérance, la solidarité, bref, la bonté, une qualité apprise" (1). L'Ecole républicaine accorde une place privilégiée à l'instruction morale et civique, car elle entend inculquer aux enfants des modèles de conduite vertueuse, les pousser à un idéal de perfectionnement moral. Dans cette première leçon, on trouve comme sujet de devoir: "Citez des actes accomplis par un enfant qui ne se respecte pas: tenue, langage, conduite" (16). Il s'agit d'un contre-modèle fondé sur la notion de correction. Le deuxième chapitre traite de l'importance de la famille, qui constitue une sorte de microcosme de la patrie, en ce sens qu'elle reflète les vertus nationales ("l'affection, le travail, l'obéissance, le dévouement à autrui") (24). Après avoir exalté la supériorité morale de la cellule familiale contemporaine, les auteurs brossent le portrait d'une famille où les petits doivent "être sages comme les grands"(25): se comporter correctement, c'est se préparer à la vie d'adulte. Seuls les adultes possèdent la maturité propre à la sagesse. S'ensuit un portrait des enfants gâtés qui, eux, n'agissent pas "comme il faut." C'est ainsi qu'E. Brémond et D. Moustier insistent sur la valeur formatrice de l'obéissance aux parents: "*Lecture*—'L'enfant désobéissant devient un mauvais sujet…Enfant désobéisssant, enfant gâté, tu seras un malhonnête homme'" (34). De même qu'il faut se laisser corriger par les adultes "sages," il faut se mettre à l'affût des défauts chez les amis et se montrer prêt à les corriger: "Un de vos meilleurs amis est affligé de quelques défauts. Que faites-vous pour l'aider à s'en corriger?" (51).

Dans le chapitre portant sur l'école, on valorise l'instruction du peuple. Plus précisément, l'Ecole républicaine s'attache à définir les devoirs et les droits des citoyens. Par ailleurs, ce qui fait l'unité de l'institution scolaire en France, c'est que tous apprennent la même morale. Un enseignement à tel point centralisé et systématique finit par relier les enfants, et par les socialiser (58-60). De plus, en écoutant les leçons du maître, l'élève ne peut s'empêcher d'être "un bon Français." Tout naturellement, on serait tenté de dire "mécaniquement," grâce à une sorte de morale automatique, que le bon élève va parvenir aux rôles auxquels le destine l'Ecole: "Le bon écolier deviendra sans effort un bon Français, un bon citoyen" (63). De la mécanique scolaire à l'aliénation d'une société post-industrielle, il n'y a qu'un pas…E. Brémond et D. Moustier se livrent également à une valorisation du travail scolaire: travailler à l'école, c'est, pour l'enfant, remplir tous ses devoirs (65). On comprend sans peine la solennité avec laquelle l'Etat confie au maître d'école les devoirs moraux: "Je t'abandonne tous les droits que la patrie a sur ses enfants! Va, et prépare-nous des générations honnêtes et instruites" (68). Les auteurs louent alors l'uniformité de l'enseignement: même répandu aux quatre coins du pays, il ne perd pas sa "pureté." En partant des "premiers hommes de la République," "cette source de lumière si pure," héritée à son tour des grands écrivains du patrimoine, et en arrivant jusqu'aux jeunes écoliers qui symbolisent l'avenir du pays, on s'aperçoit de la continuité d'un idéal de pureté ethnique mis au service de l'Ecole. A cet idéal raciste s'ajoute une question supposant la mission civilisatrice de la France: "Pourquoi un peuple intelligent et instruit peut-il devenir le modèle du monde?" (69). Il s'agit, en fait, de montrer aux autres nations que la démocratie fonctionne et est nécessaire à l'avancement de la modernité.

En plus de l'exemple du corbeau de La Fontaine pour illustrer le défaut de vanité (131), on trouve valorisées, dans ce manuel, les qualités de patience, de persévérance et de résignation, qui trouvent toutes une place dans l'univers des *Fables*.

Il en va de même pour l'exaltation du travail, véritable "sainteté," et pour "l'épargne, l'ordre et la prévoyance" (156-57). "Bien précieux," partie intégrante du progrès humain, la liberté représente le signe ultime d'une société (républicaine) civilisée. Par ailleurs, nuire aux autres, c'est leur ôter la liberté. De même que la sagesse, la liberté "…est l'apanage de la personne adulte, intelligente et raisonnable…" (175). A titre d'exemple, la problématique de la liberté et de la mise en danger de ce bien fait l'objet du "Loup et le Chien" (I, 5), qui sert de modèle pour la récitation dans ce chapitre: "Aujourd'hui, la liberté de chaque citoyen est proclamée par la devise républicaine. Pourtant, que d'entraves gênent encore la liberté individuelle!" (177). E. Brémond et D. Moustier se livrent alors à une condamnation éthique de l'oisiveté et de la paresse:

> "La paresse est le défaut de celui qui fuit le travail…Tout citoyen oisif est un fripon…(La paresse) est dangereuse parce qu'elle présente des formes variées et hypocrites pour se faire excuser. Le paresseux est ingrat envers la famille et la société. Il devient rapidement la proie des défauts et des vices" (163).

La solidarité et le progrès humain contribuent, en dernier ressort, à la quête humaine de la sagesse et de la vérité. Les auteurs finissent par exalter l'idéalisme de la République, fondé sur un patriotisme modéré qui répugne aux haines nationalistes, l'envers du décor.

Les 'Fables' et l'univers rural de la Troisième République

En 1866, soixante-dix pour-cent des trente-huit millions de Français sont ruraux. A. Peyrefitte évoque à ce sujet "(une) société de méfiance…La France restera… massivement rurale…par inertie."[28] Afin de se faire une idée plus précise de la tension entre le régionalisme culturel et l'Etat républicain au XIXème siècle, il convient de noter le déplacement progressif d'une population rurale dans les centres urbains, d'où le déracinement et l'aliénation culturelle des campagnards pendant la deuxième moitié du siècle. C'est ainsi que les manuels de lecture courante, *Le Tour de la France par deux enfants*, par exemple, ont souvent pris pour cadre les réalités de la France rurale (le travail des champs, la diversité des savoirs, l'évocation de la nature). Transmettant une image idéalisée des paysans, ces manuels ont projeté des idées particulières sur cette catégorie marginale en tant que symbole culturel.[29] Le "bon" paysan témoigne de qualités humaines—la bonté, la modestie, le travail—même si la modernité le dépasse. Michelet estimait à ce sujet que les petits propriétaires ruraux étaient "le cœur du peuple" et faisaient preuve de "…moralité, de sobriété et d'épargne."[30] L'Ecole républicaine devait préparer la jeunesse campagnarde aux nouvelles exigences d'une société industrielle et urbaine de plus en plus marquée. D'après la théorie de la reproduction sociale, la division du travail correspondait aux finalités économiques propres aux villes et aux campagnes. Il fallait "déculturer" les enfants des campagnes, c'est-à-dire, les civiliser, "…pour les mieux acculturer…universaliser en quelque sorte une urbanité d'essence bourgeoise";[31] ces enfants étaient communément assimilés à de "jeunes sauvages." D'où la révolution économique et industrielle, résultante de l'éducation nationale, de la division des tâches, de l'exode rural et de l'étatisation de la France. Force est d'insister, d'autre part, sur la menace que représente la perte des valeurs rurales. Un manuel destiné aux écoles campagnardes, *La Vie des champs*, évoque le spectacle d'une vie urbaine dangereuse et remplie d'excès de tout ordre; il met en évidence les conséquences d'une urbanisation rapide à la fin du XIXème siècle, notamment la nouvelle culture de consommation.[32] Il s'en dégage en outre une nostalgie à l'égard d'une vie rurale morale et authentique, d'où le besoin de rattacher la "vraie France" à sa dimension rurale. La difficulté à assimiler les peuples régionaux réside dans le fait que l'idée d'un Etat représente une énigme, parce que l'individu rural pense à un niveau plus personnel. La notion étatique dépasse cet individu, de même que la raison dépasse l'enfant, et l'on comprend la nécessité de l'instruction dans les deux cas. En somme, l'Etat a du mal à créer des sujets fidèles. Ainsi, l'éducation, l'urbanisation et l'industrialisation ont profondément marqué les campagnes en France sous la Troisième République.

E. Weber souligne le passage de la France rurale à l'univers de la modernité, c'est-à-dire, à la culture officielle qui était intimement liée à la vie urbaine.[33] Selon les paysans qui ne parlaient que le patois, le français représentait les valeurs de l'urbanité et de la civilisation moderne. Il s'agissait, bref, d'un rite de passage consacrant la transformation des paysans en France. La méfiance traditionnelle des paysans s'inscrivait dans l'opposition entre le régionalisme et les valeurs de la modernité républicaine. De même que dans l'univers des *Fables*, la faim était perçue, dans la France du XIXème siècle, et notamment chez les paysans, comme une condition généralisée.[34] E. Weber s'interroge sur la place tenue par la faim dans la vie quotidienne du paysan français à cette époque:

> "Passer de la faim à l'assurance d'une simple subsistance, et de celle-ci à un certain degré de suffisance, c'est effectuer la transition du monde ancien au monde moderne. Dans la France rurale, la faim réelle n'a vraiment disparu…qu'à l'aube du XXème siècle."[35]

Enfin, la nécessité de s'alimenter entraîne le goût de l'économie sinon de l'avarice dans l'esprit des gens des campagnes. On songe ici au rat qui a élu domicile dans le cœur mœlleux d'un fromage ("Le Rat qui s'est retiré du monde" [VII, 3]).

Pour préciser le paysage culturel où se situaient paysans et citadins sous la Troisième République, il convient de sonder le processus par lequel l'Etat a "civilisé" les paysans. *Locus* fondamental du contact culturel entre le "paysan" et le "Français," l'Ecole s'est livrée à la construction de l'identité nationale par la définition de catégories marginales, telle la paysannerie. La vie rurale s'est, de la sorte, peu à peu imprégnée de la culture nationale. Et, aux yeux d'une culture unitaire et centralisée, la diversité culturelle était taxée d'infériorité. Examiner la mise en rapport entre la condition paysanne et l'identité nationale, c'est révéler, d'abord, les diverses images de la France rurale de cette époque: a-t-on affaire à des représentants des vertus populaires ou à des sauvages enclins parfois à la violence?[36] Selon cette anthropologie culturelle des populations diverses, il s'agit d'une véritable question de race: être paysan, c'est faire partie de la "race" (= la gent) rurale. Si l'on admet que l'école primaire a visé avant tout à transformer des paysans réactionnaires et ignorants de l'Ancien Régime en des paysans éduqués mais dociles de la France moderne,[37] on assiste alors à la transformation symbolique de l'image du paysan en France au XIXème siècle: d'un être isolé, religieux, ignorant, violent, bref, sauvage—voir à ce sujet les portraits de Balzac et de Michelet—en un être paisible, lettré, laïc, patriotique, un représentant des valeurs françaises face à la montée de la classe ouvrière.[38] Dès lors, le paysan/ citoyen se voue naturellement à la défense de la République. Notons enfin que le clivage profond entre la vie urbaine et la vie rurale témoigne de la cœxistence de "deux Frances": Paris, l'idéal de civilisation, et la province (= les régions sauvages). La bataille des "deux Frances" suppose en quelque sorte la domination des Parisiens sur les Français. Malgré une forte tradition centralisatrice, la France de cette époque constituait un des pays les plus diversifiés d'Europe, car elle se caractérisait par les plus grandes différences régionales.

Saisir la dimension populaire des *Fables*, c'est tenir compte, d'abord, de l'ampleur du thème de la vie rurale dans cette œuvre. S'inspirant d'une sagesse populaire, La Fontaine présente des scènes rustiques illustrant les diverses activités des paysans (les semailles et les moissons), ainsi que des images de l'existence campagnarde, à savoir, les champs de blé et le passage des saisons. Poète du terroir champenois—même si toutes ses peintures de l'existence des paysans ne donnent pas une image positive (cf. "L'Homme et la Couleuvre" [X, 1])—il crée une œuvre qui s'apparente à une sorte d'épopée terrienne. Il s'attache à peindre le mode de vie de la paysannerie française, c'est-à-dire, ses problèmes particuliers, et reproduit du reste le langage qui lui est propre. Le poète évoque l'univers des savetiers et des meuniers, des villageois et des laboureurs, des bûcherons et des bergers. D'autre part, en dépeignant les animaux et les insectes, qui font partie intégrante de la nature environnante, il parvient à réconcilier l'homme et la nature que celui-ci a abandonnée en s'industrialisant. En fait, La Fontaine saisit à merveille les réalités de la campagne française: il permet ainsi d'évoquer l'image d'une France à jamais disparue. Le poète a recours aussi au vocabulaire du terroir: archaïsmes populaires et dictons.[39] La dimension rustique de la fable suppose en plus un cadre naturel. Dans ce cadre, il faut obéir aux lois de la nature, et l'on a nettement l'impression que les animaux et les campagnards se rapprochent plus de la vérité que le monde hypocrite et sournois propre à la haute bourgeoisie et la noblesse. Si la Cour ne prend pas place dans l'imaginaire paysan, c'est qu'elle représente une réalité abstraite. C'est ainsi que M. Soriano rattache le cadre rural chez La Fontaine aux sources profondes du conte populaire. Puisant au fond populaire du terroir, le poète jouit d'une connaissance des milieux ruraux, notamment de la campagne picarde, et M. Soriano s'interroge sur un problème souvent négligé dans l'histoire littéraire traditionnelle, à savoir, les rapports entre l'art savant et les traditions populaires.[40]

"Le Savetier et le Financier" (VIII, 2) évoque une nostalgie de la France rurale en présentant une image idéalisée de l'artisanat traditionnel: le bonheur réside dans un refus de l'univers de l'argent et des valeurs matérielles. La Fontaine s'adresse ici aux campagnards qui bénéficient de la tranquillité de la vie champêtre, aux laboureurs qui vivent au rythme de la terre qu'ils cultivent. Ainsi, alors que la ville présente des leurres qui n'apportent pas le bonheur, l'existence rurale s'avère authentique:

> "(La Fontaine a démontré cette vérité) dans une fable qu'on devrait graver profondément, non pas seulement dans la *mémoire*, mais surtout dans le *cœur* des enfants de nos campagnes. Il faudrait leur répéter sans cesse que, si l'honnête homme peut être heureux partout, même dans les villes, où le besoin prend les formes les plus variées, le bonheur n'est jamais plus facile qu'au village où, loin des séductions menteuses du luxe et des vains plaisirs, l'homme modeste est réconforté *physiquement* et *moralement* tout à la fois, par l'influence salutaire de la nature; sans compter que c'est là seulement qu'il peut trouver la véritable indépendance, puisque le laboureur ne dépend que de la terre. Et l'on sait bien qu'elle paye toujours avec usure ceux qui lui consacrent leurs soins."[41]

L'opposition entre un mode de vie citadin et une existence davantage rustique se manifeste avec vigueur à travers "Le Rat de ville et le Rat des champs" (I, 9). L'ordre et la routine de la vie campagnarde offre une certaine sérénité, et même une liberté de travailler propre au paysan du XIXème siècle. Jouissant alors de cette liberté ordonnée, le rat rustique fait preuve de la méfiance généralisée des paysans à l'égard de la vie urbaine. Mieux vaut un repas frugal en toute liberté qu'un festin à la "va-vite." La recherche du luxe impliquant trop de risques, la vie urbaine reste superficielle et inauthentique. Ce qui compte, en somme, c'est l'atmosphère de paix dans laquelle le rat des champs peut se repaître "tout à loisir" (v. 26). Celui-ci s'attache plus à la liberté qu'aux plaisirs futiles. Il vaut mieux alors ne pas aliéner sa liberté car, au même titre que la justice, la liberté doit échapper à la vénalité; elle ne doit se laisser ni aliéner ni acheter (cf. "Le Loup et le Chien" [I, 5]). Ainsi, alors que les provinciaux cherchent à imiter et égaler les gentilshommes, le rat des champs, loin d'envier le rat de ville, ne rêve que de retourner vers sa chère campagne. Là où la vie urbaine finit par déshumaniser les citadins, la vie rurale offre aux campagnards une intimité, voire une plénitude dans le déroulement de leur univers quotidien. Cette mise en opposition entre la vie campagnarde, caractérisée par une paysannerie en proie à toute sorte de misères, et la vie urbaine, trouve, de même, une expression analogue dans "L'Alouette et ses petits, et le Maître d'un champ" (IV, 22).

Dans "Le Laboureur et ses Enfants" (V, 19), le travail se montre générateur du bien-être de la famille et du pays. Etant donné les rudesses de la vie campagnarde, la paresse, qui entraîne d'autres vices, est à repousser. L'apologue met en évidence les significations multiples propres à la notion de travail, perçu principalement sous forme d'investissement: c'est le moyen qui permet d'arriver à l'objectif essentiel, à savoir, la richesse et, à travers elle, la productivité sociale. Le travail est aussi une vertu qu'il convient d'aimer, comme les autres vertus. Ce qui est valorisé, c'est le goût du travail en tant que tel, la persistance et l'acharnement dans l'accomplissement d'une tâche. Vouloir s'enrichir sans travailler, voilà ce qui relève d'une démarche anti-naturelle qui nuit au patrimoine familial. L'héritage des biens de la famille rend le travail obligatoire, et il faut travailler pour continuer à mériter ces biens. Valeur sacrée, le travail seul permet de vivre, sinon survivre. Dans la mesure où les paysans sont obligés de travailler, ils témoignent des vertus chrétiennes telles que l'humilité et la pauvreté. De surcroît, en s'identifiant aux valeurs populaires tels le travail et l'entraide, La Fontaine a partie liée avec "... les paysans de sa race."[42] Toutefois, il faut noter que l'exode rural est survenu à cause de l'envie de s'enrichir, de travailler et de survivre, buts de plus en plus difficiles à atteindre dans les campagnes de l'époque.

Par le biais de la problématique de la liberté et de l'(in)décision, "Le Meunier, son Fils, et l'Ane" (III, 1) laisse pressentir une sagesse terrienne semblable à celle qui se dégage du "Jardinier et son Seigneur" (IV, 4). Adoptant une vision paysanne du monde, La Fontaine se fait ici le chantre de l'homme moyen. Plus précisément, il livre un portrait véridique des paysans, tant sur le plan de leur caractère que sur celui de leur langue. Ce qui fait le piquant de cette comédie, voire de cette farce rustique, c'est l'atmosphère de bonhomie gauloise dans laquelle se déroulent les quolibets des paysans—le célèbre franc-parler des Français—lors d'une excursion à la foire. L'enjeu économique de la fable réside dans la vente publique de la bête. On décèle, d'autre part, les traces d'un humour médiéval emprunté aux fabliaux, tel le ton satirique et gouailleur sous-jacent à ce "conte à rire." Enfin, P. Boutang soutient à juste titre que le comportement du meunier évoque un trait saillant du caractère national:

> "Ce qu'il y a de plus français en France, c'est le meunier, même si la civilisation urbaine couvre sa grande gueule;...celle-ci ne commence pas tout d'un saut: comme, dans la fable, il y faut d'abord le très long parlement (et parfois la parlote) où les possibles se présentent, et dans une suite déréglée que les rencontres réelles, ou le jeu de la fantaisie, imposent tour à tour."[43]

C'est dans "La Mort et le Bûcheron" (I, 16) que La Fontaine évoque avec netteté la dureté de la vie paysanne sous l'Ancien Régime, quoique cette condition ait dû s'améliorer sensiblement au XIXème siècle. Se présentant comme une sorte de mini-drame existentiel de la misère paysanne, cette fable projette une image sympathique de l'existence du bûcheron, image qui ressort de la réalité quotidienne de ce dernier. Dans ce portrait pathétique, le bûcheron peint en fait les malheurs réels de la condition roturière (= non-noble) au XVIIème siècle. Il laisse transparaître la problématique de la faim du peuple et des crises de subsistance à cette époque. Quant aux impôts, la politique fiscale de Louis XIV s'est fait sentir notamment sur la population rurale. Dans ce condensé de la vie paysanne, on voit que le bûcheron souffre d'abord d'un manque de biens matériels. A cela s'ajoute l'image qu'il se fait de sa famille (sa femme et ses enfants): la cellule familiale apparaît à ses yeux comme une charge. Au total, dans la mesure où le bûcheron incarne l'image du paysan victime de l'Etat, il devient l'objet d'un mythe finalement anti-révolutionnaire: vivre, pour lui, c'est nécessairement accepter son fardeau. On comprend, enfin, à quel point cette fable s'inscrit dans les revendications républicaines qui font partie de la promotion socio-politique du Tiers Etat; une telle idéologie postule, de toute évidence, l'existence d'une hiérarchie sociale fondée sur l'exploitation du peuple.

De toute évidence, de telles fables montrent la présence, chez La Fontaine, de ce que l'on nomme aujourd'hui la "vieille France," dans laquelle le travail agricole joue un rôle important. Le terroir matérialisait la source des valeurs authentiques de la France, bref, un repère incontestable d'identité. Les *Fables* respirent une véritable poésie du terroir, des champs, du jardin et de la ferme. Cette poésie a l'avantage d'être immédiatement comprise par le peuple. Tout se passe comme si le poète se livrait à une ethnologie de la paysannerie. Sa sympathie à l'égard des paysans était axée sur la simplicité et la sagesse de ceux qui subissaient la dureté de la vie rurale: la pauvreté, la faim et le travail. L'univers de La Fontaine s'applique particulièrement à la vie des villages éloignés et isolés, marqués par l'âpreté de l'existence et le règne de la force. La vie dans les campagnes étant une lutte permanente, la sagesse populaire préparait les gens au pire pour éviter les déceptions. Les conditions de la vie du paysan rendent compte de la rudesse et du laconisme de la morale paysanne. La sécheresse et le dépouillement de la vision morale du fabuliste correspondent de la sorte à la mentalité paysanne. Plus précisément, le discours proverbial renferme la sagesse innée des paysans; il règle en fait chaque aspect de cette vie. Si l'Ecole se donne pour tâche de rationaliser les croyances et les esprits, en un mot, de moderniser les comportements ruraux, il va de soi que le modèle du parcours initiatique de l'expérience qui se présente dans les *Fables* correspond à ces finalités républicaines. Ainsi, conformément à la mission de l'Ecole laïque, La Fontaine s'applique à déniaiser les esprits crédules, par donner aux esprits prévenus une vision relativiste des choses. De même que dans le cas de Pasteur et de la science médicale, une sorte de sainteté laïque a été conférée à La Fontaine dans le domaine de la morale quotidienne.[44] La persistance de la vision paysanne jusqu'aux années 1940, marquée par l'individualisme, le scepticisme politique et l'indifférence aux affaires étrangères, en d'autres mots, par un profond conservatisme social, rend compte de la popularité de la morale de La Fontaine, caractérisée par un repliement sur soi. Les *Fables* véhiculent, en fin de compte, l'image traditionnelle de la France gouvernée par l'économie rurale et artisanale.

La notion de l'enfance chez La Fontaine

Jusqu'à une époque relativement récente, tous les Français ont été, dès l'enfance, baignés dans l'imaginaire poétique de La Fontaine. Les *Fables* ne constituent-elles pas, pour de nombreux Français, l'initiation même à la littérature? D'après M-P. Schmitt, de nos jours, les maîtres ayant plus de quinze ans d'expérience professionnelle appliquent à leurs élèves l'enseignement qu'ils ont reçu. Les maîtres les plus jeunes n'ont sans doute pas étudié La Fontaine dans leur enfance.[45] Ce décalage entre la génération actuelle d'écoliers français et celles qui ont été nourries aux *Fables* jusque dans les années 1980, représente un fait significatif dans la réception critique du fabuliste lors de la fin du XXème siècle et l'on en tiendra compte par la suite. Il est pour le moins paradoxal que celui qui n'a guère estimé les enfants a fini par devenir "l'instituteur" de toute la jeunesse française:

> "On peut quitter les bancs du collège sans avoir lu une ligne de Rabelais, de Bossuet, de Montesquieu. Il est impossible d'avoir échappé à La Fontaine, il est impossible de n'en savoir pas par cœur, vers le bachot, une douzaine de fables pour le moins, voire une douzaine et demie."[46]

Si, pour maints Français de plus de vingt ans, les *Fables* se ramènent à un souvenir d'enfant, c'est qu'elles s'adressent au vécu imaginaire des jeunes et convient les adultes à retrouver leur âme enfantine.[47] Il va sans dire que La Fontaine poète et l'enfant partagent, à des degrés divers, une vision poétique du monde. Tous deux envisagent l'univers avec les sens, l'interprètent grâce à l'imagination et font appel aux qualités affectives du cœur.[48] Mis à part l'emprise des "rêves d'enfants" (*Kinderwünschen*) sur la conscience des gens adultes, il convient d'observer que le rôle de l'individu adulte consiste à se dissimuler derrière le masque du personnage qu'il joue (on songe à la peinture lafontainienne de la Cour et du rapport Lion/Roi). Par ailleurs, dans la mesure où l'enfance s'associe à la liberté, on comprend la mise en place de l'image du poète en tant que "gamin" éternellement naïf; celui-ci aurait, dès lors, carte blanche d'agir à son gré, quitte à être corrigé. Bien que l'univers poétique des *Fables* s'adresse à tous les âges, il reste éminemment familier aux plus jeunes. En choisissant de mettre en scène des animaux, le fabuliste vulgarise une imagerie propre à l'enfance et s'assure, de toute évidence, un public enfantin. Plus le jeune lecteur progresse de livre en livre, plus la fable se fait "sage" et adulte: on est en présence d'un développement parallèle de la genèse des *Fables* et de la maturation de l'enfant. Ainsi, au niveau de l'enseignement secondaire, on assiste à une gradation pédagogique dans les fables, de la classe de sixième à la classe de première: on passe des apologues ésopiques du premier livre aux fables plus complexes du deuxième recueil ("L'Homme et la Couleuvre" [X, 1]; "Le Marchand, le Gentilhomme, le Pâtre, et le Fils du Roi" [X, 15]; "Les Compagnons d'Ulysse" [XII, 1]; etc.).

Si l'on admet donc que l'appréciation des *Fables* acquise à l'enfance grandit en fait avec l'individu, on peut considérer cette œuvre comme un bagage culturel que l'on porte avec soi. De nouvelles perspectives sur les apologues appris par cœur naissent, dès lors, de l'expérience de l'individu. Comme nous le rappelle J-P. Collinet, même si les enfants ne saisissent pas toute la portée de l'œuvre, il n'en demeure pas moins qu'ils sont sensibles à la valeur rythmique des vers de La Fontaine, qu'ils abordent le langage poétique comme une expérience ludique[49]: "Il semble que le fabuliste prenne l'enfant par la main, l'accompagne, le guide au long de l'existence et ne le quitte plus" (226). Etant donné l'harmonie particulière des vers lafontainiens qui frappe aux oreilles des enfants, ceux-ci sont initiés, par le biais de la poésie, à l'univers de l'imagination. Il est incontestable que les *Fables* ouvrent l'esprit à la métaphore et à l'art d'écrire de belles phrases, bien que ces phrases dépassent le plus souvent son niveau de compréhension. Sur un autre plan, il faut reconnaître que le pouvoir de l'image chez La Fontaine constitue un outil stimulant dans l'enseignement de l'enfant, qui s'identifie plus facilement à un code visuel. Et l'on sait la place prépondérante de l'image dans l'enseignement des jeunes. Dans les manuels qui enseignent à la fois l'art de lire et l'art de compter, force est de mettre en évidence le rapport entre les chiffres, qui correspondent à une évidence physique, et les lettres, qui donnent lieu à une appréhension bien plus nuancée de la réalité. Autant dire que l'enfant s'affine en devenant "lettré," c'est-à-dire qu'il passe par l'esprit de géométrie pour aboutir à l'esprit de finesse.

La sagesse transmise par La Fontaine s'accompagne du sourire et de l'innocence de l'enfance que le fabuliste semble si bien avoir compris. Il fait appel au tempérament des jeunes afin de les acculturer. Ceux-ci s'ouvrent, dès lors, à la réalité et deviennent plus précautionneux. Bref, ils s'assagissent de manière inéluctable à la lecture du fabuliste, qui parvient à dompter leur naturel pour les rendre "sages." La Fontaine est un fort bon enseignant en ce sens que son œuvre reflète la réalité vécue des enfants. Cette perception du réel les amène à s'apercevoir du monde qui les entoure et à reconnaître dans la cruauté une partie intégrante de ce monde. Comme les faibles se montrent souvent en proie aux violences des grands, le poète s'adresse tout particulièrement à la petite enfance pour lui apprendre les ravages de l'existence dès son plus jeune âge et pour la tenir prête à affronter les dangers. La valeur pédagogique des *Fables* au niveau primaire s'explique, enfin, par le fait que l'enfance est, psychologiquement, l'âge où l'on prend conscience pour la première fois de la notion de faute.

Dans son "Portrait de La Fontaine," J-L. Barrault souligne l'influence éminemment formative des *Fables*, qui font réfléchir les écoliers à leurs origines ainsi qu'à la nature qui les environne:

> "Quel que soit le rythme de notre vie moderne, il nous arrive à tous de réfléchir sur ce que nous sommes, de penser à ce qui nous a formé, de rêver à ce qui nous attend. Tout en remuant nos souvenirs d'enfance, tout en aspirant à la compréhension de la vie, nos divagations font parfois ressurgir les figures les plus inattendues. Par exemple: celle de La Fontaine."[50]

L'Ecole républicaine envisage l'éducation avant tout comme une formation, ce qui suppose, certes, l'art de former, de donner une forme convenable à l'esprit de l'enfant. L'éducation française s'attache d'abord à canaliser les pulsions négatives de l'enfant:

> "Le mot français 'formation' (synonyme d'éducation) exprime bien cette conception de l'éducation comme une mise en forme ou mise en ordre qui s'oppose à l'idée d'un développement libre et spontané."[51]

Dès que l'enfant commence à comprendre le monde autour de lui, il faut lui enseigner les valeurs morales, pour qu'elles restent ancrées dans la mémoire. L'enfant doit très tôt prouver qu'il est capable de réfléchir par lui-même. La mémoire enfantine sert, d'autre part, à immortaliser les souvenirs, car ce qui est gravé dans la mémoire prend une valeur de permanence. L'enfance étant l'âge où la faculté de la mémoire est le plus en éveil, on ne saurait méconnaître le bénéfice incontestable des *Fables*. Ainsi, grâce au mécanisme de la mémoire mise en jeu par l'exercice canonique de la récitation, La Fontaine demeure "le poète immortel" des Français. L'Ecole soutient également que l'imperfection de l'enfant procède de son manque de formation, et l'enfant mal élevé constitue un véritable fléau social. D'où la nécessité de transformer les données brutes de la nature en les corrigeant. L'enfant, à l'image de l'homme, reste donc à être corrigé. Dans cette perspective, il faut mettre en avant le caractère sacré propre au travail, qui amène l'enfant à un état de maturité nouvelle. Selon Alain: "il faut ... que l'enfant se sente grandir, lorsqu'il passe du jeu au travail."[52] L'épreuve scolaire sert avant tout à former le caractère de l'enfant. Celui qui se plie devant les nécessités de la vie fait preuve de sagesse. L'enfant ne doit jamais, de la sorte, mettre en question la raison d'être de cette "précieuse habitude" qu'est le travail (43). S'en prenant à l'idée que les *Fables* exercent un pouvoir de dessèchement auprès des enfants, G. Gidel souscrit à leur "droiture naturelle."[53] Plus précisément, il attribue au maître d'école la responsabilité de dégager des *Fables* les enseignements du poète. Loin de céder au "sophisme" de Rousseau, en effet, le critique voit dans l'œuvre du fabuliste une formation initiale de l'enfant, un renforcement du bon sens pendant l'âge adulte et un rappel des souvenirs des expériences personnelles pendant la vieillesse. Ainsi, désireux d'assurer chez le jeune lecteur le passage de l'analphabétisme à l'alphabétisme, l'Etat vise à accélérer le processus par lequel l'enfant atteint à la maturité. L'individu plus âgé étant bien moins éducable que l'enfant, force est de mettre en place un programme d'entraînement moral dès le plus jeune âge.

La volonté de simplifier les *Fables* en fonction des finalités pédagogiques finit par transformer, voire même réifier La Fontaine en auteur exclusivement scolaire. Le poète mérite d'être lu à tout âge, mais le fait qu'il soit avant tout associé aux enfants rend sa lecture dérisoire et inutile pour l'adulte, qui par la suite critique l'image enfantine du poète en fonction d'une perception ultérieure de sa propre formation. Comme les apologues ésopiques du premier recueil s'adaptent à l'enseignement du premier degré, on comprend qu'une partie significative de l'œuvre de La Fontaine soit occultée à l'Ecole. L'appareil lourdement scolaire a pour effet d'offusquer la modernité réelle du poète, et c'est en raison de la caducité du discours scolaire sur La Fontaine que J-P. Collinet évoque le besoin urgent de "déscolariser" l'auteur des *Fables*: "Le masque de l'auteur scolaire nous dissimule en partie le vrai visage du poète, ne nous montre de lui qu'un profil."[54] Tout compte fait, la fable apparaît comme un petit genre marginalisé qui se rattache à l'enfance. En fait, plusieurs commentateurs reprochent à l'enseignement de l'Ecole républicaine son côté désuet et rigide, ainsi que l'obsolescence de son contenu. Plusieurs attribuent à cette scolarité traditionnelle la sclérose d'une existence hyper-normative marquée par un développement cognitif précoce et détaché du réel. Il en est ainsi, par exemple, de Sartre et de Pagnol, qui dénoncent la comédie scolaire propre à l'exercice de la récitation, imposant à tous la nécessité de jouer un rôle en imitant un texte, c'est-à-dire, la mise en place d'une démarche mimétique permettant l'adaptation sociale.[55] Face à l'objectif principal de l'enseignement, qui consiste à transformer l'enfant en adulte, Sartre avoue: "La comédie de la culture finit par me cultiver" (319). M-J. Chombart de Lauwe met en relief la désaffection scolaire des romanciers français de la première génération d'élèves de l'Ecole républicaine. Pour beaucoup, les débuts à l'école correspondent à une séparation brutale avec le monde affectif. Entrer dans le moule institutionnel, c'est, pour l'enfant, faire le premier pas vers sa transformation en adulte. Il convient de tenir compte de la dimension irréelle sous-jacente à la morale scolaire de la solidarité. Ce détachement se manifeste aussi par le fait que l'enfant admet que l'Ecole lui a volé sa jeunesse— c'est le cas de Boris Vian—, tantôt en se sentant "dupé" par la soumission à l'autorité du maître, tantôt en intériorisant un discours pré-fabriqué, d'où le recours à l'imagination en tant que refuge (330-32). Eduquer l'écolier, c'est bel et bien l'obliger à sortir de son enfance et donc à inhiber en quelque sorte son imaginaire. L'enfant doit alors intégrer ce qu'il sent, c'est-à-dire, les divers sens lui permettant de se "sentir" vivre, avec la réalité de ce qui lui est imposé. Autant dire qu'être socialisé, c'est se montrer en proie à deux contraintes antinomiques. S'en tenant à un stade pré-logique, l'enfant ne pense pas logiquement de nature, d'où la nécessité que la pensée vienne de l'extérieur, que la conscience réflexive soit en quelque sorte rigoureusement prescrite.

Bien que l'enfant n'occupe pas une place prépondérante dans les *Fables*, il apparaît comme un objet privilégié de la pédagogie lafontainienne, et le poète s'adresse à son psychisme pour le mieux conditionner. L'image négative que se fait La Fontaine se traduit d'abord par le fait que l'existence de l'enfant se déroule comme une série de risques à éviter. D'autre part, une telle image évoque des enfants fort dépendants, incapables d'exister seuls et relativement passifs. Ce sont des objets précieux qui représentent le talon d'Achille des parents, qui doivent les protéger et les défendre. On ne s'étonne guère, dès lors, que plusieurs apologues mettent en jeu une conception passive de l'éducation, où l'élève se fait l'objet d'un savoir et d'une sagesse imposés d'en haut. N'ayant aucun rôle dans la construction d'un savoir et d'une sagesse qui lui sont propres, l'enfant est par définition sujet d'Etat. Ainsi, à partir des vertus sociales par excellence que sont l'amitié, le goût du travail et la solidarité, La Fontaine permet de fonder la définition du rôle social de l'enfant sous la Troisième République. Puisque l'enfant constitue un investissement de l'Etat, il n'existe pas indépendamment des instituteurs. L'Ecole républicaine sert de la sorte à légitimer ses façons d'agir en société. Dans la mesure où la notion de communauté représente l'essence de la vie, telle qu'elle apparaît dans les *Fables*, on n'agit jamais seul ou sans conséquence sur les autres, et il est rare de trouver de vrais isolés chez La Fontaine. Sur un autre plan, de même, c'est aux enfants—naturellement "sans pitié" ("Les Deux Pigeons" [IX, 2, v. 54])— qu'il faut apprendre les principes du darwinisme social, à savoir, l'idéal de la survie biologique régi par la primauté de la force:

"Y grouille un monde buté, borné, mesquin, immobilisé pour toujours à l'âge sans pitié, où s'affirme quelque chose à quoi le nom de méchanceté ferait encore trop d'honneur—parce qu'il sous-entend de volontaire—et qui est simplement une très stricte observance des lois de force et de survie biologiques."[56]

La vue désabusée du fabuliste à l'égard des enfants rend compte de leur place peu enviable dans son œuvre, car ils jouent bien souvent un rôle antipathique. Les enfants font figure, chez lui, d'adultes en miniature: mauvais enfant, mauvais adulte, même si l'âge est censé adoucir quelque peu le caractère. La Bruyère, lui, estimait que les enfants savaient exploiter la faiblesse des adultes. Il s'agit donc de reconnaître les fautes des enfants pour apprendre à les corriger. Dans la critique lafontainienne du pédantisme des maîtres d'école, on peut déceler l'art de punir les "incorrigibles," puisque l'école a pour effet d'aggraver la perversité naturelle des enfants. Ainsi, dans "L'Enfant et le Maître d'école" (I, 19), le magister est un faux éducateur traité, comme l'enfant, de "bête". Condescendant, il excelle à donner des leçons et son discours pédantesque s'avère dépourvu de charité et coupé du réel. Au lieu de secourir l'enfant, il se laisse emporter par l'amour-propre. "L'Ecolier, le Pédant et le Maître d'un jardin" (IX, 5) illustre la thèse du gâchis pédagogique. Empêtré, lui aussi, dans un faux savoir, le pédant ne dépasse pas le stade de l'animalité; il ne remplit aucune fonction éducative, car son enseignement est axé sur l'*a priori* et le théorique. L'idéal pédagogique consiste plutôt à faire écho à des expériences vécues par les écoliers. Quoi qu'il en soit, La Fontaine dresse ici un portrait dépréciatif des enfants, qui ont un mauvais caractère (vv. 1-2). Mis à part la grossièreté irrémédiable de cette "maudite engeance" (v. 29), le fabuliste ramène ses erreurs à la bestialité naturelle des jeunes (v. 33). Notons, au demeurant, que l'auteur des *Fables* prenait à partie également l'institution scolaire, qu'il jugeait responsable de renforcer les mauvaises tendances des enfants. P. Boutang évoque à ce sujet le "nihilisme éducatif" mis en jeu dans "Les Dieux voulant instruire un fils de Jupiter" ("Pour Monseigneur le duc de Maine" [XI, 2]).[57]

G. Maurand démontre à quel point la conception de l'enfant qui se dégage des *Fables* est fondée sur la passivité.[58] Le titre du "Vieillard et ses Enfants" (IV, 18), par exemple, souligne que l'article défini renvoie au personnage principal, c'est-à-dire, le protecteur et le maître, et le possessif "ses" indique l'existence des sujets. Il s'agit donc d'un rapport de pouvoir, d'une leçon à apprendre. Ainsi, dans le rapport entre un maître et ses élèves, une seule personne suffit pour diriger ses disciples. Dans les *Fables*, l'enfant ne dispose pas d'une identité autonome, et G. Maurand rattache l'adolescent dans "Le Meunier, son Fils et l'Ane" (III, 1) au stade bestial, relation qui reflète l'assujettissement de l'enfant à l'école. Selon les finalités politiques de l'Ecole républicaine, les enfants sont enfin des sujets de l'Etat plutôt que de leurs parents; ce sont avant tout des êtres qu'il convient d'éduquer. Comme le terme "infans" désigne, sur le plan étymologique, "celui qui ne parle pas," on comprend qu'à l'école, l'élève représente un sujet soumis à la "dictée" de l'instituteur.

"Le Vieillard et ses Enfants" (IV, 18) illustre l'utilité sociale du principe de l'entraide mutuelle: il s'agit d'aider ceux qui sont moins fortunés que les autres. Dans son analyse des diverses catégories sociales susceptibles de bénéficier de ce principe, L. Ricquier fait apparenter l'enfance à une espèce de maladie:

> "S'unir pour faire le bien, pour s'entraider les uns les autres, pour protéger les malheureux, pour résister aux méchants, pour soutenir ceux que l'enfance rend faibles et impuissants et les préparer par l'instruction à supporter les luttes journalières de la vie, pour aider ceux que la vieillesse accable, ceux que les infirmités terrassent, et pour soulager enfin tous ceux qui souffrent et qui pleurent...".[59]

Dans le cas des enfants, l'égoïsme l'emporte ici sur l'union. Malgré les liens de sang, les frères finissent par s'opposer les uns aux autres, ce qui aboutit à la perte commune de leur bien. De manière générale, les vieillards sont sages chez La Fontaine, car l'expérience de la vie leur offre la sagesse. D'après un manuel anonyme, la morale de cet apologue s'adresse tout particulièrement aux besoins des années 1920, besoins qui reflètent les vertus républicaines de bonté, de justice et de solidarité.[60] De surcroît, l'auteur traite le fabuliste d'auteur politiquement régressif puisqu'il ne croit pas à la validité de la notion de "lutte des classes": "Combien peu avancé ce La Fontaine qui ose prétendre que le prolétariat dépendra toujours fatalement et nécessairement de la bourgeoisie enrichie!"[61]

S'interroger sur les multiples stratégies pédagogiques mises en jeu dans les *Fables*, c'est reconnaître, d'abord, que La Fontaine envisage souvent l'enfance dans une perspective collective (cf. "Le Vieillard et ses Enfants" [IV, 18], "L'Hirondelle et les Petits Oiseaux" [I, 8]). Il s'agit donc des enfants, et non d'un enfant pris individuellement. Ainsi, l'enfant n'a pas de personnalité propre. Dans "L'Aigle et l'Escarbot" (II, 8) et dans "L'Aigle, la Laie et la Chatte" (VII, 6), les enfants représentent la raison de vivre des parents, qui fournissent à leurs descendants dépendants nourriture et protection. Les adolescents, de même, n'ont pas d'existence autonome non plus ("Le Meunier, son Fils et l'Ane" [III, 1]). Le fabuliste évoque la malfaisance et la cruauté d' "un fripon d'enfant" dans "Les Deux Pigeons" (IX, 2, v. 54). Dans "Les Deux Rats, le Renard, et l'Œuf," (IX, 21), les enfants sont placés entre les fous et les idiots en ce qui concerne leur participation à l'âme matérielle (v. 222). Enfin, alors que dans "L'Ecolier, le Pédant, et le Maître d'un jardin" (IX, 5) l'enfant s'avère source d'ennuis et socialement inutile, "L'Alouette et ses petits, avec le Maître d'un champ" (IV, 22) et "Le Laboureur et ses Enfants" (V, 9) mettent en valeur une pédagogie positive.

Dans la mesure où l'enfance incarne l'univers du non-savoir, l'enfant se définit essentiellement par son manque de culture. G. Maurand signale, à cet effet, les variantes sur l'ignorance enfantine dans les *Fables*: "Le Cochet, le Chat et le Souriceau" (VI, 5) fait ressortir, par exemple, la naïveté et l'inexpérience des enfants (140). La confrontation entre les générations se fonde sur le décalage entre l'expérience des vieux et l'immaturité des jeunes (cf. "Le Vieillard et les trois Jeunes Hommes" [XI,

8]). De multiples fables mettent en jeu une démarche éducative, mais La Fontaine insiste souvent sur la faillite de ces démarches (cf. "L'Hirondelle et les Petits Oiseaux" [I, 8]). Mis à part le manque d'autonomie propre à l'élève dans "L'Enfant et le Maître d'école" (I, 19), la perception de l'enfant en tant qu'être chez qui fait défaut la maîtrise de soi se traduit par la fureur du "plus terrible des enfants" du Nord dans "Le Chêne et le Roseau" (I, 22, v. 26). En valorisant diverses pratiques éducatives inscrites dans les *Fables*, G. Maurand signale que "Le Laboureur et ses Enfants" (V, 9) reflète l'obligation sous-jacente à l'Etat de transmettre l'héritage moral du patrimoine; toutefois, contrairement à la politique étatique, cet apologue fait valoir l'image de l'enfant qui s'engage activement dans l'apprentissage du savoir en déterminant lui-même son destin. Au total, malgré les défauts traditionnels de la jeunesse—la désobéissance, la paresse et la vanité—, il convient de noter l'efficacité à long terme des injonctions scolaires faites aux enfants. Tout se passe comme si l'on ne cessait jamais, chez La Fontaine, d'être enfant...

Si Chamfort décèle la mise en jeu d'une "logique de l'enfance" dans "Le Cochet, le Chat et le Souriceau" (VI, 5),[62] c'est que l'innocente souris est dupée par l'aspect doucereux du félin; mue par un faux savoir, elle ne parvient pas à distinguer entre l'être et le paraître. A l'instar des enfants qui recourent à la démesure pour se faire remarquer et attirer sur eux l'attention des adultes, le souriceau se livre à une rhétorique excessive. Son mauvais jugement l'amène à se méprendre du danger que représente pour lui la "race" féline. Dès le premier vers, en effet, le fabuliste souligne l'inexpérience totale du souriceau: "Un souriceau tout jeune, et qui n'avait rien vu." Empêtré dans l'infantilisme, la petite souris va passer par une expérience qui lui apportera la sagesse et la maturité, à condition, toutefois, qu'elle tire profit de la mise en garde maternelle à la fin. Etant donné qu'elle n'admet pas sa faute, on peut se demander si elle est à même d'atteindre à cet idéal.

Dans leur analyse du "Vieillard et les trois Jeunes Hommes" (XI, 8), Ch. Labaigue et R. Pessonneaux s'en remettent au jugement de Saint-Marc Girardin, qui exalte "la supériorité morale" du vieillard, ainsi que sa bonté et sa sagesse, qui s'opposent au mauvais cœur et à la dureté morale des jeunes.[63] L. Tarsot et M. Charlot évoquent, quant à eux, le drame d' "une jeunesse mal élevée" et les conséquences morales de cet état de fait: "l'orgueil," "la suffisance" et "l'insolence." Conformément à la stratégie éducative chère au républicanisme, ces critiques condamnent un pays composé de gens "mal élevés."[64] Dans cette perspective, la sagesse et la bonté constituent les qualités exemplaires du vieillard, et il n'est plus nécessaire d'être bien né pour posséder ces qualités: n'existant pas seulement chez les Grands, la grandeur se démocratise désormais. La conduite des jouvenceaux reflète leur manque de maturité car, dans leur confiance présomptueuse, ils croient leur avenir assuré. Leur inexpérience et leur précipitation étant mises en relief, La Fontaine montre à l'évidence que la jeunesse n'est guère une protection inébranlable face à la mort. Les jouvenceaux—de cette génération-ci et des générations à venir—ont un besoin réel des leçons des plus âgés. Il s'agit en l'occurrence d'une leçon/épitaphe inscrite de manière immémoriale. On ne saurait trop insister, dans ce drame de l'accès au savoir, sur les obligations fondamentales des parents, qui consistent à pourvoir leurs enfants d'une éducation solide. Cette fable sert de la sorte à transmettre aux jeunes un savoir particulier tout en corrigeant chez eux une présomption particulièrement incivile.

Dans "L'Hirondelle et les Petits Oiseaux" (I, 8), les oisillons, incarnant la jeunesse, illustrent trois défauts de cet âge: l'indocilité, l'insouciance et la raillerie. Au total, ces défauts aboutissent à l'échec moral et social de l'individu.[65] Cette jeunesse "fautive" n'a pas encore acquis l'expérience qui leur permettrait de filtrer les pulsions naturelles et d'arriver de la sorte à la maîtrise de soi. Certes, il faut tâcher de guérir la jeunesse de son étourderie et de son incrédulité, mais les petits oiseaux refusent délibérément le salut que leur offre l'hirondelle. Leur manque de respect donne alors lieu à leur châtiment; ils sont à tel point naïfs qu'ils ne se rendent même pas compte de leur imprévoyance et de leur présomption. Transposé sur le plan pédagogique, cet apologue laisse transparaître qu'un manque de respect pour la sagesse des maîtres entraîne, de la même façon, des conséquences néfastes. Le rôle du maître consisterait alors à amener les enfants à se détourner des "instincts" (= la nature). C'est la voix de l'expérience (= la culture) qui doit l'emporter, en fin de compte, sur la voie naturelle. Il convient donc de souligner la faillite du projet éducatif mis en jeu dans cette fable, faillite qui se traduit par la futilité des leçons de l'hirondelle par suite de l'opiniâtreté des oisillons. Dans la mesure où la compétence des sages et l'incompétence (naturelle) des égoïstes s'affrontent, le projet éducatif se heurte à l'intérêt court-termiste des oisillons.

Dans "Le Laboureur et ses Enfants" (V, 9), La Fontaine valorise la compétence pédagogique du laboureur, dont les enfants tirent eux-mêmes les conclusions et la leçon d'une découverte intérieure bien plus efficace qu'un simple enseignement. La vie se présentant ici en métaphore de l'école, ce qui est privilégié, c'est l'idéal d'un enseignement empirique et expérimental. L'acte même de se mettre au travail représente la première étape vers la conquête du savoir et de la sagesse. Contrairement à l'apprentissage cynique que fait le renard face au corbeau ("Apprenez que tout flatteur/ Vit aux dépens de celui qui l'écoute" [vv. 14-15]), on a affaire ici à l'apprentissage d'un savoir sous forme de trésor. Le laboureur tient à transmettre à ses enfants un savoir précieux. Vertu par excellence du prolétaire, le travail est toujours un jour ou l'autre récompensé. Perçu en tant que capacité de travailler, le mérite détermine le succès économique. De plus, l'honnêteté et le travail des braves gens s'opposent au parasitisme des grands. Les enfants ne songent pas au trésor moral qu'est la satisfaction d'un travail bien accompli. Ce savoir constitue, de toute évidence, un bien cognitif, alors que l'héritage se fait objet à transmettre. Il s'agit, plus précisément, d'une expérience permettant une instruction salutaire, c'est-à-dire, de l'idéal d'une sagesse pratique acquise à l'école de la vie; c'est la vie elle-même, en dernier ressort, qui assagit les gens. Force est donc de s'engager dans l'entreprise éducative. Passer au stade actif dans l'apprentissage du savoir, c'est parvenir à sortir de l'enfance. Il faut avant tout que l'enfant se charge de son destin, qu'il puisse s'assurer de sa propre éducation. En un mot, c'est lui qui doit déterminer son sort et non pas l'Etat républicain:

> "...si l'enfant est responsable de son destin, les fâcheuses prédispositions naturelles des enfants d'un côté, l'incompétence éducative fréquente chez les parents, constante chez les pédants, de l'autre, rendent le parcours d'accès à l'expérience et à la sagesse extrêmement périlleux. Et pourtant, le modèle du vieux Laboureur est là, celui d'une éducation en acte, la seule convaincante pour les enfants."[66]

De même que "L'Aigle et l'Escarbot" (II, 8) met en relief le deuil maternel de l'aigle après la destruction de son nid—l'enfant représente ici l'espoir des jours meilleurs, d'où son apport économique (v. 19)—, "L'Alouette et ses petits avec le Maître d'un champ" (IV, 22) exalte la dévotion exemplaire de l'alouette à l'égard de ses petits. Cet apologue illustre la tendance naturelle des enfants à se révolter contre l'éducation. Or, l'enseignement doit s'exercer par l'intermédiaire d'un contexte concret, d'où la portée de l'expérience instructive. Ce qui rend leur apprentissage plus efficace, c'est que les oisillons sont placés dans une situation périlleuse. Le savoir doit s'ajouter au vouloir et au devoir, et G. Maurand met en évidence la progression qui va du devoir (obligation) au vouloir (motivation), et enfin au savoir (compétence) (144). Notons, enfin, que la jeunesse au service de la nation est un thème fort répandu en France. Par exemple, le service national prolongé était toujours pratiqué jusqu'en 2001, mais les "trois jours" de ce service restent aujourd'hui de rigueur.

Enfin, dans "L'Aigle, la Laie et la Chatte" (III, 6), l'enfant apparaît comme un objet de consolation pour les parents qui mènent une vie difficile. Le poète souligne l'attachement maternel à la survie des enfants. Si la chatte projette la mort des "nourrissons" de l'aigle (v. 12), celle-ci et la laie sont paralysées par la peur, et leur immobilité entraîne la mort de leur espèce. En dernière analyse, le plus grand souci des mères doit être d'éviter la mort de leurs petits par inanition (v. 30).

Mis à part la représentation des enfants dans les manuels et l'évocation de leur vie immédiate dans les *Fables*, il convient de noter que La Fontaine, en faisant ressortir l'image négativisée de l'enfant, en l'occurrence sot et fripon, a contribué à renforcer la perception sociale de celui-ci en tant qu'héritier passif d'une éducation fixe. Conformément à la vision pédagogique de Montaigne,[67] Saint-Exupéry a valorisé l'image de l'enfant comme agent actif dans sa formation personnelle, où l'éducation devient découverte de soi par le biais de l'exploration libre du monde extérieur. Quoique la représentation idéaliste de l'enfant mise en jeu dans *Le Petit Prince* se heurte au réalisme cynique du fabuliste, le rapport entre l'enfant et l'univers de la nature ne laisse pas d'influencer les jeunes enfants de l'Ecole républicaine. Si l'on admet que "l'enfant exceptionnel" ne relève pas des réalités terre-à-terre, "...mais plutôt...des étoiles, symbole de rêverie, d'évasion," on trouve peu d'exemples d'une telle idéalisation chez La Fontaine, excepté Perrette, peut être, et ceux qui exaltent l'idéal de la retraite.[68] Pour l'enfant, l'animal reste un monde à découvrir et même à apprivoiser. Dans *Le Petit Prince*, l'animal est porteur d'un système de valeurs destiné à révéler à l'enfant les réalités de la nature. Précisons d'ailleurs qu'il s'agit du renard qui, bien que souvent négatif chez La Fontaine, apparaît comme un être positif chez Saint-Exupéry. Dans la mesure où l'enfant représente un être non-socialisé, il se rapporte plus facilement à la nature, milieu non-socialisé par excellence.

Afin de se faire une idée plus précise de la conception de l'enfant en France entre les années 1870 et 1940, il serait bon de s'en remettre à J. Grimm, qui soutient que "le mythe de l'enfant" ne prend une signification historique et culturelle qu'au milieu du XIXème siècle, lorsqu'il s'opposera aux valeurs dominantes de la bourgeoisie de la Troisième République:

> "...La Fontaine et le XVIIème et le XVIIIème siècles ne connaissent pas encore 'le mythe de l'enfant' tel qu'il se développera à partir de la seconde moitié du XIXème siècle. L'enfant, le monde enfantin, n'est pas encore l'antipode du monde bourgeois vieillissant de la fin du XIXème et du début du XXème siècle."[69]

A cette époque, on attachait une grande importance à la formation de l'enfant. Fondée sur la valorisation de la tenue, d'un comportement convenable (cf. "tiens-toi bien," "tiens-toi correctement"), l'éducation se ramenait, avant tout, à la formation du caractère; à cela s'ajoute la préparation indispensable à la vie adulte. "Se tenir bien" suppose donc l'idéal d'être bien élevé, d'agir correctement en se maîtrisant. Dans ce passage de l'état de petit être à celui d'adulte, les diverses expériences de l'enfant sont perçues comme autant de préparatifs obligatoires en vue d'atteindre à la maturité, d'où l'insistance sur la valeur formative des devoirs pour l'enfant.[70] L'enfance n'étant pas envisagée comme une catégorie autonome *sui generis*, les parents la considèrent avec beaucoup de sérieux. On insiste, dans cette pédagogie corrective, sur l'importance de suivre de bons modèles, d'intérioriser des règles de conduite nécessaires. La correction continue vise à empêcher le développement de mauvaises habitudes, car elle repose sur le besoin primordial d'apprendre à se conduire. Il faut noter ici le modèle scolaire sous-jacent à la formation du caractère de l'enfant, c'est-à-dire, le rapport linguistique et conceptuel entre le substantif "élève" et le verbe "élever." Grâce à la complémentarité entre la formation offerte par les parents et celle offerte par l'instituteur, l'enfant finit, enfin, par apprendre à respecter ce dernier.

Age inculte, l'enfance représente un mal qu'il faut rigoureusement contrôler; la déraison enfantine constitue un danger à éviter. Au lieu d'être lié à un manque d'instruction, le fait d'être mal élevé relève pour l'essentiel d'une mauvaise éducation. L'enfant se définit par rapport à la bête, voire, selon Descartes, à l'erreur même. Cette représentation négative de l'enfant s'inscrit, on le sait, dans la tradition moraliste du XVIIème siècle. Conformément à cette tradition, Descartes affirme que l'enfance est le domaine privilégié de la faute.[71] La mission de l'instituteur consistait alors à "arracher les enfants aux instincts pour en faire des hommes," c'est-à-dire, les arracher à leur bestialité, à leur barbarisme fondamental pour en faire des civilisés, d'où l'importance primordiale de la discipline.[72] Insistant sur les défauts de la jeunesse, E. Labbé attribue à l'enseignement secondaire un rôle de correction propre à l'âge, c'est-à-dire, qui correspond à l'expérience de l'enfant; l'école corrigerait alors les enfants de leurs défauts naturels.[73] Dans *Les Enfants mal élevés*,[74] F. Nicolay met au premier plan l'importance de l'autorité parentale pour la bonne formation des enfants. Grâce à une métaphore bestiale, il fait valoir la force d'une telle autorité: "Les parents ne devaient pas traiter leurs enfants en égaux, mais plutôt ... comme des chiens."[75] Parmi les vertus filiales, F. Nicolay cite l'obéissance et la gratitude. La vie étant perçue essentiellement comme une épreuve à subir, l'auteur prône la résignation au sort et l'acceptation stoïque de la souffrance. Ici encore, on trouve la notion selon laquelle les enfants sont redevables et ont par là une dette envers la société. De là, la signification socio-culturelle propre aux "devoirs" scolaires, qui sont bien évidemment liés aux devoirs familiaux. D'autre part, pour être prêt à affronter la vie, l'enfant doit en connaître les dangers; il ne convient donc pas d'idéaliser le monde dans lequel il vit. L'enfant doit, par ailleurs, prendre conscience de l'extrême cruauté de l'univers des animaux. Force est de constater que les enfants sont cruels entre eux-mêmes, puisqu'ils ne comprennent pas la douleur de l'autre. C'est en ce sens que "La Cigale et la Fourmi" (I, 1) s'avère utile et véridique, car elle applique les règles de la vie même des enfants. De plus, ceux-ci comprennent plus tard que s'ils veulent être aidés dans leurs moments difficiles, ils doivent se montrer charitables envers les autres. Il s'agit en fait d'une sorte de contrat moral qui doit gouverner leur conduite sociale. Ainsi, comme chez La Fontaine, des pédagogues tels que G. Compayré attribuaient les fautes des enfants à un fond pervers, à des tendances anti-sociales relevant d'une cruauté naturelle.[76]

L'enfant se définit précisément par le fait qu'il n'a pas encore vécu, c'est-à-dire, éprouvé les expériences de la vie.[77] Il apprend à l'école ce que ses parents ne peuvent pas lui enseigner dans le cadre familial. L'école devient alors un second foyer. Dans la mesure où l'enfant apprend à se débrouiller en obéissant aux normes, il doit s'en remettre au savoir parental: "En France, ce sont toujours les parents qui sont moralement et légalement responsables de tous les actes de leurs enfants."[78] Ainsi, les fautes commises par les enfants s'expliquent par l'échec moral des parents dans leur rôle d'éducateurs. Les enfants étant de la sorte "déresponsabilisés," la voie leur est toute tracée; en fait, les Français adultes ne leur reconnaissent pas l'existence d'un jugement. Etant donné l'irresponsabilité foncière des enfants, les parents se sentent obligés de les conduire sur le chemin de la vie. D'ailleurs, alors que la famille s'occupe de la dimension affective de l'éducation des enfants, l'école se charge de leur formation cognitive et intellectuelle. La responsabilité d'éducation étant retirée aux parents, l'école prend en charge à la fois l'instruction et l'éducation des enfants. On va donc de l'affectif (famille) au cognitif (école) afin d'amener ceux-ci à s'assagir.[79] En principe, chaque enfant a en quelque sorte trois parents: sa mère, son père et l'Etat. A cela s'ajoute le côté religieux avec les parrains et les marraines qui doivent s'occuper de l'enfant s'il arrive malheur aux parents. Si les parents meurent, l'Etat est tenu de prendre l'enfant en charge, c'est-à-dire, d'opérer la gestion familiale. Notons, à ce sujet, que le vers célèbre de la Marseillaise ("Allons *enfants* de la patrie ...") implique l'ensemble des citoyens qui s'identifient par rapport à un lien de parenté avec la jeune République. Fondé sur une tonalité affective, ce chant de guerre met en évidence la notion de solidarité républicaine puisqu'il laisse entendre qu'il fallait protéger la patrie pour qu'elle défende la citoyenneté française. Ainsi, la valeur patrimoniale de l'exorde mémorable de la Marseillaise réside dans le fait que le citoyen reste toujours enfant face à la nation. D'ailleurs, ne l'appelle-t-on pas la "Mère" patrie?

Dans la mesure où l'Ecole républicaine visait à faciliter le passage de l'état d'enfant à l'état d'adulte, la lecture des *Fables* servait alors à effectuer "la plongée dans la vie adulte."[80] Quoi que l'on connaisse La Fontaine et qu'on le pratique depuis l'enfance, son œuvre privilégie une perspective adulte sur l'existence. Certes, elle présente, on l'a vu, des modèles du comportement enfantin, mais ce qui est souligné avant tout, c'est la mise en parallèle de l'enfant avec des témoignages adultes valorisant un engagement éthique particulier. Dans cette perspective, l'éducation suppose la maîtrise de certaines normes de conduite, l'acquisition d'un certain nombre de savoir-faire complexes et plus ou moins décontextualisés. En fait, on a affaire à une sorte d'ontogénèse comportementale. D'autre part, les enfants prennent au sérieux les exemples de la ruse, de la force et de la cruauté. Or, le passage à l'âge d'adulte consiste à démystifier les mensonges de l'enfance. L'enfant doit voir clair dans la duplicité fondamentale du monde. Ainsi, l'école l'oblige souvent à connaître de manière prématurée la vision adulte de l'univers, c'est-à-dire, la sagesse des grandes personnes. Notons aussi que la concurrence scolaire est telle que, pour être reconnu, l'enfant doit combattre ses camarades. L'école apparaît alors comme une guerre où règne "la loi du plus fort." Puisque l'institution scolaire engage l'enfant dans une lutte pour l'existence, celui-ci apprend l'hypocrisie, l'intolérance et la méchanceté pour se protéger; on est en présence, donc, d'un résultat contraire aux desseins de l'école,[81] qui se dégrade en une lutte abjecte à laquelle s'adonnent les "camarades" de classe.

Soucieux de réglementer systématiquement les esprits indociles, de les discipliner selon des critères adultes, le projet éducatif s'applique à préparer "les adultes de demain":

> "(La fonction de l'école) est une fonction d'encadrement, d'acclimatation…La promotion passe par la réglementation, par la conformation du monde ludique de l'enfance au monde laborieux de l'âge mûr."[82]

Etant donné la perception généralisée selon laquelle les enfants étaient des adultes en miniature, on prisait avant tout l'adaptation des enfants aux normes sociales. L'enfant français doit apprendre à se maîtriser au point de faire une réponse automatique et parfaitement convenable aux stimuli extérieurs. C'est ainsi que L. Wylie exalte l'intellectualisme foncier de l'enfant français, qui

> "…apprend en conséquence à contrôler ses impulsions, à concevoir l'éducation comme la mémorisation des catégories établies par d'autres et à se comporter dans toutes les sphères de la vie de la façon jugée appropriée."[83]

IV. La Fontaine à l'heure de l'enseignement laïque et civique

Si l'on admet que la vie de l'enfant s'apparente à une intériorisation systématique des normes, à un assujettissement des contraintes de tout ordre, bref, à "... un apprentissage forcé du comportement adulte," l'enfant finit en quelque sorte par être privé d'enfance: "Dans ces conditions, la vie ne commençait vraiment qu'à la fin de l'enfance."[84] Comme on a plié les élèves au conformisme, le savoir transmis par l'école était contraint, et non accepté de bon cœur.

Ainsi, cultiver la raison de l'enfant, c'est développer chez lui le futur adulte. Proposer des modèles de comportement particuliers, c'est normaliser les jeunes. En ce sens, l'Ecole républicaine sert de lieu d'entraînement des enfants pour l'univers normatif des adultes. On relègue l'enfance au stade primitif de la bête, de l'individu inculte: il faut tirer l'enfant de cet état de non-socialisation. Dans cette volonté institutionnelle d'incorporer les enfants à l'existence normative des adultes, on discerne une tendance à ramener la vie de l'enfant à une série d'actes erronés, susceptibles d'une correction systématique. Par son ignorance du bien et du mal, l'enfant n'est guère en mesure d'apprendre les impératifs de la morale. Bon nombre d'enfants étant d'ailleurs incapables de se décentrer, la morale scolaire a dû, pour ceux-ci, faire l'objet d'une indifférence généralisée sinon d'une dérision ouverte. Le proverbe "il faut que jeunesse se passe" représente en plus une excuse pour justifier les attitudes irresponsables des jeunes. Compte tenu du fait que la paresse constitue un trait essentiel de ces derniers, il importe de développer chez eux le goût du travail. C'est ainsi que l'école répond à cet idéal d'une société productiviste sous-jacent à la Troisième République.

Avant d'être socialisés, les enfants apparaissent comme des sauvages, comme des êtres pré-civilisés. Il faut donc développer chez eux de bonnes habitudes en les encourageant à imiter les adultes. L'enfance était considérée alors comme un état malsain dont il fallait débarrasser l'enfant. L'école exerçait, dans cette optique, une fonction thérapeutique, car le primitivisme, l'ignorance et l'inexpérience étaient des maladies à guérir. Dans cette perspective "médicale," le professeur jouait le rôle de médecin. Elever, c'est chasser le naturel. Ce n'est qu'au sein de l'état de nature qu'un "enfant sauvage" peut servir de modèle. Malheureusement, l'enfant naturel naît dans une société de culture à laquelle il doit s'adapter. Lorsque la société est trop contraire à la nature, l'enfant se révolte. Autant dire que tout enfant ressent l'éducation—pas l'apprentissage des savoirs, mais plutôt la transmission des codes moraux—comme une répression de sa nature, une lutte qu'il perd toujours, d'où un sentiment de révolte et d'aliénation. D'ailleurs, le fait que l'enfant soit pendant plusieurs années le centre d'affection de ses parents l'amène à se sentir supérieur au reste du monde. Quand l'enfant découvre par la suite qu'il n'est en fait qu'une partie minuscule dans la masse humaine, il se rebelle; son expérience à l'école a pour effet de le contraindre à s'accommoder de cet état de choses en le forçant à cohabiter avec des individus qui eux aussi pensent être le centre du monde.

Au XIXème siècle, et jusqu'aux années 1930, l'éducation des enfants en France, comme dans la plupart des pays européens de cette époque, était marquée par l'autorité parentale, par une discipline rigoureuse. On avait affaire à "...un consensus social sur ce que doit être l'enfant idéal, l'enfant 'modèle.'"[85] Les valeurs de consensus propres à la Troisième République ont permis de la sorte la socialisation des jeunes. La stabilité relative de cette époque a facilité, de toute évidence, la tâche des adolescents qui ont pu édifier leur personnalité en fonction des valeurs adultes communément admises.[86] Autant dire que l'enfance en France était envisagée alors comme une étape préparatoire à la "vraie vie" que représente l'existence adulte:

> "L'enfant n'avait de contact avec le monde adulte que par l'école et par la famille. Son bonheur personnel avait peu d'importance; ce qui comptait, c'était son éducation. L'enfant était vu comme une sorte d'animal sauvage qu'il fallait dresser et 'former' pour en faire un être humain à part entière, c'est-à-dire un adulte. Dans une société qui valorisait beaucoup le savoir, la maturité et l'expérience, on n'appréciait guère l'innocence enfantine confondue avec l'ignorance."[87]

Ainsi, l'enfant était un investissement familial au prix de son bonheur; bref, la volonté des parents l'emporte sur le bonheur de l'enfant. Dans la société française de la Belle Epoque, l'enfant se socialise en s'identifiant aux adultes, leur attrait résidant dans le fait qu'ils détiennent à la fois le savoir et le pouvoir. Des tâches réciproques reliant enfants et adultes, une telle solidarité entre ces deux catégories relève d'une conception normative de leurs rôles en société.

Afin de mieux saisir l'importance socio-culturelle propre à l'entrée de l'enfant à l'âge adulte, il convient de s'interroger sur la fonction de la socialisation politique des jeunes à cette époque. Une telle socialisation suppose, au départ, "...les normes, les règles et les structures d'autorité" en vigueur.[88] L'enfant commence déjà à développer certaines prédispositions qui lui feront accepter plus naturellement les normes politiques admises. Il s'agit, plus précisément, d'un processus d'imprégnation souvent inconscient par lequel l'enfant se socialise. En fait, la tentation est grande, dans la France de la Troisième République, de "...plaquer sur le monde des enfants la réalité du monde adulte," d'où "...(la) formation d'attitudes profondes à l'égard du modèle politique proposé par la société."[89] Ainsi, la constitution de l'univers éthique de l'enfant s'instaure grâce à l'assimilation des valeurs et des symboles, et aux prises de position idéologiquement motivées.

A. Percheron met en évidence les éléments constitutifs de la socialisation politique des enfants, processus qui s'opère tout au long du développement de l'individu. Grâce à ce phénomène sociologique de premier ordre, en effet,

> "...l'enfant acquerra un certain nombre de valeurs et de prédispositions, aura un système de références et d'évaluation du réel qui le conduira à se comporter de telle façon plutôt que de telle autre dans telle ou telle situation" (34); "...l'acceptation (chez l'enfant) du modèle social semble en 'normaliser' la perception"

(144); "(les enfants)…perçoivent la société comme le monde de l'ordre, des règles et de l'autorité auxquels il faut se soumettre…" (149); plus on avance dans l'âge, plus "…les réponses normatives ou idéalisées tendent à diminuer en nombre" (198).

Notons du reste que la socialisation politique des jeunes est intimement liée à la formation de l'identité de ceux-ci. L'attachement à la patrie et à l'idéal civique républicain fonde les valeurs politiques permanentes de la jeunesse française.

On peut opposer, de manière schématique, le monde de l'enfant, marqué par le passé, la nature, la liberté, l'ordre naturel, les sens et le cœur, au monde de l'adulte, caractérisé par le présent, la ville, les contraintes sociales, l'ordre social, l'intellect et la raison.[90] L'enfance représente une protestation, tantôt vigoureuse tantôt muette, contre le monde des adultes, à savoir, la société. L'enseignement vise pour l'essentiel à aplanir cette opposition. Mis à part l'apprentissage de certains préjugés, la socialisation de l'enfant consiste à lui faire voir, par exemple, que l'argent est avant tout une réalité sociale et économique, d'où les valeurs morales qui découlent d'une telle prise de conscience. C'est ainsi que Michel Leiris garde en souvenir les principales valeurs éthiques qui se rapportent à l'argent, valeurs que ses parents s'appliquaient à lui inculquer: "l'horreur du jeu, le goût de l'économie, l'honnêteté, l'attention au défavorisé, etc."[91] Notons que le jeune Leiris a pu de la sorte prendre la défense de la fourmi tout aussi bien que de la cigale. Quoique la socialisation implique, chez l'enfant, l'intériorisation des normes adultes et en même temps la nécessité de s'adapter au rôle d'adulte, remarquons, enfin, que ce processus coupe l'élève paradoxalement de la société des autres enfants qui ne sont pas de la même condition sociale.

Malgré son âge et sa maturité, l'enfant continue à sommeiller chez l'adulte, une espèce d'*alter ego* de l'inexpérience. Impatient de savoir lire, l'enfant tient ainsi à entrer dans l'univers des "grands." Chose paradoxale, une fois entré, son intérêt retombe. Dès qu'il passe à l'âge adulte, l'homme oublie qu'il a été un enfant. Le seul but de l'enfant, par contre, est de grandir et donc d'entrer dans le monde des adultes. L'enfant envie l'adulte parce qu'il croit que ce dernier est libre, c'est-à-dire, libéré des liens parentaux; on a sans doute affaire à une volonté de posséder ce que l'on n'a pas. Remarquons, d'autre part, que l'idéalisation de l'enfance laisse transparaître l'existence d'un "âge d'or" de la vie à jamais perdue. La socialisation suppose, pour l'enfant, une adaptation à sens unique. Les adultes regrettent leur enfance mais refusent d'y retourner. L'enfant, lui, doit se socialiser à la vie adulte, mais l'adulte ne peut ou ne veut pas se socialiser à l'enfance, d'où la portée socio-culturelle de la remontrance "sois sage"…Un enfant "sage" n'est plus, après tout, un enfant; c'est un adulte. Paradoxalement, l'adulte garde une vision idéalisée de l'enfance et l'enfant a une vision tronquée de la vie adulte. Pour l'enfant, l'école représente, en définitif, l'instrument responsable de sa socialisation forcée.

Sous la Troisième République, l'Hexagone se trouve écartelé entre, d'une part, le monde rural et agraire, et d'autre part une France plus urbaine et moderne. Cette scission d'ordre structurel remet alors en cause les notions fondamentales de républicanisme, de laïcité, et finalement, d'unité culturelle française. C'est pour palier à ce manque de cohésion nationale que l'Ecole républicaine instaurera des cours d' "éducation civique et morale" et recommandera de manière systématique la lecture des *Fables*. Dans un pays déchiré socialement, La Fontaine réunit en effet l'ensemble des Français, dans la mesure où il s'adresse à la fois à l'élite de la nation comme à la masse populaire. Le poète représente alors un symbole d'unité culturelle nationale. Pour cette raison, il reste aujourd'hui une référence incontournable dans le patrimoine français, une clef de voûte des valeurs de l'Hexagone, à savoir, le bon sens, l'idéal de la mesure et l'art suprême du raccourci intellectuel. En cela, le fabuliste incarne les grands traits du génie français dans sa plus indéniable pureté.

NOTES

[1] A. Stora-Lamarre, *L'Enfer de la IIIème République. Censeurs et pornographes, 1881-1914*, Paris, Ed. Imago, 1990.

[2] E. Curtius, *L'Idée de civilisation dans la conscience française*, Paris, Pub. de la Conciliation Int. (1929), 14-15.

[3] E. Weber, *La Fin des terroirs. La Modernisation de la France rurale (1870-1914)*, Paris, Fayard (1983), 690.

[4] R. Bernard, "Ecole et langue française: normalisation et normativité," *Cahiers d'histoire*, 21 (1976), 220.

[5] P. Albertini, *L'Ecole en France, XIX-XX siècles*, Paris, Hachette (1992), 129.

[6] A-M. Bassy, éd. *Fables*, 12-13.

[7] "Michelet," dans M. Ozouf et al., *Dictionnaire critique de la Révolution française*, Paris, Flammarion (1988), 1039.

[8] *La Fontaine*, Paris, Paris-Match (1970), 130.

[9] B. Charlot, *La Mystification pédagogique: réalités sociales et processus idéologiques dans la théorie de l'éducation*, Paris, Payot (1976), 46.

[10] A-M. Chartier et J. Hébrard, 10.

[11] "Le Ton inimitable de La Fontaine," dans J. Beauroy et al., éds., *The Wolf and the Lamb. Popular Culture in France*, Saratoga, Ca., Anma Libri (1977), 47.

[12] P. Stock-Morton, *Moral Education for a Secular Society. The Development of "Morale Laïque" in Nineteenth-Century France*, Albany, SUNY (1988), 29-30.

[13] Stock-Morton, 90.

[14] "The Optics of Relativism in the *Fables* of La Fontaine," in A. Birberick, ed., *Refiguring La Fontaine*, Charlottesville, Va., Rookwood Press (1996), 145.

[15] K. Chadwick, "Education in Secular France: (Re)defining *laïcité*," *Modern and Contemporary France*, 5 (1997), 48.

[16] Stock-Morton, 101-2.

[17] R. Le Senne, *Traité de morale générale*, Paris, PUF (1961), 477.

[18] Mme A. Fouillée, *Francinet ... Principes généraux de la morale, de l'industrie, du commerce et de l'agriculture*, Paris, Belin, 1869; *Le Tour de la France par deux enfants. Devoir et patrie*, Paris, Belin, 1882.

[19] M. Crubellier, *L'Ecole républicaine, 1870-1940*, Paris, Ed. Christian (1993), 83.

[20] "La Fontaine et ses critiques," *Revue des Cours littéraires*, 1 (1863-64), 476.

[21] "La Fontaine et ses critiques", 476.

[22] M. Fumaroli, *Le Poète et le roi. Jean de La Fontaine en son siècle*, Paris, Ed. de Fallois (1997), 436.

[23] G. Compayré, *Organisation pédagogique et législation des écoles primaires*, Paris, Delaplane

(1908), 65.

[24] Compayré, 70.

[25] Compayré, 68.

[26] L. Chevalier, *Classes laborieuses, classes dangereuses*, Paris, Plon, 1953.

[27] éd., *La Fontaine, Fables choisies mises en vers*, Paris, Garnier (1962), x.

[28] *Le Mal français*, Paris, Plon (1976), 109.

[29] S. C. Rogers, "Good to Think: The 'Peasant' in Contemporary France," *Anthropological Quarterly*, 60 (1987), 56.

[30] Cité par J. Lehning dans *Peasant and French. Cultural Contact in Rural France During the Nineteenth Century*, Cambridge, Cambridge University Press (1995), 17-18.

[31] M. Crubellier, *L'Ecole républicaine...*, 33.

[32] M. Crubellier, *L'Ecole républicaine...*, 88.

[33] *Peasants into Frenchmen*, Stanford, Stanford University Press, 1975.

[34] O. Leplatre, "Les Mots de la faim...," 199-214.

[35] *La Fin des terroirs. La Modernisation de la France rurale (1870-1914)*, Paris, Fayard (1983), 195.

[36] Lehning, 2.

[37] Lehning, 155.

[38] Lehning, 209.

[39] J-D. Biard, *Le Style des fables de La Fontaine*, Paris, Nizet, 1970.

[40] "Histoire littéraire et folklore: la source oubliée de deux Fables de La Fontaine," *Revue d'Histoire Littéraire de la France*, 70 (1970), 843.

[41] C. Rougé, *Choix de Fables de La Fontaine*, Paris, Belin (1882), 160-61.

[42] P. Clarac, *Œuvres choisies de La Fontaine*, Paris, Delalain (1926), 406.

[43] *La Fontaine politique*, Paris, Hallier/Michel (1981), 137-38.

[44] P. Albertini, *L'Ecole en France*, 78.

[45] "Les *Fables* à l'école primaire: l'animal prescrit," dans C. Lesage, éd., *Jean de La Fontaine*, Paris, Seuil (1995), 204.

[46] A. Bernelle, "La Fontaine est difficile...," 303.

[47] R. Barthes, "Réflexions sur un manuel," dans S. Doubrovsky et al., éds., *L'Enseignement de la littérature*, Paris, Plon (1971), 170.

[48] Voir à ce propos M-J. Chombart de Lauwe, *Un Monde autre: l'enfance*, Paris, Payot (1971).

[49] "Les Classiques à l'école," 225.

[50] *Cahiers de la Compagnie Madeleine Renaud/J-L. Barrault*, 49 (1964-65), 56.

[51] L. Wylie et J-F. Brière, *Les Français*, Englewood Cliffs, N.J., Prentice Hall (1995), 81.

[52] *Propos sur l'éducation*, 24.

[53] *Histoire de la littérature française*, Paris, Lemerre (1877), 428.

[54] "Les Classiques à l'école," 227.

[55] Chombart de Lauwe, 318-19.

[56] Schneider, 404.

[57] Boutang, 317.

[58] "Les 'Enfants' des *Fables* de La Fontaine. Essai d'analyse actantielle d'un personnage," *Littératures Classiques*, 14 (1991), 136.

[59] Ricquier, 53.

[60] *La Fontaine et ses fables*, Paris, Maison de la bonne presse (1922), 14.

[61] *La Fontaine et ses fables*, 14.

[62] Chamfort, 150.

[63] *La Lecture expliquée*, Paris, Belin (1914), 195.

[64] *Etudes biographiques et critiques*, Paris, Delalain (1900), 255.

[65] H. Durand, *Lectures expliquées*, Paris, Lecène et Oudin (1884), 116.

[66] Maurand, 149.

[67] "De l'institution des enfants" (I, 26).

[68] Chombard de Lauwe, 261.

[69] "Le livre XII des *Fables* de La Fontaine—somme d'une vie, somme d'un 'siècle'?," *Le Pouvoir des fables. Etudes lafontainiennes*, I, Paris, Biblio 17 (1994), 150.

[70] Voir, à ce sujet, L. Malson et J-M. Gaspard Itard, *Les Enfants sauvages, mythe et réalité*, Paris, Union générale d'éditions (1964) et P. Girard, "L'Histoire véridique de Victor, l'enfant sauvage de l'Aveyron, ou des origines lointaines de la psychiatrie infantile," *Lyon médical*, 251 (1984), 361-67.

[71] Cité par Chombart de Lauwe, 17.

[72] P. Albertini, *L'Ecole en France*, 72.

[73] *Etudes de pédagogie morale*, Paris, Dupont (1883), 64.

[74] Paris, Perrin (1907), 134-37.

[75] Cité par Zeldin, *Histoire des passions françaises, 1848-1945*, I, Paris, Seuil (1980), 372.

[76] *L'Evolution intellectuelle et morale de l'enfant*, Paris, Hachette (1893), 307, 315.

[77] A. Tastu, éd., "Préface," *Fables de La Fontaine*, Paris, Lehnby (1850), vj.

[78] Wylie et Brière, 81.

[79] Alain, 52-53.

[80] Boutang, 317.

[81] Chombart de Lauwe, 325.

[82] M. Crubellier, *L'Enfance et la jeunesse dans la société française, 1800-1950*, Paris, Colin (1979), 74.

[83] Traduit par Zeldin, 379: "Youth in France and in the United States" dans E. Erikson, éd., *The Challenge of Youth*, New York, Anchor (1965), 292-93.

[84] Zeldin, 396.

[85] Wylie et Brière, 79.

[86] G. Vincent, *Le Peuple lycéen*, Paris, Gallimard (1974), 43.

[87] Wylie et Brière, 76.

[88] A. Percheron, *L'Univers politique des enfants*, Paris, Colin (1974), 5.

[89] A. Percheron, 20.

[90] Chombart de Lauwe, 301-4.

[91] Chombart de Lauwe, 309.

V. La Fontaine et l'identité nationale

Les *Fables* de La Fontaine constituent une œuvre canonique dans le patrimoine national, un texte fondateur dans l'élaboration d'une identité culturelle française. La place prépondérante qu'occupe cette œuvre dans les programmes scolaires, autant au premier qu'au second cycle, témoigne de l'importance du rôle tenu par le fabuliste dans la mise en place du discours scolaire du XIXème siècle. On ne s'étonne donc guère que les *Fables* se soient si bien adaptées aux pratiques institutionnelles de l'Ecole républicaine puisqu'elles exerçaient une fonction pédagogique depuis le XVIIIème siècle. En permettant aux enfants de se livrer à des exercices de (ré)citation visant à développer des aptitudes mnémotechniques, les *Fables* ont contribué à l'acculturation linguistique de la jeunesse française. En fait, pour de nombreuses générations d'enfants, La Fontaine a joué le rôle d'un véritable professeur de français en leur offrant une initiation authentique aux différentes expériences de la vie. Les petits Français ont appris de la sorte à assimiler des modes de conduite convenables avant même que de mauvaises habitudes ne soient prises. Les préceptes lafontainiens ont joué un rôle prédominant non seulement dans la formation intellectuelle de l'enfant en quête de sagesse, mais aussi dans le façonnement de sa personnalité puisque le fabuliste propose constamment des règles de conduite normatives. Dans la mesure où le discours scolaire du XIXème siècle imposait une lecture passive aboutissant à une acceptation "correcte" des textes, l'Ecole républicaine a mis en valeur la finalité didactique de ces textes. Les élèves étaient conviés, dès lors, à déchiffrer les *Fables* en fonction d'une grille moralisatrice exaltant les attitudes louables et condamnant les comportements répréhensibles. En révolte contre la stérilité d'un discours scolaire sur La Fontaine fondé sur des formulations réductrices, certains critiques, tel Jean-Pierre Collinet, ont tenté de déscolariser le fabuliste afin de mettre en lumière son ambiguïté poétique.

La notion de francité

Quelques précisions sur la notion de francité, ou particulièrement de l'identité nationale en France au XIXème siècle, s'imposent. La francité représente avant tout une construction à la fois discursive, sociale et idéologique bâtie à travers l'Histoire. Se rattachant étroitement au concept de la *res publica* dès la Troisième République, elle reflète l'idéologie intellectuelle et morale de cette époque. En fait, la construction, la gestion et la promotion de la notion de francité sont intimement liées au projet hégémonique de l'Ecole républicaine. Etant donné le statut essentialiste, fixe et réifié de la culture selon la perspective de l'Ecole, la francité constitue une réalité institutionnelle comportant une langue et une littérature nationales. Le français servant

131

de ciment de la nation, l'homogénéité de la culture repose sur une justification disciplinaire de la langue et de la littérature françaises. En s'interrogeant sur les mécanismes institutionnels qui soutiennent l'identité nationale, on s'aperçoit que la construction et la propagation systématiques de cet idéal culturel sont l'accomplissement des instituteurs et enseignants de la Troisième République. A l'instar d'autres classiques scolaires, La Fontaine va servir de source aux valeurs de consensus à une époque marquée par une menace de pluralisme culturel.

D'après G. Hofstede,[1] la culture symbolise les valeurs et les croyances enracinées dirigeant le comportement d'un individu. On assiste, dans cet ordre d'idées, à une programmation culturelle d'un peuple qui finit par le distinguer d'un autre; l'individu étant difficilement capable de percevoir tous les éléments de son propre environnement reste enfermé dans son cadre de références culturel. L'Etat vise à développer, par l'intermédiaire de la culture officielle, une perception profonde de la francité. En remodelant la société par l'effort conjugué de ses institutions culturelles, la Troisième République s'est chargée de la transformation idéologique des sujets français. Etant entré en quelque sorte dans les mœurs, le républicanisme a été définitivement naturalisé, et l'on a affaire à une continuité de la réalité politique en France depuis 1870. Dans la mesure où l'ethnologie s'attache à dégager les structures formatives inhérentes à la langue française, l'étude des *Fables* permet de mettre en évidence les structures de l'expérience qui ont contribué au développement du caractère national. Si l'on admet, avec M. Fumaroli, que cette œuvre fait partie intégrante de la constitution de l'Etre français,[2] c'est que La Fontaine évoque de nombreuses réalités comportementales des Français. On peut parler, chez lui, d'une poétique culturelle qui fait valoir les sensibilités et les préoccupations quotidiennes du peuple français. Une telle poétique serait axée sur un idéal d'homogénéité culturelle reliant toutes les classes sociales. Ainsi, être Français, c'est, de toute évidence, connaître La Fontaine, être capable de réciter, de rédiger des sujets de composition et, par la suite, d'appliquer la morale du fabuliste à sa propre vie; il va de soi que cela suppose une compréhension littéraire de la fable. La conception lafontainienne de la francité suppose un regard plutôt scientifique sur l'existence humaine qui donne lieu à une volonté de catégoriser, voire de codifier la multiplicité d'expériences afin de tirer des règles de conduite, la principale étant peut-être de se protéger contre l'hostilité foncière des autres.[3] Un tel regard ethnologique met en lumière, de même, les valeurs ancestrales du peuple français.

D'après M-F. Colincain, si Molière ne représente pas, à lui seul, la francité, La Fontaine s'adresse, lui, à la France entière, s'investissant en particulier dans les classes populaires. Le poète parle "...des choses du cœur aussi bien que de celles de la nature."[4] Il faut, dès lors, s'ouvrir à tout aspect de la vie pour être un bon Français: "...tout ce qui a été, tout ce qui est la vie de notre pays, La Fontaine l'a exprimé" (12). On identifie volontiers le fabuliste avec les valeurs sûres de la nation, avec l'héritage d'une France éternelle. La notion d'ethnie, le mythe de la francité aboutit alors à la mise en place de la spécificité culturelle de la France. Tout se passe comme si le Français était à l'aise avec La Fontaine, comme il l'est avec un proche, une connaissance sûre,[5] telle une idée reçue, ce qui renforce le plaisir à le lire. Le poète témoigne d'un esprit de finesse qui relève d'un "je ne sais quoi" d'ethnique; il partage avec ses compatriotes une solidarité dans l'humour et dans le rire. La popularité extraordinaire des *Fables* ressortirait donc de ce même fond d'ethnicité. La Troisième République reprend à son compte l'idéal civique, politique et militaire de Rome, et l'Ecole républicaine s'appuie sur les *Fables* pour promouvoir cet idéal de l'antiquité:

> "La France est romaine en ce sens. Elle veut la vertu civique, la
> grandeur politique et militaire, mais elle n'a pas la tête épique. Le
> plus français des poètes détient ce secret de la tribu."[6]

Les *Fables* font partie d'une sorte de mythologie nationale, car on connaît La Fontaine aussi bien que la mythologie ancienne. Goûter ce poète, c'est démontrer l'ancienneté du peuple et rendre compte de l'identité nationale. L'influence de La Fontaine est liée, enfin, à des formes d'esprit qui se rattachent étroitement à cette identité.

Si l'Ecole entretient des rapports de mimétisme entre La Fontaine et le peuple français, c'est qu'elle valorise la dimension socio-culturelle, identitaire, voire ontologique de son œuvre.[7] Le fabuliste permet de justifier le destin de chacun dans la hiérarchie sociale traditionnelle. Le principe d'inégalité s'avère, de la sorte, naturalisé par la philosophie d'acceptation de l'*ordo rerum*. La race et l'ethnicité apparaissent, dès lors, comme des phénomènes culturellement médiatisés; le discours social sert ainsi à légitimer l'adhésion intellectuelle et affective à ces phénomènes particuliers. Dans cette perspective, la francité comporte les éléments constitutifs de la psychologie nationale que les Français eux-mêmes mettent en place pour la projeter vers l'extérieur.

CRITIQUE EXÉGÉTIQUE ET MANUELS SCOLAIRES

La critique exégétique au siècle dernier s'est approprié l'idéal d'identité nationale et a fini par le transmettre au discours scolaire à tel point que les manuels de civisme, d'histoire et d'histoire littéraire constituaient bien souvent des manuels de francité. Comme nous l'avons vu, Sainte-Beuve définit La Fontaine comme le poète universel qui incarne le mieux la "race française" (xiv). Sa popularité exceptionnelle tient au fait qu'il rassemble et valorise "les traits de la race et du génie de nos pères" (ii). Bien que le poète ne jouisse pas d'une réputation de grandeur—il s'agit du "bon La Fontaine"—Sainte-Beuve infléchit le jugement de la postérité à voir en lui le véritable poète national, en l'occurrence "l'Homère de la France."[8] Exaltant la grandeur des tableaux rustiques dans les *Fables*, le critique érige ce poète ethnique en symbole du génie gaulois face aux incursions d'un romantisme cosmopolite. Il voit en Lamartine, détracteur impénitent des *Fables*, un esprit qui s'est détourné de l'idéal de francité, car il ne s'enracine pas dans le terroir national. Nisard met en relief le goût patriotique du fabuliste et le fait que "par sa langue," La Fontaine occupe une place particulière dans le patrimoine national; "le français-gaulois" s'avère, à ses yeux, seul susceptible de traiter des "idées nées du sol" (173). L'originalité irréductible du poète réside, selon lui, dans son esprit d'œcuménisme culturel, qui parvient à rassembler les esprits, à détruire les antagonismes séparant diverses catégories sociales. La critique nisardienne vise donc à projeter une vision idéologique de l'unité du peuple français. Dans une thèse qui a exercé, on l'a noté, une influence déterminante sur le corps enseignant de l'Ecole républicaine jusqu'à la Première Guerre mondiale, Taine participe d'un discours racial hérité d'un scientisme raciste.[9] Sa perspective étroitement déterministe de la société française l'amène à voir, chez le fabuliste, un véritable "produit" national issu du sol champenois. Il rattache l'identité française à La Fontaine, qui l'incarne au plus haut degré. Privilégiant la notion de race par rapport aux deux autres critères explicatifs (le milieu et le moment), Taine s'interroge sur le dynamisme d'une psychologie ethnique et tâche de dégager les données primordiales de cette psychologie. Grâce à sa vision génétique, il établit un rapprochement mécanique des espèces animales et des classes sociales. Conformément à la perspective d'anthropologie culturelle en vigueur dans les années 1850, enfin, Taine apparente la personnalité morale et psychologique du poète au modèle gaulois.

D'autres commentateurs mettent en relief certains aspects supplémentaires de la francité de La Fontaine. Comme nous l'avons vu, certains, tels L. Arnould et A-M. Bassy, à l'instar de Sainte-Beuve, voient en lui un héraut des valeurs terriennes de la France. Dans cette optique, le poète s'est inspiré avant tout de "la terre de France" afin de renforcer le patriotisme[10]; "(ce) 'sol natal' est, pour nous, ce qui existe de plus vrai, de plus 'français' en France."[11] D'autres, tel A. Bellessort, privilégie le tempérament gaillard du poète, qui ne se dément pas: "Personne n'a fait rire comme lui la terre de France."[12] La gloire littéraire de La Fontaine finit par pousser les Français à la défense du patrimoine national[13] et A. Bailly soutient, pour sa part, que la grandeur des *Fables* réside dans une parfaite identification avec l'ethnie française:

> "Pour goûter les fables et en sentir le charme, sans qu'il soit besoin même de l'analyser, il faut être Français de France, et posséder le plus pur, le plus ironique, le plus limpide de notre esprit."[14]

J-P. Collinet fait ressortir le paradoxe culturel sous-jacent aux *Fables*, œuvre à la fois "insulaire" (= française) et universelle: "…cette œuvre si française qu'on se demande si un étranger peut en saisir toutes les nuances, a conquis hors de nos frontières son rayonnement universel."[15] Selon l'avis de G. Laffly, La Fontaine symbolise un bien culturel, voire un trésor national pour les Français, qui manifestent d'ailleurs une attitude possessive à son égard (cf. "nous autres Français"). Ainsi, le fabuliste se situe aux origines de l'esprit français; il en est en quelque sorte un de ses plus grands créateurs:

> "Ce La Fontaine, c'est le nôtre, celui que nous avons connu dès l'enfance, mais restitué dans sa stature la plus vraie, son génie rendu parfaitement visible. Le 'bonhomme,' peut-être, mais d'abord un des Pères de l'esprit français."[16]

Dans ce même ordre d'idées, R. Kohn estime que les personnages humains du poète

"…représentent ce qu'il y a de plus Français (sic) en France, et ce qu'il y a au monde de plus simplement, presque humblement humain,"[17] alors que G. Pompidou, ancien Président de la République et ancien professeur de lettres, voit chez La Fontaine l'incarnation de la liberté morale et politique, de la fantaisie poétique et de l'individualisme des Français.[18] P. Schneider, de son côté, rattache le fabuliste aux valeurs éthiques de la francité, à savoir, la franchise, le réalisme, l'authenticité et la modération. Il souligne d'ailleurs son ethnicité linguistique, qui se manifeste par les gages de confiance, de fidélité, de certitude et de sagesse immémoriale, ainsi que par l'esprit de rassemblement national auquel le poète convie ses lecteurs (410-11). Si G. Chamarat affirme, en somme, que "…La Fontaine est essentiellement français," c'est pour mettre en relief une approche insulaire, exclusive au poète qui implique que la culture ne se traduit pas outre-mer (17). Là où le théâtre de Molière s'exporte sans qu'il y ait entorse à son comique, la poésie de La Fontaine, dans la mesure où elle s'enracine dans le tréfonds du terroir français, présente plus de difficulté à franchir les frontières nationales.

S'en remettant à la perspective de Taine, P. Soullié décèle une certaine persistance à rester gaulois chez Rabelais, Molière, Voltaire "…mais surtout La Fontaine."[19] Par son acceptation des penchants naturels, à la différence d'une quête d'un idéal de perfection humaine: "…poète gaulois et d'instinct, développé par la culture latine et par la société polie, (La Fontaine) a pu ainsi nous donner notre œuvre poétique à la fois la plus nationale et la plus élevée."[20] L'auteur s'interroge, de surcroît, sur les raisons pour lesquelles La Fontaine passe pour un modèle culturel aux yeux des Français du XIXème siècle. Le fabuliste refléterait ainsi certains défauts du peuple français—épicurisme qui nuit aux valeurs de la famille, légèreté, immaturité, faiblesse pour le "beau sexe," insouciance vis-à-vis de son bien—et en même temps personnifierait les diverses qualités de ce peuple: franchise, raillerie enjouée, une bonne nature, sans aspirations morales grandioses (292). Le critique s'applique à établir, enfin, une corrélation étroite entre la personnalité de l'auteur et celle qui transparaît dans son œuvre. De là, l'importance accordée à la bonhomie naturelle, à la candeur et à la dimension enfantine du caractère du poète. Faisant le bilan des qualités et des défauts de La Fontaine et, par la suite, du peuple français, P. Soullié en vient à signaler la prédominance des "facultés moyennes" chez le poète et ses compatriotes: "bon sens spirituel, gaîté sans fiel, bonté sans fadeur, vivacité mobile, à défaut de qualités plus sérieuses, plus élevées et plus héroïques" (303). Il se constitue, de ce fait, une solidarité entre La Fontaine et ses lecteurs français, une identification qui rend compte de l'accessibilité de l'œuvre de ce poète doté d'une personnalité si commune à l'esprit français. Ainsi, la raillerie du fabuliste, dirigée contre lui-même et ses compères, n'est jamais aigre. Ses "grâces" prennent, dans cette perspective, un caractère ethnique (310). Si le critique finit par valoriser, enfin, la pérennité de l'image du Bonhomme, c'est que ce dernier incarne à lui seul les valeurs éminemment moyennes de la nation, tant sur le plan humain que social.

S'adressant à "Mon Cher Jean," M. Arditi montre à quel point les *Fables* contribuent au sentiment d'identité nationale:

"L'appartenance nationale: fondamentalement, profondément, votre bon pays de France est un pays basé sur la citoyenneté. Dans un tel système, quoi de plus central que le rôle de l'école? Sa vocation est non seulement d'instruire, mais d'intégrer un peuple d'origines diverses. Comme personne vous représentez ce sentiment d'identité et d'appartenance nationales. Le Code des Français, ce sont vos Fables! Les critiquer serait se priver d'un signe de reconnaissance, d'un véritable symbole maçonnique."[21]

Dans la mesure où chaque fable apparaît comme une démonstration logique, La Fontaine semble plus cartésien que Descartes, car il aura donné "… aux petits Français ce goût immodéré du rationnel" (90). M. Arditi accorde au "plus grand écrivain de la langue française" l'honneur d'avoir perfectionné l'art du raccourci intellectuel:

"Qu'y a-t-il de plus purement français, de plus suprêmement intellectuel que cette habileté à exprimer les phénomènes les plus complexes de la manière la plus simple, la plus élégante et la plus ramassée, d'une formule, d'un trait, d'une flèche? Là aussi, vous êtes le symbole d'une nation, à nul autre pareil… Ce goût de la formule, ce génie de la synthèse, cet art suprême du raccourci, sont des caractéristiques on ne peut plus françaises. Vous avez de manière irremplaçable contribué à les inscrire, elles aussi, dans les chromosomes de vos compatriotes" (91).

Sur un autre plan, toujours selon M. Arditi, le pessimisme foncier de la vision lafontainienne a marqué des générations de Français en les orientant vers des sentiments de malheur, d'élitisme et de narcissisme qui frisent la paranoïa. Ne pourrait-on pas affirmer que les Français seraient sûrement plus heureux aujourd'hui si La Fontaine était un poète plus enjoué? Cette sombre vision de la réalité rejoint, par là, l'image traditionnelle d'une société par trop réglée et normative. Ainsi, les fables seraient belles dehors mais noires dedans. Comment et pourquoi, sous prétexte de familiariser les enfants avec la langue française, leur faire apprendre des fables telle que "La Cigale et la Fourmi" (I, 1), où règnent l'égoïsme et l'ignominie? La cigale était en faute, mais c'est là payer bien chèrement le manque d'expérience…

A travers notre examen attentif d'un ensemble de manuels scolaires, nous avons démontré que l'Ecole républicaine s'est appuyée sur les *Fables* de La Fontaine non seulement pour l'acculturation linguistique de la jeunesse française (c'est-à-dire, la dictée, la récitation, la lecture et l'écriture), mais aussi pour la formation de son identité culturelle. Dans un manuel destiné à plusieurs niveaux de l'enseignement, c'est-à-dire, des classes élémentaires jusqu'aux écoles supérieures, normales et professionnelles, J. Arnoux s'attache à pousser les enseignants à discerner des points de convergence entre les préceptes formels de La Fontaine et l'actualité des mœurs françaises au début du XXème siècle, à savoir, l'idéal républicain qu'il définit comme "une éducation vraiment démocratique" (31) (voir *supra* [pp. 83-87] notre analyse thématique de ce manuel). Il examine alors la notion du "mal français" tel que le définit le fabuliste dans "Le Rat et l'Eléphant" (VIII, 15). Cette formule ethnique prend le caractère d'un mécanisme de défense en ce sens que l'auteur attribue à ses compatriotes une correction injustifiée…Dans cette perspective, la défaite de 1870 finirait par transformer la vanité française en une honte démesurée:

> "Depuis nos défaites de 1870, nous nous sommes corrigés de ce travers, au point de tomber dans l'excès contraire, tandis que la vanité et la suffisance sévissent chez les peuples mêmes qui nous en faisaient le reproche" (75).

Enfin, un recensement des sujets de composition qui traitent de La Fontaine à l'occasion de divers examens démontre non seulement que le corps professoral cherchait à inciter les élèves à réfléchir sur la morale du fabuliste, mais aussi aux problèmes d'identité culturelle en France. "'La Fontaine est peut-être de tous nos poètes le plus profondément français.' Le mot est de Nisard … Qu'en pensez-vous à votre tour?"[22] D'après un sujet proposé par F. Hémon dans un manuel qui a connu de multiples rééditions entre 1889 et 1930:

> "Les enfants sont déjà des Français et le deviendront de plus en plus; aucun poète ne réunit et n'incarne à un plus haut degré les qualités éminentes de la race française.
> Définir d'après lui ces qualités essentielles de l'esprit national."[23]

La maturation des enfants suppose l'intériorisation continue des qualités particulières qui mettront en lumière leur francité. La pleine compréhension des *Fables* coïncide de la sorte, chez le lecteur, avec l'acquisition de cet idéal culturel. Les leçons de La Fontaine ne peuvent être pleinement saisies que par la suite, après que le lecteur ait acquis une certaine expérience de la vie. Selon le plan formé par F. Hémon pour traiter le sujet de composition suivant: "Expliquer ce mot de Joubert, repris par Sainte-Beuve: 'Notre véritable Homère, l'Homère des Français, qui le croirait? c'est La Fontaine" (Fontenay-aux-Roses—deuxième année), Les *Fables* représentent l'épopée authentique de la France dans la mesure où elles incarnent et transmettent l'essentiel de la tradition gauloise. "Homère souriant et paternel," La Fontaine s'adresse à tous les âges mais notamment à l'enfance à laquelle il permet une mémorisation efficace et active grâce à ses "épopées en miniature."[24] F. Hémon soutient, d'autre part, que la connaissance de La Fontaine, "poète populaire entre tous," s'impose comme une donnée obligatoire dans la culture française: "Personne n'est censé ignorer La Fontaine …"[25] En fait, ne pas connaître le fabuliste, c'est courir le risque de "…n'être Français qu'à demi."[26]

Tel qu'il se manifeste dans les manuels, le discours scolaire sert ainsi à créer une sorte de vulgate de la doctrine de la francité "officielle". Comme on le verra au travers des exemples suivants, l'enseignement littéraire sous la Troisième République s'est donné pour tâche la construction scolaire de l'identité nationale; il s'est livré, au total, à une entreprise globale de francisation. A l'instar de la critique exégétique, les manuels ont souvent évoqué le décor des *Fables* comme source des activités qui se déroulent sur le sol natal, d'où une espèce de patrimoine scolaire. Soucieux de privilégier le nativisme culturel de La Fontaine, G. Pellissier loue "la bonté native" du poète, et les Français tendent à lui pardonner ses faiblesses en ce sens qu'ils s'identifient avec ce trait de caractère national.[27] A en croire le Père Caruel, la légitimité canonique des *Fables* réside dans le fait que le poète se révèle au plus haut degré chantre des valeurs françaises. Sa présence culturelle est, de ce fait, intimement liée à l'existence continue de la France: "La Fontaine vit toujours, il vivra tant qu'il y aura une France et des Français."[28] On trouve une affirmation catégorique de la francité lafontainienne au sein d'une encyclopédie qui se doit, en principe, d'être objective. Fondée sur une suite de superlatifs, la perception subjective de l'auteur—il s'agit de R. Kohn-Caraccio—se veut une vérité universelle:

> "La Fontaine, le plus français des poètes, choisit de faire parler aux
> bêtes dans ses *Fables* le français le plus nuancé du siècle de Louis
> XIV et le langage le plus universel, celui d'une sagesse qu'instruit
> et éclaire toute la folie du monde."[29]

Dans son analyse des *Fables*, D. Mornet démontre que le caractère français se confond avec la tradition gauloise, dont il dégage les principaux éléments: la confiance en la nature, la morale pragmatique, le goût de la mesure, etc. L'idéal de francité chère à D. Mornet ne comportant que des traits positifs, il renvoie, on l'a vu, à une conception étroitement idéaliste de la culture d'après laquelle les étrangers, par définition, ne peuvent atteindre aux qualités nationales, et les traits négatifs s'avèrent être, tout simplement, aux antipodes de l'esprit français. Bien que certains éléments de l'écriture de La Fontaine—son don de la fantaisie et de la rêverie poétique, son goût de la confidence et du pittoresque—l'éloignent de l'esthétique classique, sa sobriété l'emporte chez lui sur une inspiration trop fantaisiste. Si le poète répugne, de même, au sublime, c'est que la notion de perfection, supposant l'inexistence des fautes, est absente chez lui.

Le manuel de G. Lafenestre présente, enfin, les éléments constitutifs de la vulgate officielle que l'Ecole républicaine s'est créée à partir des *Fables* de La Fontaine. L'auteur exalte le service public qu'offrent les poètes français, dont le fabuliste est un représentant exemplaire, aux autres membres de la "race." Ainsi, se considérer "un Français cultivé," c'est nécessairement pouvoir réciter par cœur des vers "bien frappés."[30] G. Lafenestre traite Rousseau et Lamartine d'ingrats qui ne s'aperçoivent pas de la place légitime de La Fontaine en tant que maillon indissociable de la chaîne des auteurs du patrimoine. En s'en prenant aux *Fables*, ils rejettent la nourriture spirituelle de leur propre jeunesse. Rousseau et Lamartine vont jusqu'à trahir leur identité culturelle profonde; ils manquent à la fois de francité et d'essence gauloise (176). Une fois le jugement formé, on ne peut guère se tromper, et G. Lafenestre brosse, à ce propos, un portrait sentimental de l'écolier "vraiment français":

> "Lisez à un enfant "La Cigale et la Fourmi," "Le Loup et l'Agneau;"
> à moins qu'un sot magister ne lui ait d'avance gâté le jugement,
> pour qui éprouvera-t-il une vive et rapide pitié, pour qui son petit
> cœur battra-t-il? Pour la pauvre cigale contre la vilaine fourmi,
> pour l'innocent agneau contre le méchant loup. C'est par
> l'impression, non par l'explication, en poète et en artiste, que le
> fabuliste touche et instruit" (176-77).

Comme les fables relèvent de l'expérience pratique, l'unanimité des Français comprend d'instinct les réalités politiques fondamentales grâce à l'enseignement de La Fontaine (cf. "La raison du plus fort..."). Quoique le poète fasse preuve du souci bien français de "...condenser sa pensée en formules proverbiales," sa pensée fuyante finit par échapper aux formulations lapidaires (178). Les Français comprenant le poète de manière intuitive, on est en présence d'une sympathie instinctive à son égard, puisqu'il s'adresse aux plus jeunes classes de la société. La Fontaine touche, en somme, à tous les Français: aux plus faibles, car il justifie leur condition misérable par une sorte de déterminisme naturel, et aux plus forts, car il légitime leur supériorité au nom de la même volonté naturelle. G. Lafenestre met en avant la présence indéracinable du fabuliste en France: "Il est si absolument et si foncièrement français, par ses tournures de pensée et ses formes de langage, qu'il ne peut guère sortir de chez nous" (200). Si les Français ont un lien affectif profond avec La Fontaine, ceci tient non seulement au partage de certaines valeurs morales, mais aussi au fait que ses *Fables* leur ont été transmises par leurs ascendants. Enfin, si le poète finit par rester, selon Lamartine, un "préjugé" national, c'est que les Français possèdent ces qualités particulières: la sincérité, la clarté, la bienveillance, la grâce et l'enjouement (207).

La popularité extraordinaire de La Fontaine dans la France du XIXème siècle s'explique par le fait que son génie poétique renferme quelques-uns des traits constitutifs de l'esprit français. Son tempérament satirique remonte à la tradition gauloise du Moyen Age et de la Renaissance, et son éthique est intimement liée aux valeurs fondamentales du patrimoine national. Réciter, mémoriser et, par là, intérioriser les aphorismes du poète contribuent ainsi à la défense et illustration de la culture française. L'Ecole républicaine a établi une définition figée de l'identité culturelle française qui se rattache aux origines de la nation. Ce concept d'une identité nationale réifiée fait partie intégrante d'une construction idéologique reposant sur l'efficacité du discours scolaire dans la fondation du paradigme de la "vraie France." Les critiques traditionalistes de Droite et les progressistes de Gauche se sont tous deux approprié ces valeurs tirées de l'univers poétique propre à La Fontaine afin de renforcer leur vision particulière du monde. Alors que L. Arnould considère le fabuliste comme le porte-parole des valeurs traditionnelles tels que la modération, la raison et l'ordre, ainsi que le symbole des valeurs terriennes, des progressistes tel que M. Guinat tendent à l'ériger en héraut de la laïcité, au point de l'étiqueter de socialiste. Ainsi, l'avènement du modernisme en France est marqué par un débat intense sur la valeur éthique inhérente aux classiques scolaires.

Il convient de s'interroger, dans cette perspective ethnologique, sur l'identité gauloise en tant qu'origine véritable de la nation. Les Gaulois ayant été les premiers éléments communs du génie français, la filiation gauloise rattache les Français à un idéal de pureté ethnique, à une sorte de mythe des origines. On assiste donc à une valorisation d'une ethnie exclusive, susceptible de fonder le passé du peuple français, à un prolongement de la "notion" gauloise dans la nation française. La Gaule représente en quelque sorte l'essence immémoriale de la nation. Vue sous ce jour, l'idéologie ethnique, qui s'appuie sur le mythe culturel d'une origine commune, sous-tend la construction symbolique de la nation. Alors que Rabelais incarne le "rire gras," La Fontaine, lui, symbolise le sourire léger. Cette simplicité de ton sert parfois à mettre en question l'apparence d'une vision pessimiste du réel qui caractérise son univers poétique. Quoiqu'il perpétue l'humeur enjouée propre à Rabelais, le fabuliste évite les tropismes de ce dernier. Selon J. Clarétie: "Avec La Fontaine, nous sommes mieux qu'en France, nous sommes en Gaule."[31] Le poète prenant des racines ancestrales dans la culture, on assiste à une transmission héréditaire, voire atavique des instincts (sentiments, pensées, etc.) des âges passés.

Après avoir démontré que les Français éprouvent le besoin quasi physiologique d'être gaillards, F. Hémon rattache la bonhomie gauloise de La Fontaine à un esprit de famille qui s'accorde avec la tradition nationale.[32] Dans un manuel d'instruction morale et civique, on présente la gaieté enfantine comme un trait de caractère particulièrement salubre, propre à l'esprit gaulois; une telle gaieté permet de mieux saisir les *Fables*:

> "Les enfants ont surtout besoin d'être gais pour se développer en
> bonne santé. C'est pourquoi on tâche de les instruire en les amusant:
> belles histoires, jeux variés. On aime à les voir rire dans leurs ébats…
> La joie est l'indice d'une bonne santé, de l'entrain, du courage. Il
> faut la préférer à la tristesse, qui dénote souvent quelque maladie."[33]

E. Géruzez soutient, de son côté: "La Fontaine, c'est la fleur de l'esprit gaulois avec un parfum d'antiquité. Il relève de Phèdre et d'Horace, mais il procède de Villon et de Rabelais."[34] Imbu du vieil esprit gaulois, La Fontaine bénéficie ainsi d'une sorte de communication privilégiée avec la Nature, qui lui révèle des leçons de sagesse. Le génie poétique du fabuliste prend donc racine dans le "plus pur esprit français."[35] Il reste populaire car il fait ressurgir l'inconscient collectif des Français/Gaulois.

Si Taine rattache la poétique de La Fontaine à l'esprit gaulois, c'est afin de fonder une vision organique de l'ethnie française, vision supposant la croyance à une culture nationale homogène. Dans cette perspective, les "vrais Français" s'identifient par rapport aux valeurs inhérentes à la tribu peuplant l'Hexagone. Le processus de transmission héréditaire de la "race" française aboutit à un sentiment d'appartenance culturelle, voire raciale, c'est-à-dire, à une défense de la "vraie France" contre les influences cosmopolites délétères. Ainsi, selon des critiques tels que C. Hertich,[36] A-M. Bassy[37] et M. Fumaroli,[38] les Français sont bel et bien liés affectivement à La

Fontaine. Grâce au rôle du patrimoine culturel, les aïeux transmettent les *Fables* d'une génération à l'autre, et La Fontaine devient en quelque sorte un membre de la famille qu'il ne faut pas décevoir. Goûter les *Fables*, c'est mettre en évidence les vertus ataviques du peuple français. Cet idéal d'endogamie culturelle a pour objet de renforcer le sentiment d'ancienneté commune. Ainsi, C. Hertich exalte la francité exceptionnelle du poète, car il met en relief les éléments constitutifs de la "race" française: le réalisme, l'ironie, le bon sens, l'imagination, l'intérêt, l'épicurisme, la bienveillance, le scepticisme et la modération. "Fleur des Gaules," La Fontaine crée, selon lui, la plus belle floraison poétique pour tous les ancêtres gaulois (24). A-M. Bassy, pour sa part, rapproche la récitation scolaire des *Fables* d'une sorte de prière nationale, par suite de l'efficacité remarquable du fabuliste aux moments de crise nationale:

> "La Fontaine, poète français, devient en temps de crise poète national: on finit par réciter les *Fables* comme le 'pater,' celui-ci pour demander l'aide de Dieu, celles-là pour nous assurer et nous glorifier de notre qualité de Français. 'Le Loup et l'Agneau' rejoint ici la Marseillaise."[39]

Quant à M. Fumaroli, enfin, il envisage La Fontaine en tant que guide culturel, moral et normatif, l'apparentant en l'occurrence à "un maître zen français…descendu jusqu'au centre invisible des choses."[40]

G. Lafenestre considère les *Fables* comme une synthèse des qualités et des défauts inhérents au caractère national. Ainsi, le degré élevé d'ethnicité évident dans cette œuvre rend compte, selon lui, de la compréhension intuitive dont jouit le lecteur français de l'ironie, de la finesse, de l'humour et des valeurs éthiques du poète. Comme on l'a vu, le critique reproche à Rousseau et Lamartine d'être des ingrats qui, en remettant en question la validité de la vision morale de La Fontaine, finissent par méconnaître son rôle primordial au sein du patrimoine national (176). L'unique essence gauloise qui s'inscrit au cœur même de l'esprit français ferait manifestement défaut à ces "traîtres" vis-à-vis de la notion de l'identité culturelle de la France.

L'ECOLE RÉPUBLICAINE ET LE PATRIMOINE NATIONAL

La conception jacobine de la République donne lieu à une vision étroite de la francité. A la notion centraliste de l'Etat correspond la notion tout aussi centraliste de l'identité nationale. Fondée sur un idéal d'homogénéité culturelle, l'idéologie républicaine implique une croyance à l'existence d'une France "authentique"; il s'agit, en fait, d'une instruction essentialiste et idéalisée qui dépasse les contingences historiques. H. Lebovics insiste sur le statut épistémique et ontologique de cette idéologie, qui a privilégié l'universalisme et l'unité de la culture française.[41] Grâce à une anthropologie culturelle conservatrice, on aboutit à une conception exclusive sinon exclusiviste de l'identité nationale. Notons, du reste, que cette image de la "vraie France" se manifeste avec vigueur dans la totalité des "lieux de mémoire" présentés par P. Nora: la mairie, le Panthéon, la Marseillaise, les classiques scolaires, les funérailles de Victor Hugo, etc.[42] La "vraie France" serait-elle une substance permanente au même titre que les "vrais Français," ou bien ce qui est "vraiment" français ou "le plus" français? Peut-on relativiser ce concept afin d'accorder de plus grands degrés de véracité à ceux que l'on considère comme les parfaits spécimens de la race? On voit chez Brunetière, par exemple, cette croyance à l'existence d'une "âme" ainsi que des "vérités" françaises. Après avoir défini l'âme française comme "cette communion héréditaire de sentiments et d'idées,"[43] l'auteur des *Epoques du théâtre français* souligne ainsi la permanence de l'identité nationale: "… il y a toujours eu quelque chose d'identique à soi-même, et par conséquent de fixe, dans le concept de patrie" (22). On forme ainsi le sujet ethnique par le jeu d'appartenances culturelles, et il convient de s'interroger sur la valorisation institutionnelle des démarches identitaires qui contribuent à la mise en place de la francité.

L'Ecole républicaine a joué un rôle primordial dans la formation de l'identité ethno-culturelle des Français. Elle s'est donné pour tâche, d'abord, d'idéaliser l'unité culturelle du patrimoine, la langue et la littérature reflétant la qualité indigène de l'héritage ethnique de la France. Il s'agit de privilégier la valeur symbolique du capital culturel de la nation: promouvoir cette culture, c'est mettre en évidence la conscience nationale en tant qu'essence fixe. Ainsi, l'Ecole a ramené les Français à croire à une vision idéalisée de la civilisation. La France, par la supériorité et par l'universalité de sa culture, symbolise le défenseur suprême de l'idéal de civilisation moderne. Enseigner la littérature française, c'est célébrer la culture française. L'idéalisation de la France et de sa culture relève, en fait, de l'ethnocentrisme sur lequel le colonialisme français était fondé. Les intellectuels de la Troisième République ont joué, en somme, un rôle important dans la mise en place et dans la dissémination de la notion de l'universalité de la langue et de la culture françaises.[44]

Soucieuse de fixer l'homogénéité de la culture française sur une justification disciplinaire de l'enseignement de la langue et la littérature françaises, l'Ecole tendait à définir l'identité nationale en fonction d'ethnicité et de race, le français en tant que ciment de la nation. L'identité nationale étant issue d'une construction idéologique, les Français se faisaient à cette époque une représentation symbolique de leur culture, car la Troisième République a défini la littérature française en fonction de la grandeur (cf. la notion anglo-américaine de "high culture"). D'où la collection littéraire la plus prestigieuse du XIXème siècle: "Les Grands Ecrivains de la France." L'idée de grandeur provient, sans nul doute, de la conception politique et culturelle du classicisme du "Grand Siècle," qui a donné lieu à la devise du Panthéon "Aux grands hommes la patrie reconnaissante" et à la formule patriotique du gaullisme: "la grandeur de la France." En inculquant aux écoliers un sentiment de fierté vis-à-vis de leurs origines, l'histoire littéraire transmet de la sorte une conception particulière de l'identité française. La généalogie de la langue et de la littérature françaises représentait alors un accomplissement culturel suprême, et l'histoire littéraire devait promouvoir l'idéal de cohésion nationale en suscitant chez les écoliers un attachement commun aux symboles culturels. L'élève, puis le citoyen, était censé intérioriser les valeurs culturelles dont la littérature témoigne, et l'Ecole cherchait à projeter, en identifiant les auteurs et les thèmes, une vision idéologique de l'unité du peuple français. Mis à part l'idéologie du génie français qui sous-tendait la définition institutionnelle de la littérature française en tant qu'incarnation suprême de la nation, il faut tenir compte du fait que la langue constitue par ailleurs un critère d'appartenance socio-ethnique. Véhicule fondamental de la pensée, la langue s'avère être un grand révélateur de l'identité nationale de l'individu.

Inspirée, elle aussi, par le mythe de la grandeur nationale, l'histoire n'était pas, à cette époque, le récit objectif d'un passé, mais plutôt l'enseignement d'une histoire idéalisée des origines de la nation, ce qui assurait une cohérence culturelle et une homogénéité raciale; il s'agissait, en bref, d'un discours historique construit à partir des finalités idéologiques. De même que l'Eglise vénérait ses saints, l'Etat, lui aussi, devait célébrer ses héros, ou plutôt ses "saints laïques." Au sein de cette perspective d'une francité correspondant à un système enfermé sur lui-même, l'Etat fait un investissement idéologique dans les "produits" culturels du patrimoine. A cet effet, le rôle des classiques scolaires, qui fonctionnent à la fois sur les plans du mythe, de la mémoire et du symbole, s'impose avec netteté. Selon Monseigneur Petit de Julleville, les auteurs canoniques font figure de révélateurs de l'identité nationale. On cherche dans les "modèles" les sources de son propre "modelage," qui servira à fonder l'identité d'un individu. C'est grâce à ces auteurs que la jeunesse française de 1900 hérite de la stabilité et du fond solide de la morale.[45] Corneille, Molière et La Fontaine symbolisent, parmi d'autres, une communauté d'esprit qui se transmet naturellement aux Français. Dans le cas du fabuliste, comme on l'a vu, on a affaire à un chaînon significatif et obligatoire dans l'évolution de la "sagesse" française,[46] voire à un objet de transcendance culturelle qui incorpore des discours critiques aptes à se prévaloir à la fois de la Droite (valeurs terriennes, notion de l'ordre et modération) et de la Gauche (solidarité, laïcité et universalisme).

Les grands écrivains relèvent, de ce fait, d'un savoir exclusif aux Français, d'où l'origine de l'esprit français, qui est le mieux placé pour interpréter correctement et totalement les écrivains du patrimoine. Vouloir bien écrire et bien raisonner, voilà le but commun aux Français désireux d'être de bons "disciples," c'est-à-dire, ceux qui savent se soumettre à cette discipline nationale. C'est ainsi que, selon A. Adam, sous-estimer la contribution des classiques français doit être défini comme une barbarie. L'individu inculte se complaît alors dans une connaissance limitée à son propre "moi" et s'éloigne, par conséquent, de la tradition culturelle qui l'a précédé.[47] La littérature classique témoignant d'une attitude profonde d'introversion culturelle en France, Durkheim s'en prend à la tendance excessive, propre à la culture littéraire du XVIIème siècle, à envisager les personnages sous forme d'abstractions universelles, et l'on songe au Renard, à la Fourmi et au Loup chez La Fontaine.[48] A ce sujet, on peut se demander s'il existe un rapport entre cet état d'enfermement culturel et le "Grand Renfermement" esquissé par Foucault.[49] De surcroît, telle qu'elle a été adoptée par l'Ecole républicaine, la notion de mission unificatrice et civilisatrice du monde remonte à la culture classique du XVIIème siècle en France, qui s'en remet à son tour aux Grecs et aux Romains pour fonder cette notion. Durkheim attribue la formation intellectuelle et morale des Français, enfin, à l'influence primordiale de la langue, filtre de la réalité et véhicule d'une acculturation privilégiant la clarté et la normativité.[50] Une vision ethnocentrique du monde suppose une filiation étroite sinon une relation causale entre l'écriture, l'alphabétisation et la civilisation.[51] Autant dire que l'apprentissage de la langue (discours et écriture) amène un peuple pré-civilisé (= barbare) au stade de la civilisation. Postuler que la langue reflète un certain ethnocentrisme, c'est reconnaître qu'elle constitue une institution sociale, politique et idéologique (278).

L'APPORT CULTUREL DE LA FONTAINE

L'Ecole républicaine s'applique alors à transmettre la fixité de la culture française sous forme d'un savoir institutionnel, et les *Fables* en viennent à jouer le rôle d'un symbole culturel porteur d'homogénéité. S'interrogeant sur une théorie du discours colonial, H. Bhabha souligne la permanence que s'attribue l'ordre discursif de l'école: le souci de réciter (= ré/itérer) les poncifs culturels s'explique par la nécessité de les inscrire dans la mémoire.[52] Il serait donc intéressant d'examiner à quel point le mythe de la francité chez La Fontaine a trouvé un terrain d'expression privilégié dans les manuels scolaires.

Une analyse systématique des manuels littéraires du XIXème siècle révèle, on l'a vu, une série d'éléments communément admis qui contribuent à fonder la morale de La Fontaine. Les *Fables* dépeignent des leçons empiriques tirées de faits divers réellement vécus et des valeurs universelles qui définissent le caractère commun de l'expérience humaine, tels l'amour, l'amitié et la souffrance. Elles mettent en lumière, par ailleurs, l'incorrigibilité de diverses conduites humaines, la prédominance de défauts de caractère, la nécessité de tolérer les fautes d'autrui pour être en mesure de comprendre ses propres limites et, enfin, le déterminisme inhérent à la nature.

Une autre dimension significative de la popularité de La Fontaine réside dans le fait que la comédie humaine, telle qu'elle est présentée dans les *Fables*, est basée sur la multiplicité des variantes quotidiennes du "mal français" (cf. "Le Rat et l'Eléphant" [VIII, 15, v. 4]). Selon le diagnostic moral que fait le poète du comportement des Français, la vanité représente bel et bien la tare principale dont l'immense majorité de ses compatriotes souffre. On peut démontrer sans peine, en effet, que bon nombre de fables illustrent en quelque sorte des cas cliniques d'individus qui, soit par vanité soit par naïveté, soit enfin par une simple erreur de perception, subissent une expérience particulière reliée d'une manière ou d'une autre à ce vaste modèle paradigmatique communément désigné "la bêtise humaine." Tout comme dans l'esthétique comique de Molière, la vulnérabilité à l'égard du ridicule apparaît comme un trait permanent de la condition humaine: la morale de La Fontaine s'inscrit alors dans un *ars vivendi* qui conseille aux gens d'éviter catégoriquement d'être pris en flagrant délit de stupidité. De là découle la valeur culturelle et morale sous-jacente à l'admonition parentale "Sois sage," qui s'adresse aux enfants trop chahuteurs, irresponsables, bref, non-adultes. La morale des *Fables* s'inscrivant dans la tradition sapientiale de la Bible, le poète présente le mal et le vice d'une manière à tel point attirante pour engager son lecteur dans la voie de la sagesse, qui est bien souvent récompensée. Aussi faut-il initier les enfants à la sagesse dès un très jeune âge. Il convient de se reporter, à ce sujet, à D. Reed-Danahy, qui fait l'inventaire des traits distinguant les enfants sages (= corrects) des enfants dissipés (= incorrects) dans un village auvergnat des années 1980.[53] D'après cette enquête d'anthropologie culturelle, les rapports fondés sur la correction sociale envers autrui déterminent le degré de sagesse propre aux jeunes.

La transmission scolaire de la normativité par La Fontaine

L'Ecole républicaine cherche à institutionaliser la formule "Sois sage" pour établir le règne de la normativité. Elle fonde un objet de compétence ayant pour but l'apprentissage d'un ensemble de devoir(s)-faire d'une part—qui prennent la forme impérative ou bien prescriptive et qui supposent l'assimilation du non-savoir, bref, un manque de connaissances (cf., "il faut")—, et une série de savoir(s)-faire, d'autre part, un conseil qui véhicule la mise en pratique du devoir, en un mot, ce qui relève des connaissances bien précises obtenues grâce à l'expérience de l'individu. L'impératif scolaire passe d'abord par l'institution familiale, la discipline parentale ayant pour objet de conditionner l'enfant pour qu'il mûrisse. Les parents s'en remettent, pour l'essentiel, à une conception punitive de l'éducation en marquant de sérieuses limites aux modes de comportement de leurs enfants. Evoluant dans l'univers du non-savoir, l'enfant vit dans l'attente d'être (bien) élevé. Au surplus, alors que les élèves passent des actions et des pensées sensées et insensées, le maître d'école apparaît, lui, comme le dispensateur de sages conseils; il dispose, de fait, d'un monopole du sens. Il s'agit avant tout, on l'a vu, de programmer la sagesse en vue de former des adultes en miniature. Plus précisément, là où l'Ecole fournit à l'enfant de nombreux savoirs, la sagesse, elle, est réservée aux adultes. Ainsi, dans la mesure où la sagesse est l'apanage de l'âge, l'impératif "Sois sage" s'avère fort paradoxal, puisque la sagesse est, à proprement parler, une particularité des grandes personnes. Ordonner à un enfant d'être sage, c'est en quelque sorte confirmer son mauvais comportement, c'est, de surcroît, s'attendre à un comportement artificiel. Leur mal naturel négligeant l'admonition parentale, certains enfants sont irrécupérables, d'où la parfaite futilité de cette expression disciplinaire qui se répète en mainte occasion. Selon F. Ringer, "Sois sage," c'est adopter une essence nouvelle, c'est pratiquer une norme qui nous est étrangère, bref, "a-normale."[54]

En termes réels, la sagesse est tout aussi imposée que la langue et la culture. On a affaire, en somme, à une contrainte généralisée qui aboutit à la réglementation de l'être. L'enfant sert d'outil dans le processus d'acculturation nationale; il n'importe guère en tant qu'individu. Ce qui compte avant tout, c'est sa formation normative, c'est-à-dire, l'accomplissement de son devoir à la nation. Si la famille bourgeoise s'investit dans l'Ecole républicaine, c'est qu'elle entend que ses enfants soient "bien élevés," que l'Ecole leur fasse assimiler un code de politesse rudimentaire:

> "Etre 'bien élevé' ou 'poli,' c'est être propre, se tenir comme il faut
> à table, à n'y point parler, surveiller en tout temps son langage,
> soigner sa tenue vestimentaire, s'abstenir de toute indécence; c'est

au moins affecter les dehors de la soumission et du respect."[55]

Grâce au modèle normatif qui provient de l'univers adulte, l'enfant est en proie à un contrôle rigoureux. Il est significatif, à ce sujet, que la bêtise soit le péché suprême dans le bestiaire lafontainien, celui qu'il faut à tout prix expier.[56]

Le lecteur des *Fables* se trouve, lui aussi, en position d'élève, car il lui faut prendre ses distances vis-à-vis de toute forme de démesure. Alors que la sagesse lui apparaît comme un état normal, la folie prend l'aspect d'une maladie (cf. "Le Fou qui vend la sagesse" [IX, 8]). Là où la sagesse du renard se traduit sous forme de parole ("Le Corbeau et le Renard" [I, 2]), celle du mouton réside dans son silence ("Le Cochon, la Chèvre et le Mouton" [VIII, 12]). De même, la flatterie du renard se manifeste soit sous forme discursive ("Les Animaux malades de la peste" [VII, 1]), soit par le mutisme ("La Cour du Lion" [VII, 7]). Si le fabuliste exalte, à plusieurs reprises, la vertu du travail ("La Cigale et la Fourmi" [I, 1], "Le Laboureur et ses Enfants" [V, 9]), il prône ailleurs l'idéal de repos ("Le Songe d'un Habitant du Mogol" [XI, 4]) et témoigne parfois d'un goût de la léthargie. De là, le décalage, dans les *Fables*, entre l'hédonisme et le goût du travail. Ainsi, nous l'avons déjà constaté, comme les diverses sagesses se contredisent quelquefois chez La Fontaine, on est en présence d'un idéal qui risque de se relativiser sur le plan comportemental.

Pour se faire une idée complète de la philosophie morale de La Fontaine, telle qu'elle s'articule dans le discours scolaire, il serait bon, du reste, d'évoquer l'idéal d'équilibre aboutissant au souci de fuir tous les extrêmes d'une manière systématique. Cet idéal permet au fabuliste de s'ériger en chantre de l'homme moyen: la sagesse delphique sous-jacente à "Rien de trop" (IX, 11) pousse celui-ci à fuir le péril et les entreprises hasardeuses. La Fontaine se livre à une critique de l'immodération dans "L'Ingratitude et l'injustice des Hommes envers la Fortune" (VII, 14); il personnifie, de même, la "mésothèse" dans "Les Souhaits" (VII, 6, vv. 50-51). De plus, au même titre que "Sois sage," "Rien de trop" constitue une réprimande adressée aux enfants déréglés par leurs parents: "Rien de trop est l'avis le plus fréquent des mères françaises à leurs enfants."[57] Par leur nature, les enfants sont portés vers l'excès. Voyant dans la démesure une source d'erreur et d'impudeur, le fabuliste attribue ce défaut particulier aux maîtres d'école ("L'Enfant et le Maître d'école" [I, 19]). D'autre part, tous les préceptes altruistes énoncés par La Fontaine correspondent à un ensemble de vertus sociales, telles la tolérance, l'éthique du travail et la solidarité; ce sont les vertus mêmes d'une citoyenneté républicaine irréprochable. En somme, l'Ecole a attribué au fabuliste une morale préventive selon laquelle l'individu ne dispose d'aucun choix, à part celui d'accepter avec intelligence et lucidité les réalités inéluctables de la vie.

La notion d'identité nationale sous-tend la "guerre des deux France" qui, selon P. Birnbaum, s'est manifestée avec vigueur vers la fin du XIXème siècle jusqu'aux années 1980.[58] Cette guerre suppose la mise en opposition de la vision laïque du monde, fondée sur la raison et les valeurs issues de la Révolution, avec la vision catholique du monde, axée sur la foi et le rôle prépondérant de l'Eglise. On ne s'étonne guère qu'elle ait été déclenchée dans les années 1880, coïncidant ainsi avec la fondation de l'Ecole républicaine. De là découle la raison d'être des valeurs de consensus enseignées à l'Ecole. A la différence d'un pays inspiré par de telles valeurs républicaines, P. Birnbaum envisage l'histoire de la France en fonction d'une longue série de luttes mettant un groupe de Français aux prises avec un autre groupe de Français: "(il s'agit d'un)…Pays de dissensus marqué par des 'guerres franco-françaises' incessantes… (par) une quasi-guerre civile" (29). Cette situation existe encore de nos jours puisque la Bretagne et la Corse, entre autres, luttent pour leur indépendance et pour conserver leur culture propre. Alors que la méfiance était, dans le passé, régionale, c'est la discorde qui règne maintenant et qui s'amplifie au point où les individus se méfient les uns des autres. Le propos de M. Winock s'insère dans cette même perspective:

> "(La France est) une entité supérieure, une hypostase divine. Les Français ne s'aiment pas entre eux, mais ils aiment la France…(il s'agit d'une) essence ineffable dont la Providence aurait gratifié à titre exceptionnel notre destinée collective."[59]

On a affaire à un idéal de francité transcendant et véridique mis en danger par une laïcité universaliste, à une mise en opposition entre l'idéologie républicaine et une société métissée.[60] La culture servait ainsi à relier de manière fondamentale les éléments disparates de la société française du dernier quart du XIXème siècle. La notion de race dépasse, en dernière analyse, les conflits de classe relevant de la hiérarchie sociale. Comme nous l'avons vu, l'identité nationale se manifeste à l'école par l'enseignement de la langue et de la littérature françaises, et par une redéfinition de l'histoire et de la géographie françaises. Une telle valorisation de l'originalité irréductible de la France s'accompagne de la croyance, illusoire peut-être, mais fort répandue, de la mission civilisatrice de la nation, qui s'illustre, selon P. Albertini, par "la fonction messianique du peuple français."[61] La France se piquait d'être l'aboutissement, voire le modèle suprême de la civilisation. Plus qu'aucun autre pays, sans doute, elle se voyait comme gardienne des valeurs universelles—la dignité humaine, les droits de l'individu, la liberté de pensée—à travers sa culture, dont le rayonnement mondial constituait un bénéfice pour l'humanité.[62] La France s'enorgueillit, en un mot, de représenter le pays des Droits de l'Homme. S'inspirant des théories racistes qui se voulaient scientifiques afin de légitimer la supériorité raciale et culturelle de la France, J. Ferry croyait au devoir des civilisations supérieures d'éduquer les pays incultes: "Les races supérieures ont un droit vis-à-vis des races inférieures; elles ont le devoir de civiliser les races inférieures."[63] D'après la politique coloniale de J. Ferry, la civilisation maîtresse doit anéantir les incultes pays barbares (= d'autres "races") pour imposer la civilisation supérieure. Etre universaliste, c'est nier la diversité des cultures et placer la sienne au-dessus de tout. Dans son dessein de démocratiser le peuple, l'Ecole républicaine s'en remet à un ethnocentrisme missionnaire, la culture littéraire supposant un corps restreint d'auteurs français. L'introduction du colonialisme à l'école par l'intermédiaire de la mission civilisatrice contribue, enfin, à la formation d'attitudes racistes. Ce phénomène a bel et bien existé dans les pays africains colonisés par la France, telle l'Algérie, où l'on enseignait "nos ancêtres les Gaulois"…

Notons, au surplus, que la mission civilisatrice de la France était liée au triomphe du peuple français sur l'ennemi allemand qui, par suite de sa victoire en 1871, s'est approprié deux provinces françaises et a exigé une énorme rançon:

> "Cette rançon aurait causé certes la ruine de toute autre nation, mais la richesse de notre France n'est pas dans son numéraire, elle est dans la fertilité de son sol laborieusement cultivé, dans le travail actif et incessant des artisans de son industrie, dans la pensée féconde qui exalte l'imagination de ses enfants et produit ces merveilles de l'art, de la science et des lettres, qui a placé notre pays au premier rang des nations civilisatrices."[64]

Dans cette perspective, la barbarie se ramenant à une absence radicale de culture, celui qui est dépourvu de civilisation et de politesse peut être défini comme moralement barbare. Le barbare reste, pour l'essentiel, "non-enseignable," c'est-à-dire, incorrigible.[65] La mission de la France correspondait ainsi à une sorte de vocation providentielle et la fondation de l'Alliance française témoignerait d'une éthique impérialiste. Si l'idéologie coloniale républicaine a exalté la mission civilisatrice de la nation, c'est qu'elle rejoint une pensée universaliste du progrès de la civilisation, car elle érige le Français civilisé en modèle normatif. L'ethnocentrisme implique donc que le sujet culturel rattache ses valeurs aux valeurs universelles.[66] Les gaullistes ont ainsi transformé la notion de mission civilisatrice de la fin du XIXème siècle en une croyance au destin politique et culturel d'une France post-1945. Enfin, la décolonisation a fini par provoquer, chez les Français, une crise morale en ce sens qu'ils ne se considéraient pas racistes en offrant aux autres peuples le don de leur civilisation, d'où leur mise en question radicale de la validité propre à la notion de "mission civilisatrice."[67]

Sur un autre plan, si l'on admet que les *Fables* contribuent à l'apprentissage ethnique des Français, c'est que La Fontaine valorise la mise en place des codes normatifs. En évoquant de nombreuses réalités sociales, culturelles et comportementales dans lesquelles s'engagent ses compatriotes au sein de son univers fictif, il convie son lecteur à se livrer à une entreprise de normalisation. Grâce au code de savoirs intuitifs sous-jacents à la socialisation politique de la jeunesse, les valeurs opératoires exercent une influence réelle sur le comportement des individus.[68] La distinction réglementaire entre "il faut"/"il ne faut pas" donne lieu à une série d'options catégoriques liées à une définition rigoureuse de l'essence nationale, à savoir le F(f)français/le non-F(f)rançais, le noble/le non-noble, ce qui se dit et se fait/ce qui ne se dit pas et ne se fait pas. La culture s'organise de la sorte à partir des catégories normatives différenciant catégoriquement le permis du non-permis.

Dans la mesure où la langue sert de véhicule au système de valeurs, la fonction socio-culturelle de la "faute de français" consiste à installer l'être fautif dans une marginalité éthique. De même que des critères rigoureux de correction règlent l'exercice de la langue, ces mêmes critères gouvernent le comportement de l'individu. Face à la dimension paradigmatique de la faute dans l'univers de La Fontaine, qui se manifeste, on l'a vu, par un ensemble d'erreurs de jugement allant de la naïveté à la pure bêtise, le lecteur/élève est invité à faire des jugements de valeur bâtis sur une éthique normative. Selon cette pédagogie de l'échec, l'élève est obligé de passer par l'expérience de la faute pour découvrir la vérité de manière oblique, c'est-à-dire, par le biais de l'expérience des adultes ou des animaux mis en scène dans les *Fables*. On demande, à propos de "La Cigale et la Fourmi" (I, 1), par exemple, "qui a tort?," "qui a raison?"[69] En départageant le blâme et l'éloge, l'élève s'emploie à faire la leçon aux autres et répond ainsi à l'impératif scolaire de faire le partage entre l'univers de l'incorrection et celui de la correction. Dans quelle mesure la morale de cette fable liminaire, basée sur l'opposition entraide/égoïsme, reflète-t-elle les qualités et les défauts des Français? De toute évidence, ceux-ci seraient, à des degrés divers et selon les circonstances, à la fois la cigale et la fourmi…

En tant qu'institution sociale, la langue française s'est fait l'objet d'une normalisation grammaticale. Pour en revenir à l'élève fautif en français, il convient de se reporter à R. Bernard, qui examine la signification socio-psychologique d'un tel comportement linguistique:

> "…produire des énoncés non conformes à la norme, c'est commettre
> des fautes…Et l'élève fautif et qui, pour toute correction, aura été
> déclaré fautif préférera le silence, au risque de redevenir fautif."[70]

Celui qui transgresse la langue maternelle subit des conséquences néfastes, car sa performance linguistique "anormative" est l'équivalent d'un geste d'incivilité. Tout se passe comme si l'élève fautif, défavorisé par l'école, éprouvait une honte personnelle et publique de se sentir en français "mauvais Français." Un tel élève répond mal ainsi à la définition de son identité en tant qu'élève, car il se montre mal élevé par son incorrection linguistique; ceux qui sont "mauvais en français" ont plus de chance d'être désignés comme cancres, promis alors à la non-réussite sociale:

> "Sans bien s'en rendre compte, Pierre Clarac montre combien la
> langue scolaire est étrangère aux élèves (*L'Enseignement du*
> *français*, 118). Ce qui est aussi intéressant, c'est de voir assimilée
> la faute d'orthographe à une inaptitude (observation, mémoire,
> raisonnement) et une instabilité psychique."[71]

A partir du moment où une inélégance grammaticale ou bien une faute de style est perçue, on ne prête plus attention au contenu d'un devoir: "on verra…que, tendanciellement, un devoir dit incorrect ne peut pas développer des idées intéressantes."[72] La théorie de la reproduction culturelle privilégie donc l'aptitude linguistique, la langue scolaire représentant bel et bien la culture imposée. Autant dire qu'on impose un bon français "naturellement"; il va de soi que cet idéal d'une langue châtiée doit être reproduit tout aussi "naturellement." Il n'est point question, dans cette perspective, de faire des fautes. En un mot, la faute est si horrible qu'elle ressort de la contre-nature. Alors qu'on pardonne aux étrangers leurs fautes, chez les Français, celles-ci sont impardonnables. Ainsi, dans la mesure où les exercices d'orthographe présupposent l'existence d'une bonne (= correcte) réponse, ils ont pour but de départager les élèves doués et les élèves ignares; ils exercent de la sorte une fonction de contrôle social.

La transmission des préceptes normatifs chez La Fontaine contribue à l'emprise d'un "naturel" individuel et socio-culturel. Aussi faut-il agir en fonction de sa nature: le loup ne peut s'empêcher de dévorer l'agneau, de même que le chasseur doit saisir sa proie ("Le Petit Poisson et le Pêcheur" [V, 3]). D'où l'acceptation d'un destin perçu comme irrémédiable: demander à un loup de ne manger "plus de chose ayant eu vie" ("Le Loup et les Bergers" [X, 5, v. 19]), ou bien ordonner à un renard de parler "sans déguiser" ("La Cour du Lion" [VII, 7, v. 29]), relève d'une démarche anti-naturelle. Ainsi, obéir à sa nature, c'est forcément subir son destin, et l'on songe au sort des pigeons dans "Les Vautours et les Pigeons" (VII, 8). Les réalités comportementales s'inscrivent donc dans une logique naturelle: de même que le loup, le roi ne peut s'empêcher ni de dévorer ses visiteurs ("Le Lion malade et le Renard" [VI, 14]), ni d'exploiter "la part du lion" avec ses associés ("La Génisse, la Chèvre et la Brebis en société avec le Lion" [I, 6]). La morale de soumission rejoignant la force irréductible de la nature, on s'aperçoit que la morale lafontainienne souligne l'acceptation passive du *statu quo*, bref, la résignation fataliste au sort. Le déterminisme naturel trouve sa meilleure expression dans les rapports de pouvoir, c'est-à-dire, dans ces multiples face à face agressifs entre deux forces inégales. On songe au "Vieux Chat et la Jeune Souris" (XII, 5) et au "Loup et l'Agneau" (I, 10). Soucieux de justifier la rectitude de sa démarche, le loup vit par "la raison du plus fort." Ce faisant, il met en évidence une fidélité d'ordre comportemental qui le rattache à son espèce.[73]

Afin de s'interroger sur le rapport entre les données d'une psychologie ethnique propre aux Français et les réalités comportementales de ceux-ci, il convient de faire la part de la culture normative que l'Ecole républicaine a tâché de transmettre à partir des *Fables* de La Fontaine. D'après sa définition traditionnelle, la culture apparaît comme un savoir acquis et transmis par l'institution scolaire. Une perspective psycho-anthropologique met en lumière une distinction entre "culture" et "nature"[74]: la culture serait alors un ensemble de systèmes de signification propres à un groupe, systèmes prépondérants qui, s'apparentant à des valeurs, donnent naissance à des règles et à des normes que le groupe conserve et s'efforce de transmettre et par lesquelles se différencient des groupes voisins.[75] C. Geertz soutient, dans cette même optique, que dans la mesure où la culture n'est pas gravée sur la nature d'un peuple, son rôle consiste plutôt à modeler l'identité nationale.[76] P. Bourdieu estime, pour sa part, que la culture constitue une totalité organique, ayant une réalité *sui generis*: "Présence active et synthétique de tout le passé qui l'a produit, l'habitus est la structure génératrice des pratiques parfaitement conformes à sa logique et à ses exigences."[77] La normativité sous-tend, en fait, tout ce qui "va sans dire" dans une culture particulière: langue, gestes, habitudes quotidiennes, réflexes automatiques, etc. De telles pratiques représentent des données irrémédiables de la culture française, et le comportement normatif était érigé en modèle à imiter. La culture normative provient sans doute de l'idéal de l'honnêteté mondaine propre au XVIIème siècle. Selon cet idéal, l'honnête homme se conduit en toute occasion comme il convient. Désireux d'apprendre à ses sujets à réfléchir, l'Etat confie à l'Ecole la responsabilité d'assimiler des conduites sociales pour mieux les normaliser. On assiste, de ce fait, au devoir scolaire qui mène au "devoir penser" officiellement admis.

Ramenant la culture à "l'élément appris du comportement humain," M. Herskovits insiste sur la dimension cognitive du langage, car il sert de véhicule à tout le système des valeurs (15). Pour mettre en évidence le processus d'intégration sociale qui rend compte de la socialisation des espèces, l'anthropologue cite "Le Cochet, le Chat et le Souriceau" (VI, 5) en modèle d'apprentissage dans l'univers animal (30). Ainsi, lire les *Fables*, c'est se livrer à une entreprise de socialisation. La morale étant le fruit d'une détermination normative, il s'agit de prôner des lignes de conduite afin de les généraliser. Il convient de se reporter, à ce sujet, à L. Wylie, qui met en relief le conservatisme sous-jacent au processus de la socialisation française, qui transparaît par l'importance accordée au raisonnement déductif.[78] Fondée en grande partie sur la démonstration logique d'une vérité/précepte citée en tête de l'apologue, la lecture scolaire des *Fables* de La Fontaine est éminemment déductive (cf. "Le Loup et l'Agneau" [I, 10, vv. 1-2]). Sans pouvoir faire lui-même des expériences—en l'occurrence les aventures animalières présentées par le fabuliste—, l'enfant est, par extension, obligé de découvrir la vérité de manière oblique, c'est-à-dire, par l'expérience des adultes. D'autre part, l'acculturation scolaire des normes amène les élèves à respecter les données de la—ou plutôt de "sa"—nature. A cet égard, La Fontaine souligne la primauté des codes relationnels médiatisés par les normes sociales. Ainsi, l'autorité du maître, du Roi ou de l'Etat repose sur un pouvoir à la fois physique et intellectuel, d'où la pertinence de "la raison du plus fort." L'adaptation que se fait l'élève au réel suppose alors l'acceptation de cette autorité. Sur un autre plan, si La Fontaine conseille de "régler" les désirs, ne convient-il pas d'envisager le désir en tant que dérèglement lui-même? (cf. "Le Renard, le Singe et les Animaux" [VI, 6]).[79] Quant à l'emprise du quotidien dans l'univers des *Fables*, L. C. Sykes définit "le comportement banal" comme une des principales finalités psychologiques à dégager de cette œuvre. Cette mise en évidence du quotidien à l'échelle universelle s'apparente à l'universalité des normes. En d'autres termes, la normalité est du ressort même de la banalité:

> "On assiste à un décalage paradoxal entre l'âpreté prédominant les rapports humains qu'il dépeint et l'agrément de l'arrière-plan; les *Fables* nous invitent à réfléchir aux pâtures charmantes, mais pas aux paysages inconnus et malveillants qui constituent les retraites naturelles des grandes bêtes de proie. Si ce décalage reste inaperçu, c'est que la familiarité du décor se rapporte si parfaitement à la banalité du comportement qui s'avère la finalité du genre" (C'est nous qui traduisons).[80]

151

Si l'on admet que les pratiques scolaires contribuent à la formation discursive du sujet, c'est que la langue, contrairement à l'idéal de compétence communicative propre à la parole, constitue l'instrument normatif par excellence. Puisque la norme prend une valeur de référence, on assiste au triomphe de la langue formelle à l'école. Les *Fables* facilitent l'interaction progressive de l'enfant avec son environnement familial et social. La Fontaine représente alors la langue "normale" puisque c'est l'Etat qui l'impose dans le cursus scolaire. Si "ce n'est pas normal," cela ne fait pas partie du programme de l'Etat, qui promeut la normativité du contenu scolaire. On s'aperçoit, à ce sujet, de la mise en place des normes académiques qui soutiennent la dimension canonique des œuvres: ces normes sont "…imposée(s) d'autorité, productrice(s) de règles et de règlements."[81] Les exercices scolaires sur le poète permettent à l'élève de saisir les énoncés fondamentaux de la langue, d'intérioriser ces énoncés pour les reproduire par la suite. Notons, enfin, que la normalité étant socialement, idéologiquement et affectivement vécue, la sélection des textes finit par déterminer les normes socio-culturelles. En somme, la norme se fonde sur des présuppositions idéologiques perçues comme "naturelles."

S'inscrivant totalement dans le domaine de la culture, en l'occurrence d'une invention de l'Etat, la grammaire ne reflète pas la nature des gens qui l'utilisent. On s'aperçoit donc du décalage entre l'idéal de la grammaire scolaire et les pratiques linguistiques réelles des Français au cours du XIXème siècle. Discipline imposée par l'Etat, la grammaire suppose une politique corrective d'après laquelle il faut renoncer aux habitudes "naturelles" (= négligées, fautives) pour se soumettre à la correction. Au total, dans la mesure où les règles, grammaticales ou linguistiques, constituent un concept historiquement accepté, elles répondent à une attente morale, esthétique ou sociale. La mise en évidence des comportements normés fait valoir le rôle de l'*habitus* socio-culturel. Ainsi, le terme "pattern" n'existant pas en français, on peut s'accorder sur la formule "habitude normative," mue par la primauté du devoir, comme équivalent sémantique. En fait, les habitudes réglementées représentent l'encadrement réel de la culture. Le langage, et plus particulièrement, le discours proverbial, permet de prédire la réaction du membre d'une culture quelconque à une situation donnée.

L'UNIVERS NORMATIF ET LA PRIMAUTÉ DE LA NATURE DANS LES 'FABLES'

Etant donné que la plupart des rapports dépeints dans les *Fables* sont du ressort de la nécessité, il s'ensuit alors que de la nécessité à la norme, c'est-à-dire, du naturel au normatif, il n'y a qu'un pas. La norme doit s'imposer spontanément, voire "naïvement" dans l'univers lafontainien en quelque sorte.[82] Comme il ne sied point d'enfreindre les lois de la nature, le rôle de la sagesse consiste à s'accommoder autant que possible au sein d'une nature toute puissante. Qu'il s'agisse de catastrophes naturelles ou bien personnelles, il faut accepter la nature comme une force irrépressible. Vu son statut irrémédiablement fixe, la nature apparaît alors comme une essence permanente. Ainsi, la tentative de se métamorphoser se heurte systématiquement chez La Fontaine à l'échec: la tortue ne doit pas voler et elle périt de vouloir changer son statut naturel ("La Tortue et les deux Canards" [X, 2]). Si le fabuliste préconise l'acceptation de son destin, c'est aussi en raison de la méchanceté des hommes. Grâce à une sorte de logique nominaliste, l'individu se voit obligé de respecter les données de son espèce, sa nature innée déterminant, en dernière analyse, son sort. D'autre part, l'ordre naturel donne lieu à des inégalités, d'où le règne de la discorde universelle ("La Discorde" VI, 20). Sur un autre plan, on doit reconnaître, comme le montre "Le Philosophe scythe" (XII, 20), que la Nature se situe au-delà de la correction. Enfin, il est parfaitement normal, dans "Le Rat et l'Eléphant" (VIII, 15), que le chat dévore le rat, et ceci témoigne du fait que la Nature est chargée d'offrir une démonstration immédiate de sa primauté. Autant dire que les animaux des *Fables* gardent leur caractère naturel mais l'utilisation de la parole les pousse dans un univers culturel.

Par ses observations réalistes de la vie, La Fontaine mène le lecteur à une compréhension de la nature et de l'ordre naturel. Par son amour et sa peinture des animaux, le poète, éminemment naturaliste, évoque une multiplicité de facteurs: bêtes, végétaux, arbres, paysages, eaux courantes, campagnes, travaux de la terre, temps, saisons, etc. Mis à part ses divers éléments, le poète est également solidaire des paysans, qui sont eux-mêmes proches de la nature. Le bonheur s'avère, selon lui, indissociable du rapprochement avec la nature. Et, nous l'avons signalé à maintes reprises, La Fontaine reconnaît à l'animal le besoin naturel, même si cruel, de se nourrir.

Dans la mesure où l'état de nature précède l'éclosion de la civilisation, les *Fables* mettent en évidence une dialectique nature/culture. Le rapport antinomique barbare/civilisé trouve d'abord une expression privilégiée dans le domaine scolaire, car l'action d'élever un enfant implique la transformation d'une matière brute en produit culturel. Désireuse avant tout de reproduire chez les élèves la culture dominante, la scolarisation républicaine s'appliquait, par le biais de l'enseignement moral, à "civiliser" les esprits primitifs et incultes en adoucissant leurs mœurs, ce qui devait aboutir à une conduite sociale marquée par la politesse et la bonne tenue sociale.

"L'Hirondelle et les Petits Oiseaux" (I, 8) présente une antithèse entre les oisillons qui ne peuvent s'empêcher de suivre la pente naturelle de leurs "instincts" (= nature) (v. 57) et la force de l'expérience (= la culture) propre à l'hirondelle. Or, l'éthique classique suppose un idéal de discipline intellectuelle et morale, ainsi que la réglementation de l'être et la soumission des instincts (le moi anarchique) par rapport à la raison (le moi maîtrisé et cultivé). Si la société (républicaine) représente, par définition, le lieu suprême de l' "anti-naturel," c'est qu'elle sert à corriger les défauts qui découlent de l'état de nature. Ainsi, le loup refuse d'accepter la domestication du chien, qui vit, lui, selon le principe de l'échange ("Le Loup et le Chien" [I, 5]).[83] La société ne permet pas que les individus vivent en fonction de la liberté absolue; cet idéal doit s'aliéner au profit du bien collectif. Dans "Le Loup devenu Berger" (III, 3), le loup n'agit pas conformément aux données de sa nature. Ainsi, contrairement à la culture, la nature ne s'apprend pas. Tels le corbeau et l'âne, le loup perd de vue son être véritable et se livre à une *mimésis* ratée.

A la différence de la culture, qui n'est pas une donnée permanente et s'apparente plutôt à des "réseaux de signification créés et entretenus par des individus" (c'est nous qui traduisons),[84] la nature se révèle à la fois génétique, fixe et déterminée. Alors que la nature s'identifie par rapport aux qualités innées, la culture, elle, se manifeste par l'expérience acquise. Comme le désordre relève de la nature, en installant l'ordre et la culture, l'homme tâche de corriger, voire de civiliser le désordre. Aux divers éléments de l'univers du désordre—mauvais chemin, erreurs, dangers, manque de clarté—s'opposent les principaux bienfaits du monde de l'ordre: lucidité, sagesse, raison, sécurité, stabilité. Il se dégage de tout ceci des rapports de complémentarité et d'exclusion entre deux visions du monde chez La Fontaine. La première est marquée par l'agression, le chaos, le non-sens, en un mot, l'absurdité de la vie. La deuxième se caractérise par le règne du bon sens et de la sagesse, c'est-à-dire, les facultés de voir, de parler et de sentir, ainsi que les aptitudes cognitives. On voit, de toute évidence, la valeur bénéfique et civilisatrice propre à la correction: de même que la règle grammaticale, la leçon corrige. Si l'on admet, avec Taine, que l'ambiguïté poétique de La Fontaine peut se ramener à "la parfaite union de la culture et de la nature" (62), on assiste alors à la mise en évidence du "naturel" au sein de la culture. La primauté de la norme se manifeste, par conséquent, par la réconciliation qu'opère le poète de la nature et la civilisation. Grâce à sa double personnalité, La Fontaine passe aisément de la vie rustique des campagnes à la vie mondaine des salons. Dans l'univers des *Fables*, il passe du paysan au souverain sans transition et les évoque tous deux avec la même véracité.

Dès qu'il cède à ses passions ou suit ses instincts, l'homme redevient animal, et l'on voit poindre ici une opposition inconciliable entre le naturel (ce qui se fait sans réfléchir, l'instinct, bref, la Nature) et la sagesse (ce qui appartient à la culture intellectuelle et morale). Ainsi, la sagesse a du mal à entrer dans le domaine du naturel.[85] A cet égard, La Fontaine apparaît comme le poète français "le plus civilisé." Notons aussi chez lui le triomphe de la violence naturelle sur la culture: dans "Les Loups et les Brebis" (III, 13), le loup cède à l'impulsion d'agir en loup, de répondre ainsi à l'appel de la nature. Dans le bestiaire lafontainien, en effet, chaque animal garde son caractère naturel de survie: le loup mange l'agneau, le renard est rusé et ainsi de suite. Ce sont, en somme, des animaux à qui on a laissé les caractéristiques naturelles et auxquels on a ajouté la caractéristique culturelle de la parole. De plus, notons qu'il s'agit, en fait, d'une caractéristique doublement culturelle, puisque les animaux s'expriment avec une harmonie et une éloquence poétiques rarement égalées par le commun des mortels.

Si l'on admet que la dialectique liberté/servitude marque la conscience française et s'inspire même du caractère national des Français, il va de soi que les *Fables* résument cette antithèse paradoxale entre la liberté et la volonté d'ordre.[86] Or, la tradition scolaire républicaine a valorisé la liberté du loup dans "Le Loup et le Chien" (I, 5) en tant que droit inaliénable.[87] Agissant entièrement de son gré, le loup, par son caractère frondeur et indiscipliné, refuse de se soumettre aux valeurs de l'Ordre.[88] Par sa fierté et par son refus héroïque, cet insoumis reflète, par ailleurs, la culture de l'individualisme en France. La domestication du loup ressort, enfin, de la contre-nature, d'où la mise en valeur de son sens d'indépendance farouche. Comme dans le cas de "La Cigale et la Fourmi" (I, 1), une dernière question se pose: les Français sont-ils plus loup (= sauvage) que chien (= civilisé)? La formule "homo homini lupus" renvoie donc à l'univers agressif du dissensus.

Les *Fables* s'adressent à une autre dimension significative de la francité, à savoir, la mise en opposition entre l'universalisme culturel et le pluralisme culturel. Etre tout à fait adapté à un code culturel précis, c'est vivre dans la parfaite sécurité de son moi, c'est ne courir aucun risque de devenir autre. On peut se demander alors si l'apprentissage d'une autre culture constitue un renoncement à sa propre culture et s'il entraîne une perte d'identité. Ainsi le refus du voyage chez La Fontaine est-il lié à une peur d'être en proie à des influences socio-culturelles étrangères? Dans "Le Pot de terre et le Pot de fer" (V, 2), le poète préconise la méfiance à l'égard des plus forts; le sort du pot de terre montre à l'évidence qu'il vaut mieux rester à sa place. Dans ce même ordre d'idées, l'ignorance juvénile du rat comporte des risques, car le protagoniste ("de peu de cervelle" [v. 1]) ne tient pas compte de la réalité du danger dans le monde, d'où la mise en échec de son projet voyageur ("Le Rat et l'Huître" [VIII, 9]). Si cette fable aboutit à une condamnation éthique de la curiosité, c'est que le rat commet une erreur de perception funeste; il lui manque la sagesse de celui qui reste sur ses gardes en toutes occasions. Enfin, dans "La Tortue et les deux Canards" (X, 2), le voyage sert de métaphore pour toute grande entreprise, pour tout projet par trop ambitieux. L'imprudence et la vanité de la tortue l'amènent à un comportement social fautif qui le conduit à sa perte. En dépassant ses limites naturelles, la tortue connaît une chute physique et morale ignominieuse. En recommandant la méfiance et le goût de l'immobilisme, ces fables mettent en lumière une peur généralisée du risque qui marque une France cloisonnée et sédentaire, éprise d'homogénéité culturelle. Cependant, cet état d'esprit présent dans les *Fables* s'efface peu à peu dans la France du début du XXIème siècle pour laisser place à une nation qui se cherche de nouvelles sources de valeurs provenant d'un paysage multi-racial et sur un plan international. Un exemple caractéristique de cette tendance contemporaine pourrait être les deux victoires successives de l'équipe de France de football (la Coupe du Monde en 1998 et la Coupe d'Europe en 2000) qui ont révélé une fibre patriotique et un sentiment d'unité au sein des Français alors même que les héros de ces victoires s'avèrent d'origine multi-ethnique. D'autre part, la globalisation oblige à un déplacement des valeurs vers une ouverture internationale éloignée d'une définition étroite de la francité.

LA FONTAINE ET LE DISCOURS PROVERBIAL DANS LA FRANCE CONTEMPORAINE

Le discours proverbial que l'on a pu tirer des *Fables* représente, enfin, une dimension linguistique significative de la place qu'occupe La Fontaine dans l'imaginaire culturel de la France moderne. Le poète reflète l'esprit universaliste de la culture française par sa tendance à dégager la portée générale de tout argument, à mettre en valeur la sagesse propre au lieu commun. Il rejoint, par là, une démarche typique d'un esprit français soucieux avant tout de rigueur et de clarté:

"(cet esprit s'identifie avec)…une culture générale résultant d'un attachement assidu à la clarté; et c'était par là...qu'on parvient à un bon style d'écriture. Il ne cessait de rappeler la nécessité de rechercher l'idée générale, d'étudier les 'lieux communs' qui étaient à la base de toute pensée."[89]

Les *Fables* sont tellement imprimées dans l'inconscient collectif que l'on ne se rend pas compte de l'origine de nombreuses expressions. On serait tenté de dire que l'écriture poétique du fabuliste a fini par s'intégrer dans le discours quotidien des Français. A en croire J. Bédier et P. Hazard: "La Fontaine est l'auteur le plus souvent cité en France sans que son nom soit prononcé, ni même évoqué."[90] Poète gnomique par excellence, La Fontaine a créé de multiples expressions populaires qui constituent les principaux lieux communs de la langue française. Erigeant l'auteur des *Fables* en poète terrien, L. Arnould fait l'inventaire de ses proverbes, notamment ceux qui ont enrichi la culture populaire (362, 386). S'adressant à tous et se transmettant immédiatement, ses proverbes et ses dictons contribuent donc à la popularité de son œuvre. Ceux qui s'attribuent une fausse importance, par exemple, "font la mouche du coche." L'expression moderne, "montrer patte blanche," qui désigne la nécessité d'indiquer un signe de reconnaissance convenu, vient du "Loup, la Chèvre, et le Chevreau" (IV, 15). Un proverbe qui évoque l'idéal de l'entraide ("Aide-toi, le Ciel t'aidera") est tiré du "Chartier embourbé" (VI, 18, v. 33). D'autres expressions qui font partie intégrante du lexique culturel des Français sont peut-être encore plus utilisées: "tel est pris qui croyait prendre" (VIII, 9, v. 39), "Deux sûretés valent mieux qu'une" (IV, 16, v. 28), "méfiance est mère de...sûreté" (III, 18, vv. 52-3), "Mauvaise graine est tôt venue" (I, 8, v. 35), "Ne t'attends qu'à toi seul" (IV, 22, v. 1).

Certains proverbes ont subi des modifications, telle la morale de "L'Ours et les deux Compagnons"—"il ne faut jamais vendre la peau de l'ours qu'on ne l'ait mis par terre" (V, 20, vv. 39-40)—, qui s'est transformée au cours des siècles et est devenue de nos jours: "il ne faut pas vendre la peau de l'ours avant de l'avoir tué." De la naïveté de l'âne dans les *Fables* vient l'expression "bête comme un âne." Se retirer "dans un fromage de Hollande" laisse entendre que l'individu vise à bénéficier d'une sinécure ("Le Rat qui s'est retiré du monde" [VII, 3, v. 3]). Quant à la morale du "Loup et l'Agneau" (I, 10, v. 29), elle est intimement liée au discours proverbial en France ("sans autre forme de procès") et il convient d'insister sur le plaisir particulier à évoquer cette référence culturelle. Certaines périphrases du fabuliste sont entrées, enfin, dans la langue nationale: "grippe-fromage," "la gent trotte-menu," "pince-maille" et "la république aquatique."

Si le proverbe lafontainien constitue une forme d'identité linguistique, c'est qu'il sert encore à rendre intelligibles les réalités contemporaines des Français. Les lieux communs laissent transparaître des noyaux de sagesse, non dépourvus d'idéologie, et fondés sur l'expérience acquise à travers les âges: un code de conduite visant à régler les rapports en société. D'autre part, le discours proverbial tient lieu, aux yeux du peuple, du raisonnement cartésien, car les règles de la méthode ne s'y appliquent pas.[91] Dans la mesure où il met en jeu l'efficacité de la raison raisonnante, le proverbe incarne la sagesse elle-même. Il n'est besoin d'aucune vérification, car il ressort, en dernière analyse, du domaine de la vérité universelle.

Icône culturelle, modèle pédagogique et symbole inimitable de la francité, La Fontaine représentait tout cela et plus encore, car le discours scolaire du XIXème siècle l'a transformé en saint laïque susceptible de transmettre l'idéologie intellectuelle et morale de la Troisième République. L'ensemble des lectures académiques sur le poète avait pour objet d'orienter les élèves vers un mode d'existence fondé sur la correction ("Tiens-toi correctement"), la sagesse ("Sois sage") et la normalité ("C'est normal"). L'auteur des *Fables* a contribué ainsi d'une façon irréfutable à la formation normative des générations de jeunes Français de la Troisième République jusqu'aux premières années de la Cinquième République.

NOTES

[1] *Culture's Consequences: International Differences in Work-Related Values*, London, Sage, 1988.

[2] *La Diplomatie de l'esprit: de Montaigne à La Fontaine*, Paris, Hermann (1994), 479.

[3] L.Wylie, "La Société française résiste au changement," dans S. Hoffmann et. al., éds. *A la recherche de la France*, Paris, Seuil (1963), 239.

[4] *Fables de La Fontaine*, Paris, Delagrave (1894), 12-13.

[5] Boutang, 29.

[6] M. Fumaroli, "La Fontaine sans fables," *Le Figaro littéraire*, le 26 mars 1990, 5.

[7] F. Lagarde, "Effets de Racine," *XVIIème siècle*, 200 (1998), 521-28.

[8] M. Allem, éd. *Les Grands écrivains français*, Paris, Garnier (1927), 191.

[9] *La Fontaine et ses fables*, Paris, Hachette, 1861.

[10] Arnould, 386.

[11] A-M. Bassy, *Les 'Fables' de La Fontaine: Quatre siècles d'illustration*, 186.

[12] *Sur les grands chemins de la poésie classique*, Paris, Perrin (1914), 276.

[13] Guinat, 474.

[14] *La Fontaine*, Paris, Fayard (1937), 222.

[15] *La Fontaine, Fables*, Paris, Gallimard (1974), 10.

[16] "Avez-vous lu La Fontaine?," *Les Lettres et les Arts*, 481 (1981), 77.

[17] *Le Goût de La Fontaine*, Grenoble, Allier (1962), 196.

[18] *Anthologie de la poésie française*, Paris, Hachette (1961), 28.

[19] *La Fontaine et ses devanciers*, Paris, Durand (1861), 288.

[20] *La Fontaine et ses devanciers*, 298.

[21] *Mon cher Jean ... De la cigale à la fracture sociale*, Genève, Zoé (1997), 82.

[22] M. Roustan, *La Littérature française par la dissertation*, I, Paris, Delaplane (1919), 342.

[23] *Cours*, 114.

[24] *Cours*, 116.

[25] "Les Auteurs français de l'enseignement primaire," *Recueil des monographies pédagogiques publiées à l'occasion de l'exposition universelle de 1889*, III, Paris, Imprimerie nationale (1889), 410.

[26] "Les Auteurs français de l'enseignement primaire," *Recueil des monographies pédagogiques* ..., 410.

[27] *Précis de l'histoire de la littérature française*, Paris, Delagrave (1920), 234.

[28] *Etudes sur les auteurs français*, Tours, Mame (1901), 542.

[29] *Encyclopedia Universalis*, 9, Paris, SGIE (1971), 737.

[30] *La Fontaine*, Paris, Hachette (1905), 174.

[31] "La Fontaine et ses critiques," *Revue des Cours littéraires*, I (1863-64), 470.

[32] *Cours*, 45.

[33] Brémond et Moustier, 136-37.

[34] *Cours de littérature*, Paris, Delalain (1854), 173.

[35] M. Rassat, *Cours complet d'instruction élémentaire*, II, Paris, Delagrave (1886), 190.

[36] *Pour relire La Fontaine, fleur des Gaules*, Paris, Saint-Etienne, 1943.

[37] "La Fontaine et ses deux reflets," *Cahiers de la Recherche de S.T.D.*, 6 (1979), 31-40.

[38] *Le Poète et le roi. Jean de La Fontaine en son siècle*, Paris, Ed. de Fallois, 1997.

[39] *Les "Fables"...*, 187.

[40] *Le Poète et le roi ...*, 10.

[41] *True France. The Wars Over Cultural Identity, (1900-1945)*, Ithaca, Cornell University Press, 1992.

[42] *Les Lieux de mémoire*, 3 vols., Paris, Gallimard,1984.

[43] *Les Ennemis de l'âme française*, Paris, Hetzel (1899), 3.

[44] P.C. Sorum, *Intellectuals and Decolonization in France*, Chapel Hill, University of North Carolina Press (1977), 241.

[45] "Les Classiques français," *Revue Universitaire*, 9 (1900), 325.

[46] P. Michel, *Continuité de la sagesse française*, Paris, SEDES (1965), 46.

[47] *Fables de La Fontaine*, Paris, Flammarion (1966), 20.

[48] *L'Evolution pédagogique en France*, Paris, Alcan (1938), 312.

[49] *Folie et déraison. Histoire de la folie à l'âge classique*, Paris, Plon, 1961.

[50] *L'Education morale*, Paris, PUF (1974), 215.

[51] R. Preiswerk et D. Perrot, *Ethnocentrisme et histoire*, Paris, Ed. Anthropos (1975), 154.

[52] *The Location of Culture*, London, Routledge (1994), 66.

[53] *Education and Identity in Rural France*, Cambridge, Cambridge University Press (1996), 92.

[54] *Fields of Knowledge. French Academic Culture in Comparative Perspective, 1890-1920*, Cambridge, Cambridge University Press (1992), 323.

[55] Crubellier, *L'Enfance et la jeunesse*, 53.

[56] Kochmann, 395.

[57] Siegfried, 64.

[58] *'La France aux Français': Histoire des haines nationalistes*, Paris, Seuil, (1993), 1-12.

[59] *Parlez-moi de la France*, Paris, Plon (1995), 25.

[60] A. J. Arnold, "French National Identity and the Literary Politics of Exclusion: The Jeanne Hyvrard Case," *Australian Journal of French Studies*, 33 (1996), 163.

[61] *L'Ecole en France*, 76.

[62] Wylie et Brière, 44.

[63] Cité par T. Todorov, *Nous et les autres. La Réflexion française sur la diversité humaine*, Paris, Seuil (1989), 292.

[64] Ricquier, 73-74.

[65] J. Barzun, *Race: A Study in Modern Superstition*, New York, Harcourt Brace (1937), 196.

[66] Todorov, 426.

[67] Sorum, 212.

[68] C. Dubar, *La Socialisation. Construction des identités sociales et professionnelles*, Paris, Colin, 1991.

[69] A-M. Bassy, "La Fontaine et ses deux reflets," *Cahiers de la Recherche de S.T.D.*, 6 (1979), 31.

[70] *Ecole, culture et langue française*, Paris, Tema (1972), 223-24.

[71] Bernard, 226.

[72] Bernard, 237.

[73] F. Burellier, *Fables, La Fontaine*, Paris, Bertrand-Lacoste (1993), 80.

[74] C. Lévi-Strauss, *Le Cru et le cuit*, Paris, Plon, 1964; M. H. Herskovits, *Les Bases de*

V. La Fontaine et l'identité nationale

l'anthropologie culturelle, Paris, Payot, 1952.

[75] C. Clanet, *L'Interculturel*, Toulouse, PUM (1990), 15-16.

[76] *The Interpretation of Cultures*, New York, Harper & Row (1973), 5.

[77] *Le Sens pratique*, Paris, Minuit (1980), 90.

[78] "La Société française résiste au changement," 243.

[79] Boutang, 171.

[80] "Il y a une grandeur, dans La Fontaine…," dans *Currents of Thought in French Literature*, New York, Barnes & Noble (1966), 61.

[81] P. Dandrey, *La Fabrique des 'Fables': Essai sur la poétique de La Fontaine*, Paris, Klincksieck (1992), 111.

[82] J. Longnon, "Le Génie de La Fontaine," *Revue critique des idées et des livres*, 22 (1913), 409.

[83] Voir notre article "La Notion d'échange dans 'Le Loup et le Chien,'" *Studi Francesi*, 138 (2002): 20–28.

[84] C. Geertz, 5.

[85] Kohn, 145.

[86] Fumaroli, *Le Poète et le roi*, 34-35.

[87] P. Clarac, *Œuvres choisies de La Fontaine*, Paris, Delalain (1926), 75; R. Jasinski, *La Fontaine et le premier recueil des 'Fables'*, I, Paris, Nizet (1966), 222-24.

[88] M. Gutwirth, "Certaine thématisation de la liberté dans les *Fables* de La Fontaine," dans S. Romanowski, éd., *Homage to Paul Bénichou*, Birmingham, Summa (1994), 224.

[89] Zeldin, 281.

[90] P. Martino, éd., *Histoire de la littérature française*, I, Paris, Larousse (1948-49), 444.

[91] N. Richard, *La Fontaine et le deuxième recueil des 'Fables'*, Paris, Nizet (1972), 150.

VI. Conclusion—La Fontaine au XXIème siècle

"Ah! que l'on devrait enseigner La Fontaine,…massivement…comme avant: afin de mettre les gens en état de mieux choisir plus tard…"

Maurice Druon de l'Académie française

Destinée aux enseignants du secondaire et du post-secondaire, une brochure publiée par une entreprise américaine ("Teachers' Poster Company") présente une série d'affiches publicitaires qui s'inspirent, dans leur conception, de l'univers imaginaire lafontainien (Voir l'Appendice VII). Le fabuliste étant le seul auteur à mériter une page entière de cette brochure, on discerne ici une valorisation pédagogique du discours proverbial propre aux *Fables*. Dans la mesure où les affiches visent à concentrer toute la sagesse de La Fontaine à l'aide de citations ou de brèves formules, on s'aperçoit que l'essence de cette sagesse multiforme se prête à une synthèse au niveau le plus élémentaire de quelques mots, sans pour autant perdre son impact intellectuel ou visuel. Il convient, dès lors, de s'interroger brièvement sur la démarche publicitaire qui permet aux élèves d'inscrire cette sagesse dans leur esprit.

Soucieuse de créer un environnement propice à la réception du message, l'image présente un contenu pictural lié directement au message imprimé, mais aussi à la nature dans toute sa splendeur: les animaux, les éléments spatio-temporels (l'eau, l'air et la terre), l'univers rural, végétal, minéral et métaphysique, ainsi que la dialectique nature/culture qui se déploie dans le bestiaire lafontainien. Conformément à la stratégie de marketing qui, de nos jours, sous-tend l'affiche politique, l'affiche pédagogique s'applique à véhiculer un message doublé d'un impact visuel. Les images paisibles présentées par ces affiches évoquent la beauté éclatante de la nature au travers d'un ensemble de photos de qualité "haute définition." Les deux-cinquièmes de la photo qui se révèlent "en clair", constituent l'appât visuel, alors que les trois-cinquièmes restant se présentent comme filtre derrière une vitre opacifiée en support subliminal de deuxième plan qui a pour but d'intensifier la force du message écrit. Moteur de réflexion, l'affiche exploite le discours proverbial afin de transmettre de véritables condensés de culture et de sagesse. Elle promeut, en quelque sorte, une miniature didactique des *Fables*. Destinée à déclencher un dialogue intérieur chez l'observateur, l'affiche représente une porte ouverte à l'imagination et à la créativité. Répondant ainsi aux finalités culturelles et pédagogiques, elle vend en définitif du savoir et se fait d'ailleurs l'objet d'une consommation immédiate. L'univers de La Fontaine sert, de la sorte, à merveille les moyens modernes de persuasion utilisés par l'industrie publicitaire. Icône de culture, le fabuliste se transforme maintenant en outil de marketing particulièrement efficace.

Malgré l'attrait publicitaire de La Fontaine, toutefois, on ne saurait trop insister sur la disparition progressive du poète à l'école. Depuis les années 1970, en effet, il a été en grande partie enlevé des programmes officiels au niveau de l'enseignement secondaire et depuis le début de la décennie 1990, on l'évince des programmes du primaire. Son œuvre ne s'impose plus de nos jours comme une lecture obligatoire, mais relève plutôt d'un choix "facultatif" de la part du professeur. Bien que le ministre de l'Education en 1995 et 1996, François Bayrou, ait modifié les programmes de la Sixième, le seul auteur français qu'il recommande alors est La Fontaine. Comme nous le confirme A. Chervel, une autre décision ministérielle récente à propos du fabuliste précise que les livres 7 à 12 des fables ont été portés pour l'année 1996-1997 au programme du baccaluaréat avec deux autres auteurs. Il convient de se reporter, à ce sujet, sur une enquête menée par D. Manesse et I. Grellet dans un ensemble représentatif de collèges. Quoi que les professeurs interrogés soutiennent que La Fontaine vient en 49ème position, très loin derrière Molière, le premier auteur étudié dans les classes (de la Sixième à la Troisième), une autre enquête révèle que ces mêmes professeurs, en réponse à la question "quelles sont les dix œuvres qui font partie du patrimoine littéraire?," mettent La Fontaine en 11ème position. On s'aperçoit, de ce fait, d'un décalage entre les jugements personnels des maîtres et l'enseignement réel qu'ils offrent dans les classes.[1] Ainsi, la forte pression qui pouvait s'exercer sur le professeur—opinion publique, parents, administration—pour le contraindre à faire étudier les *Fables*, s'est bel et bien réduite et La Fontaine, qui "ne passe plus" en raison de ses difficultés linguistiques pré-supposées, n'est plus un auteur "obligatoire." A cela s'ajoute la tendance générale, dans les vingt dernières années, à passer du morceau choisi à l'œuvre complète, roman ou pièce de théâtre, ce qui s'accorde avec la théorie actuelle du corps enseignant et du ministère. Comme le note à juste titre A. Chervel, des auteurs comme La Bruyère et La Fontaine, à qui s'applique mal la notion d'"œuvre complète," "sont des victimes toutes désignées de cette tendance."[2] Etant donné la longévité exceptionnelle du poète dans le cursus scolaire et sa valorisation par l'Ecole républicaine en tant que référence culturelle obligatoire, une telle diminution institutionnelle ne manque pas d'étonner. Il convient de s'interroger, au terme de cette étude, sur les implications socio-culturelles de l'oubli continu de La Fontaine à l'école.

D'après une autre enquête récente, plus de trois quarts des parents en France partagent encore la morale du fabuliste, et ce sont notamment les fables ésopiques qu'ils connaissent.[3] Si La Fontaine reste bel et bien l'auteur "le plus connu" par la vaste majorité des Français adultes, c'est-à-dire, l'auteur dont les citations reviennent le plus facilement à l'esprit, ceci tient sans doute à l'influence marquante de l'école. On peut se demander, toutefois, si les Français ont une image positive du poète en tant qu'auteur, ou s'ils le citent par nostalgie de leur jeunesse à laquelle il est associé. Autant dire que la connaissance de La Fontaine varie selon les générations. Bien qu'un pourcentage très élevé —89%—des Français soient favorables à l'idée de garder une place pour le poète à l'école, l'Etat ne trouve pas bon de le ré-installer au programme de l'enseignement primaire. Une telle majorité est significative car, selon B. de Cessole,

"Les Français émettent plus volontiers un avis sur La Fontaine que sur l'élection présidentielle" (51). L'Education Nationale elle-même s'applique à dissoudre "ce sentiment d'identité et d'appartenance nationale" en supprimant le fabuliste des programmes officiels.[4]

Malgré l'influence formatrice de La Fontaine sur de nombreuses générations d'écoliers, le Français moyen de nos jours a une connaissance restreinte du poète, qui ne sert le plus souvent qu'à ranimer des souvenirs d'enfance. On ne connaît, en fait, que des bribes poétiques, et l'observation de M. Chardon, datant de 1960, reste plus valable encore à mesure qu'on s'avance dans le nouveau millénaire:

> "(Les) Français instruits…connaissent quatre, cinq fables, peut-être sept ou huit, c'est-à-dire beaucoup moins du dixième de l'ensemble, et, le reste, ils l'ignorent profondément, absolument, c'est-à-dire qu'ils ignorent un nombre considérable de merveilles."[5]

Les instituteurs se contentaient, encore dans les années 1980, de faire réciter les premières fables de La Fontaine, mais après le cours moyen Ier, les enfants de neuf ans n'entendaient plus parler du poète. Si, à l'heure actuelle, le primaire refuse de l'intégrer dans les programmes, c'est qu'il boude le fabuliste en raison du déclin de la réflexion morale parmi les jeunes; les érudits se sont, par ailleurs, rendu compte que les *Fables* ne sont pas pour les enfants. D'autre part, la subtilité littéraire et l'aspect traditionnel de cette œuvre conviennent moins aux enseignants de la nouvelle génération; la morale de La Fontaine apparaît comme démodée, voire "vieux jeu." Au niveau du secondaire, le poète ne sert en ce moment qu'aux exercices de grammaire normative et de style.[6] Tout se passe comme si La Fontaine n'avait pas de juste milieu: soit il est déclaré trop facile et donné en pâture aux enfants, soit on le trouve trop difficile et les étudiants le dénigrent. Ainsi, auteur limité qui respire en quelque sorte l'école, le poète a du mal à toucher le grand public. Tiraillé par ces deux extrêmes, il reste toujours un auteur minoritaire. Mis à part le décalage entre l'image de La Fontaine à l'école primaire et celle qui prévaut à l'école secondaire, il est évident que le poète, étant considéré comme enfantin, n'est guère pris au sérieux par les candidats au CAPES (Certificat d'aptitude au professorat de l'enseignement secondaire). Le danger perpétuel à aborder cet auteur qui s'assimile mal à la mythologie littéraire du Grand Siècle, c'est "qu'on s'expose à paraître plat ou naïf."[7] Néanmoins, malgré sa place fort restreinte dans l'enseignement secondaire au début des années 1990, La Fontaine a figuré à l'agrégation en 1992 et en 1997.

A cela s'ajoutent le renouveau significatif des études universitaires sur La Fontaine dans les vingt-cinq dernières années, la fréquence avec laquelle les *Fables* se trouvent au programme du baccalauréat et du CAPES et la célébration récente en France du tricentenaire de la mort du poète. Il importe donc de préciser que nous nous adressons avant tout à la disparition de la perception républicaine de La Fontaine dans l'enseignement primaire et secondaire et, par extension, dans la France contemporaine. Tout en reconnaissant que la pédagogie moderne laisse une plus large place à la réflexion personnelle au détriment de la morale et de la notion de reproduction, il convient de noter que la génération des jeunes Français (de cinq à douze ans) de nos jours n'a plus l'expérience de La Fontaine sur le plan de la dictée, de la lecture et de la récitation. Il serait bon, alors, de s'interroger sur la signification socio-culturelle de ce fait.

Si l'on admet que, dans le passé, être français, c'était posséder l'influence de La Fontaine—car il représentait une valeur de sûreté et du consensus culture—, c'était vrai il y a une quinzaine d'années, mais dans la France contemporaine l'enfance n'est malheureusement plus bercée par les *Fables*. Rejeté par l'école, le fabuliste se fait de plus en plus auteur familial puisque les enfants ont l'occasion actuellement d'apprendre son œuvre par l'intermédiaire de leurs parents, lors de l'histoire du soir, par exemple, avant de se coucher. B. Plessy se demande, à ce sujet, si l'absence de La Fontaine à l'école finira par se répercuter sur la formation et, par suite, sur les modes de pensée et de comportement des Français dans l'avenir.[8] Il suffit de voir si les nouvelles générations, qui vont passer à l'âge adulte sans avoir bénéficié de la vision lafontainienne, seront marquées par cette lacune particulière.

Signalons, sur un autre plan, que l'insistance sur le caractère "bien français" de La Fontaine appartient encore à la mémoire scolaire de la génération des lycéens de la fin des années 1960, mais pas dans celle du milieu des années 1980. Une collègue française, Lise Ouvrard-Leibacher, laisse transparaître ainsi les stéréotypes culturels qui relèvent de cette conception traditionnelle de la francité de La Fontaine. C'est en ces termes qu'elle évoque ses souvenirs de lycée:

> "C'est vrai que (La Fontaine) était utilisé en classe pour souligner l'importance énorme du regard des autres sur soi en France, relié à la susceptibilité au ridicule, au goût de ridiculiser et de railler, à la méfiance et au côté 'système D' (débrouillard) de sa 'morale'…"

> "Si les 'baby boomers' qui gèrent maintenant le curriculum ont subi, comme moi, le matraquage de La Fontaine-moraliste (et non des plaisirs de La Fontaine poète), c'est sans doute peu étonnant qu'ils s'en éloignent comme proposant une morale inadaptée."[9]

De telles réactions ne s'appliquent guère à ceux qui ont fait des études primaires sur La Fontaine dans les années 1980.

Le dépérissement de La Fontaine et le "mal français" actuel

On peut se demander si l'oubli progressif des *Fables*—texte fondateur de la culture moderne en France—contribue au "mal français" de nos jours.[10] Selon J. Domenach, la culture française se repose sur ses lauriers et cesse d'inventer. D'autre part, la majorité de la population ne s'y intéressant plus, cette culture demeure davantage disponible aux élites. La Fontaine relève, d'abord, d'une nostalgie populaire à l'égard de "la vieille France." On est en présence d'une tension entre, d'un côté, l'attrait des nouvelles technologies (l'informatique, l'Internet, etc.) et, de l'autre, certaines résistances (l'identité régionale, le fort attachement à la terre, etc.). L'observation de Sainte-Beuve met en lumière la difficulté propre à maints esprits à accepter l'effacement de la France d'antan: "La Fontaine est le poète de la vieille France, comme le gardien fidèle de son vieux et charmant langage."[11] Quel est alors le rôle de l'informatique et des médias dans la gestion étatique de la culture française à l'époque contemporaine? On peut avancer dorénavant que La Fontaine va de pair avec la technologie moderne si l'on considère sa présence sur CD-ROM. Et le jour est déjà venu où l'on peut enseigner les *Fables* sur Internet. Plus précisément, quel sera le rôle de la pédagogie dans une culture post-moderne? Grâce au dépérissement de l'influence formatrice de la Troisième République, assiste-t-on à une désacralisation de la culture française? J. Guéhenno regrette la disparition de l'enseignement rigoureux dispensé par l'Ecole républicaine à ses débuts.[12] P. Sansot évoque, pour sa part, une vision nostalgique de son expérience scolaire des années 1930 où, en cherchant "dans (sa) mémoire (les) monuments (de son passé)," déplore le passage de "(son) enfance républicaine": "...à l'école primaire l'on m'avait appris à aimer, à vénérer, des écrivains français comme La Fontaine ou Victor Hugo" (30, 77). On doit constater, de plus, que le chômage contemporain oblige beaucoup de gens à retourner sinon dans les campagnes du moins dans les petites villes; à cela s'ajoute le fait que l'encombrement des grandes villes, combiné au développement des transports publics (le TGV), par exemple, convient les citadins à la décentralisation de leur habitat. Une analyse de la représentation démographique des Français à l'heure actuelle révèle qu'il existe toujours un pourcentage considérable de gens attachés à la campagne. Or, les politiciens s'inspirent de symboles français, souvent ruraux ("la vraie France"), pour séduire les électeurs; ils tâchent de s'assurer de leur vote en s'adressant à leurs attentes. Il va de soi que, sous la Troisième République, La Fontaine était bien plus connu à la campagne. L'immense popularité du poète s'explique en grande partie par le fait que la France était, jusqu'aux années 1960, un pays essentiellement agricole.

A mesure que la langue française du XVIIème siècle perd son lien avec les réalités contemporaines, il est évident que La Fontaine, à l'instar de Corneille et Racine, incarne un modèle linguistique de moins en moins compréhensible aux élèves de France de 2003. Si le dépérissement de l'idéal classique rend la lecture des *Fables* particulièrement problématique en ce moment, c'est que le décalage s'avère de plus en plus grand, sinon insurmontable, entre le français courant et le français classique. Sans doute faudrait-il rédiger une version plus moderne des *Fables* pour rendre cette œuvre accessible aux jeunes, comme c'était le cas, par exemple, des *Fables* en argot écrites par le chanteur Pierre Perret, qui a fait sans nul doute peu de cas de la dimension esthétique de cette œuvre.[13] Tout porte à croire que l'enseignement du français constitue une valeur disciplinaire moins importante de nos jours, l'Ecole exerçant moins sa fonction traditionnelle de normalisation linguistique et socio-culturelle. L'enseignement de la langue s'intègre moins, en un mot, dans la formation républicaine et normative. La dévalorisation des classiques scolaires au nom de la "post-modernité" est liée à une désaffection généralisée à l'égard de l'enseignement en France—aux niveaux primaire et secondaire—et, plus précisément, à un refus du discours scolaire sur La

Fontaine. On vit à une époque où les slogans publicitaires l'emportent nettement sur les proverbes littéraires, où l'image prend le pas sur l'écrit. On assiste maintenant au triomphe de plus en plus évident d'un français fonctionnel.

Dans la mesure où l'Ecole républicaine visait à asseoir des modèles de correction linguistiques, la dictée était érigée en référence scolaire primordiale au niveau du primaire. A. Chervel et D. Manesse s'interrogent sur l'enseignement de l'orthographe et sur la mise en place de la dictée dans l'école primaire en France depuis la Troisième République.[14] L'orthographe faisant partie intégrante de la compétence linguistique des Français, il est intéressant de noter que, depuis les années 1970, en effet, on assiste à une dégradation progressive de l'aptitude orthographique des enfants aussi bien que des adultes, et A. Chervel et D. Manesse soulignent les conséquences néfastes des fautes linguistiques de toute espèce sur le petit écran. Dans cette perspective, les médias commettent consciemment des fautes, à des fins purement marketing, que les enfants répètent mécaniquement (257). Au lieu de souscrire à l'orthographe permissive qui avait cours sous l'Ancien Régime, l'Ecole républicaine a mis en évidence la valeur corrective de la faute d'orthographe, à tel point que l'élève qui commet cette faute est considérée comme inapte à la vie de la société française:

> "...la faute d'orthographe est devenue la bête noire de l'école primaire. La notion de 'faute' est ancienne, bien sûr, mais c'est seulement au cours du XIXème siècle qu'elle prend l'ampleur, la résonance et les connotations qu'on lui connaît aujourd'hui" (158).

Signalons, par ailleurs, qu'en France, les fautes d'orthographe sont nettement hiérarchisées. Ainsi, alors que le "s" du pluriel ou de la deuxième personne du singulier et les accords du participe passé représentent les infractions les plus graves, l'orthographe d'un mot comme "nourriture" est perçue comme une moindre faute.

Quant à l'influence prépondérante de la "culture de masse" en France, certains Français se livrent à une adoption de la vie américaine au point parfois de dénigrer leur propre identité nationale. M. Fumaroli regrette à juste titre la déperdition continue de la poésie de La Fontaine dans la France contemporaine. Sa lamentation comprend, d'autre part, la chanson française, bref, les genres qui traduisent le mieux les qualités musicales de la poésie française.[15] Selon G. Compayré: "... aux jours où nous vivons, l'oreille des jeunes gens est tellement peu sollicitée par la musique qu'on peut se demander s'ils entendent (La Fontaine) encore" (151). On comprend, dès lors, que J-P. Chevènement ait prôné, en 1985, le retour aux disciplines traditionnelles—l'histoire, l'orthographe et l'instruction civique—, en un mot, les valeurs républicaines par excellence, valeurs qui, ironiquement, prennent la relève des références chères au régime de Vichy: le travail, la famille et la patrie.[16] Face à la déchéance, voire, à la faillite du français à travers le temps, La Fontaine constitue une valeur sûre, une valeur qui survit à l'attrition du temps, malgré le fait que le poète soit de plus en plus considéré comme un auteur dépassé, d'où sa disparition des livres et programmes scolaires. C'est afin d'empêcher l'échéance possible de la langue française que J-P.

Collinet valorise, enfin, la lecture des auteurs classiques, y compris, certes, le fabuliste.[17] En somme, si La Fontaine disparaît des programmes, c'est qu'il n'est plus compris. A en croire J-P. Collinet: "Les Français des jeunes générations actuelles sont, devant ses fables, à peu près dans la même situation que des touristes en voyage hors de leur pays et qui maîtrisent mal la langue qu'ils utilisent dans les contrées qu'ils visitent."[18]

LE DÉCLIN DU RÉPUBLICANISME

Le rôle conservateur de l'Académie française, qui implique un refus d'admettre des néologismes, témoigne du fait que le français connaît des difficultés à évoluer et à s'adapter au monde moderne. Ce déclin relatif amène la nation à se replier sur elle-même. De surcroît, l'affaiblissement du principe de la laïcité est tel que l'Eglise en vient à représenter aujourd'hui la liberté de choix propre à l'éducation privée. De ce fait, on est en présence du passage du conformisme au "droit à la différence."[19] Loin d'être l'objet d'une reconstruction constante, l'identité nationale se heurte aujourd'hui à de multiples problèmes. Partant de la mise en question radicale, depuis 1968, de la notion de patrimoine et sa transmission par l'Ecole, il est légitime de se demander si la conception traditionnelle et historique de la culture française va survivre. Va-t-elle subsister par le langage et les manières des jeunes? D'autre part, dans quelle mesure l'identité nationale se trouve-t-elle menacée par les vagues d'immigration, par l'influence de la technologie, par les valeurs américaines et par l'Union Européenne? Etant donné la transformation de la notion de citoyenneté en France, l'idéal multiculturaliste et le rôle de la décentralisation ont fini par affaiblir, eux aussi, le républicanisme moderne.

De tels propos nous amènent à examiner la place de l'Ecole républicaine en France depuis les années 1970, c'est-à-dire, au sein d'une culture post-moderne. C'est à partir de cette époque, par exemple, que la volonté étatique de démocratiser l'enseignement en unifiant le primaire et le secondaire s'accomplit. Avant la réunification des deux systèmes, l'enseignement national reflétait la perpétuation des classes sociales. Mis à part la transmission des normes linguistiques et socio-culturelles, l'Ecole a pris pour tâche, on l'a vu, de façonner de manière systématique l'imaginaire des Français en nationalisant et en républicanisant les esprits en voie de formation, c'est-à-dire, les enfants de la nation.[20] L'image du passé que se fait encore le grand public est celle léguée par l'historiographie de l'Ecole républicaine au début du XXème siècle. Selon S. Citron, il s'agissait avant tout de forger une conception particulière de l'identité nationale:

> "La francisation républicaine qui fut essentiellement l'œuvre de
> l'école, fut une 'nationalisation,' une 'intériorisation' de l'Etat-nation
> et de son histoire francophone, parisienne, monocentrée, ancrée
> dans l'immémorial gaulois" (253).

L'influence à long terme de l'Ecole se manifeste par le fait que des instituteurs de campagne et des professeurs urbains ont préparé des générations d'écoliers à l'avènement de la modernité culturelle en France; ils sont parvenus, pour l'essentiel, à transformer les "petits barbares" en Français cultivés. A cela s'ajoute une volonté de "civiliser" les non-natifs en les incorporant dans la vision républicaine de la modernité. Pendant longtemps en France, l'Ecole a baigné dans un "triomphalisme" culturel qui s'appuie sur le capital symbolique du patrimoine. Cadre idéologique de la nation, détenteur des vérités issues de la *doxa* républicaine, un professeur de la Sorbonne se voyait ainsi chargé d'un devoir national: "(il s'agissait d') être un agent de reproduction de la culture dominante et un représentant à l'étranger de l'excellence de la civilisation française."[21] Il importe de noter, à ce sujet, que le Ministère de l'Education Nationale représente, de nos jours, le premier employeur du monde par le nombre de salariés devant les plus grandes entreprises mondiales. Alors que les systèmes américain, anglais et allemand se trouvent tous, dans l'ensemble, bien plus décentralisés, il existe, en France, un corps massif de fonctionnaires administrés par l'Etat. Depuis la Troisième République, en effet, on peut déceler un véritable (sur)investissement de l'Ecole dans la société française, voire, une certaine manière de "vivre" les valeurs scolaires. D'où l'importance primordiale d'un lexique issu en grande partie de l'Ecole, et il convient de faire ressortir le rapport entre les expressions scolaires, familiales et culturelles— "Sois sage," "Tiens-toi correctement," "C'est normal"—et une conception normative de l'enseignement. Comment l'expérience de l'Ecole se répercute-t-elle, en fait, sur d'autres activités sociales, politiques et culturelles? Malgré l'efficacité de ces formules discursives, l'Ecole républicaine ne cesse, depuis un quart de siècle déjà, d'être en perte de vitesse dans la société française: "Depuis quelques années…l'école avait cessé d'être un enjeu décisif dans le débat *politique* français."[22] Ainsi, pour en revenir aux valeurs symboliques du patrimoine, il va de soi, à cette époque de déconstruction critique, que l'on tâche de démystifier l'idéologie sous-jacente à l'enseignement de la littérature française.

LA FONTAINE ET L'IMAGINAIRE CULTUREL DE LA FRANCE

Si nous avons mis en évidence l'ensemble des récupérations idéologiques de La Fontaine depuis le XIXème siècle, c'est avant tout pour montrer à quel point le fabuliste représente une figure symbolique dans le patrimoine français. Tantôt traité de "superstition nationale,"[23] tantôt exalté, avec Molière et Hugo, comme un des trois "dieux littéraires français,"[24] le poète ne cesse d'occuper une place significative dans l'imaginaire culturel de la France. C'est en ces termes que P. Dandrey donne la mesure de l'universalité de La Fontaine en tant que "présence culturelle" à l'occasion du tricentenaire de sa mort:

"Des concours organisés par l'enseignement primaire aux cours professés par le Collège de France, des spectacles de variétés aux colloques de spécialistes, des festivals populaires aux manifestations académiques et universitaires, du timbre-poste à l'exposition bibliophilique, de la revue savante aux livres de poche, des récitations de collège aux récitals de comédiens renommés, du

> Festival du Livre aux ondes de la radio, de l'écran de télévision aux consoles informatiques, des banques aux consulats, de Paris à Montréal, de Château-Thierry à Londres, partout se sont révélés en nombre des amis déjà connus ou encore ignorés, intimes ou occasionnels, du poète auquel est consacrée notre revue dont la présente livraison coïncide avec les célébrations éclatantes de son œuvre égrainées tout au long de l'année 1995."[25]

Bien que La Fontaine fasse l'objet d'analyses critiques perpétuelles, et bien que le public continue de l'admirer, il ne faut pas perdre de vue sa disparition progressive à l'Ecole. On ne saurait s'interroger sur la modernité du fabuliste sans tenir compte de cette réalité institutionnelle. On ne s'étonne guère, dès lors, que le discours publicitaire et médiatique ait pris la relève du discours scolaire sur lui. Autant dire que la mémoire scolaire des *Fables* est à tel point profonde que les Français déchiffrent sans peine les références littéraires à travers des activités culturelles et politiques de tous ordres. Il en est ainsi de la satire politique du «Bébête Show» (ancêtre des célèbres Guignols de l'Info sur Canal +).[26] Les divers personnages de ce spectacle télévisé font apparaître l'anarchie de la jungle. Quoique M. Lambron désigne La Fontaine en tant que "ventriloque" du "Bébête Show," il faut reconnaître que la finalité des *Fables* n'est pas exclusivement politique.

Sur un autre plan, P. Poivre d'Arvor examine la place du fabuliste dans la rhétorique de la campagne présidentielle de 1988.[27] Avant de décrypter la grille politique de cette année-ci, S. Joly fait référence au "Lièvre et la Tortue" (VI, 10) pour mettre en lumière l'opposition "entre le véloce Chirac en lièvre et la prudente tortue balladurienne" en 1994. Tout se passe en effet comme si la France politique n'avait pas changé en trois cents ans, et l'étrange actualité des *Fables* se manifeste d'abord par ce qui se passe pour la gageure suprême de la politique contemporaine, à savoir, "contenter tout le monde et son père" ("Le Meunier, son Fils et l'Ane" [III, 1, v. 65]) (89).

Dans une émission d'*Apostrophes*, datant de 1995 et consacrée à la portée universelle et moderne de La Fontaine, Bernard Pivot rassemble deux critiques littéraires, Roger Duchêne et Patrick Dandrey, le comédien Fabrice Luchini, ainsi que des élèves de première et de seconde du lycée Jean de La Fontaine à Château-Thierry. On a affaire, en premier lieu, à un spectacle musical en l'honneur du fabuliste, dans lequel "Le Corbeau et le Renard" (I, 2) est métamorphosé en chanson de rap et "Le Loup et l'Agneau" (I, 10) en style reggae. La musique moderne s'avère ainsi une voie d'accès privilégiée à l'auteur des *Fables*. S'interrogeant sur son extraordinaire popularité, les critiques soulignent l'investissement personnel que l'on fait dans ses textes, l'adaptation remarquable du poète aux circonstances actuelles, la cœxistence chez lui de la sagesse et du rêve, et le fait que ses gauloiseries sont exprimées dans un style élevé. Si le fabuliste jouit d'une réputation internationale, c'est qu'il fait appel à l'inconscient collectif. Mis à part le plaisir de connivence entre le poète et son lecteur, plaisir qui tient en grande partie à l'extrême culture de La Fontaine, celui-ci fait figure d'être parallèle, c'est-à-dire, il représente à la fois le loup et le chien. Toujours est-il qu'il se marginalise en optant pour le loup. Poète à la fois descriptif et prescriptif, il s'adresse à tous les âges puisque son didactisme ne l'emporte pas sur son talent exceptionnel de raccourcir les situations. Fabrice Luchini, de son côté, met en évidence la modernité géniale de La Fontaine, qui fait preuve d'une "maîtrise totale de la forme." Selon lui, ce "plus grand styliste de la littérature française" détient, d'autre part, le génie de la situation immédiate. Lors du débat, l'emportement de l'acteur qui ne peut se retenir de monopoliser la parole trahit sa passion évidente pour les *Fables*.

L'intérêt réel de cette émission réside, toutefois, dans la présentation d'un bon nombre de personnalités qui répondent à la question: "dis-moi quelle fable tu aimes et je te dirai qui tu es." Les représentants du camp progressiste ont d'abord pris la parole. Jean-François Aury voit dans "Le Loup et le Chien" (I, 5), par exemple, une parabole sur la liberté. Sa sympathie se manifeste pour le loup, puisque le chien accepte de mener une existence octroyée. Dirigeant du parti communiste, Robert Hue, lui, préfère "Les Deux Taureaux et une Grenouille" (II, 4), qui illustre le combat pluraliste des républicains, en l'occurrence la bataille des chefs en vue de l'acquisition du pouvoir. D'après lui, les concitoyens subissent toujours le pouvoir des Grands. Arlette Laguiller, porte-parole de la Lutte Ouvrière, préfère "Les Animaux malades de la peste" (VII, 1), car cette fable offre une excellente transposition de la situation socio-économique actuelle en France. Ainsi, la peste symbolise la crise économique, et La Fontaine met en lumière les possédants qui flattent la Cour. Dans cette perspective, le fautif, c'est le "galeux" (v. 58). Grand amateur du poète, Jean-Marie Le Pen considère les *Fables* comme son livre de chevet. Sa fable favorite est "La Lice et sa Campagne" (II, 7), dans la mesure où elle traite des problèmes de l'immigration dans la France contemporaine. Le royaliste Philippe de Villiers cite "Le Renard et les Poulets d'Inde" (XII, 18), qui engage l'individu à être intrépide et à ne pas se préoccuper des dangers. Si Dominique Voinet, représentante du parti écologiste, opte, de son côté, pour "Le Loup et le Chien" (I, 5), c'est qu'elle croit fermement que la liberté ne se négocie pas; elle déplore que les Français soient obligés de payer tous les jours leur volonté d'être libres. "Le Corbeau et le Renard" (I, 2) offre à un homme politique comme Edouard Balladur une sollicitation principale, à savoir, la nécessité de maintenir un regard lucide sur soi-même. S'imaginant Président-citoyen, Lionel Jospin répugnerait à recourir au pouvoir totalitaire qui est celui du loup dressé contre l'agneau. Il estime davantage le loup qui sacrifie tout à l'idéal de la liberté ("Le Loup et le Chien" [I, 5]). Le Président Chirac souligne, enfin, la portée sociale du "Lion s'en allant en guerre" (V, 19) puisque cette fable fait valoir la place de chacun dans la société: la force d'un peuple repose sur sa cohésion sociale et sur son unité. Ainsi, l'émission de Bernard Pivot et l'enthousiasme que les divers hommes politiques ont manifesté pour La Fontaine témoignent d'un amour et d'une nostalgie réels à l'égard de l'œuvre ainsi que de la personne du célèbre fabuliste. L'importance que l'Etat attache à la culture française se traduit par la solennité avec laquelle ces figures publiques s'interrogent sur les *Fables*.

P. Abbou et H. Tubiana démontrent que bon nombre des *Fables* de La Fontaine entretiennent un rapport à la fois légitime et important dans le domaine de la finance.[28]

En fait, cette situation s'éclaire si l'on tient compte des événements politiques et économiques qui ont touché la vie du fabuliste. Plus précisément, l'émission des premiers billets par la Banque de Stockholm (1640), les mauvaises récoltes entraînant la famine à travers plusieurs provinces françaises dans les années 1660, l'ordonnance de Colbert imposant aux commerçants et bourgeois la tenue de livres de compte (1673), la création de la Banque d'Angleterre et la crise de subsistance et d'épidémies en France (1694) représentent autant de données socio-économiques qui ont incité La Fontaine à apprendre aux Français, ruraux et citadins, à bien gérer leur patrimoine, leurs droits et leurs affaires. Ainsi, par l'intermédiaire du "Savetier et le Financier" (VIII, 2), de "La Cigale et la Fourmi" (I, 1) et du "Lièvre et la Tortue" (VI, 10), le fabuliste a tâché d'éduquer ses concitoyens sur l'art d'administrer leurs biens. Dans cette perspective, La Fontaine aurait sans doute réfléchi aux erreurs d'ordre économique et politique commises, entre autres, par un Roi-Soleil dépensier, afin d'orienter l'absolutisme louis-quatorzien vers un idéal de responsabilité fiscale et financière.

LA DÉSAFFECTION DE LA JEUNESSE CONTEMPORAINE

D'après l'analyse de J. Bodley, l'idéal public de fraternité dissimule mal l'absence réelle de consensus parmi les Français.[29] Ce qui constitue un facteur de division sociale, c'est que chaque groupe et sous-groupe clame à présent sa différence (les Arabes, les Bretons, les Basques, etc.). La défense de la nation doit, en principe, dépasser de tels clivages sociaux. On assiste plutôt à une lutte irréconciliable entre les particularismes, d'où l'efficacité de la morale pessimiste de la résignation chez La Fontaine. La férocité des conflits mettant aux prises aristocrates et bourgeois, riches et pauvres, bref, ceux qui réussissent et ceux que la société engloutit, évoque des antagonismes sociaux perçus sous forme d'une opposition de race. Cette lutte éternelle entre les espèces antithétiques se traduit, dans les *Fables*, par la survie pour l'existence et par "la loi du plus fort."

Une conséquence de la crise économique dans la France contemporaine, que l'on trouve d'ailleurs dans maintes autres sociétés post-industrielles, est la démoralisation des jeunes, et M-T. Guichard fait l'inventaire des incivilités qui finissent par transgresser les règles fondamentales du savoir-vivre.[30] Enfants déréglés dans la rue, conducteurs d'autobus insultés par des adolescents, cyclistes agressifs menaçant des piétons, façades de métro défigurées, voilà autant de gestes anti-sociaux bien plus difficiles à combattre que les crimes réels. L'égoïsme s'étant nettement accru, notamment chez les jeunes, ils ont moins de respect les uns envers les autres. Pris dans l'engrenage du chômage et de l'insécurité économique qui en découle, ils ne connaissent plus de limites et le phénomène de barbarisme s'élargit. Quoique ceux-ci perdent toute civilité envers la société en général, ils se créent d'autres sociétés entre eux: les désœuvrés, les immigrés, les Beurs, etc. On a affaire à une tension entre l'individualisme de plus en plus effréné des délinquants juvéniles (= "les jeunes incorrects") et le contrôle social. Face à cette déperdition de l'idéal même d'une loi communale, la société civile doit ré-apprendre aux jeunes, qui se comportent en "nouveaux barbares," les règles du contrat social. De tels ravages faits contre le tissu social se répercutent sur l'univers scolaire, où le professeur, n'étant plus un symbole de respect, se trouve en proie aux agressivités verbales et parfois physiques de ses élèves.[31] La perte de civilité à l'école entraînant le "je m'en foutisme," les enseignants ont du mal à gérer les classes et finissent parfois par subir des dépressions et des crises nerveuses. Il va de soi qu'ils ne bénéficient plus de nos jours d'une image aussi positive dans l'opinion publique des Français. On comprend, dans cette perspective, que l'idéal de l'entraide, tel que le définit La Fontaine dans "Le Chartier embourbé" (VI, 18), par exemple, devienne maintenant une valeur traditionnelle qui se perd. Mû par le "système D," on finit par adopter les démarches égoïstes du renard. Ainsi, en butte à de multiples pressions économiques, les adolescents ont le goût de la destruction pour clamer leur rejet de la société. Par ailleurs, les étudiants, les syndicats, et les chômeurs revendiquent sans arrêt au moment présent. Chacun veut sa place dans un ordre social qui refuse l'individualisme. Les adolescents nombrilistes se refusent en masse à être pris pour un grain de sable dans l'univers. Ils entendent être reconnus et appréciés à leur juste valeur. Notons que ce ne sont pas forcément les "pauvres" qui détériorent les édifices publics, mais ceux qui s'élèvent contre l'ordre en place. Enfin, le mal(aise) des Français contemporains n'est plus la vanité. Le nouveau "mal français," c'est, de toute évidence, le "je m'en foutisme" des jeunes qui n'ont plus confiance envers l'Etat, envers le système éducatif et envers le monde du travail.

L'EFFACEMENT DE LA MÉMOIRE COLLECTIVE

Désireux de mettre en place un discours politique susceptible de réconcilier les Français, les fondateurs de la Troisième République visaient à fonder une mémoire collective. Ils tâchaient, plus précisément, d'effacer l'Ancien Régime en tant que mémoire historique pour créer une nouvelle mémoire, celle de l'Etat républicain. Leur effort a abouti, de toute évidence, à la construction symbolique de la nation. Tout porte à croire, de nos jours, que la mémoire s'est insensiblement aplatie, et l'on peut se demander si la France actuelle, de plus en plus dépourvue d'une mémoire historique, va s'efforcer d'engendrer une nouvelle mémoire qui puisse reconstruire symboliquement la nation. L'effondrement de la mémoire collective provoque, chez les Français, une inquiétude réelle, car la culture littéraire se trouve menacée par l'assaut de la culture médiatique. Certes, l'Ecole ne cesse de définir les mémoires particulières qui constituent la mémoire collective (c'est-à-dire, ce qui est digne d'être retenu), et il importe de faire la part de la tradition orale, qui garde sa place dans une société lettrée et de plus en plus hétérogène. Si la société française d'aujourd'hui se présente moins unifiée que celle de l'Ecole républicaine, ceci tient en grande partie au rétrécissement de la mémoire nationale: "La publicité est l'antimémoire…; (elle) est, par nature, destructrice de mémoire."[32] M. Crubellier met en évidence les conséquences fâcheuses de la perte des mémoires collectives:

> "La non-identité du consommateur peut s'accompagner du sentiment obscur d'un manque, d'une perte, voire, d'une mutilation et d'une souffrance, et contribue, je le crains, à nourrir la peur de l'Autre…Le rejet violent de l'immigré procure à certains une caricature d'identité…; c'est le désir viscéral d'un repli sur soi…; c'est un dévoiement de l'enseignement historique de l'école républicaine. Une culture amnésique n'est pas seulement une culture pauvre; elle risque de devenir une culture dangereuse" (323).

Ainsi, les Français ne doivent pas oublier leurs erreurs passées, mais plutôt les transformer en objets de leçon. M. Crubellier valorise, enfin, la "vertu fondatrice" inhérente à la mémoire, qui représente, par ailleurs, "(la) dimension temporelle d'une culture (tout aussi bien que) sa dimension spatiale ou sociale" (7).

Comme nous l'avons vu, les valeurs nationalistes de "travail, famille et patrie" trouvent une place privilégiée chez La Fontaine. Ainsi, la fourmi, qui incarnait au XIXème siècle le travail de la classe ouvrière au moment de l'industrialisation, symbolise encore de nos jours le travailleur qui s'acharne à assurer son propre bien-être et la survie de son espèce. La fourmi s'affirme dans et par le travail, et son activité suppose un effort soutenu, méthodique et efficace. Son idéal de productivité économique et sa prévoyance s'opposent à l'irresponsabilité fiscale et au bohémianisme improductif de la cigale, qui n'étaient pas de mise à l'Ecole républicaine. On ne saurait trop insister, par ailleurs, sur la diffusion massive de cette fable au XIXème siècle, car le comportement matérialiste de la fourmi reflétait la lecture positiviste qui régnait à cette époque. En fait, la Troisième République a sacralisé le travail, l'élevant au rang d'un devoir à la fois personnel, social et religieux. D'après l'impératif biblique laïcisé par l'Ecole, cette vertu est exaltée alors que l'oisiveté et la paresse sont perçues comme contre-nature et digne d'être bannies. Tandis qu'il a le devoir de travailler, l'homme n'a pas le droit d'être paresseux.[33] La paresse ne devrait pas, en principe, faire partie de la condition humaine.

Quant à la valorisation lafontainienne du travail, il faut reconnaître que l'Ecole républicaine a opéré, nous l'avons vu, une occultation, voire une distorsion des *Fables*. Grâce à une idéologie bourgeoise qui remonte à la Monarchie de Juillet (1830-1848), la morale économique de Guizot, privilégiant les vertus d'épargne, d'effort et de labeur en tant que sources d'enrichissement, a exercé une influence réelle sur le corps professoral des années 1880. A ce sujet, A-M. Bassy se demande, et à juste titre, "par quelle alchimie" La Fontaine, qui a chanté les louanges de la paresse (cf. *l'épitaphe d'un paresseux*) et a érigé en modèle non pas "l'homme qui court après la fortune" mais plutôt "celui qui l'attend dans son lit," qui a dénoncé avec vigueur, par ailleurs, la bêtise et le pédantisme des écoliers et de leurs maîtres (cf. "L'Ecolier, le Pédant et le Maître d'un jardin" [IX, 5]), s'est-il paradoxalement transformé en "le nouvel Homère de la guerre contre l'oisiveté?…"[34]

Dans la mesure où le travail représente une activité sociale fondamentale, il reste, encore de nos jours, la base de la sécurité sociale en France. Aussitôt qu'il est en âge légal de le faire, l'homme travaille et cotise pour que les plus âgés en profitent dès leur retraite. D'autre part, la loi du travail s'applique à la nature elle-même: l'organisation de la vie des bêtes, la survie même des animaux, dépend de la solidarité entre les espèces. Grâce à la sécurité sociale, l'Etat prend en charge le bien-être des citoyens. Ce service étatique est considéré par les Français comme un droit inaliénable, un bien qui leur est dû par suite de l'accomplissement de leur devoir suprême, à savoir, le travail. Par cette obligation financière, les Français se reposent beaucoup sur le gouvernement et perdent, de la sorte, une bonne partie de leur indépendance. Tels la fourmi, ils n'ont pas le goût du risque et cherchent des placements sûrs, ainsi que des clients solvables. Imprévoyant, le savetier vit au jour le jour ("Le Savetier et le Financier" [VIII, 2]).

On peut s'interroger, en dernière analyse, sur le décalage remarquable entre la France de la Troisième République et l'Hexagone contemporain. Bien que les idéologues républicains de 1870 aient cherché à forger une vision centralisée et modernisante de la nation, il va de soi que, dans la mesure où elle n'avait ni unité politique ni cohésion morale ou culturelle, la France de cette époque ne correspondait pas à la définition de la "modernité" politique de la nation. Il fallait, dès lors, inventer après coup en quelque sorte la tradition culturelle des Français.[35] Si, après 1870, la France se livre à une défense et illustration de son patrimoine, cette entreprise a pour objet, de manière encore plus profonde, la survie culturelle du peuple français. Se voulant un (re)fondement des principes de 1789, la Troisième République adopte une idéologie qui s'apparente à une sorte de religion des droits de l'homme. La culture politique de cette époque fonde des valeurs éthiques essentiellement consensuelles, c'est-à-dire, ayant des références sûres, issues de l'humanisme laïc de la Révolution. D'après R. Rolland, l'idéalisme républicain se ramène à un ensemble "(d')utopies à la française," à savoir, "la paix universelle, la fraternité, le progrès pacifique, les droits de l'homme et l'égalité naturelle."[36] On ne s'étonne donc guère de la sacralisation des icônes culturelles dans un pays qui s'identifie à sa littérature, et la vocation patrimoniale de la Troisième République se prolonge, de nos jours, dans la croyance, chère à M. Fumaroli, à la continuité de l'universalisme culturel de la France:[37]

> "Culture en France est…devenue le nom de la religion d'Etat…
> Le mot s'est chargé d'un sens volontariste et messianaire qui le
> change en projet, en slogan, en catéchisme même…l'esprit général
> de la Troisième République, démocratie élitaire, nourrie des
> classiques, et prête à la revanche contre la Sparte allemande…"
> (175); "…la Culture devait être la religion laïque de la France,
> Etat-Eglise missionnaire…(Malraux a organisé) en France un culte
> populaire et contagieux des chefs-d'œuvre de l'humanité, et
> d'abord, du patrimoine de chefs-d'œuvre universels dont la France
> était héritière" (188).

En fait, la notion républicaine et moderne de la civilisation française est née par suite de la mise en péril de cette civilisation en 1870. Un des seuls pays européens qui a su intégrer les idées de nation et de culture en une espèce de "supra-culture" à l'échelle nationale, la France aurait été, de la sorte, l'aboutissement de la civilisation gallo-romaine et aurait le devoir de partager cette culture avec d'autres peuples. Dans la mesure où il manquait à la Troisième République une dimension mystique, la mission civilisatrice a fini par servir d'idéologie officielle. On peut avancer, de même, que les traumatismes des années 1930—la récession économique et la menace des fascismes— ont poussé les Français, fort incertains quant à l'avenir de la nation, à se replonger dans leurs racines pour retrouver la sécurité. Comme nous l'avons vu, l'histoire littéraire républicaine, aussi bien que l'historiographie républicaine, a mis en valeur l'unité culturelle de la nation. Cette conception a prévalu jusque dans les années 1960. D'où la grille explicative sous-jacente au Panthéon littéraire: "(il s'agit d'un) culte de la France à travers ses grands hommes."[38] Le moment venu, l'écolier de la première génération de l'Ecole républicaine (1880-1900) a su prendre les armes pour défendre une France idéalisée, d'où la préparation de la jeunesse pour la Première Guerre mondiale. Et l'on sait à quel point les valeurs républicaines—l'universalisme de la nation française, la valorisation de son patrimoine culturel, etc.—ont été reprises par l'Hexagone de C. de Gaulle, de F. Mitterrand et de J. Chirac…

Les jeunes Français de nos jours veulent, de toute évidence, une France beaucoup plus moderne, une France qui va de l'avant et non pas une France qui reste en arrière et se lamente sur la perte de ses moulins au profit des usines. Toutefois, les profondes mutations socio-économiques et démographiques des vingt-cinq dernières années ont amené la jeunesse à s'inquiéter de l'avenir de la nation. Contrairement à la génération de 1930, elle ne peut plus s'appuyer sur les mythes fondateurs de la nation pour se renouveler. Si l'on admet que la société française cherche maintenant à se décharger de l'Ecole républicaine, on peut se demander si l'Ecole post-républicaine saura exercer sa fonction idéologique de la reproduction de la culture et, par extension, de l'ordre social.[39] N'oublions pas que le processus de "civiliser" les Français relève, au XIXème siècle, d'une entreprise éducative. Si les révolutionnaires de 1789 ont inventé le terme "instituteur," c'était pour charger son rôle d'une fonction d'acculturation: ce mercenaire de l'Etat devait installer chez les jeunes les "institutions," c'est-à-dire, les structures de l'Etat, ceci afin de les préparer à s'assimiler aux normes. Or, il est significatif de constater que le terme "instituteur" a été transformé récemment par l'Etat, sans doute par souci de correction politique, en "professeur des écoles." Dans cette même perspective, le titre officiel des Ecoles Normales d'instituteurs est devenu, on l'a vu, l'IUFM: l'Institut Universitaire pour la Formation des Maîtres. De tels changements lexicaux témoignent de la mise en place d'une nouvelle conception de la francité à l'heure actuelle. La disparition de l'image républicaine de La Fontaine à l'Ecole va de pair avec le refus généralisé d'une identité nationale traditionnelle marquée par la normativité. Si l'Etat se charge de nos jours de "dé-institutionnaliser" le poète, c'est que l'émergence d'un La Fontaine post-moderne relève d'une gageure, car on s'oriente vers une affirmation de l'antinormativité. Si l'Ecole Normale n'est plus dans le ton, c'est que l'Etat vise à projeter une image moins vieillissante de la nation. Dans la mesure où la discipline et la règle leur déplaisent de plus en plus, les jeunes acceptent de moins en moins les obligations passées. Ils se fatiguent du système sévère et répressif de leurs parents, de la rigidité de la discipline et de la réprimande, de se sentir poussés vers la perfection. Ils se révoltent contre un excès disciplinaire qui marquait les générations antérieures, tant à la maison qu'à l'école. Il serait absurde de prétendre que l'auteur des *Fables* rend compte de la totalité des transformations socio-culturelles de la France moderne. Mais il est raisonnable d'affirmer que son rétrécissement progressif au sein de la culture française sert de révélateur pour les Français qui s'engagent dans le nouveau millénaire et s'inquiètent de la mise en danger du concept de l'identité nationale. Par ce biais particulier, nous avons voulu pousser le lecteur français à (re)penser son expérience scolaire et notamment son rapport personnel au patrimoine culturel. Dans quelle direction l'image de La Fontaine doit-elle évoluer, en fin de compte, pour survivre dans un avenir incertain?

NOTES

[1] *La Littérature au collège*, Paris, INRP/Nathan (1994), 43.

[2] Correspondance personnelle, le 15 mars 1999.

[3] B. de Cessole, "La Fontaine: La France l'aime depuis 300 ans," *Le Figaro magazine*, le 4 mars 1995, 48.

[4] Arditi, 82.

[5] P. Clarac, "Les *Fables* de La Fontaine, de l'école primaire à la Sorbonne," 2.

[6] F. Dufay et al., "Ecole: le mal-aimé," *Le Point*, 982, le 13 juillet 1991, 43.

[7] M. Schmitt, "La Place et l'image de La Fontaine dans l'enseignement durant la décennie," *Le Fablier*, 3 (1991), 38.

[8] *Jean de La Fontaine*, Lyon, LUGD (1995), 5. Voir aussi, sur ce point, M. Arditi.

[9] Correspondance personnelle, le 25 février 1998.

[10] J-M. Domenach, *Le Crépuscule de la culture française?*, Paris, Plon (1995), 194.

[11] Cité par G. Lanson dans son *Histoire de la littérature française*, Paris, Hachette (1953), 300.

[12] *Le Figaro*, le 5 octobre 1972.

[13] *"Le Loup et l'Agneau,"* Pantin, La Compagnie du Livre, 1994.

[14] *La Dictée. Les Français et l'orthographe, 1873-1987*, Paris, INRP/Calmann-Lévy, 1989.

[15] "Le Grand Ancêtre de la chanson française," *Le Fablier* 7, (1995) 97-8.

[16] E. Genouvrier, *Naître en français*, Paris, Larousse (1986), 172.

[17] "Les Classiques à l'école," 230.

[18] Correspondance personnelle, le 13 décembre 1998.

[19] K. Chadwick, "Education in Secular France:…55-57.

[20] S. Citron, *Le Mythe national: L'histoire de France en question*, Paris, Ed. Ouvrières (1987), 271.

[21] C. Charle, *La République des universitaires, 1870-1940*, Paris, Seuil (1994), 217.

[22] P. Raynaud et al., *La Fin de l'Ecole républicaine*, Paris, Calmann-Lévy (1990), 11.

[23] E. Schérer, *Etudes sur la littérature contemporaine*, VI, Paris, Calmann-Lévy (1886), 263.

[24] P. Bornecque, *La France et sa littérature*, Lyon, Ed. de Lyon (1953), 199.

[25] "Un *Fablier* pour le tricentenaire," *Le Fablier*, 7 (1995), 11.

[26] M. Lambron, "La Fontaine: Génial précurseur du Bébête Show," *Le Point*, 982 (juillet 1991), 37-39.

[27] *La Fontaine Président ! Chronique fabuliste d'une campagne présidentielle*, Paris, Eska, 1995.

[28] *Du Savetier au Financier: Guide pour bien gérer aujourd'hui son patrimoine et ses affaires*, Paris, Ed. HMT, 1995.

[29] *La France*, Paris, Guillaumin, 1901.

[30] "Les Nouveaux 'Barbares'," *Le Point*, 1315, le 29 novembre 1997.

[31] V. Peiffer, "Le Mal-Vivre des profs," *Le Point*, 110-11. Voir aussi, sur ce point, M-C. Weidmann Koop, "La Violence dans les établissements scolaires en France," *Contemporary French Civilization*, 24 (2000), 54-74.

[32] M. Crubellier, *La Mémoire des Français. Recherches d'histoire culturelle*, Paris, Kronos (1991), 322.

[33] Ricquier, 22.

[34] Correspondance personnelle, le 5 février 1999.

[35] H. Le Bras et E. Todd, *L'Invention de la France*, Paris, Librairie générale française, 1981.

[36] *Jean-Christophe*, IX, Paris, A. Michel (1926), 37.

[37] *L'Etat culturel*, Paris, Fallois (1991), 277.

[38] Citron, 95.

[39] P. Bourdieu et J-C. Passeron, *La Reproduction; éléments pour une théorie du système d'enseignement*, Paris, Minuit, 1970.

Les données statistiques qui suivent sont tirées de l'ensemble des manuels examinés au cours de ce travail, notamment des chapitres II et III et portent, respectivement, sur l'enseignement primaire et secondaire en France sous la Troisième République. Il va de soi que les principales perspectives critiques selon lesquelles les *Fables* de La Fontaine sont traitées dans les livres scolaires de cette époque – pédagogique, morale et littéraire – s'enchevêtrent parfois, d'où la difficulté à classer de façon rigoureuse le commentaire de chaque texte. Dans les cas où la désignation formelle de chaque fable ne s'avère pas explicite, nous avons tâché, dans la mesure du possible, de situer ces fables par rapport à la perspective la plus convenable.

Dans notre analyse des manuels utilisés au niveau de l'enseignement primaire, nous avons repéré, au total, onze textes, dont cinq présentent des commentaires sur des fables particulières: J. Porchat, *Le Fablier des écoles* (1873), H. Leclerc, *Fables et historiettes* (1873), E. Faguet, *La Fontaine expliqué aux enfants* (1883), G. Lyon, *Code moral de l'expérience et de la sagesse* (1885), et L. Ricquier, *Le Fablier scolaire* (1897). Bien que nous ayons fait référence à six autres livres scolaires du cycle primaire, ces livres n'évoquent pas de fable particulière. Alors que vingt-sept fables font l'objet d'un seul commentaire, il importe de noter que seulement six fables sont commentées dans plus d'un texte: "La Cigale et la Fourmi" (trois fois), "Le Loup et l'Agneau," "Le Rat et l'Eléphant," "Le Savetier et le Financier," "Le Vieillard et ses Enfants" et "La Mort et les Mourants" (deux fois). Ci-après l'on trouvera le bilan des fables abordées une seule fois:

INVENTAIRE DES FABLES TIRÉES DES MANUELS DU PREMIER CYCLE

	J. Porchat, Le Fablier des écoles (1873)	H. Leclerc, Fables et historiettes (1873)	E. Faguet, La Fontaine expliqué aux enfants (1883)	G. Lyon, Code moral de... la sagesse (1885)	L. Ricquier, Le Fablier scolaire (1897)
"La Cigale et la Fourmi"		Morale "M"	Littéraire "L"	M	
"Le Loup et l'Agneau"	M				Pédagogique "P"
"Le Rat et l'Eléphant"			L	M	
"Le Savetier et le Financier"	M		L		
"Le Vieillard et ses Enfants"	M	P			
"La Mort et le Mourant"				M	P
"La Laitière et le pot au lait"		P			
"Le Corbeau et le Renard"	M				
"Le Loup devenu Berger"		M			
"Discours à Mme de la Sablière"			L		
"Les Deux Mulets"				M	
"Les Deux Amis"					P
"La Grenouille qui veut se faire aussi grosse que le Bœuf"	M				
"Le Coq et la Perle"		M			
"Les Animaux malades de la peste"			L		
"Le Loup et le Chien"				M	
"Le Vieillard et les trois Jeunes Hommes"		P			
"Le Lion et le Rat"	M				
"L'Aigle et l'Escarbot"			M		
"L'Hirondelle et les Petits Oiseaux"				M	
"Le Berger et la Mer"	M				
"La Chauve-Souris et les deux Belettes"				M	
"Le Paysan du Danube"					P
"Philomèle et Progné"				M	
"La Mouche et la Fourmi"				M	
"L'Alouette et ses petits ..."				M	
"Le Chat et un Vieux Rat"			M		
"Le Petit Poisson et le Pécheur"				M	
"L'Ours et les deux Compagnons"				M	
"Le Renard, le Singe, et les Animaux"				M	
"Le Berger et le Roi"				L	
"Le Laboureur et ses Enfants"		M			
"Le Geai paré des plumes du Paon"			M		

MANUELS DE L'ENSEIGNEMENT PRIMAIRE

LE FABULISTE DU JEUNE ÂGE

Dans cet ouvrage anonyme, il va de soi que la connaissance de l'alphabet, par le biais de la mémorisation, constitue le premier pas vers l'idéal d'accultération linguistique; il s'agit avant tout des processus par lesquels on devient lettré. On remarquera ici l'utilisation des diphtongues, l'apprentissage des majuscules et des minuscules, et la mise en évidence de divers systèmes typographiques. Les exercices de phonétique engagent l'élève à associer le son—des syllabes à une consonne ou deux—avec un symbole écrit. Dans sa présentation de l'orthographie, l'éditeur ne dissimule pas la difficulté réelle de cette tâche scolaire pour les jeunes. En fondant de la sorte un rapport personnel entre le maître et l'élève, il souligne les bénéfices intellectuels propres à l'art de la lecture, véritable clef de voûte du monde des arts et des sciences. Notons, enfin, que la gravure de ce recueil présente à la jeunesse française l'univers de La Fontaine sous un jour aimable.

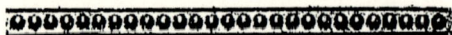

A B C D E F G H I J K
L M N O P Q R S T U
V W X Y Z Æ Œ

A B C D E F G H I J
K L M N O P Q R S T
U V W X Y Z Æ Œ

a b c d e f g h i j k
l m n o p q r s t u
v w x y z æ œ.

a b c d e f g h i j k
l m n o p q r s t u w
w x y z æ œ.

A B C D E F G H I J
K L M N O P Q R S
T U V W X Y Z Æ OE.

A B C D E F G H I J
K L M N O P Q R S
T U V W X Y Z Æ OE.

𝔄 𝔅 ℭ 𝔇 𝔈 𝔉 𝔊 𝔥 𝔍
𝔎 𝔏 𝔐 𝔑 𝔒 𝔓 𝔔 𝔕
𝔖 𝔗 𝔘 𝔚 𝔛 𝔜 𝔷.

a b c d e f g h i j k l
m n o p q r s t u v w
x y z æ œ.

a b c d e f g h i j k l
m n o p q r s t u v w
x y z æ œ.

DES SYLLABES.

ba	bé	bê	be	bi	bo	bu
ca	cé	cê	ce	ci	co	cu
da	dé	dê	de	di	do	du
fa	fé	fê	fe	fi	fo	fu
ga	gé	gê	ge	gi	go	gu
ha	hé	hê	he	hi	ho	hu
ja	jé	jê	je	ji	jo	ju
la	lé	lê	le	li	lo	lu
ma	mé	mê	me	mi	mo	mu
na	né	nê	ne	ni	no	nu
pa	pé	pê	pe	pi	po	pu
ra	ré	rê	re	ri	ro	ru
sa	sé	sê	se	si	so	su
ta	té	tê	te	ti	to	tu
va	vé	vê	ve	vi	vo	vu
xa	xé	xê	xe	xi	xo	xu
za	zé	zê	ze	zi	zo	zu

10–11   LE FABULISTE

dans quel-ques an-nées que
vous pour-rez ap-pré-ci-er le
mé-ri-te de la lec-tu-re, lorsqu'a-vec son se-cours, vous
pour-rez. ren-dre hom-ma-ge
au cré-a-teur de toutes choses, con-naî-tre en li-sant les
li-vres saints, tou-te l'é-ten-
due. de ce qu'il a fait pour
vous, et les mo-yens de lui
en té-moi-gner votre re-con-
nais-san-ce.

Par la lec-tu-re, vous pour-
rez pré-ten-dre à tou-tes les
con-nais-san-ces. Ou-tre la per-
fec-ti-on que vous ac-quer-rez
dans l'é-tat que vous em-bras-
se-rez, la gé-o-gra-phie vous
fe-ra con-naî-tre les di-vers
ha-bi-tans de la ter-re, et
l'his-toi-re, en vous fai-sant
le ré-cit de leurs ac-tions, vous
di-ra cel-les que vous de-vez
i-mi-ter, et cel-les que vous
de-vez re-je-ter. C'est là tou
vous pour-rez pui-ser la vrai-e
sa-ges-se qui vous fe-ra ché-rir
de vos pa-rens, et ai-mer de
tout le mon-de.

DU JEUNE AGE. 11

MOTS ET PHRASES.

POUR LIRE.

Le bas.	Le jour.
Le blé.	Le soir.
Le chat.	La nuit.
Le nez.	La pom-me.
Le pain.	L'ar-bre.
Le chien.	Le ce-ri-si-er.

78–79 LE FABULISTE

La Mouche et le Chariot.

Un cocher poussait sur une plaine sablonneuse un chariot que deux forts chevaux tiraient avec vîtesse. Une mouche s'en aperçut, et vint en bourdonnant sur le timon du char, et là, s'imaginant qu'elle seule le faisait mouvoir : Voyez, s'écriait-elle, quelle poussière je fais lever.

L'ambitieux croit avoir tout fait quand il n'a fait que voir.

La Grenouille et le Bœuf.

UNE grenouille vit un bœuf
qui passait près d'un marécage :
Il ne sera pas dit, cria-t-elle à
sa fille, en se gonflant de toutes ses forces, que ce bœuf
me surpassera en grosseur : re-
garde-moi bien, me voilà, je
crois, pour le moins y aussi
grosse que lui. Vous n'en approchez pas, dit l'autre ; m'y voilà
donc? Point du tout. Oh! poursuivit la grenouille, j'y viendrai,
ou je..... La folle n'acheva pas,
car pendant que, pour s'enfler
encore, elle se roidissait plus
que jamais, elle creva.

L'orgueil, l'envie, l'ambition, font
qu'on se croit plus grand qu'on ne l'est.

80–81   LE FABULISTE.

Le Voleur et le Chien.

Un Voleur s'efforçait d'entrer pendant la nuit dans une maison, à dessein d'y faire quelque vol ; mais il en fut empêché par un chien qui la gardait. Comme celui-ci ne cessait d'aboyer, l'autre lui présenta un morceau de pain, et crut l'engager par là à se taire ; mais le chien le rejeta ! Méchant, dit-il à l'homme, je pourrais accepter ton présent, si je ne connaissais dans quelle vue tu me l'offres ; va, retire-toi d'ici, rien ne peut corrompre ma fidélité.

Il est beau de résister aux intrigans qui veulent nous corrompre.

Le Renard et le Corbeau

La Cigale, et la Fourmi

Le Loup et l'Agneau.

LE loup et l'agneau se désal-
téraient dans le courant d'un
ruisseau ; le premier fort près
de sa source, l'autre fort au-
dessous. Le loup qui ne cherchait qu'un prétexte pour mettre l'agneau en pièces, ne l'eut
pas plutôt aperçu qu'il courut
à lui et l'accusa d'avoir troublé
son eau. Comment pourrais-je
la troubler ? lui dit l'agneau
tout tremblant. Je bois fort au-
dessous de l'endroit où vous
buvez ; croyez que bien loin de
chercher à vous nuire, je n'en
ai seulement pas la pensée.
Hier, répliqua le loup, je vis
ton père qui animait par ses
cris des chiens qui me poursui-
vaient. Il y a plus d'un mois,
répondit l'agneau ; que mon
père a senti le couteau du bou-
cher. C'était donc ta mère ?
poursuivit le cruel. Ma mère,
repartit l'autre, mourut ces
jours passés en me mettant au
monde. Morte ou non, reprit
le loup en grinçant les dents,
je sais combien tu me hais,
toi et les tiens ; il faut que je
me venge. Cela dit, il se lance
sur l'agneau, l'étrangle et le
mange.

La raison du plus fort est toujours la
meilleure.

94–95   *Le Chien et l'Ombre.*

Un chien traversait une rivière , sur un pont , tenant
un morceau de chair dans sa
gueule ; il en vit l'ombre dans
l'eau , et crut que c'était quelque nouvelle proie. Aussitôt il
lâcha la sienne et s'élança vers
ce rien , qui lui semblait être
un mets exquis. Mais quel fut
son désespoir, lorsqu'il vit son
avidité frustrée ? Malheureux
que je suis, s'écriait-il , en regrettant ce qui lui était échappé ;
pour n'avoir su m'en tenir à ce
que j'avais ; j'ai tout perdu.

En voulant trop avoir, on perd ce qu'on a.

La Cigale et la Fourmi.

LA cigale, qui pendant tout l'été n'avait pensé qu'à se donner du bon temps, se trouva, aux approches de l'hiver, dans une disette extrême. Comme elle ne savait où trouver de quoi subsister, elle eut recours à la fourmi, et la pria de lui prêter quelques grains. Me refuser, disait-elle, c'est vouloir que je meure de faim ; car je n'ai fait, je vous jure, aucunes provisions : Tant pis, repartit la fourmi, il fallait songer à l'avenir, faire ce que j'ai fait, travailler, remplir ses magasins de bonne heure. Eh ! que faisiez-vous donc, s'il vous plaît, dans la belle saison ? Je chantais jour et nuit, dit la cigale. Mais vraiment, reprit l'autre en se moquant, vous ne pouviez mieux faire que de penser à vous réjouir. Ainsi, croyez-moi, achevez l'année comme vous l'avez commencée ; et puisque vous en avez employé la moitié à chanter, ne manquez pas d'employer l'autre à danser.

O vous, qui ne songez qu'à rire et à chanter, jetez quelques regards sur l'avenir, et peut-être serez-vous effrayé de la perspective qu'il vous présente.

J-J. Porchat, *Le Fablier des écoles*

S'adressant directement aux enfants, J-J. Porchat met en valeur trois séries de devoirs: la morale permet et codifie les relations avec Dieu, la société et soi-même. Plus précisément, la science morale départage l'ensemble des vices et des vertus, dégageant en l'occurrence, leurs similarités et leurs différences, leurs points de rapprochement et d'exclusion. En jugeant les actions bonnes ou mauvaises d'autrui, on oblige l'élève à réfléchir à sa propre conduite, afin de l'amener à se juger en restant sur la bonne route ou bien, à se corriger si son comportement a été jugé digne de reproche.

A travers la cigale et la fourmi, La Fontaine fait une opposition entre le travail et la paresse. Parmi les travers qu'il convient de dénoncer dans cette fable liminaire, on peut citer l'imprévoyance de la cigale et la dureté de cœur propre à la fourmi. Tout en reconnaissant la culpabilité de ceux qui ont agi par imprudence, les enfants sont exhortés à ne pas suivre l'exemple de la fourmi, qui se montre dépourvue de charité auprès de son prochain.

5

CONSEILS AUX ÉLÈVES

SUR

L'UTILITÉ ET LA LECTURE DES FABLES.

———◦●◦———

SOMMAIRE. — 1. De l'enseignement de la morale à la jeunesse. — 2. Enseignements en exemples tirés des hommes et des animaux. Comment. — 3. Enseignements pris des êtres inanimés. — 4. Origine de la fable ou apologue. Fictions des fabulistes. — 5. Dans quel pays la fable fut inventée. — 6. Du fabuliste Ésope et de ses fables. — 7. Anciens fabulistes français. — 8. De La Fontaine. Mérite de ses fables. — 9. Des fables en vers. Difficultés et agrément qu'à présente leur lecture. — 10. De la manière de bien réciter les fables. — 11. Conclusion.

1. Vous savez, mes jeunes amis, que vos parents et vos instituteurs se proposent avant tout, dans les leçons qu'ils vous donnent, de vous faire connaître vos devoirs et de vous mettre en état de les remplir. Tel est d'abord l'objet de la première des sciences, de la religion, qui parle au nom de Dieu et avec l'autorité de l'Écriture-Sainte. La religion appelle à son aide la morale, qui nous fait comprendre, en s'adressant à notre esprit et à notre cœur, que nous devons être pieux, justes et sages.

La morale nous enseigne nos devoirs envers Dieu, envers les hommes et envers nous-mêmes. Elle passe en revue toutes les vertus et tous les vices, elle les classe, rapproche ceux qui se ressemblent, distingue ceux qui sont opposés; elle fait du tout un ensemble qui compose la science morale. Une partie du ca-

6   CONSEILS

...chisme est consacré tout entière à ce grand objet.

3. Mais on ne se contente pas de vous enseigner vos devoirs, en les exposant dans cet ordre suivi; comme l'exemple a une grande influence sur les hommes, on saisit toutes les occasions qui se présentent de vous instruire par ce moyen. Si quelqu'un a fait une action bonne ou mauvaise, on vous le fait remarquer, on vous rend attentifs à votre propre conduite, soit pour vous engager à persévérer, quand elle a été bonne, soit pour vous porter à vous corriger, quand elle a été mauvaise.

Il était fort naturel de proposer à l'homme l'exemple des autres hommes ou le sien même; mais on ne s'en est pas tenu là. On a vu que les animaux avaient des habitudes et des mœurs, qui n'étaient pas sans rapports avec les nôtres. Les uns sont doux, les autres cruels ; les uns laborieux et vigilants, les autres imprévoyants, paresseux ; il y en a qui se plaisent dans la société de leurs pareils, d'autres qui les fuient, et qui vivent en farouches solitaires : l'idée est donc venue à quelques sages d'autrefois de nous donner des leçons de morale, en nous faisant remarquer comment les divers animaux se comportent, et en nous conseillant de chercher même chez eux des exemples du bien et du mal.

« Allez à la fourmi, paresseux, dit Salomon, considé-
« rez sa conduite et apprenez à devenir sages, puisque,
« n'ayant ni chef, ni maître, ni prince, elle fait néan-
« moins sa provision durant l'été, et amasse pendant
« la moisson de quoi se nourrir. »

Cette habitude d'appuyer un avis qu'on nous donne, par l'exemple des animaux, s'est continuée depuis, et l'on y revient souvent aujourd'hui. Un maître veut-il avertir un écolier de ne pas répéter sa leçon sans y réfléchir, et des lèvres seulement, il lui dit de ne pas réciter « comme un perroquet ».

Nous avons observé avec plus d'attention les animaux domestiques, parce qu'ils nous intéressent davantage, et qu'ils vivent près de nous. Doués, par le Créateur,

7

d'instincts admirables, ils nous servent chacun à leur manière, et ils nous offrent souvent l'image de qualités que notre orgueil est forcé d'admirer. On a cité mille fois le chien comme un modèle de fidélité, de dévouement et de courage ; le cheval et le bœuf sont des exemples de patience et d'activité ; le coq est devenu par son chant matinal l'*emblème*, c'est-à-dire l'image de la vigilance.

8. Ainsi, nous pouvons trouver des enseignements, pour former notre raison, jusque chez les animaux dépourvus de raison. Admirable dispensation de la Providence ! mais elle a fait plus encore en notre faveur ; elle a voulu que la nature entière, en même temps qu'elle parle à nos yeux et à nos oreilles, parlât aussi à notre esprit et à notre cœur. Les êtres inanimés, savoir les plantes et même les corps bruts, peuvent faire naître chez nous des réflexions sur nos devoirs, et nous donner, pour ainsi dire, des leçons de morale.

Un pommier chargé de fruits, qui courbe ses branches vers la terre, comme pour nous inviter à profiter de ses dons, nous représente la bienfaisance et nous la fait aimer ; un arbre vigoureux, qui laisse ramper sur son écorce une faible tige de lierre, et lui prête un solide appui, est pour nous l'image de la force généreuse et secourable ; un autre arbre, au contraire, qui ne laisse végéter aucune plante sous son ombre pernicieuse, et fait périr celles qui s'y hasardent, se présente à notre esprit comme l'exemple de l'inhumanité, de l'intolérance, et nous l'appelons *inhospitalier* ; une aiguille aimantée se tourne constamment vers le nord, et dirige les navigateurs sur l'immense étendue des mers : ce guide fidèle ne vous rappelle-t-il pas la voix de la conscience, qui nous trace pareillement, dans le voyage de la vie, la route que nous devons suivre ?

2.

LE CORBEAU ET LE RENARD. (I, 2.)

Maître[1] corbeau, sur un arbre perché,
Tenait en son bec un fromage[2].
Maître renard, par l'odeur alléché[3],
Lui tint à peu près ce langage :
« Hé ! bonjour, monsieur du corbeau[4].
Que vous êtes joli ! que vous me semblez beau !
Sans mentir[5], si votre ramage[6]

---

[1] Le titre de maître se donnait autrefois même aux bourgeois. On le réserve aujourd'hui pour les avocats, les notaires et les avoués. La Fontaine l'emploie ici pour égayer le style.

[2] Il y a, comme on sait, des fromages assez petits pour qu'un corbeau les porte à son bec.

[3] Vieux mot qui signifie « attiré ». Attiré par l'odeur. Si l'on que puisse être l'odorat du renard, on dira peut-être qu'il a dû plutôt voir le fromage que le sentir de si bas et de si loin.

[4] Monsieur du corbeau ; le renard le traite en gentilhomme ; il lui donne la particule nobiliaire, le de ou du, qui séduit tant de sots. Cela devrait inspirer de la défiance au corbeau, et l'avertir que le renard est railleur ou fripon.

[5] La même idée est exprimée deux fois dans ce vers : c'est que les paroles ne coûtent rien aux flatteurs; ils savent bien d'ailleurs que les sots ne sont jamais las de s'entendre louer.

[6] Sans mentir, et il ment ! Les personnes qui disent le plus « je vous jure, je vous donne ma parole d'honneur », ne sont pas celles qui doivent inspirer le plus de confiance ; la sincérité parle plus simplement.

[7] Le ramage est le chant des petits oiseaux, et c'est un chant agréable. On dira « le ramage du rossignol, de la fauvette », mais le ramage du corbeau !... cela est plaisant.

20 . FABLIER DES ÉCOLES. ‥ ‥

Se rapporte* à votre plumage, ‥ ‥
Vous êtes le phénix* des hôtes de ces bois[10]. »
A ces mots, le corbeau ne se sent pas de joie; ‥
Et, pour montrer sa belle voix, ‥
Il ouvre un large bec, laisse tomber sa proie[11].

‥ ‥ ‥ .WII.

Nous disons, nous autres, avec plus de franchise, le *croas-sement.*

[8] « Si votre ramage a du rapport avec votre plumage, » si votre ramage est aussi beau que votre plumage. » Le renard parle ici comme s'il ne connaissait pas le cri du corbeau; sans cela le verbe aurait été mis à l'imparfait : *Si votre ramage SE RAPPORTAIT à votre plumage.* Nouvelle ruse ; car il est impossible que le renard, qui habite les mêmes campagnes, n'ait pas entendu cent fois le cri du corbeau, et le corbeau devrait s'en douter.

[9] Oiseau merveilleux, qui n'a jamais existé. Les anciens contaient sur lui plusieurs prodiges. Il n'y en avait, disait-on, jamais qu'un seul au monde : il était unique. De là le mot de *Phénix* a été employé souvent pour désigner ce qu'il y a de plus rare, de plus excellent. Ajoutons un détail : on supposait qu'après sa mort on brûlait cet oiseau et qu'il renaissait de ses cendres; aussi une compagnie d'assurance contre l'incendie a pu prendre ingénieusement le phénix pour emblème, et s'appeler la *Compagnie du phénix,* puisqu'une maison assurée renaît, pour ainsi dire, de ses cendres en cas d'incendie.

[10] Les *hôtes des bois* sont « les habitants des bois », par où le renard entend ici les oiseaux, quoiqu'il y ait bien d'autres animaux qui vivent dans les bois.

[11] Il est impossible de se méconnaître, de s'oublier plus complètement et de faire un plus ridicule personnage. Le corbeau ne *se sent pas de joie* : quelques mots d'une flatterie outrée l'ont ravi ; il jouit d'avance de l'admiration qu'il va causer : il sera un phénix. Il veut donc *montrer sa belle voix,* car il est bien certain en lui-même qu'elle est admirable ; *il ouvre un large bec* : pauvre bête !... et ton fromage? Tu n'y pensais guère, toi, et le renard ne pensait pas à autre chose. Vois-tu déjà la proie dans sa gueule? Il te reste à écouter la leçon qu'il va te donner.

Le renard s'en saisit, et dit : «Mon bon monsieur [12],
    Apprenez que tout flatteur
   Vit aux dépens de celui qui l'écoute [14] :
Cette leçon vaut bien un fromage [15], sans doute. »
  Le corbeau, honteux et confus,
Jura [15], mais un peu tard, qu'on ne l'y prendrait
                  [plus [16].

Cet apologue est destiné à peindre la perfidie des flatteurs et la sottise de ceux qui s'y laissent prendre.

Le flatteur nous loue, pour s'enrichir à nos dépens ou pour se moquer de nous. Il suppose que nous sommes orgueilleux et vains, et, par conséquent, disposés à croire tout le bien qu'il nous dira de nous-mêmes. Il y a peu de différence entre un tel homme et un escroc.

S'il en survient un, qui commence son manége, tenons-nous bien sur nos gardes ; ne soyons ni assez sots pour croire sincères les fades louanges qu'il nous donnera, ni assez préoccupés de ce qu'il nous dira pour nous laisser dépouiller pendant qu'il tiendra ses beaux discours.

---

[12] Mon bon monsieur ; Trois insultes en trois mots. Mon exprime l'affection du renard pour « son cher corbeau » ; bon, «ä trop bon, un peu bête », c'est là le sens, et il ne peut échapper même au corbeau ; monsieur, terme de politesse ; mais que cette politesse est moqueuse !... Monsieur, comme on le prononce aujourd'hui (Mocieu), ne rime pas exactement avec flatteur.

[13] Cela est vrai ; mais c'est une lâche et triste vie ; mieux vaudrait cent fois être dupe comme le corbeau, que d'être vil, menteur et voleur comme le renard.

[14] Cette leçon vaut même beaucoup plus : mais il ne fallait pas escroquer le salaire.

[15] Promit solennellement, avec serment ; ce qui était de trop, car c'est une mauvaise habitude de jurer ; mais le corbeau est trop chagrin pour écouter cette leçon, que nous voulions encore lui donner.

[16] « Qu'on ne l'attrapera plus ainsi. »

22   FABLIER DES ÉCOLES.

Un pauvre homme, qui n'a rien à perdre, n'est pas fort exposé aux embûches des flatteurs. Si le corbeau n'avait pas eu *dans son bec un fromage*, le renard aurait passé son chemin sans lui dire un mot; car on comprend bien qu'il n'admirait ni la voix ni le plumage du corbeau; mais le fromage sentait bon, le renard avait faim; voilà de quoi délier la langue du flatteur!

Le renard est représenté ici comme la ruse et l'adresse même; cependant les naturalistes ne nous disent pas qu'il surpasse beaucoup, sous ce rapport, plusieurs autres animaux; mais on est convenu de lui prêter, dans les fables, le personnage de l'homme habile et trompeur. En revanche, le corbeau est supposé bien sot, et pourtant les chasseurs savent qu'il est fort défiant. Il a une vue perçante; il est sur ses gardes, et ne se laisse guère approcher à la portée du coup de fusil.

LA GRENOUILLE

QUI VEUT SE FAIRE AUSSI GROSSE QUE LE BŒUF. (I, 3.)

Une grenouille vit un bœuf
Qui lui sembla de belle taille.
Elle, qui n'était pas grosse en tout comme un œuf,
Envieuse, s'étend, et s'enfle, et se travaille[1]
Pour égaler l'animal en grosseur
    Disant : Regardez bien, ma sœur;
Est-ce assez? dites-moi; n'y suis-je point encore?

---

[1] *Se travailler*, c'est se donner beaucoup de travail, beaucoup de peine. ET *s'enfle* ET *se travaille* : la conjonction *et* n'est pas répétée sans intention; cela sert à mieux exprimer la peine que se donne la grenouille.

FABLES CHOISIES DE LA FONTAINE. 23

Nenni.—M'y voici donc!—Point du tout.—M'y voilà?
—Vous n'en approchez point. » La chétive pécore
S'enfla si bien qu'elle creva.
Le monde est plein de gens qui ne sont pas plus sages:
Tout bourgeois veut bâtir comme les grands sei-
Tout petit prince a des ambassadeurs, [gneurs,

---

¹ *Est-ce assez ?... M'y suis-je point encore ?... M'y voici donc ?... M'y voilà !* Il y a dans ce passage ce qu'on appelle une *gradation*, c'est-à-dire un progrès dans l'expression. La grenouille est de plus en plus persuadée qu'elle doit être égale au bœuf ; enfin elle n'en doute plus : *M'y voilà !* et c'est à ce moment qu'elle crève.

² *Pécore*, vient d'un terme latin qui signifie « animal » ; la chétive *pécore*, c'est-à-dire « le faible, le misérable animal ».

³ *Crever*, c'est « se rompre avec effort », comme, par exemple, un ballon trop gonflé. *Crever*, signifie aussi périr. On peut dire qu'ici ce mot « les deux sens. La grenouille crève, sa peau « se rompt » avec effort, et, par conséquent, l'animal « a péri ».

⁴ Du temps de La Fontaine, il y avait encore des familles nobles et puissantes qui habitaient des châteaux et qui avaient des *privilèges*, c'est-à-dire des droits particuliers, comme de posséder des terres franches d'impôts et d'avoir des *vassaux*, c'est-à-dire des subordonnés, dont ils exigeaient plusieurs services en qualité de *seigneurs*. La révolution de 1789 a fait disparaître ces distinctions contraires au bonheur de la société et à l'égalité naturelle des hommes.

⁵ Les *ambassadeurs* sont des hommes que le gouvernement d'un grand Etat, comme la France, l'Angleterre, la Prusse, l'Autriche ou la Russie, envoie auprès d'un autre gouvernement pour représenter celui de leur pays. Les ambassadeurs sont largement payés, chaque Etat voulant que ses envoyés donnent une haute idée de sa puissance et de sa richesse. Les Etats faibles et pauvres ne peuvent pas égaler cette magnificence, et ils doivent, s'ils sont prudents, se contenter de représentants plus modestes, qu'on appelle *envoyés*, ou *chargés d'affaires*.

H. Leclerc, *Fables et historiettes*

Dans ses conseils de lecture, H. Leclerc insiste d'abord sur la durabilité des "impressions de l'enfance" et des habitudes développées parmi les jeunes, d'où la permanence des traits de caractère depuis la jeunesse jusqu'à l'âge adulte. "Petits indisciplinés," les enfants ne se rendent pas compte du fardeau qui pèse sur leurs épaules, à savoir, celui d'acquérir la sagesse. C'est ainsi que l'éditeur met au point les objectifs primordiaux de son programme d'instruction morale: la répression des tendances naturelles vers le mal va contribuer à la formation de l'homme probe—on s'adresse seulement aux hommes dans ce fablier—et du citoyen responsable et producteur. Cet homme aura acquis une croyance en Dieu lui permettant de pratiquer la charité envers les autres. On a affaire, en germe, aux principes directeurs de la morale de La Fontaine.

De même que se gardent longtemps dans un vase neuf l'odeur et le goût de la première liqueur qu'on y a versée, de même se retrouvent à peu près intactes dans l'homme les impressions de l'enfance et les habitudes contractées dans la jeunesse. L'expérience confirme chaque jour cette observation et nous permet d'affirmer qu'à de rares exceptions près les qualités et les défauts de l'enfant demeurent les qualités et les défauts de l'homme dans les âges qui suivent. Aussi, de toutes les périodes de la vie, l'enfance et la jeunesse demandent-elles une grande docilité et imposent-elles aux parents l'obligation d'une surveillance active et incessante.

2

Que de conseils, que de soins ne donne-t-on pas en effet à ces chers étourdis qui s'en étonnent et qui parfois ont le tort de les supporter difficilement ! Ils ne peuvent croire, ces petits indisciplinés, que, le temps de la jeunesse étant celui des premiers penchants, il convient d'en diriger habilement et fructueusement la séve, de tailler les pousses folles qui appauvriraient l'arbre de vie, de poser sur les sujets affaiblis une greffe saine et vigoureuse.

Si l'on travaille, chers enfants, à réprimer vos tendances naissantes vers ce qui est mal, à vous donner de l'émulation pour ce qui est bien, c'est qu'il importe autant à la société qu'à vous-mêmes que vous soyez des hommes fermes dans vos principes, honnêtes dans vos mœurs, bienveillants envers vos semblables, reconnaissants envers Dieu ; c'est qu'il importe au bien de tous que vous deveniez des citoyens judicieusement responsables de vos actes, des citoyens capables d'accroître la prospérité publique par le travail.

Ces principes de morale et de science, ces connaissances qui font la force de l'homme, vous ne pouvez les acquérir qu'en obéissant aux leçons de l'expérience et en vous livrant à la lecture et à l'étude de bons ouvrages.

Parmi ceux-ci, les livres de fables comptent à juste titre dans les meilleurs : ils instruisent sans fatiguer.

Une morale nue apporte l'ennui,
Le conte fait passer le précepte après lui.

D'ailleurs le précepte n'a rien d'austère, ni d'effrayant ;

Le plus simple animal nous y tient lieu de maître.

Quoi de plus insinuant, en effet, que cette moralité dont on ne se méfie pas, professée par des personnages muets dont le babil imaginaire intéresse et qui fait qu'instinctivement on prend parti pour le modeste contre le superbe, pour l'innocent contre le coupable, pour l'opprimé contre l'oppresseur. L'idée du juste et de l'injuste s'éveille ainsi, et parce que cette idée a une forme aux yeux, elle laisse à l'esprit une notion du droit, un sentiment moral que rien ne saurait effacer.

La Fontaine est le père de la fable française ; mais son recueil, s'adressant à des esprits d'élite, à des gens de goût, d'âge et de haute raison, ne saurait être exclusivement consacré à l'instruction des enfants. Pour qu'elles aient crédit à la cour du grand roi, l'immortel fabuliste a paré ses fables de toutes les grâces du style et de toutes les finesses de l'art ; il les a semées de richesses littéraires et philosophiques, véritables inspirations de génie qui pour la plupart échappent au discernement des jeunes élèves ! nos souvenirs nous le disent assez !

Nous avons donc cru devoir composer un recueil de fables, dans lesquelles le style, bien que pur et correct, ne fût pas trop embelli par les agréments de la diction ; nous avons choisi celles où les acteurs sont le mieux connus, celles où la moralité plus pratique convient

bien à des intelligences impressionnables. Les fictions
exagérées, ayant besoin de rectifications pour être
vraies, nous les avons écartées avec soin, ne voulant
pas que, dans ce code d'éducation, la vérité, sous aucun
prétexte, fût mélangée à l'erreur.

Notre recueil est divisé en quatre livres, formant
chacun un enseignement spécial :

Le premier livre établit les rapports de l'enfant avec
la famille et lui trace ses devoirs envers les maîtres,
les malheureux et les vieillards ;

Le deuxième parle des relations de l'enfant avec ses
condisciples, de ses devoirs envers lui-même. Il met
en parallèle les qualités et les défauts; les charmes de
l'esprit et les avantages du corps. Il signale les fautes
capitales où nous entraînent l'orgueil et la vanité;

Le troisième s'occupe des habitudes et des fréquen-
tations ; de l'attrait qu'offrent les choses défendues et
des moyens de résister à la tentation ; de l'amitié
et de la recherche d'amis véritablement dignes de ce
nom ;

Le quatrième indique quelques moyens de se rendre
heureux autant que cela est possible (1). Il dit que le
bonheur se trouve dans le travail, que la prospérité
naît d'un sage esprit de conduite, que le contentement

_____

(1) Dans cette étude élémentaire nous nous sommes bornés à développer ces
idées :

*Qu'on est heureux en conformant sa vie et ses goûts à sa conscience et à
sa position, et non point en modelant ses goûts et sa conscience sur les
préjugés et les avis du monde;*

*Que nous sommes plus ou moins l'artisan direct de nos peines et de nos
joies.*

Si jeune que soit l'enfant, son attention doit être appelée sur ces vérités.

vient de l'état auquel on s'attache, que la félicité ressort de la pratique des devoirs que nous impose Dieu, notre père et notre juge.

Nous avons fait précéder chaque fable d'une pensée ou maxime qui donne à la moralité de celle-ci une signification plus précise, une portée plus grande. Les enfants retiennent volontiers ces sentences courtes et incisives, offrant d'ailleurs un texte naturel à l'amplification. Nous aidons le maître dans cette tâche, mettant ainsi à sa disposition des historiettes et divers sujets d'entretiens.

Quelques-uns de ces sujets peuvent paraître sortir de l'enseignement élémentaire auquel ils sont destinés; cependant nous les avons écrits à dessein dans l'espoir que, ce livre passant de l'enfant à la famille, les aînés de celle-ci pourront à leur tour en retirer quelque profit. Puissions-nous ne point nous être trompé !

Puissent ces fables et ces notes composer le mélange heureux souhaité par le poëte latin ! *Être utile et agréable*, ce ne peut être une espérance vaine lorsque, prenant Dieu pour aide et la religion pour flambeau, l'on se propose *la culture de l'esprit* par la recherche de la vérité et la connaissance des principes, et *la culture du cœur* par l'enseignement pratique des devoirs à l'accomplissement desquels tout homme se doit envers Dieu, son pays, sa famille et lui-même.

LIVRE PREMIER.

Rapports de l'enfant avec la famille : de la piété filiale, de l'amour maternel, de l'instruction et de l'éducation dans la famille. — Rapports de l'enfant avec ceux qui l'instruisent ; avec les vieillards. — Charité et bienfaisance.

Les enfants comprennent qu'ils doivent à leur père et à leur mère obéissance, amour et respect. Ils puisent ces précieux sentiments dans l'instinct et dans la mémoire de leur cœur, aussi bien que dans la conscience de leur faiblesse. Il arrive toutefois que les uns trop choyés, les autres trop délaissés par leurs parents, oublient ces obligations sacrées ou en méconnaissent l'étendue. Nous nous proposons de les leur rappeler et de leur dire tout d'abord avec saint Paul : *Qu'il est raisonnable de rendre à ses parents l'honneur auquel ils ont droit ; que Dieu le veut ;* car le quatrième précepte des Tables de la loi donne cet ordre formel : *Honore ton père et ta mère, si tu veux vivre longuement.*

Parmi ces devoirs, le plus essentiel peut-être, est l'obéissance. *Pour savoir commander, il faut avoir appris à obéir,* dit la sagesse des peuples. Si l'on veut, homme, avoir la force sur soi-même et autorité sur les autres, il faut, en-

fant, avoir la sagesse de soumettre sa volonté et sa raison
à celle de ses parents.

Écoutez, enfants, les avis de votre père et ceux de votre
mère ; gardez-vous d'aucune pensée, d'aucune parole, d'aucun geste qui témoignent de votre irrévérence et de votre
insoumission ; recevez avec respect la remontrance, et, si
vous avez eu le malheur de la mériter, le dirai-je ? la punition. Les parents représentent Dieu sur terre, et toute volonté doit s'incliner devant celle de la plus puissante et de
la plus auguste autorité. D'ailleurs l'obéissance peut-elle
être difficile à un enfant qui aime bien son père et sa mère ?

Vous aimez, enfants, votre père et votre mère parce qu'ils
vous ont donné la vie et qu'ils vous la conservent ; parce
que, dès le berceau, ils ont fortifié votre corps par la nourriture, et qu'ils ont consacré leurs veilles et leurs fatigues
à amasser un avoir qui vous rendra plus heureux qu'eux-
mêmes ne l'ont été. S'il arrive, qu'après avoir lutté coura-
geusement contre les difficultés de la vie, ces parents affaiblis tombent vaincus par elles, souvenez-vous qu'ils ont
droit à toute votre assistance.

Après les parents, enfants, ceux que vous devez le plus
honorer sont ces hommes dévoués qui vous enseignent la
religion et la science. Grâce à leur zèle, vous cessez d'être
ignorants, c'est-à-dire d'être mauvais ; car l'ignorance est
la source de tout mal, comme de toute misère. Grâce aux
talents qu'ils développent en vous, vous pourrez un jour,
avec honneur et fruit, remplir les fonctions sociales qui
vous attendent dans l'industrie, le commerce, l'agriculture, l'administration, l'armée. Écoutez donc la parole du
maître ; mettez en pratique ses conseils ; ne vous montrez
pas impatients de ses observations ; n'apportez pas de malice à la classe, mais beaucoup d'attention ; ne murmurez
pas contre une punition justement infligée : toute sévérité
est salutaire, la faiblesse seule est préjudiciable. Soyez-leur
reconnaissants de la peine qu'ils se donnent ; et, quand

vous serez hommes, ce sentiment de gratitude reviendra si profond à votre cœur que vous citerez le nom de vos maîtres avec plaisir et orgueil.

Dans l'ordre naturel des affections, viennent ensuite les frères et les sœurs. Ne taquinez point vos frères ni vos sœurs; la taquinerie indispose ceux qui en sont l'objet, parce qu'elle les établit dans une sorte d'infériorité humiliante et qu'elle jaillit peut-être d'une petite pointe de méchanceté. Si vous vous êtes fâchés entre vous pour un mot, un joujou, un rien, ne vous couchez point sur votre mauvaise humeur; que le plus gentil cède et s'excuse; et ce pardon mutuel vous fera dormir le cœur content.

Cette affection est si naturelle, d'ailleurs, qu'il semble inutile de s'en entretenir; mais celle que nous avons à rappeler, l'affection pour le prochain, est souvent oubliée ou dénaturée. Aimer le prochain, c'est aimer tous les hommes, les pauvres comme les riches, les bons comme les méchants, les plus proches comme les plus éloignés. Les hommes doivent avoir part égale à notre dévouement et à nos secours; car nous sommes frères, nés d'un père commun qui est Dieu; nous sommes égaux devant Lui, puisqu'il a donné au monde, Jésus, le Sauveur divin, afin de nous arracher aux ténèbres de l'ignorance et à l'esclavage du mal.

> Aimez-vous ! L'Homme-Dieu, ce modèle des pères,
> N'a pas dit : choisissez !
> Il a dit : aimez-vous; n'êtes-vous pas tous frères ?
> Portez donc en commun vos communes misères;
> Aimez-vous ; c'est assez.

Tel sera l'enseignement de ce premier livre.

---

38 FABLES ET HISTORIETTES.

Fable de La Fontaine.

LE VIEILLARD ET SES ENFANTS.

Sujet moral : Bien à plaindre sont ceux qui, par position, vivent loin de la famille; ils en perdent le goût, l'habitude et l'esprit; on les oublie quelquefois, et ils se laissent oublier.

Toute puissance est faible, à moins que d'être unie.

Un Vieillard près d'aller où la mort l'appelait :
« Mes chers enfants, dit-il, (à ses fils il parlait),
Voyez si vous romprez ces dards liés ensemble;
Je vous expliquerai le nœud qui les assemble. »

L'aîné les ayant pris, et fait tous ses efforts,
Les rendit, en disant : « Je le donne aux plus forts. »
Un second lui succède, et se met en posture;
Mais en vain. Un cadet tente aussi l'aventure.
Tous perdirent leur temps; le faisceau résista : .
De ces dards joints ensemble un seul ne s'éclata (1).
« Faibles gens, dit le père, il faut que je vous montre
Ce que ma force peut en semblable rencontre. »
On crut qu'il se moquait; on sourit, mais à tort.
Il sépare les dards, et les rompt sans effort.
« — Vous voyez, reprit-il, l'effet de la concorde;
Soyez joints, mes enfants, que l'amour vous accorde.
Tant que dura son mal il n'eut d'autre discours.
Enfin se sentant près de terminer ses jours :
« Mes chers enfants, dit-il, je vais où sont nos pères;
Adieu; promettez-moi de vivre comme frères;
Que j'obtienne de vous cette grâce en mourant. »
Chacun de ses trois fils l'en assure en pleurant.
Il prend à tous les mains; il meurt; et les trois frères
Trouvent un bien fort grand, mais fort mêlé d'affaires.
Un créancier saisit, un voisin fait procès.
D'abord notre trio s'en tire avec succès.
Leur amitié fut courte autant qu'elle était rare.
Le sang les avait joints; l'intérêt les sépare :
L'ambition, l'envie avec les consultants (2),
Dans la succession entrent en même temps.
On en vient au partage, on conteste, on chicane;
Le juge, sur cent points, tour à tour les condamne.
Créanciers et voisins reviennent aussitôt,
Ceux-là sur une erreur, ceux-ci sur un défaut.
Les frères désunis sont tous d'avis contraire.

(1) On dit *éclater* de quelque chose et non *s'éclater*, c'est un verbe neutre.
(2) Les gens d'affaires que l'on *consulte* en pareille circonstance.

40-41   FABLES ET HISTORIETTES,

L'un veut s'accommoder, l'autre n'en veut rien faire:
Tous perdirent leur bien, et voulurent trop tard
Profiter de ces dards unis et pris à part.

L'union fait la force ; c'est une vérité rendue évidente par toutes
les choses merveilleuses que produit le génie des hommes formés
en sociétés industrielles, commerciales et artistiques. C'est grâce à
ce concours d'intelligences que l'homme, faible et limité dans ses
ressources, achève tant de travaux utiles et tant de monuments re-
marquables (1).

Mais si, de ces idées et de ces forces mises en commun, il résulte
pour les grandes familles humaines — les nations — des avantages incalculables de bien-être et de prospérité, comment les familles n'imitent-elles pas ce bon exemple ? Comment arrive-t-il
qu'elles vivent désunies, ennemies quelquefois, elles qui portent
un même nom, sont issues d'un même sang et se doivent de
mêmes affections ? C'est l'intérêt qui cause ces troubles ! Mais,
c'est, au contraire, par intérêt que les membres de la même famille
doivent se lier en faisceau, s'appuyer l'un sur l'autre, soutenant les
faibles et stimulant les paresseux. Pourquoi, dans ces questions d'intérêt, ne point voir qu'au lieu de *contester*, de *chicaner*,
d'enrichir les consultants, il vaut mieux laisser dans la famille le
coût des actes, le prix du timbre et les honoraires des avocats.
Tout sacrifice à la concorde produit un *bénéfice* ; et de plus, il
garde et il vivifie l'esprit de famille.

L'esprit de famille est un sentiment si précieux, qu'on doit le
conserver avec autant de vigilance que le culte des choses saintes.

Quoi de plus digne d'admiration que le spectacle d'une famille

(1) Le nombre des sociétés ou associations pour les arts, les sciences, les
beaux-arts, les arts appliqués à l'industrie, l'industrie, le commerce, l'agriculture,
pour l'enseignement, l'enseignement professionnel, la bienfaisance, la mu-
tualité, la vie, est si considérable en France, que nous renonçons à en faire la
liste. Toutes sont autorisées par le gouvernement ; quelques-unes même sont
placées sous le patronage de la Famille Impériale ; toutes sont présidées par des
hommes éminents, spéciaux et dévoués aux progrès.

unie, d'une famille où l'affection est le premier chapitre du code
dont l'autorité paternelle est la première loi ! Quoi de plus digne
d'envie qu'une maison où chacun, remplissant ses devoirs avec
zèle, contribue par son travail et sa gaieté à la prospérité et à la
joie de tous ! Aujourd'hui, la nécessité oblige souvent et trop tôt
les enfants à s'éloigner du foyer domestique ; l'esprit de famille en
souffre ; il se perd, et il se perdra davantage, si on ne l'entretient
par une correspondance régulière, par des visites de temps en
temps, par la vue des portraits de famille. Ces portraits se font
maintenant si vite et si bien qu'il est inexcusable de ne pas les avoir.
Avec ces miniatures silencieuses mais éloquentes, on se crée, pour
ainsi dire, un foyer de famille artificiel, que les souvenirs et les
affections de famille ne laissent jamais éteindre.

232   FABLES ET HISTORIETTES.

— — • — —

Fable de la Fontaine.

LE LABOUREUR ET SES ENFANTS.

Sujet moral : Un homme instruit a toujours en lui un fond de richesse. (PHÈDRE.)

Maximes : Dans le travail est l'opulence. (PROV. XIV, 23.)

Toute la doctrine de la richesse se résume en trois paroles: Travail, ordre, économie. (FRANKLIN.)

> Travaillez, prenez de la peine;
> C'est le fonds qui manque le moins.
>
> Un riche laboureur, sentant sa mort prochaine,
> Fit venir ses enfants, leur parla sans témoins.
> « Gardez-vous, leur dit-il, de vendre l'héritage
> Que nous ont laissé nos parents :
> Un trésor est caché dedans.
> Je ne sais pas l'endroit; mais un peu de courage
> Vous le fera trouver: vous en viendrez à bout.

Remuez votre champ dès qu'on aura fait l'oût (1);
Creusez, fouillez, béchez; ne laissez nulle place
    Où la main ne passe et repasse.
Le père mort, les fils vous (2) retournent le champ,
De çà, de là, partout, si bien qu'au bout de l'an
    Il en rapporta davantage.
D'argent, point de caché; mais le père fut sage,
    De leur montrer avant sa mort,
    Que le travail est un trésor.

La prospérité et le bonheur doivent se chercher dans le travail; or, le travail de l'enfant c'est l'étude. Nous allons essayer de faire pénétrer cette vérité dans la tête de ces étourdis, dont une mouche détourne l'attention, et de ces paresseux qui semblent n'avoir d'activité que pour le jeu.

Les jeux, nous l'avons dit, sont utiles au corps et à l'esprit. L'esprit y trouve un repos salutaire; le corps y puise la force et la souplesse; mais le travail est indispensable, et l'étude est d'une nécessité absolue. Etudier, travailler, ce sont là deux obligations rigoureuses auxquelles l'homme ne peut se soustraire et qu'il ne peut laisser impayées, s'il vit. Etudier et travailler! ce sont les deux seuls moyens par lesquels il puisse se sauver de la perversité, de l'ignorance et de la misère.

On vous envoie à l'école, enfants, afin que vous défrichiez votre esprit, que vous fouilliez et retourniez votre intelligence, que vous prépariez le terrain qui donnera les récoltes morales de l'avenir. De ce premier labour, qui est votre travail, des semences que jette le maître, pousseront, en effet, trois récoltes précieuses : la moralité, l'instruction et le bien-être; nous désirons un instant appeler votre attention sur chacune de ces récoltes...

1) L'Académie écrit aout et prononce oût; c'est une irrégularité au moins inutile. L'oût, vieux mot, pour dire la moisson qui se fait dans le mois d'aout.
(2) Se dit dans le langage familier et donne une expression particulière d'énergie à la phrase.

234   FABLES ET HISTORIETTES.

Voyons d'abord comment pousse *la moralité* et ce qu'on entend par les mots : *homme moral, honnête homme.*

Qu'est-ce qu'un homme qui a de la moralité ?

Un homme qui a de la moralité est celui qui pratique le bien et évite le mal. Qu'est-ce que le bien? Qu'est-ce que le mal? Questions très-graves, très-complexes, sur lesquelles on a beaucoup écrit, mais auxquelles tout honnête homme peut faire cette réponse simple et vraie : Le bien, c'est ce que ma conscience me dit de faire; le mal, c'est ce qu'elle me défend.

La conscience peut être comparée à un juge toujours présent à son tribunal, toujours disposé à accepter nos requêtes ou à nous rappeler à l'ordre quand nous omettons de le consulter. Il nous donne la paix, ce juge, quand il est content de nous; mais il nous poursuit de ses reproches, quand nous avons agi contre la justice, faisant le mal ou différant le bien. Heureux l'homme qui entend cette voix, malheureux est celui qui l'étouffe! Heureux l'homme moral, l'honnête homme qui n'agit et ne parle que sous l'inspiration de sa conscience !

Les leçons de la classe et du catéchisme, l'exemple et les conseils de nos parents développent les germes de la notion du bien et du mal; mais ces germes viennent de Dieu même. C'est Dieu, notre père, principe et fin de toute vérité, qui révèle à notre conscience la notion du bien et du mal. Il est la voix qui conseille, et voici de quelle manière cette voix se fait entendre.

On passe le long d'une haie ; au-dessus de cette haie s'élève un prunier couvert de fruits appétissants. En étendant le bras, il est facile de secouer une branche et de manger des prunes. Il y en a tant, au reste, que quelques-unes enlevées ne se verront guère... on élève le bras... Mais, voilà que le juge, la conscience, Dieu nous dit : *Bien d'autrui tu ne prendras...* Ce prunier n'est pas le tien... s'il était à toi et que les passants eussent, ainsi que toi, l'envie de goûter aux prunes, que deviendraient tes fruits? serais-tu satisfait de les voir disparaître? Laisse donc à autrui ce que tu voudrais qu'il te laissât! Abandonne les prunes et passe ton chemin!

On n'a pas fait cinq pas qu'on se sent tout à l'aise; le cœur est

joyeux ; le juge nous a donné la paix et il se trouve par le monde
un honnête homme de plus.

Ce n'est pas plus difficile que cela !

Voyons comment on fait pousser la deuxième récolte, c'est-à-dire
comment on devient *un homme instruit*.

Il ne s'agit pas de faire de vous, enfants, des hommes de lettres
ni des savants. Vous n'êtes point appelés, pour la plupart, à enseigner l'humanité ni à chercher les secrets de la science : il s'agit
simplement pour vous, en matière d'instruction, d'apprendre l'indispensable. Or, lire, écrire, compter, tel est l'indispensable.

Vous tombez au sort et vous voilà soldat de la France, envoyé
en Algérie, en Chine, au Mexique, un peu loin et un peu partout ;
ou bien encore, vous êtes appelé, par vos propres affaires, à vivre
quelque temps hors de votre pays. Vous voulez donner de vos
nouvelles à votre famille ; et, bien mieux, vous voulez lui répondre,
car vous venez de recevoir une lettre du village. O lettre mille fois
précieuse et bénie ! ô lettre, si désirée et si chère, qu'il est bon de
t'ouvrir ! Elle est ouverte, mais on ne sait pas lire ; quelle douleur
et quelle honte ! Il faut aller trouver un étranger ; il faut donner à
cet étranger les prémices de sa lettre, lui faire connaître les secrets
qu'elle contient ; c'est lui, l'étranger, qui fera la réponse et il y
mettra ce qu'il voudra... Ah ! enfants, il en est temps encore, évitez
cette humiliante sujétion, cet esclavage, qui sera votre œuvre et
votre faute, si vous ne travaillez pas maintenant à l'éviter dans
l'avenir.

Ce qui vous serait très-utile d'apprendre encore, ce serait un peu
de géographie et d'histoire ; ce serait quelques notions d'économie
politique. N'est-il pas bon que vous connaissiez le mécanisme gouvernemental, les attributions des conseillers municipaux, des maires,
des conseillers généraux, des préfets, des députés ! que vous sachiez
comment et par qui les lois sont votées et décrétées ? comment elles
fonctionnent, comment elles protègent le travail et le crédit ? Qu'est-
ce que le crédit, la richesse d'un peuple ? Qu'est-ce que la société ?
Comment une nation s'améliore et progresse dans la stabilité, com-

236   FABLES ET HISTORIETTES.

ment elle périclite et décroît dans le désordre. Ces notions de la science sociale seraient loin d'être du superflu, à vous, les aînés, qui êtes appelés à élire des députés et des conseillers généraux. Les cours du soir vous serviront à merveille pour vous instruire dans ces principes chers aux Français.

Venons maintenant à la troisième récolte, qui est le *bien-être*.

Chacun de vous a le désir légitime d'améliorer sa position, et, pour arriver à ce but, il n'est qu'un moyen, c'est le travail et l'économie.

Hors de l'économie et du travail, il n'est pas de richesse possible. Par l'économie, on tient toujours son revenu au-dessus de ses dépenses; par le travail, on est prêt à réparer les coups du sort. Si vous avez cent francs et que vous en dépensiez cent-dix, vous êtes plus pauvre que celui qui n'a rien et qui ne doit rien; si vous avez dix mille francs et qu'on vous les vole, vous serez plus pauvre que celui qui n'a rien et qui sait travailler; car, avec le travail, il est toujours facile de réparer les coups du sort.

En France, il n'y a pas des riches et des pauvres, il y a des oisifs et des laborieux. Les oisifs, si riches qu'ils soient, peuvent devenir pauvres; les laborieux, si pauvres qu'ils soient, doivent arriver au bien-être et à l'aisance.

Apprenez donc à l'école, enfants, à devenir laborieux et économes, puisque vous avez la certitude que votre avenir est entre vos mains.

Remuez votre champ, le champ de votre intelligence; creusez et bêchez; ne négligez rien, ne mesurez pas vos peines et vous rentrerez de belles récoltes que les voleurs ne prendront pas, que les parasites ne pourront dévorer.

> Sans peine et sans travail, obtenir le bonheur
> Est un droit dont le ciel ne fait part à personne.
> La nature vend tout, rarement elle donne :
> Et l'épine toujours accompagne la fleur.

L. RICQUIER, *FABLIER SCOLAIRE*

Désireux de faire ressortir l'expressivité des *Fables*, L. Ricquier montre à quel point elles se prêtent aux exercices de diction. Axée sur une théorie communicative supposant un échange entre l'émetteur du son et son récepteur, sa démarche valorise la voix en tant que fondement d'une lecture expressive. L'élève doit faire la part entre la lecture silencieuse, destinée au seul individu qui lit, et la lecture *de viva voce*, qui s'adresse aux autres. L'art de la récitation, qui engage l'élève dans un certain théâtralisme, se confond donc avec l'art de la lecture: dire, c'est forcément lire. Dans son commentaire du "Corbeau, la Gazelle, la Tortue et le Rat" (XII, 15), L. Ricquier met en relief l'importance d'en narrer les péripéties successives selon le ton convenable. Dans la mesure où une bonne interprétation de l'apologue découle d'une lecture attentive, on s'aperçoit que l'élève doit s'identifier avec la *persona* du rôle récité et en même temps garder sa distance. Seul un lecteur rompu à cette technique pourra «lire» avec succès.

— 6–7 —

ART DE DIRE LA FABLE

Une fable est un récit imaginaire, un petit tableau de genre qu'il faut présenter à ceux qui l'écoutent de telle manière qu'ils soient séduits, charmés par le conte que vous leur dites, et qu'ils en comprennent facilement la portée morale.

Il faut faire parler les différents personnages en montrant nettement leurs caractères, leur état d'âme, leur manière de penser et d'agir.

Pour bien dire une fable, il faut donc avant tout se rendre un compte exact de la pensée de l'auteur, savoir quelles sont les vertus, les qualités ou les vices, les défauts que le fabuliste a voulu peindre dans ses personnages.

Il faut, ayant ainsi étudié le caractère de chaque individu, moduler la voix de telle sorte que les auditeurs sachent immédiatement quels sont ces individus, non seulement par ce qu'ils disent, mais plus encore par la manière dont on le leur fait dire.

Les principales qualités de style de la fable étant la simplicité, le naturel et la naïveté, il est évident que le diseur doit détailler ce genre littéraire le plus simplement, le plus naturellement et le plus naïvement possible.

Mais le style de l'apologue variant à l'infini, suivant le sujet lui-même, il est nécessaire que le diseur ait à sa disposition une voix très souple et qu'il sache prendre tous les tons avec facilité, passant, suivant l'occasion, *du grave au doux*, *du plaisant au sévère*.

On ne saurait donc trop recommander les fables comme étude de diction, et surtout celles de La Fontaine qui cachent, sous une apparente bonhomie, des sentiments quelquefois très tendres et quelquefois très élevés.

Il serait impossible, par exemple, de bien dire l'exorde de la fable *La Mort et le Mourant* (1), si, tout en conservant la bonhomie naturelle de l'écrivain, on ne prenait un ton grave et sévère, ayant beaucoup d'analogie avec celui que l'on emploierait pour dire les belles oraisons funèbres de Bossuet.

Et ne croirait-on pas, en effet, en lisant cet exorde, qu'il a été tracé par le grand prédicateur du XVII° siècle.

Que de majesté dans la phrase, que de profondeur dans la pensée, que d'élégance dans le style!

C'est donc avec un ton semblable à celui que l'on prendrait pour commencer l'oraison funèbre de la Reine d'Angleterre (2) ou le sermon sur la mort, par exemple, que l'on doit dire :

214

— 7 —

La Mort ne surprend point le sage,
Il est toujours prêt à partir,
S'étant su lui-même avertir
Du temps où l'on se doit résoudre à ce passage, etc.

Et si l'on a à traduire cette délicieuse élégie *Les deux pigeons*, ne doit-on pas chercher les tons les plus doux, les plus tendres, pour exprimer l'affection de ces deux animaux? N'est-ce pas avec des tons identiques, que l'on doit dire la fable et surtout la morale de *Les deux amis!*

Enfin si l'on veut donner au *Paysan du Danube* la brutale et puissante éloquence que le fabuliste a mise dans sa harangue ne doit-on pas employer des tonalités énergiques et marquer la colère et l'indignation du député des rives du Danube avec des accents pareils à ceux qu'on donnerait au vieil Horace, de Corneille, apprenant la fuite de son fils?

Ainsi, avec le naturel, il faut nécessairement de la variété dans le débit. Le lion ne doit point parler comme l'âne, le renard comme le loup, le chien comme le coq, etc.

Suivant les sentiments exprimés par ces divers animaux, la situation dans laquelle ils se trouvent, les projets qu'ils ont en tête, les tonalités doivent être encore différentes, et c'est ce qui fait le charme de la diction, en rompant la monotonie et en lui donnant l'accent de la vérité.

(1) La Fontaine, livre VIII, fable 1.
(2) Oraison funèbre de Henriette-Marie de France, le dernier enfant de Henri IV, par Bossuet.

— 8 —

LECTURE EXPRESSIVE

Bien lire, c'est bien comprendre ce qu'on lit.

Bien lire à haute voix, c'est le faire comprendre aux autres.

C'est traduire la pensée de l'auteur, c'est retracer sa pensée tout entière, en exprimant non seulement ce qu'il a mis dans son texte, mais ce qu'il a laissé dans son esprit et dans son cœur.

Pour *bien lire*, comme pour *bien dire*, il faut :

S'exprimer clairement;
Parler correctement;
Prononcer distinctement;
Articuler chaque syllabe;
Phraser de telle sorte que le sens soit toujours précis;
Prendre la tonalité convenable au sujet;
Donner à la phrase le mouvement qui lui convient;
Parler dans un diapason tel que l'on soit entendu de tous sans avoir l'air de crier;
Avoir le naturel et la vérité qui sont le charme du débit;
Donner à la physionomie sa véritable expression;

Pour faciliter l'étude de la lecture expressive, j'ai marqué les temps que la phraséologie nous impose, en annotant les morceaux suivants avec des barres verticales (|) et des barres horizontales (—).

Une barre verticale (|) indique un temps que la ponctuation ne marque pas.

Une barre horizontale à la fin d'un vers (—) indique un enjambement, c'est-à-dire le passage presque sans arrêt d'un vers à un autre, mais sans détruire le rythme et l'harmonie poétique.

Pour dire juste, il faut mentalement faire précéder la phrase ou la faire suivre de certains mots qui, complétant le sens, définissent la pensée de l'auteur d'une manière plus précise et déterminent plus nettement l'inflexion.

J'ai indiqué ces mots en les faisant imprimer en italiques avant ou après chaque pensée.

Toutes les autres annotations sont composées en petits caractères.

LÉON RICQUIER.

LE LOUP ET L'AGNEAU (1)

Lorsque le gaulois Brennus vint à la tête de trente mille Senons demander des terres aux Clusins, ceux-ci trop faibles pour résister à l'envahisseur, implorèrent le secours des Romains, et leur demandèrent de s'employer comme médiateurs. Sur ces entrefaites, un chef gaulois ayant été tué, les Senons irrités marchèrent sur Rome.

Effrayés par la vue de ces barbares et par les cris sauvages qu'ils jetaient dans les airs, les Romains se sauvèrent sans combattre (370 ans avant J.-C.).

Un grand nombre de fuyards cherchèrent un abri dans la ville fortifiée de Véies, d'autres coururent se réfugier avec les prêtres, les sénateurs et les magistrats dans la citadelle du Capitole.

Les Gaulois pénétrèrent dans Rome le surlendemain. La ville était presque déserte, il n'y restait plus que des consulaires, assis tranquillement sur leurs chaises curules, attendant stoïquement la mort et la préférant à la honte d'aller demander asile à ceux qu'ils avaient vaincus jadis.

Les barbares mirent la ville à feu et à sang, mais quand ils voulurent s'emparer du Capitole, ils ne purent réussir à en faire l'assaut et furent plusieurs fois repoussés sur les pentes rapides qui menaient à cette citadelle.

Cependant les Romains attendaient toujours le dictateur Camille, qui devait les secourir. Celui-ci ne paraissant pas assez tôt, le tribun militaire Sulpicius traita avec Brennus et lui promit mille livres d'or s'il consentait à s'éloigner avec ses Senons.

Lorsqu'on pesa cette rançon les Gaulois apportèrent de faux poids, Sulpicius, s'en étant aperçu, voulut protester, alors Brennus jetant dans la balance sa lourde épée et son baudrier proféra ce cri terrible : *Væ Victis !* (Malheur aux vaincus !).

Cette maxime inhumaine a toujours été celle de tous les conquérants.

Les uns la proclament cyniquement, les autres affectent de paraître plus généreux et n'osent afficher des prétentions si injustes, mais le vaincu est toujours obligé de supporter les exigences du vainqueur, et toute protestation est inutile.

N'avons-nous pas eu la douleur, il y a vingt-cinq ans, de voir la France terrassée par un ennemi formidablement armé, préparé dès longtemps à cette lutte, cinq fois plus nombreux que nous, et qui, abusant de sa facile victoire, nous a forcé à lui céder deux de nos plus belles provinces, après nous avoir demandé une énorme rançon. Cette rançon aurait causé certes la ruine de toute autre nation, mais la richesse de notre France n'est pas dans son numéraire, elle est dans la fertilité de son sol laborieusement cultivé, dans le travail actif et incessant des artisans de son industrie, dans la pensée féconde qui exalte l'imagination de ses enfants et produit ces merveilles de l'art, de la science et des lettres, qui a placé notre pays au premier rang des nations civilisatrices.

Nous supporterons pendant de longues années la lourde charge d'impôts que nous a coutée la libération du territoire, mais, grâce aux habiles combinaisons de l'homme d'état illustre placé à la tête du gouvernement, après ces douloureux évènements, nous avons pu devancer l'heure libératrice, nous avons pu tenir nos engagements, en soldant l'ennemi rapace qui occupait militairement, et comme garantie, la cinquième partie de notre territoire et qui ne consentit à l'abandonner que lorsqu'il fut complètement soldé.

Or, quand les négociateurs français, chargés de la douloureuse mission de préparer le traité de paix de 1871, représentèrent aux princes allemands que leurs prétentions étaient injustes et exagérées, qu'elles allaient contre le droit et les sentiments d'humanité, les ennemis inflexibles répondirent par la vieille maxime de Brennus dont ils changèrent la forme, sans pouvoir en modifier le fond, et ils osèrent, au xixᵐᵉ siècle, énoncer ce précepte inique et monstrueux : « La force prime le droit. »

L'abus de la force ne peut éternellement durer, l'heure de la justice, quelquefois un peu lente, finit toujours par sonner. Les imprudents auraient dû se souvenir que les Gaulois ne profitèrent pas longtemps de leur victoire.

S'étant aventurés dans le pays romain, ils trouvèrent quand ils revinrent vers la capitale, le Latium en armes et les légions romaines étaient réorganisées ; une partie des troupes gauloises fut massacrée par les alliés de Rome, d'autres tombèrent dans des embuscades, Camille anéantit le reste et, si l'on en croit la légende, pas un seul de ces barbares n'échappa à la juste vengeance des Romains.

Il ne nous a pas encore été possible de chasser les Allemands des provinces qu'ils nous ont spoliées, mais nous supportons les impôts de guerre sans en être accablés et nous avons pu organiser une armée puissante, bien disciplinée et prête à la révanche. Donc nous n'avons plus à craindre ni menaces ni violences, et l'Europe étonnée et remplie d'admiration s'incline en disant : « Honneur aux vaincus. »

Le Loup et l'Agneau.

J'ai rarement entendu donner au premier vers de cette fable le ton qui lui convient.

Il est pourtant hors de doute que La Fontaine a voulu blâmer ici l'abus de la force brutale et que c'est en regrettant profondément qu'il en soit ainsi qu'il a dit :

« La raison du plus fort est toujours la meilleure. »

Le fabuliste qui, en toute circonstance, se montre le dé-

十 禿 一

fenseur du faible et de l'opprimé, n'a d'autre but en peignant la férocité, la cruauté du Loup, la douceur, la naïveté de l'Agneau, que de prouver à quel excès de tyrannie et de méchanceté se porte celui qui a la force pour lui.

C'est vainement, hélas ! que le faible, le timidé, l'innocent a confiance dans son droit et demande justice, il est toujours la victime de l'autre.

Cette fable a été écrite au 17ᵉ siècle sous le gouvernement despotique et autoritaire de Louis XIV et cependant il ne se serait pas trouvé un seul individu à cette époque pour approuver la conduite du Loup.

On agissait peut-être avec aussi peu de justice et d'humanité, mais on n'avait pas l'audace de le dire et surtout d'en faire un précepte, une maxime aussi odieuse que celle du vainqueur de 1871 « La force prime le droit. »

C'est en vain que l'Agneau, dans la fable de La Fontaine cherche à prouver son innocence, c'est en vain qu'il réduit à néant les injustes accusations du Loup. Ce méchant est plus fort que lui et il en abuse ; c'est là ce que La Fontaine a voulu démontrer, mais en le blâmant.

Le Loup représente donc la force brutale, l'autorité injuste et cruelle, on doit le faire parler avec une voix forte et vibrante, un ton sec, cassant et haineux.

Il se fâche parce qu'il a tort et qu'on le lui montre, et s'il parle fort, s'il s'irrite c'est pour faire croire qu'il a raison.

L'Agneau représente l'innocence, la douceur, la faiblesse, il faut lui donner une voix affable et naïve, un ton calme, assuré, mais assez ferme.

Il sait qu'il a raison, qu'on l'accuse injustement, il le démontre d'une façon évidente, sans crier, avec le calme qui convient à l'innocent persécuté.

Je ne crois pas qu'il ait l'espoir de convaincre le Loup, mais il tient à lui faire voir qu'il n'est pas dupe de sa feinte colère.

(Commentez avec un ton de regret, comme si vous disiez :)

Cela est vraiment malheureux, mais

La raison du plus fort | est toujours la meilleure : (1).

Les exemples en sont trop nombreux, hélas ! et

Nous l'allons montrer tout à l'heure.

(On entre alors dans la narration vive, concise comme presque toujours dans La Fontaine, c'est donc simplement et avec le ton du récit que l'on dira les quatre vers suivants.)

Un agneau | se désaltérait — (2)

Dans le courant d'une onde pure.

(Appuyez un peu plus et donnez de la valeur aux mots d jeun et la faim, ce sont les mots de valeur, car c'est parce qu'il est à jeun et que la faim le talonne que ce loup est si féroce.)

Un loup survient à jeun, qui cherchait aventure,

(1) La meilleure, c'est-à-dire la plus puissante, la plus indiscutable, mais non la plus morale.

(2) Buvait tranquillement sans soupçonner le danger.

Et que la faim | en ces lieux attirait (1).

(D'une voix forte, d'un ton irrité et méchant.)

Qui te rend si hardi de troubler mon breuvage ? (2)
Dit cet animal plein de rage:
Ah ! je t'assure bien que
Tu seras châtié de ta témérité.

(D'une voix douce, d'un ton humble et déférent.)

— Sire, répond l'agneau, que Votre Majesté — (3)
Ne se mette pas en colère;

(En détaillant et du ton de quelqu'un qui veut se disculper en donnant un argument indiscutable.)

Mais plutôt | qu'elle considère —
Que je me vas | désaltérant — (4)
Dans le courant,
Plus de vingt pas au-dessous d'elle:
Quand bien même je troublerais l'eau, comme elle ne peut remonter vers
sa source, je ne peux altérer en rien celle que vous buvez
Et que, par conséquent, en aucune façon,
Je ne puis troubler sa boisson. (5)

(Répliquez d'un ton violent avec la voix que vous avez donnée précédemment au loup.)

Je le dis, moi, que
— Tu la troubles | reprit cette bête cruelle;
Il voit que son premier prétexte est mauvais et il ajoute alors,
Et je sais que | de moi tu médis l'an passé.

(Reprenez le ton doux de l'agneau et dites bien naïvement.)

Moi ? c'est impossible, vous devez vous tromper,
— Comment l'aurais-je fait | si je n'étais pas né ? (6)
Reprit l'agneau;
Vous vous méprenez bien certainement, car
je tette encor ma mère.

(Devant cette riposte si juste, le loup s'emporte encore plus et dit d'un ton très irrité et avec une voix méchante.)

— Si ce n'est toi, c'est donc ton frère.

(Dites avec la voix de l'agneau et un ton candide et simple.)

Je n'en ai point.

(La fureur du loup est à son comble devant les réponses irréfutables de l'agneau, et, ne voulant pas avoir tort, il s'anime de plus en plus et d'un ton exaspéré il crie:)

C'est donc quelqu'un des tiens;
Et cela tu (le) peux le nier,
Car vous ne m'épargnez guère,
Vous, vos bergers, et vos chiens.

(Voulant éviter une réponse de l'agneau et sans lui laisser le temps de répliquer, il ajoute, d'un ton sec et haineux:)

On me l'a dit: il faut que je me venge.

(Ajoutez très simplement avec le ton du récit mais en ayant l'air de déplorer la triste conclusion de ce petit drame.)

(1) Le loup est affamé, il cherche une pâture, l'agneau est sacrifié d'avance.
(2) Comme si le ruisseau lui appartenait.
(3) L'agneau le traite avec déférence.
(4) On disait alors *je vais* ou *je vas.*
(5) Le loup pourrait peut-être troubler celle de l'agneau, mais celui-ci ne peut en rien troubler celle du loup.
(6) Si je n'étais pas né, c'est-à-dire puisque je n'étais pas né.

— 77 —

Là-dessus,
Qu'arrive-t-il ? c'est qu'
au fond des forêts --
Le loup l'emporte, et puis le mange
Sans autre forme de procès..

LA FONTAINE,

Livre I, fable 10.

Comme on voit bien que le fabuliste déplore et blâme la cruauté, l'injustice du Loup, et ce court apologue est le plus éloquent des plaidoyers en faveur des victimes de la force injuste et brutale. « *On me l'a dit* » : voilà le terrible argument du Loup et c'est aussi celui de tous ceux qui, n'ayant point de preuves réelles, profitent de la faiblesse de ceux qu'ils accusent injustement et cela sur de simples « on dit » vrais ou faux.

E. FAGUET, *LA FONTAINE EXPLIQUÉ AUX ENFANTS*

Mû par un esprit de populisme républicain, E. Faguet dégage des *Fables* une morale adaptable visant à protéger tous les faibles de ce monde, notamment les enfants. A la manière d'un père de famille, le poète s'applique à guider moralement ses enfants, qu'il traite en quelque sorte d'adultes imparfaits. D'où son insistance sur l'étourderie et l'imprévoyance, défauts particulièrement communs chez les jeunes. La charité étant une évidente vertu populaire, on comprend sans peine que, dans "La Cigale et la Fourmi" (I, 1), la notion de solidarité semble l'emporter sur la prévoyance. En fait, ne pas s'entraider, c'est violer une loi fondamentale de la nature. En somme, le républicanisme d'E. Faguet l'amène à voir en La Fontaine à la fois un "grand écrivain" et un "grand éducateur" qui aborde des sujets les plus graves en vue de l'édification du peuple. Dans cette perspective, le fabuliste s'insurge contre l'injustice du monde et prend la défense des humbles au nom de l'humanitarisme social. Il prône, de surcroît, un idéal de productivité économique. Si E. Faguet valorise l'instruction publique en France dans les années 1880, c'est qu'il érige l'auteur des *Fables* en classique populaire par excellence.

1

JEAN DE LA FONTAINE

CHAPITRE I.

POURQUOI LA FONTAINE EST UN GRAND ÉCRIVAIN
POPULAIRE.

Les grands hommes ne sont pas toujours ceux qui ont rendu leur pays plus puissant, plus riche, plus armé contre l'étranger ou contre les fléaux de la nature.

Il y a beaucoup de façons d'être un bon Fran...

LA FONTAINE.

2   LA FONTAINE

çais, et même d'être un grand Français. On peut
l'être, en défendant son pays par les armes ; on
peut l'être en l'agrandissant par les découvertes
de la science ou les inventions de l'industrie ;
on peut l'être en inspirant à ses concitoyens de
grands et bons sentiments, comme Malherbe,
comme Corneille, comme Victor Hugo, on peut
l'être enfin, sans même avoir de très grandes idées,
ni de très sublimes sentiments, savez-vous comment ? En aimant les petits, les faibles, les pauvres, ceux qui portent le poids de la vie, et qui
ont leur lot de peines plus grand que les autres,
en les aimant, seulement ; car les petits sont comme
les enfants : ils ont besoin qu'on les fortifie,
qu'on les élève, qu'on les console, qu'on les protège ; mais avant tout, et plus que tout, ils ont
besoin qu'on les aime.

C'est pour cela qu'ils témoignent leur reconnaissance plus vivement encore à ceux qui savent les
aimer, qu'à ceux qui savent les rendre forts et habiles. Ils ont tort en cela, mais non pas tout à fait ;
car ils sentent que l'affection dont on est l'objet
est une force aussi, à la condition qu'on en soit
digne, et qu'on y réponde : on prend ainsi l'habitude de compatir, la force d'aimer, et il n'y a
pas de plus grande puissance, de plus grand appui,
ni de plus grande adresse pour les petits que de
s'aimer les uns les autres.

POURQUOI... EST UN GRAND ÉCRIVAIN POPULAIRE ? 3

Eh bien ! le grand homme, dont nous nous occupons aujourd'hui, est admirable par bien des talents et des aptitudes excellentes dont on vous parlera plus tard ; mais il est grand et vaut qu'on l'aime parce *qu'il a aimé les petits*, à une époque où on ne s'en occupait pas beaucoup.

Il ne faut pas faire grand cas de ceux qui vont criant avec de grands éclats : « J'aime le peuple, je suis dévoué au peuple ; je donnerais tout mon sang pour le peuple ! » C'est le travers d'aujourd'hui, et il faut savoir s'en méfier. Mais aussi à l'époque où La Fontaine existait, on avait trop le défaut contraire. On y faisait de très grandes choses ; on y servait et on y aimait le pays tout autant que de nos jours ; mais les petits, dont on usait pour accomplir les grandes choses dont je parle, on n'y songeait guère. On n'en parlait point dans les conversations des gens instruits ; on ne faisait pas pour eux assez d'écoles, ni assez d'hôpitaux, ni assez d'asiles ; on ne faisait pas de livre pour eux, ni sur eux.

Un seul écrivain, un seul, a parlé d'eux avec vérité, avec un sentiment de justice et de compassion douce, avec affection ; et cet écrivain c'est La Fontaine. Il a aimé beaucoup de choses, et dit lui-même qu'il aimait à peu près tout, qu'il était « *polyphile* », c'est-à-dire ami de tout ce que la nature a fait de beau ; mais ce qu'il a aimé

4   LA FONTAINE.

nement le plus, après son art, ce sont les faibles
les opprimés. Il s'est plu à les peindre, ce que
rsonne ne faisait autour de lui ; il les a plaints,
es a instruits, il les a consolés.

Voilà pourquoi nous nous arrêtons un moment
ns la compagnie de cet homme charmant et bon,
ès malicieux et plein d'esprit, mais dont les ma-
es mêmes sont douces et souriantes, qui ne sait pas haïr ; qui a connu admirablement les
ommes, sans, pour cela, leur en vouloir, et qui, dans
ute cette grande nature qui nous entoure, qu'il
lmirait et qu'il chérissait tout entière, a aimé
articulièrement les plus humbles, les plus dé-
ourvus, les plus méprisés.

* *

JEUNESSE DE LA FONTAINE.

La Fontaine était né en 1621, en Champagne, à
hâteau-Thierry. Ses parents étaient de petits
ourgeois. Son père était maître particulier des
aux et forêts. Il fut élevé dans sa petite ville,
resque à la campagne, courant souvent les prés
les bois, prenant le goût des choses des champs,
es beaux ombrages, des eaux vives, des scènes
rustiques, qu'il aima tant à peindre plus tard,
voyant monter péniblement par le chemin « sablon-

Deux et malaisé » le « pauvre bûcheron tout couvert de ramée » ; guettant l'alouette « à l'essor », « dans les blés quand ils sont en herbe » ; surprenant le lièvre qui songe en son gîte ; ravi du silence et de la paix qui règne sur les étangs et « leurs grottes profondes » ; suivant les bords des ruisseaux « quand l'onde est transparente ainsi qu'aux plus beaux jours » ; ou quand d'aventure un léger vent « fait rider la face de l'eau » ; contemplant « à l'heure de l'affût », les lapins « à l'œil éveillé, l'oreille au guet », « faisant leur cour à l'aurore, parmi le thym et la rosée ».

Ces choses l'enchantaient. Longtemps plus tard c'est pour les peindre qu'il trouve ses plus beaux vers. C'est en y songeant qu'il s'écrie :

L'innocente beauté des jardins et du jour
Allaient faire à jamais le charme de ma vie.

Il serait resté en effet dans ces lieux si chers. Mais le soin d'achever ses études le conduisit à Reims. Là il connut des jeunes gens instruits, amoureux des beaux livres et des beaux vers, qui le mirent en goût de lire les grands écrivains de l'antiquité. Il les lut avec un plaisir infini, et de ce moment il sentit que lui aussi était un poète, c'est-à-dire un homme capable de rendre en vers harmonieux, frappants et touchants ce qu'il y a de

64   CHAPITRE V.

LA MORALE DE LA FONTAINE EST PARTICULIÈRE
AUX PETITS ET AUX HUMBLES.

Il est bien de plaindre les malheureux, de les aimer, et de leur réserver avec complaisance le beau rôle dans les œuvres d'art que l'on donne au monde. Il est mieux encore de les instruire, de leur montrer leurs travers et les moyens de les corriger. Si on les plaignait sans les instruire, on serait soupçonné de les flatter. Il faut agir avec les faibles et les petits de ce monde comme avec les enfants, les caresser pour leur faire voir qu'on les aime, mais parce qu'on les aime, les instruire, les avertir, leur signaler leurs défauts ; et les suites inévitables de ces défauts, s'ils s'y abandonnent.

Il ne s'agit pas ici d'une morale générale, d'un ensemble de préceptes et de maximes à l'usage de tous les hommes ; mais d'une morale particulière aux petits, accommodée à leurs besoins, à leurs penchants, et même à leurs ridicules, pour les en corriger, et c'est cette morale que La Fontaine a exposée. Il a fait comme un père de famille qui voit les défauts de ses enfants, et pour chacun de

...mauvaises inclinations trouve un conseil accompagné d'un exemple pour le rendre clair. Il a en père éclairé, les sottises, les folies et même vices de ces faibles qu'il aime tant, et il leur ...lique de tout son pouvoir sur les malheurs où ils ...laisseraient entraîner par leurs fautes. C'est cet ...seignement moral à l'usage des petits que nous ...lons retracer à grandes lignes en feuilletant ...tre La Fontaine.

ÉTOURDERIE ET IMPRÉVOYANCE.

Le moindre défaut des petits, c'est d'être *étour-dis et imprévoyants*. Ceux pour qui le sort n'a ...en fait à l'avance, et qui n'ont pas leur demeure ...leur vie préparées ici-bas, sont ceux précisément ...i souvent ne savent ni préparer ni prévoir eux-mêmes, mais vont de l'avant, au gré de leurs fan...sie et de leurs caprices. Tel ce pauvre baude ...faillit périr, avec son ânier, aussi sot que lui ...ur n'avoir pas prévu que les éponges chargée ...au deviennent très lourdes. Il allait d'un pas re...é, faisant sauter sur son dos les éponges sèches ...ne rivière se trouva qu'il fallait traverser. Il s ...la en pleine eau, à l'étourdie, son maître e ...ppe... âne, éponge et conducteur burent ...uvi, et peu s'en fallut que tous trois n'y re...sent.

.˙.

  Au lieu de se lancer à l'aveuglette dans les projets et les aventures, au lieu d'écouter les conseils de la vanité ou de l'ambition, au lieu de chercher auprès des grands un appui humiliant ou onéreux, que convient-il que fassent les petits? Il faut qu'ils soient *économes, patients, laborieux*; qu'ils comptent chacun sur soi, et qu'ils sachent s'aider entre eux.

ÉCONOMIE.

  La Fontaine donne aux petits pour modèle la fourmi, bonne ménagère, vivant de travail et d'épargne, qu'il oppose à la cigale, artiste impré

LA FONTAINE À L'ECOLE RÉPUBLICAINE

LA MORALE DE LA FONTAINE. 105

voyante, chanteuse étourdie, qui se trouve dépourvue quand vient l'hiver.

LA CIGALE ET LA FOURMI.

La cigale, ayant chanté
Tout l'été,
Se trouva fort dépourvue
Quand la bise fut venue :
Pas un seul petit morceau
De mouche ou de vermisseau.
Elle alla crier famine
Chez la fourmi sa voisine,
La priant de lui prêter
Quelque grain pour subsister
Jusqu'à la saison nouvelle.
« Je vous paierai, lui dit-elle,
Avant l'oût (1), foi d'animal,
Intérêt et principal (2). »
La fourmi n'est pas prêteuse :
C'est là son moindre défaut.
« Que faisiez-vous au temps chaud ?
Dit-elle à cette emprunteuse.
— Nuit et jour à tout venant
Je chantais, ne vous déplaise.
— Vous chantiez ? j'en suis fort aise.
Eh bien ! dansez maintenant.

(1) Le mois d'août, époque de la moisson.
(2) Capital.

230

Cette fable contient un double enseignement qu'il ne faut pas méconnaître : ne soyez pas imprévoyants comme la cigale, mais n'ayez pas la dureté de la fourmi. L'économie est une belle chose, mais elle ne doit pas supprimer les sentiments de bonté, de charité que tous, petits et grands, nous devons avoir les uns pour les autres.

PATIENCE ET TRAVAIL.

Ailleurs La Fontaine montre, pour prouver la supériorité de la *patience* sur les plus heureux dons naturels, la lutte du lièvre contre la tortue. La tortue a parié d'arriver plus vite que le lièvre à un but marqué. Vous pensez si le lièvre a ri ; et voilà cependant que la tortue a gagné, parce qu'elle est partie tout de suite, n'a pas perdu un instant, s'est « *hâtée avec lenteur* », tandis que le lièvre batifolait, et attendait le dernier moment pour se mettre en route.

LA MORALE DE LA FONTAINE.

Approchez ; je suis sourd ; les ans en sont la cause.
L'un et l'autre approcha, ne craignant nulle chose.
Aussitôt qu'à portée il vit les contestants,
    Grippeminaud le bon apôtre,
Jetant des deux côtés la griffe en même temps,
Mit les plaideurs d'accord en croquant l'un et l'autre.

118

Grippeminaud, le bon' apôtre,
Jetant des deux côtés la griffe en même temps,
Mit les plaideurs d'accord en croquant l'un et l'autre.

P. 118-119

LA MORALE DE LA FONTAINE.   105

Loin de chercher à se nuire, il faut secourir le
voisin, pour qu'il vous aide en un besoin vous-
même. « *Il se faut entr'aider : c'est la loi de na-*
ture », dit La Fontaine d'un ton plus grave qu'à
son ordinaire ; car c'est un principe qui lui est particulièrement cher, et, ailleurs, répétant les mêmes
expressions presque impérieuses :

> Telle est la loi de l'univers ;
> Si tu veux qu'on t'épargne, épargne aussi les autres.

Pour avoir manqué à cette loi, et n'avoir pas
secouru le chien mourant de faim, l'âne fut à son
tour abandonné du chien et étranglé sans façon
par le loup.

119–120   L'ANE ET LE CHIEN.

Il se faut entr'aider ; c'est la loi de nature.
    L'Ane un jour pourtant s'en moqua :
    Et ne sais comme il y manqua :
    Car il est bonne créature.
Il allait par pays, accompagné du chien,
    Gravement, sans songer à rien,
    Tous deux suivis d'un commun maître.
Ce maître s'endormit. L'Ane se mit à paître :
    Il était alors dans un pré
    Dont l'herbe était fort à son gré.
Point de chardons pourtant ; il s'en passa pour l'heure :
Il ne faut pas toujours être si délicat ;
    Et, faute de servir ce plat,
    Rarement un festin demeure (1).
    Notre baudet s'en sut enfin
Passer pour cette fois. Le chien, mourant de faim,
Lui dit : « Cher compagnon, baisse-toi, je te prie :
Je prendrai mon dîné dans le panier au pain. »
Point de réponse ; mot (2) : le roussin d'Arcadie
    Craignit qu'en perdant un moment
    Il ne perdît un coup de dent.
    Il fit longtemps la sourde oreille ;
Enfin il répondit : « Ami, je te conseille
D'attendre que ton maître ait fini son sommeil ;
Car il te donnera sans faute, à son réveil,
    Ta portion accoutumée :
    Il ne saurait tarder beaucoup.
    Sur ces entrefaites un loup
Sort du bois, et s'en vient : autre bête affamée.

   (1) Reste sans qu'on y touche.
   (2) L'âne ne souffle mot.

L'âne appelle aussitôt le chien à son secours,
Le chien ne bouge, et dit : « Ami, je te conseille.
De fuir en attendant que ton maître s'éveille ;
Il ne saurait tarder : dételle vite, et cours.
Que si ce loup t'atteint, casse-lui la mâchoire :
On t'a ferré de neuf ; et, si tu veux m'en croire,
Tu l'étendras tout plat. » — Pendant ce beau discours,
Seigneur loup étrangla le baudet sans remède.

Je conclus qu'il faut qu'on s'entr'aide.

⁎

Une vie de prudence, de réflexion, de sage
réserve à l'égard des grands, de modestie, d'économie, de patience, de travail, de concorde et de
mutuelle bienfaisance, voilà donc ce que le fabuliste
recommande au pauvre et au faible pour qu'il puisse
porter sans trop d'encombre la lourde charge que
l'existence est pour lui. Graves et virils conseils,
voilés le plus souvent d'un air charmant de bonne
humeur et de gaîté, revêtus de toutes les grâces
d'un récit plaisant et de remarques piquantes ;
mais si sérieux au fond, si importants, si salutaires, si propres à faire une belle et bonne nation
de travailleurs probes, fiers et doux !

161–162 **CONCLUSION.**

LA DERNIÈRE PENSÉE DU POÈTE.

La jeunesse est le temps des rêves qu'on fait pour soi, la vieillesse est le temps des rêves qu'on fait pour les autres. Si nous cherchons à nous figurer ce que rêvait, en ces jours d'automne où l'âme se recueille, le poète des petits et le consolateur des humbles, nous le trouverons sans peine, après ce que nous avons lu de lui ensemble. Un âge d'or sans oisiveté et sans piège, un âge d'or non créé pour l'homme, comme une épreuve, mais fait par l'homme, et mérité par lui, parce qu'il le fait tous les jours; un monde où les petits sont heureux parce qu'ils sont devenus sages, prudents, laborieux, économes, charitables, et se soutenant les uns les autres; un monde où l'on travaille librement et volontairement par goût du travail lui-même et de la dignité qu'il comporte; un monde où l'on s'épargne, où l'on s'entr'aide; un monde où l'on s'aime; un monde de concorde, de paix, de plaisirs simples, de médiocrité résignée et heureuse; un monde aussi d'innocente malice, de gaîté saine, de joyeux propos, de satire légère et sans amertume; un monde de bons travailleurs, simples de cœur, fins d'esprit, prompts au bienfait, à la reconnaissance, à la riposte aussi et à la bonne plaisanterie ragaillardissante; un monde enfin où toutes les forces saines de l'homme ont leur libre et pleine allure, leur franche saillie, et qui n'a pas de place pour la sottise, la vanité, l'ambition folle, la haine, l'ennui.

Ce monde, que La Fontaine a rêvé, n'existe pas. Mais, par ses leçons, il a contribué, sans effort, sans éclats, sans paroles retentissantes et sans ambitieuses attitudes, mais tout autant et plus que bien d'autres, à créer quelque chose qui s'en rapproche. Il dépend de nous, pénétrés de sa bonne pensée, de sa douce chaleur de cœur, de réaliser un peu tous les jours, et tous les jours un peu plus, le rêve de notre cher poète.

162–164

Cet âge d'or, il faut d'abord le créer en nous-
mêmes par l'application des maximes qu'il a écrites
pour nous. Il faut arriver au repos d'esprit par
cette patience, cette persévérance, cette attache à
la maison, au travail, à l'épargne, aux joies simples, qu'il nous recommande, et qu'il rend poétiques à force de les rendre aimables. Cet âge d'or,
il faut le créer autour de nous, en aimant ceux
qu'il a aimés, les petits, les humbles et les délaissés; surtout, quand on est petit soi-même, en
s'aimant et se secourant les uns les autres, en
pratiquant ce que les hommes politiques appellent
la solidarité et la fraternité, qui sont moins des
principes politiques que des vertus humaines, et
seules, forment toute une religion sociale.

Ne pas compter sur les grands, compter sur
soi-même, faire de la société un concert de bonnes
volontés courageuses et charitables; être sévère
chacun pour soi, être indulgent chacun pour les
autres; faire de toutes nos forces grandes ou
petites, de toutes nos intelligences puissantes ou
médiocres, de tous nos courages et de toutes nos
énergies morales, ce faisceau de dards unis et pressés
ensemble dont nous a parlé La Fontaine, et qu'il
nous a montré invincible à tous les efforts : voilà
le but que nous indique ce grand moraliste et ce
grand éducateur. Nous y arriverons, ou du moins
nous diminuerons de jour en jour la distance qui
nous en sépare, en y mettant un peu de ces vertus modestes des chères bêtes de La Fontaine.

Vous verrez dans Molière que les Turcs, les
Turcs de comédie, par manière de salutation et
de compliments, souhaitent à ceux qu'ils rencon-
trent « la force des lions, et la prudence du serpent ». En vous quittant, ce n'est pas par vain
compliment, mais bien d'un cœur sincère, que je
vous souhaite l'économie de la fourmi, la patience
de la tortue, l'esprit de concorde de l'abeille, et
la bonté de l'escarbot.

G. Lyon, *Code moral de l'expérience et de la sagesse*

Le recueil de G. Lyon se présente sous forme d'un ensemble d'expériences visant à la formation morale de la jeunesse française. Ainsi, le commentaire intitulé "Les fous ne trompent pas longtemps" s'appuie, parmi d'autres fables, sur "Le Loup devenu Berger" (III, 3) et exalte la probité en tant que qualité exemplaire à mériter et qui doit se faire l'objet d'une reconnaissance d'autrui. La validité du précepte clef de l'esthétique classique, à savoir, le motif du trompeur trompé, apparaît ici avec netteté. Dans "Les Grenouilles qui demandent un Roi" (III, 4), La Fontaine met en question la révolution dans la mesure où elle sert d'instrument de transformation politique. G. Lyon cite, enfin, "La Laitière et le pot au lait" (VII, 10) afin de tirer l'enseignement suivant: force est de ne pas s'étonner des adversités de la fortune. Plus précisément, la réalisation de tout projet doit comporter une prise de conscience de la dimension aléatoire de l'existence, c'est-à-dire, des vicissitudes de la vie.

4

Les exemplaires voulus par la loi ayant été déposés tous ceux qui ne seraient pas revêtus de la griffe de l'auteur seront réputés contrefaits, et tout contrefacteur ou débitant de contrefaçons de cet ouvrage sera poursuivi suivant la rigueur des lois.

AVANT-PROPOS

« Les Fables de La Fontaine, a dit l'abbé Batteux dans ses *Principes de littérature*, sont dans les mains des philosophes un recueil précieux de morale ; dans les mains des hommes du monde, c'est le tableau de la société. » On y trouve, en effet, une infinité de vers, devenus proverbes, que l'on retient, que l'on cite, tant ils respirent ce naturel exquis dont chacun des apologues offre un modèle inimitable. J'ai cru utile de les réunir, afin qu'ils devinssent pour la jeunesse comme le code moral de l'expérience et de la sagesse, et le plus solide complément de l'instruction qui lui est donnée. Dans ce but, je les ai disposés dans un ordre méthodique, et distribués en différents chapitres s'appliquant à tel ou tel travers de la nature humaine. Chaque chapitre est, de plus, précédé d'un titre et d'un commentaire, afin d'en mettre plus en relief l'importance et la portée. Quelque faible que soit le mérite de ce travail, je ne serais pas surpris que d'autres ressentissent à le lire autant de charme que j'en ai eu à le composer. Il pourrait surtout, s'il était admis dans les écoles primaires, devenir pour les instituteurs un agréable *memento* des fables qui ont immortalisé le nom de La Fontaine et servir de thème à de nouvelles applications intéressantes et instructives pour leurs élèves. « L'homme corrigé par La Fontaine, ajoute Chamfort, ne serait plus vicieux ni ridicule ; il serait raisonnable, et nous nous trouverions vertueux, comme La Fontaine était philosophe, sans s'en douter. »

—8—

CODE MORAL

DE L'EXPÉRIENCE ET DE LA SAGESSE

ou

PENSÉES PHILOSOPHIQUES ET MORALES

COMMENTÉES ET APPLIQUÉES DANS UN ORDRE MÉTHODIQUE
AUX DIFFÉRENTS TRAVERS DE LA NATURE HUMAINE

N° 2. — Se défier des flatteurs.

Il faut se défier des flatteurs et de leurs paroles emmiellées. Leurs compliments émaillés d'exclamations doivent inspirer d'autant plus de défiance, que le calcul et l'intérêt en sont les mobiles ordinaires; ils ne font jamais défaut à qui peut les payer. Ils sont un séduisant attrait pour la vanité; aussi voyons-nous dans La Fontaine le corbeau dupe des éloges que lui prodigue le renard, et recevant d'une manière fort comique, de celui qui l'a trompé, la leçon suivante :

— 9 —

« Apprenez que tout flatteur
Vit aux dépens de celui qui l'écoute ;
Cette leçon vaut bien un fromage sans doute. »
Le corbeau, honteux et confus,
Jura, mais un peu tard, qu'on ne l'y prendrait plus.

(Liv. 1, Fable 2.)

De nos jours, nous avons vu une nation voisine imiter le renard, lorsque, à la faveur d'une spécieuse solidarité professionnelle, elle est venue donner un encouragement à la grève de nos ouvriers dans le but dissimulé de la faire tourner à l'avantage de la vente de ses produits. Soyez donc sourds, jeunes gens, aux discours des flatteurs ; ne croyez sincères que les éloges de ceux qui sont les interprètes d'un sentiment public, comme le sont ceux des personnages chargés de vous haranguer à la veille des vacances, et dont les paroles doivent être pour les uns un hommage rendu à leurs succès, et, pour ceux qui ont été moins heureux, un encouragement à plus de travail et à de nouveaux efforts.

N° 3. — De la vanité et de l'orgueil.

La vanité et l'orgueil sont l'apanage des sots. Lorsque, nous laissant éblouir par l'appareil de la puissance et du luxe, nous cherchons à rivaliser avec les grands, aussitôt disparaît la simplicité des mœurs ; nulle modération dans les dépenses de la vie ; nulle sagesse dans nos entreprises, et, par une ruine inévitable, nous nous assimilons à la gre-

nouille dont les vers suivants retracent l'aveuglement et la folie :

> — Elle, qui n'était pas grosse en tout comme un œuf,
> Envieuse, s'étend, et s'enfle, et se travaille
>   Pour égaler l'animal [1] en grosseur ;
>   Disant : « Regardez bien, ma sœur ;
> Est-ce assez ? dites-moi ; n'y suis je point encore ?
> — Nenni. — M'y voici donc ? — Point du tout. — M'y voilà ?
> — Vous n'en approchez point. » La chétive pécore
>   S'enfla si bien qu'elle creva.
>
> Le monde est plein de gens qui ne sont pas plus sages ;
> Tout bourgeois veut bâtir comme les grands seigneurs,
>   Tout petit prince a des ambassadeurs,
>   Tout marquis veut avoir des pages.

(Liv. I, Fable 3.)

N° 5. — Prix de la liberté.

Les aises de la vie, l'abondance des biens,
les grandes dignités sont sans attrait pour le
sage, lorsqu'à leur possession est inhérente la
privation de la liberté et d'une pleine sécurité.
C'est ce que comprit ce loup qui, n'ayant que la
peau et les os, était invité par un gros dogue
à venir partager son destin.

> — Chemin faisant, il vit le cou du Chien pelé.   [chose.
> « Qu'est-ce là ? lui dit-il. — Rien. — Quoi ! rien ! — Peu de
> — Mais encor ? — Le collier dont je suis attaché,
> De ce que vous voyez, est peut-être la cause.
> — Attaché ! dit le Loup ; vous ne courez donc pas
>   Où vous voulez ? — Pas toujours ; mais qu'importe ?
> — Il importe si bien, que de tous vos repas
>   Je ne veux en aucune sorte,
> Et ne voudrais pas même à ce prix un trésor. »
> Cela dit, maître Loup s'enfuit et court encor.

(Liv. I, Fable 5.)

— 18–19 —

Nº 10. — Écoutons les conseils de la sagesse.

Un enfant bien né écoute la voix de ses parents et de ses maîtres; il sait comprendre que leurs avis sont inspirés par l'unique désir de le guider, de l'orienter dans la carrière de la vie et de le préserver des écueils que les passions multiplient sous ses pas, et où il trouverait sa perte. Malheureusement, le nombre est grand de ceux qui sont inconsidérément sourds aux conseils de la sagesse; ils aiment mieux prêter l'oreille à de dangereux conseillers de leur âge, et justifient par leur aveuglement les vers du poète :

— Nous n'écoutons d'instinct que ceux qui sont les nôtres,
Et ne croyons le mal que quand il est venu.
                                        (Liv. I, Fable 8.)

N° 38. — Danger des révolutions.

C'est un jeu bien périlleux dans ses conséquences que de prétendre changer de gouvernement. On s'expose à tomber de Charybde en Scylla, et à empirer son sort. Ecoutons Jupin le rappeler aux grenouilles mécontentes de leur roi :

— Vous avez dû premièrement
Garder votre gouvernement ;
Mais ne l'ayant pas fait, il vous devait suffire
Que votre premier roi fût débonnaire et doux.
De celui-ci contentez-vous,
De peur d'en rencontrer un pire.
(Livre III, Fable 4.)

N° 39. — Dupes et fripons.

Dupes et fripons sont deux classes qui se partagent la société. Évitons d'être comme les premiers, en nous défiant des seconds.

— En toute chose, il faut considérer la fin.
(Livre III, Fable 5.)

N° 41. — Des fourbes et des intrigants.

Les fourbes et les intrigants sont les plus dangereux ennemis de la société ; on ne saurait assez flétrir le caractère de ces gens, semant partout la division et la calomnie, mélange atroce de perfidie et d'avarice, égorgeant dans l'ombre pour enlever les dépouilles, dignes enfin du pilori

— Que ne sait point ourdir une langue traîtresse
Par sa pernicieuse adresse !
Des malheurs qui sont sortis
De la boîte de Pandore [1],
Celui qu'à meilleur droit tout l'univers abhorre,
C'est la fourbe, à mon avis. (Livre III, Fable 6.)

1. *Pandore*, nom de la première femme formée, selon la Fable, du limon de la terre, par Vulcain, à la prière de Jupiter. A sa naissance, elle reçut un présent de chacun des dieux, d'où lui vint le nom de Pandore, mot dérivé du grec πᾶν, *tout*, et δωρον, *don*. Celui de Jupiter fut une boîte où tous les maux étaient renfermés, avec défense de l'ouvrir. Pandore ayant épousé Epiméthée, celui-ci eut la curiosité de voir ce que contenait la fatale boîte, et aussitôt s'en échappèrent tous les malheurs qui ont depuis ce temps désolé la terre. L'espérance seule resta au fond.

N° 44. — Avantages du séjour de la campagne sur celui de la ville.

Si la ville est le séjour de la politesse, de l'industrie, des lettres, des sciences et des arts,

1. *Lui dit-il*, lui dit le lion.

c'est en revanche celui où les passions s'agitent avec le plus de violence et altèrent le bonheur et la joie. Mieux partagée est la campagne : la paix dont on y jouit, les mœurs simples de ses habitants y assurent la véritable félicité.

— Autrefois, Progné l'hirondelle [1]
De sa demeure s'écarta,
Et loin des villes s'emporta
Dans un bois où chantait la pauvre Philomèle.
« Ma sœur, lui dit Progné, comment vous portez-vous ?
Voici tantôt mille ans que l'on ne vous a vue ;
Je ne me souviens point que vous soyez venue,
Depuis le temps de Thrace [2], habiter parmi nous.
Dites-moi, que pensez-vous faire ?
Ne quitterez-vous point ce séjour solitaire ?
— Ah ! reprit Philomèle, en est-il de plus doux ? »
Progné lui repartit : « Eh quoi ! cette musique,
Pour ne chanter qu'aux animaux,
Tout au plus à quelque rustique !
Le désert est-il fait pour des talents si beaux ?
Venez faire aux cités éclater leurs merveilles.
Aussi bien, en voyant les bois,
Sans cesse il vous souvient que Térée autrefois,

1. Térée, roi de Thrace, ayant outragé Philomèle, sœur de Progné, sa femme, les deux sœurs s'en vengèrent en tuant le fils de ce prince, et en lui en donnant à manger les membres qu'elles avaient fait cuire. Philomèle parut à la fin du repas, et jeta sur la table la tête de l'enfant. A cette vue, Térée, transporté de rage, fondit les armes à la main sur les deux sœurs, qui, pendant qu'elles s'enfuyaient, furent, selon les poètes, changées, Philomèle en rossignol, et Progné en hirondelle.
2. *Depuis le temps de Thrace*, par ellipse, au lieu de : *Depuis le temps que vous étiez en Thrace.*

— 56 —

No 66. — L'honnête homme est ami de la vérité.

L'honnête homme n'hésite jamais à dire la vérité, et tous ses actes attestent la droiture et le désintéressement. Bien différents sont les sentiments du fourbe. Ruse et mensonge accourent à son appel aussi souvent qu'il y entrevoit son intérêt; toutefois, il peut tromper les hommes, il ne trompera pas Celui qui lit dans les cœurs.

— Ne point mentir, être content du sien,
C'est le plus sûr : cependant on s'occupe
A dire faux pour attraper du bien.
Que sert cela? Jupiter n'est pas dupe.

(Liv. V, Fable 1.)

No 67. — Nulle association avec plus puissant que soi.

Il est dangereux de former un acte de société avec gens plus puissants que soi. Des discussions d'intérêt, des difficultés surgissent bientôt. En vient-on à plaider, c'est presque toujours le puissant qui a raison du faible.

— Ne nous associons qu'avecque nos égaux,
Ou bien il nous faudra craindre
Le destin d'un de ces pots 1. (Liv. V, Fable 2.)

1. Le pot de terre brisé par le pot de fer.

246

— 57 —

— Selon que vous serez puissant ou misérable,
Les jugements de cour vous rendront blanc ou noir.

(Livre VII, Fable 1.)

**N° 68. — Déception de ceux qui quittent
la campagne pour aller habiter la ville.**

Beaucoup de jeunes cultivateurs désertent
la campagne pour aller habiter la ville, dans
la persuasion que le travail y étant mieux ré-
tribué, ils y goûteront une existence plus heureuse; mais bien grande est leur désillusion,
lorsqu'ils reconnaissent combien y est hasar-
deuse la vie de l'ouvrier, combien y est étroite
et précaire l'existence du petit employé, à
combien de privations enfin assujettit la cherté
des vivres, privations d'autant plus pénibles
que les occasions de dépense se présentent plus
impérieuses et plus fréquentes. Ils regrettent
alors, mais trop tard, d'avoir abandonné leurs
champs, où la vie, quoique plus simple, était,
en revanche, plus calme et plus heureuse.

— Un tiens vaut, ce dit-on, mieux que deux tu l'auras:
   L'un est sûr, l'autre ne l'est pas.

(Liv. V, Fable 3.)

— Chacun se trompe ici-bas:
On voit courir après l'ombre
Tant de fous qu'on n'en sait pas
La plupart du temps le nombre.

(Liv. VI, Fable 17.)

— ... Lâcher ce qu'on a dans la main,
Sous espoir de grosse aventure,
Est imprudence toute pure.

(Liv. IX, Fable 10.)

N° 96. — Il faut compter avec les vicissitudes et les accidents de la vie.

A la ville, comme aux champs, chacun se plaît à supputer d'avance les produits de ses maisons ou de ses récoltes, et d'en régler l'emploi selon ses goûts, ses besoins ou les inspirations de sa vanité ; mais on oublie de compter avec les vicissitudes et les accidents de la vie, et l'on voit souvent ses calculs renversés, alors qu'on en espérait le plus la réalisation.

— Quel esprit ne bat la campagne ?
Qui ne fait de châteaux en Espagne ?
Pichrocole [1], Pyrrhus [2], la laitière, enfin tous,
Autant les sages que les fous.
Chacun songe en veillant ; il n'est rien de plus doux :
Une flatteuse erreur emporte alors nos âmes ;
Tout le bien du monde est à nous,
Tous les honneurs, toutes les femmes.
Quand je suis seul, je fais au plus brave un défi ;
Je m'écarte, je vais démolir le Sophi [3] ;
On m'élit roi, mon peuple m'aime ;
Les diadèmes vont sur ma tête pleuvant :
Quelque accident fait-il que je rentre en moi-même,
Je suis Gros-Jean [4] comme devant.

(Liv. VII, Fable 10.)

1 *Pichrocole*, prince ambitieux, dans Rabelais.
2. *Pyrrhus*, roi d'Epire.
3. *Sophi*, roi de Perse.
4. *Gros-Jean*, autre expression de Rabelais pour désigner un pauvre diable.

— 81 —

Nº 98. — Rien de durable ici-bas.

Rien n'est durable sur la terre : tôt ou tard
la mort vient nous frapper à l'improviste, et
sans pitié. Jeunes et vieux en sont indistincte-
ment tributaires. Bien cruelle est sans doute
pour les premiers la nécessité de quitter famille et biens de toute sorte, et fort naturels
sont aussi leurs regrets ; mais moins à plaindre peuvent paraître les seconds, lorsque les
infirmités de l'âge viennent les affliger ; c'est
peut-être un bienfait du ciel que la mort mette
alors un terme à nos souffrances. Le sage seul
se montre toujours calme à son approche,
conscient qu'il est de sa vie parfaitement
remplie.

— « Que vous êtes pressante, ô déesse cruelle !
— Vieillard, lui dit la Mort, je ne t'ai point surpris ;
Tu te plains sans raison de mon impatience :
Eh ! n'as-tu pas cent ans? Trouve-moi dans Paris
Deux mortels aussi vieux ; trouve-m'en dix en France.
Je devais, ce dis-tu, te donner quelque avis
    Qui te disposât à la chose.

. . . .

Ne te donne-t-on pas des avis, quand la cause
    Du marcher et du mouvement,
    Quand les esprits, le sentiment,
Quand tout faillit en toi? Plus de goût, plus d'ouïe ;
Toute chose pour toi semble être évanouie ;
Pour toi l'astre du jour prend des soins superflus ;
Tu regrettes des biens qui ne te touchent plus ;
    Je t'ai fait voir tes camarades,
    Ou morts, ou mourants, ou malades ;

Nº 115. — Rien de trop.

Les moralistes de tous les siècles ont eu
beau blâmer l'excès en tout, leur maxime :
Rien de trop, est restée lettre morte, et plusieurs de ceux même qui en recommandent la
pratique ne se sont pas abstenus de lui être
infidèles. Ce n'est pas seulement en littérature
que se montre l'excès : ce défaut se manifeste
dans tous les rangs de la société; nul ne sait
se modérer ni dans ses goûts, ni dans ses habitudes, ni dans ses actes.

        — Je ne vois point de créature
    Se comporter modérément :
    Il est certain tempérament
    Que le Maître de la nature
Vaut que l'on garde en tout. Le fait-on? Nullement.
Soit en bien, soit en mal, cela n'arrive guère.
    . . . .

    . . . . . . Les humains abusèrent
    A leur tour des ordres divins.
De tous les aimants, l'homme a le plus de pente

    A se porter dans l'excès.
    Il faudrait faire le procès
Aux petits comme aux grands. Il n'est âme vivante
Qui ne pèche en ceci. *Rien de trop* est un point
Dont on parle sans cesse, et qu'on n'observe point.

                        (Livre IX, Fable 11.)

APPENDICE III
LECTURES DIVERSES DE "LA CIGALE ET LA FOURMI"

Dans son "explication morale" destinée aux enfants de l'enseignement primaire, J-J. Porchat s'engage d'abord à rendre ceux-ci sensibles à l'ironie de La Fontaine en éclaircissant la formule ambiguë ("C'est là son moindre défaut", v. 16). Il tâche ensuite d'amener les élèves à reconnaître l'existence de leurs torts dans des cas particuliers. Après avoir loué les activités laborieuses de la fourmi—l'érigeant, en l'occurrence, en modèle de travail méthodique—l'éditeur défend la cigale contre l'accusation de négligence que lui fait le poète en mettant en avant la force de l'instinct pour justifier sa conduite. Tout en admettant la culpabilité de ceux qui ont agi par paresse ou par imprudence, il convient de se montrer humain en offrant la charité aux nécessiteux qui, "pour subsister" (v. 10), en dépendent. Les enfants doivent apprendre à se comporter avec la bonté de cœur propre au poète.

LE

FABLIER DES ÉCOLES

FABLES CHOISIES

DE LA FONTAINE.

1.

LA CIGALE ET LA FOURMI. (I, 1.)

La cigale, ayant chanté
  Tout l'été,
Se trouva fort dépourvue[1]
Quand la bise[2] fut venue :
Pas un seul petit morceau
De mouche ou de vermisseau[3].
Elle alla crier famine
Chez la fourmi sa voisine,
La priant de lui prêter

---

[1] Ce mot s'emploie d'ordinaire avec un complément : « dépourvue de provisions » par exemple. C'est ici la pensée de l'auteur.
[2] Vent du nord-est, ordinairement froid, et qui souffle surtout en hiver. Ici la bise désigne la « saison de l'hiver. »
[3] « Un petit ver. » C'est un de ces mots qu'on appelle en grammaire des diminutifs, comme herbette, pour petite herbe, oisillon pour petit oiseau. Au reste, la phrase est elliptique, c'est-à-dire que quelques mots en sont sous-entendus : ELLE n'avait pas un seul petit morceau, etc.

251

16

Quelque grain [1] pour subsister
Jusqu'à la saison nouvelle.
« Je vous paierai [2], lui dit-elle,
Avant l'oût [3], foi d'animal [7],
Intérêt et principal [8]. »
La fourmi n'est pas prêteuse :
C'est là son moindre [9] défaut.
Que faisiez-vous au temps chaud ? »
Dit-elle à cette emprunteuse. —
« Nuit et jour à tout venant
Je chantais, ne vous déplaise [10]. —

---

[1] « Une petite quantité de grain ». Dans ce sens, *quelque* se met au singulier.

[2] Prononcez *patrai*.

[3] Aujourd'hui on écrit *août*, quoique l'on prononce *oût*, comme La Fontaine a écrit. Autrefois l'orthographe régulière était *aoust*. Le nom de ce mois est tiré de celui d'*Auguste*, empereur romain, qui régnait à l'époque de la naissance de Jésus-Christ. Ici *oût* désigne « la moisson » : faire l'oût, c'est « faire la moisson ».

[7] La cigale, qui est un animal, doit dire : *Foi d'animal*, comme autrefois un gentilhomme aurait dit : *Foi de gentilhomme*.

[8] *Principal* est un vieux mot, remplacé aujourd'hui par celui de *capital*. L'arithmétique vous enseigne ce qu'il faut entendre par le *capital* et l'*intérêt*. Si, par exemple, la fourmi veut bien prêter à la cigale *cent* grains de blé pour un an, *au cinq pour cent*, la cigale offre de rendre *cent et cinq* grains au bout de l'année.

[9] Ordinairement ce mot veut dire *plus petit*, et le vers signifierait alors que la fourmi a d'autres défauts plus grands que celui-là. Mais ce n'est pas ce que le poëte a voulu faire entendre; il a pris *moindre* dans le sens de *petit*. « C'est là son petit défaut. » Au reste, la morale nous enseigne que cette dureté de cœur n'est point un petit défaut, mais un grand.

[10] *Ne vous déplaise*. Par ces mots, la cigale veut excuser

252

Vous chantiez ! j'en suis fort aise.
Eh bien : dansez maintenant. »

L'un des personnnages de cette fable vous est bien
connu. Vous avez tous vu la *fourmi* travaillant pour sa
fourmilière. Elle est citée depuis bien longtemps comme
un modèle pour son activité. Nous avons rappelé l'exhor-
tation de Salomon, qui renvoie le paresseux à la fourmi.
(V. *Conseils*, p 6.) On a reconnu, il est vrai, qu'elle
n'amasse pas ses provisions pour l'hiver, et qu'elle les
consomme à mesure; en hiver, elle tombe comme les
abeilles dans un profond engourdissement, et n'a besoin d'aucune nourriture ; mais ses habitudes laborieuses n'en sont pas moins admirables.

La *cigale* est un insecte des pays chauds. On la
trouve en Italie et dans le midi de la France. Elle fait
entendre, pendant les chaleurs de l'été, un bruit assez
fort, qu'elle produit en frottant certaines membranes
de son corps. Ce n'est pas un véritable cri; elle ne peut
produire une voix, comme les quadrupèdes et les
oiseaux ; puisqu'elle n'a point de poumons, non plus
que les autres insectes bruyants.

On comprend d'ailleurs, qu'elle vit selon les lois de
son instinct, et qu'elle n'est point coupable de la négligence dont le poëte l'accuse ici. Il faut s'accoutumer
à distinguer des faits véritables de l'histoire naturelle
des agréables inventions de l'apologue. Nous l'avons
dit, le fabuliste ne se contente pas de prêter notre langage
aux animaux ; il leur attribue aussi des qualités, des
défauts, des passions, des intentions qu'ils n'ont pas ; il
les fait plus semblables à l'homme qu'ils ne sont réellement, afin de les rendre plus intéressants et plus in-
structifs pour nous.

---

d'un tort qu'elle avoue à demi. Elle sent bien maintenant
qu'elle eût mieux fait de travailler que de chanter

Cette fable renferme plus d'un enseignement : ne soyons ni imprévoyants et paresseux comme la cigale, ni durs aux malheureux comme la fourmi ; mais soyons laborieux comme elle, afin d'avoir de quoi nous entretenir nous et notre famille, et de quoi faire l'aumône aux indigents

Il y a des industries et des ouvrages qui ne peuvent s'entreprendre qu'en été ; ceux qui en sont chargé peuvent prendre à la lettre ce qui est dit ici ; ils doivent travailler pendant la belle saison, pour avoir de quoi vivre pendant l'hiver, où l'ouvrage chôme, et où l'homme a plus de besoins. Mais on peut aussi prendre l'*été* et l'*hiver*, dont il est ici question, dans un autre sens : l'été sera la jeunesse, l'âge de la force ; l'hiver sera la vieillesse, et le conseil du fabuliste reviendra à ceci : « Travaillez pendant que vous êtes jeunes, afin d'avoir de quoi vivre étant vieux. »

Et, quand nous aurons fait nos provisions par un long travail, si un imprudent, un paresseux vient nous dire : « J'ai perdu mon temps, et maintenant je meurs de faim », nous ne le laisserons pas périr, quoiqu'il soit coupable, car nous le deviendrions alors plus que lui ; nous lui donnerons *quelque grain pour subsister*, en lui disant avec douceur, s'il en est temps encore : « A l'avenir, soyez plus sage, mon ami ; ne chantez plus autant, et travaillez davantage. » Cette conduite sera bien plus humaine que celle de la fourmi, qui renvoie la cigale, en joignant l'insulte au refus.

Le manuel d'H. Leclerc cite le discours biblique selon lequel l'attitude fondamentale vis-à-vis du travail départage les gens soit en "enfant(s) de sagesse" soit en "enfant(s) de confusion," en d'autres mots, ceux qui profitent de la moisson et ceux qui n'en profitent pas. L'auteur signale, d'autre part, que la vertu de charité est tout aussi significative que celle du travail. Après avoir évoqué la légende du "bon La Fontaine," il recourt enfin à une syntaxe biblique afin de faire ressortir l'importance d'emmagasiner les fruits de la récolte.

290   FABLES ET HISTORIETTES.

Fable de la Fontaine.

LA CIGALE ET LA FOURMI

Sujet moral : De l'imprévoyance.

Maxime : Celui qui amasse pendant la moisson est un enfant de sagesse; mais celui qui dort pendant l'été, est un enfant de confusion. (Prov. X., 5.)

La Cigale ayant chanté
        Tout l'été,
Se trouva fort dépourvue
Quand la bise fut venue :
Pas un seul petit morceau
De mouche ou de vermisseau.
Elle alla crier famine
Chez la Fourmi sa voisine,
La priant de lui prêter
Quelque grain pour subsister
Jusqu'à la saison nouvelle (1) :
« Je vous paierai, lui dit-elle,
Avant l'oût (2), foi d'animal,
Intérêt et principal. »
La Fourmi (3) n'est point prêteuse :
C'est là son moindre défaut.

(1) Jusqu'à l'époque des moissons prochaines.

(2) Avant *la moisson*, qui se fait dans nos latitudes au mois d'août.

(3) Les mœurs de la fourmi ont toujours excité la curiosité des observateurs, et l'on ne peut nier que cet insecte ne puisse être donné comme modèle d'ordre et de travail; quant à sa réputation de prévoyance, on doit la considérer comme usurpée et comme n'ayant jamais existé que dans l'imagination des poètes.

251–252   FABLES ET HISTORIETTES.

» — Que faisiez-vous au temps chaud?
.... Dit-elle à notre emprunteuse...
— Nuit et jour, à tout venant,
Je chantais, ne vous déplaise. »
« — Vous chantiez! J'en suis fort aise:
Eh bien, dansez maintenant! »

En prenant cette moralité dans un sens absolu, on arrive à se donner une leçon d'égoïsme et de dureté de cœur. Toute coupable, en effet, que soit l'*emprunteuse*, *c'est* commettre une mauvaise action que de l'envoyer *danser* quand elle a faim? *Ne rejette pas la prière de celui qui a faim*, dit le Seigneur dans les Écritures sacrées.

Ce n'est point d'ailleurs ce mauvais enseignement que le bon la Fontaine a voulu tirer de cette fable. Comment eût-il pu parler

La fourmi de France est rousse, sanguine ou noir-cendré. Elle vit en sociétés nombreuses, formées de mâles, de femelles et d'ouvrières; celles-ci ne pondent pas et n'ont pas d'œufs. Tout ce qui concerne la construction, la garde, la défense de l'habitation, les expéditions guerrières, la nourriture et l'éducation des jeunes regarde les ouvrières. Ces infatigables insectes sont à la fois maçons, charpentiers, guerriers et nourrices.

Les femelles pondent de quatre à cinq mille œufs par année. L'entomologiste Gould assure qu'on ne peut imaginer de combien de soins délicats, de caresses et d'attentions, les ouvrières entourent la mère du futur essaim. Quand un œuf est produit, elles le portent aux cellules, le nourrissent, le réchauffent, le défendent contre tout ennemi et ne cessent de le veiller que lorsque le petit insecte a assez de force pour se suffire.

L'édification d'une fourmilière n'est pas moins digne de fixer l'attention. L'édifice se compose de cellules unies entre elles par des galeries reliées d'étage en étage par des escaliers; toute espèce de matériaux forme la fourmilière, dans laquelle les insectes se ramassent pendant les grands froids pour se répandre à l'extérieur par les journées tièdes de l'hiver.

La fourmi aime particulièrement les matières sucrées, et elle dit du *puceron* que Linnée appelle *sa vache à lait*, tout le liquide sucré possible, sans cependant lui faire de mal.

Dans nos climats, la fourmi, insecte plutôt incommode que nuisible, apparaît vers la fin de mars et rentre dans ses appartements vers le mois d'octobre.

ainsi, lui de mœurs si douces, lui qui dut à une hospitalité généreuse d'échapper aux premiers besoins de la vie! Il pensait, sans doute, l'éminent fabuliste, aux imprévoyants, à tous ces étourdis qui gaspillent follement les fécondes années de la jeunesse au lieu d'économiser, d'amasser des trésors pour les années de disette, trésors de science, de talents, de fortune. Heureux les sages qui pensent à les emmagasiner! heureux les prévoyants qui ne sont point obligés d'aller *crier famine*! Heureux ceux qui, craignant les rigueurs du sort, se souviennent à temps que,

L'été ne dure pas toujours,
Que le beau temps passé, viennent les mauvais jours!

———•◦•———

G. Lyon, lui, voit dans cet apologue un éloge de la compassion. L'intransigeance de la fourmi convient mal au principe de *caritas* chrétienne, et l'on sait que Rousseau dénonce l'immoralité de "La Cigale et la Fourmi," qui enseigne la raillerie et l'arrogance à l'enfant. En ce qui concerne la "leçon de prévoyance" discernée par G. Lyon, la mort inévitable de la cigale est sans utilité pour cette dernière, même si elle profitera sans doute aux autres cigales. Notons, enfin, que l'imprévoyance de la cigale annonce, selon lui, celle des élèves peu disciplinés et ingrats, qui vont sûrement échouer aux concours scolaires.

CODE MORAL

DE L'EXPÉRIENCE ET DE LA SAGESSE

ou

PENSÉES PHILOSOPHIQUES ET MORALES

COMMENTÉES ET APPLIQUÉES DANS UN ORDRE MÉTHODIQUE
AUX DIFFÉRENTS TRAVERS DE LA NATURE HUMAINE

N° 1. — Ayez pitié des malheureux.

C'est faire honneur à l'humanité que d'avoir pitié des malheureux, eussent-ils mérité leur disgrâce. Bien moins bienveillante se montrait la fourmi, lorsque, à la cigale, sa voisine, qui venait implorer son assistance, elle tint ce langage :

— « Que faisiez-vous au temps chaud ?
Dit-elle à cette emprunteuse.
— Nuit et jour, à tout venant
Je chantais, ne vous déplaise.
— Vous chantiez ? J'en suis fort aise.
Eh bien ! dansez maintenant. »

(La Font., liv. I, Fable 1.)

Le simple refus d'une aumône légère à un être affamé était déjà bien dur : la raillerie qui l'accompagne est cruelle. N'en blâmons pas trop cependant la fourmi ni La Fontaine, dont plusieurs autres fables attestent le cœur compatissant ; peut-être la fourmi n'a-t-elle voulu donner à la cigale qu'une leçon de prévoyance, dont pourraient profiter ses semblables, et lui apprendre que quiconque est sans souci de l'avenir s'expose tôt ou tard à la misère et à la honte.

Beaucoup de jeunes gens ne sont pas plus avisés que la cigale, lorsqu'ils passent le temps à s'amuser, sans se préoccuper des sacrifices que font pour eux leurs parents. Vienne l'heure des concours ; ils ont beau s'y présenter, la faible provision de connaissances qu'ils ont faite annonce d'avance leur échec. La réussite est pour leurs camarades laborieux, et pour eux, l'humiliation et la compromission de leur carrière.

APPENDICE IV
LES FRONTISPICES

Cet échantillon de divers frontispices offre un intérêt documentaire réel, non seulement dans l'histoire du livre, mais aussi dans l'évolution de l'édition scolaire et les pratiques pédagogiques qui la sous-tend. L'anthologie d'H. Leclerc met au premier plan le but précis du volume, qui s'accorde du reste avec l'intention profonde de la collection. On remarque ici une présentation détaillée du contenu du manuel, une citation justificatrice, ainsi que les insignes officiels de la maison d'édition. H. Leclerc apparaît avant tout comme un compilateur pédagogique. Dans le cas du *Fabuliste de la famille* de V. Muller, ce qui saute aux yeux, d'abord, c'est l'autorisation officielle de l'éditeur, Charles Delagrave, qui jouissait alors d'une réputation solide dans le domaine de l'édition scolaire en France. La griffe de celui-ci prend la forme d'un engagement personnel. Mis à part le public auquel s'adresse ce texte, le titre met en lumière le rôle pédagogique entrepris par les mères de famille françaises du XIXème siècle. Le manuel d'E. Faguet, lui, vise à donner une forme iconographique à La Fontaine: le portrait officiel du poète d'après Rigaud, ainsi que la gravure d'Edelinck, met en valeur son importance historique. Dans la mesure où l'on a affaire à "La Fontaine expliqué," il va de soi qu'à la différence d'une simple anthologie, ce manuel se présente comme un outil pédagogique exceptionnel.

Le Fablier des écoles de J-J. Porchat s'adresse principalement aux besoins scolaires des jeunes élèves. Ce texte présente à la fois son approbation officielle par l'Université et une valorisation de l'authenticité de la griffe éditoriale. Le frontispice séduisant du *Fabuliste du jeune âge*, ouvrage anonyme, représente une gravure qui souligne l'aspect aimable du bestiaire lafontainien. Prenant la relève d'Esope, le fabuliste se veut ici l'ami des enfants, d'où le paternalisme bienveillant dont il ferait preuve auprès de ses jeunes lecteurs. Notons que tous les animaux se montrent sages et respectueux face à Esope; ce rapport devait servir de modèle du rapport entre les élèves et leur maître. Par ailleurs, La Fontaine constitue le lien entre l'univers des bêtes et celui des enfants. Il convient de signaler, enfin, que le terme «jolies fables» correspond à l'ensemble de ses connotations morales.

Pédagogue fort spécialisé dans l'art de la récitation, L. Ricquier présente une série de conseils d'ordre phonétique. Ce manuel de récitation repose sur une analyse des textes (l'art de lire) en vue de faire ressortir l'expressivité poétique de La Fontaine (l'art de dire). Le titre s'attache à promouvoir l'importance du recueil et tout se passe comme si la valeur du texte l'emportait sur son contenu même.

L'ÉDUCATION PAR LA FABLE

37517

FABLES

ET

HISTORIETTES

DE

l'Abbé ARNAUD, — le P. ANDRÉ, — le P.{ BARBE, — DE FONTANES,
le P. DUCERCEAU, — le B{on} DUTREMBLAY, — FLORIAN, — JOHN GAY,
l'Abbé GUICHELET, — B{aron} HUBER, — JAUFFRET,
DE JUSSIEU, — LA FONTAINE, — LE MARCHAND DE LA VIÉVILLE,
MÉNARD DE SAINT-JUST, — NICOLAI, — l'Abbé RÉYRE, — DE STASSART,
VITALIS, — VIENNET, — etc.

SUIVIES

DE DÉVELOPPEMENTS MORAUX, DE NOTICES BIOGRAPHIQUES ET DE CONSEILS POUR LIRE LES FABLES

PAR HIPPOLYTE LECLERC
Ancien membre de l'Université.

> L'éducation doit procéder en tout de la
> pratique à la théorie, du sens à la pensée,
> des faits particuliers aux lois générales,
> pour revenir ensuite des règles à l'appli-
> cation.   (P. LALLEMAND.)

PARIS

LIBRAIRIE CLASSIQUE DE PAUL DUPONT

45, RUE DE GRENELLE-SAINT-HONORÉ, 45

1873

Jean de La Fontaine
de l'Académie Françoise

COLLECTION DES CLASSIQUES POPULAIRES

LA FONTAINE

EXPLIQUÉ

AUX ENFANTS

PAR

ÉMILE FAGUET

ANCIEN ÉLÈVE DE L'ÉCOLE NORMALE SUPÉRIEURE
PROFESSEUR AGRÉGÉ DES LETTRES AU LYCÉE CHARLEMAGNE
DOCTEUR ÈS LETTRES

Ce volume est orné d'un portrait de La Fontaine, d'après Rigault, gravé par
Edelinck, et de plusieurs reproductions de Fessard,
graveur du XVIIIᵉ siècle.

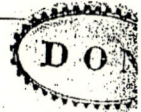

PARIS

LIBRAIRIE CLASSIQUE H. LECÈNE & H. OUDIN

17, RUE BONAPARTE, 17

1885

Toutes nos éditions sont revêtues de la griffe des éditeurs.

Charles Delagrave et Cie

FABULISTE
DE LA FAMILLE

OU

CHOIX DE FABLES DESTINÉES A L'ÉDUCATION ET GROUPÉES PAR SÉRIES
AUTOUR DE L'IDÉE MORALE QU'ELLES RENFERMENT

RECUEIL DESTINÉ AUX MÈRES ET AUX INSTITUTEURS

PAR

VICTOR MULLER

Die Wahrheit braucht die Armuth
der Fabel.   LESSING.
La vérité a besoin des agréments
de la fable.

PARIS. — IMP. SIMON RAÇON ET COMP., RUE D'ERFURTH, 1.

PARIS
CH. DELAGRAVE ET Cie, LIBRAIRES-ÉDITEURS
78, RUE DES ÉCOLES, 78
1867

Tout exemplaire non revêtu de notre griffe, sera réputé contrefait,

Charles Delagrave

Ouvrages du même auteur :

Les Glanures d'Ésope, recueil de fables en vers. 1 vol. in-8°. Prix. 5 fr.

La Mission de Jeanne d'Arc, drame en vers. 1 fr. 50

L'Art poétique d'Horace, traduit en vers français. 60 c.

La Théodie, recueil de chants sacrés tirés de la Bible, à l'usage des écoles primaires. 1 vol. in-12. 50 c.

Trois mois sous la neige, journal d'un jeune habitant du Jura, ouvrage destiné à servir de livre de lecture courante dans les écoles primaires. 1 vol. in-12. Prix. br. ou cart.

La Sagesse du Hameau, entretiens d'un aïeul et de ses petits-enfants sur la famille, l'autorité paternelle, le travail, la propriété, les riches et les pauvres ; ouvrage propre à la lecture courante dans les écoles primaires. 1 vol. in-12. Prix, cart.

Les Colons du Rivage, ou Industrie et Probité, suivi de deux nouvelles (Germain le Vannier et les deux Meuniers). 2° éd. 1 vol. in-12. Prix, cart.

Le même, avec 6 belles vignettes sur bois. Prix, cart.

Ouvrage autorisé par l'Université.

Coutx. — Imprimerie Charaire et fils.

LE

TABLIER DES ÉCOLES

ou

CHOIX DE FABLES

DES FABULISTES FRANÇAIS

Avec une explication morale et des notes destinées à en rendre la lecture plus facile et plus utile aux enfants.

PAR M. J. J. PORCHAT.

Professeur de littérature.

PREMIÈRE PARTIE

CHOIX DE FABLES DE LA FONTAINE

PARIS

CH. DELAGRAVE ET C°, LIBRAIRES-ÉDITEURS

58, RUE DES ÉCOLES, 58.

1879

FRONTISPICE

ESOPE ami des enfans

LE

FABULISTE

DU

JEUNE AGE,

OU

CHOIX DE JOLIES FABLES
ET HISTORIETTES,

En prose et en vers, avec le sens moral,
PRÉCÉDÉES D'ALPHABET ET DE PREMIÈRES LEÇONS
DE LECTURE

Nouvelle Edition,

ORNÉE DE FIGURES COLORIÉES.

PARIS,
E. DENN, LIBRAIRE-ÉDITEUR
RUE PAVÉE-SAINT-ANDRÉ-DES-ARTS, N°14.

LECTURE EXPRESSIVE

LECTURE EXPLIQUÉE

19123

FABLIER SCOLAIRE

A L'USAGE DE TOUTES LES ÉCOLES

CHOIX DE FABLES

AVEC DE NOMBREUSES ANNOTATIONS

SUR LE TON, L'INFLEXION, L'ACCENT ET LA MANIÈRE DE PHRASER

PRÉCÉDÉES D'UNE

NOTICE SUR L'ART DE DIRE LA FABLE

PAR

LÉON RICQUIER

Officier de l'Instruction publique,
Président de la Société de Lecture et de Récitation,
Professeur de lecture expressive et de littérature à l'École normale de la Seine,
au Collège Chaptal et dans les Écoles primaires supérieures,
Directeur des Matinées littéraires
pour les Enfants des Écoles de la Ville de Paris.

PARIS

LIBRAIRIE CH. DELAGRAVE

15, RUE SOUFFLOT, 15

1897

Appendice V

Quant aux fables traitées dans les manuels destinés à l'enseignement secondaire, elles paraissent dans dix textes, dont cinq fournissent, à des degrés divers, des commentaires sur des fables particulières: *Le Génie de La Fontaine* (1817, anonyme), B. Van Hollebeke, *Etudes sur La Fontaine* (1877), J. Gariel, *La Fontaine, Fables choisies* (1908), F. Hémon, *Cours de littérature* (1909) et J. Arnoux, *La Morale d'après les 'Fables' de La Fontaine* (1909). Les cinq autres s'adressent aux *Fables* sans citer d'apologue particulier, quelques-uns de ces textes offrant des sujets de dissertation sur le poète. A partir d'un ensemble de soixante fables, nous avons recensé cinquante-quatre d'entre elles qui font l'objet d'un seul commentaire. Parmi les six fables qui sont commentées dans plus d'un texte, on peut relever "Les Animaux malades de la peste," "Le Lion et le Rat" (trois fois), "Le Loup et l'Agneau," "Le Laboureur et ses Enfants," "Le Vieillard et l'Ane," et "Le Corbeau, la Gazelle, la Tortue et le Rat" (deux fois).

INVENTAIRE DES FABLES TIRÉES DES MANUELS DU DEUXIÈME CYCLE

	Le Génie de La Fontaine (1817)	B. Van Hollebeke, Études sur La Fontaine (1877)	J. Ganiel, La Fontaine, Fables choisies (1908)	F. Hémon, Cours de littérature (1909)	J. Arnoux, La Morale d'après les "Fables" de La Fontaine
"Les Animaux malades de la peste"	Littéraire "L"	Morale "M"			Littéraire
"Le Lion et le Rat"		M		L	M
"Le Loup et l'Agneau"	L				L
"Le Laboureur et ses Enfants"		M			L
"Le Chêne et le Roseau"			M		
"Le Lion et le Moucheron"		M			
"Le Vieillard et l'Ane"	M				Pédagogique "P"
"Le Corbeau, la Gazelle, la Tortue et le Rat"			M	L	
"Le Lièvre et la Tortue"		M/P			
"Le Marchand, le Gentilhomme, le Pâtre et le Fils du Roi"			L		
"Le Loup et le Chasseur"			M		
"Le Renard et les Raisins"					M
« Le Chat et un Vieux Rat »	L				
"Les Deux Mulets"		M			
"Le Renard et le Bouc"			M		
"Les Deux Coqs"	M				
"L'Aigle et l'Escarbot"					L
"Les Deux Pigeons"					L
"Rien de trop"		M			
"Le Loup et le Chien"					L
"Le Villageois et le Serpent"					M
"La Souris métamorphosée en Fille"		L			
"La Génisse, la Chèvre et la Brebis, en société avec le Lion"	L				
"La Grenouille et le Rat"			M		
"La Lice et la Campagne					M
"Les Membres et l'Estomac"					L
"L'Aigle et le Hibou"			L		
"Le Combat des Rats et des Belettes"		M			
"Le Loup et la Cigogne"	M				
"Le Lion, le Loup, et le Renard"					L
"L'Enfant et le Maître d'école"					P
"Le Savetier et le Financier"			M		P
"Le Chat et le Rat"			M		
« Les Deux Taureaux et une Grenouille »		M	M		
"Les Loups et les Brebis"	L				
"L'Astrologue qui se laisse tomber dans un puits"			M		
"Le Loup devenu Berger"					M
"L'Ane et le Chien"			M		
"La Grenouille qui veut se faire aussi grosse que le Bœuf"					L
"L'Homme et la Couleuvre"	M				
"Démocrite et les Abdéritains"		M			
"Le Berger et la Mer"					L
"Le Corbeau et le Renard"			M		
"Le Héron"					L
"Le Coche et la Mouche"					M
"La Chauve-Souris et les deux Belettes"					L
"Le Coche et la Mouche"					M
"Le Lion devenu vieux"	M				
"Le Charlatan"			M		
"Le Cochon, la Chèvre et le Mouton"					L
"Les Devineresses"			M		
"L'Education"					M
"La Lionne et l'Ourse"	M				
"La Mort et le Mourant"		L			
"La Vieille et les deux Servantes"					L
"L'Horoscope"		M			
"L'Ours et les deux Compagnons"					M
"Les Grenouilles qui demandent un Roi"					L
"Le Loup et le Renard"		M			
"L'Avare qui a perdu son trésor"					L

APPENDICE VI
INTRODUCTION AUX COMMENTAIRES DES MANUELS DE
L'ENSEIGNEMENT SECONDAIRE

F. Hémon fait une mise au point sur plusieurs éléments constitutifs de la morale de La Fontaine et en vient à privilégier l'idéal de solidarité. Il dégage par ailleurs une poésie philosophique des *Fables* marquant les limites des perceptions sensorielles. S'interrogeant sur la portée philosophique des deux recueils, l'auteur souligne les réflexions sur l'amour-propre qui s'inspirent des *Maximes* de La Rochefoucauld. Dans la mesure où il admet l'existence d'une providence, le poète précise qu'il convient de ne pas mettre en question son action dans le monde. L'individu doit s'accommoder de son sort autant que possible, car son destin est hors de sa portée. Quant à l'humanisme de La Fontaine, il repose en partie sur des principes stoïques hérités de Montaigne: mieux vaut accepter les réalités de la vie avec sagesse et en lucidité. La connaissance de soi suppose, de la sorte, l'acceptation sereine des limites de sa propre condition. Traçant la progression de la pensée du fabuliste au cours des deux recueils, F. Hémon met en avant l'importance de la notion d'héritage et l'idéal de continuité à travers la postérité (cf. "Le Vieillard et les Trois Jeunes Hommes," XI, 8). D'autre part, à la "leçon de tolérance" s'ajoute celle de "dévouement à autrui, c'est-à-dire, l'indulgence combinée à l'altruisme."

XXI

La philosophie de la Fontaine.

Tout n'est pourtant pas relatif et changeant dans cette morale. Non seulement, nous l'avons montré, elle est excellente en tant que morale sociale, puisqu'elle enseigne aux hommes

leurs devoirs envers les autres hommes; mais elle s'élève par
fois jusqu'à une philosophie qui fait. du fabuliste — oh! par
moments et de loin en loin — l'égal des plus hauts penseurs
du xvii° siècle. Sainte-Beuve, qui ne craint pas de le comparer
à Lucrèce, signale la dernière fable du livre VII (*Un Animal dans
la lune*) comme la « première révélation de la faculté philosophique chez la Fontaine », et rien, assurément, n'est plus admirable de vigueur philosophique et de poésie tout ensemble
que les vers célèbres sur les erreurs des sens. Il est certain
que les belles fables proprement philosophiques sont du second
recueil. Mais les préoccupations philosophiques ne sont pas
étrangères au premier, et ce n'est pas tout à fait inconsciem-
ment qu'il s'éveille philosophe un jour, quoi que prétende le
bon Ducis :

> C'était sans y penser qu'il était philosophe [1].

Dès le premier·livre, on trouve *la Besace*, qui s'achève en le·
çon de tolérance, et dont la vérité profondément humaine ressort mieux encore quand on compare le texte de la Fontaine
à celui de Phèdre, son prétendu modèle; puis *l'Homme et son
image*, dédiée à la Rochefoucauld et qui aboutit à l'éloge des
Maximes. Longtemps après, c'est encore la Rochefoucauld qui
donnera au fabuliste le sujet d'une de ses plus belles fables,
les Lapins. Ces deux apologues n'ont rien de flatteur pour
l'homme, mais l'amertume des *Maximes* en est absente.

On n'a pas assez remarqué peut-être ces relations suivie
de l'auteur des *Maximes* avec l'auteur des *Fables*, qui voit
lui aussi, en l'amour-propre « l'auteur, le père de tous les dé
fauts ». *La Besace*, *l'Homme et son image*, ne sont pas, il est
vrai, des fables purement philosophiques; mais *l'Astrologu
qui se laisse tomber dans un puits* est du livre II, et c'est là qu
se trouvent les beaux vers sur la folie de ceux qui veulent arra
cher son secret à la Providence :

> Quant aux volontés souveraines
> De celui qui fait tout, et rien qu'avec dessein,
> Qui les sait, que lui seul? Comment lire en son sein?
> Aurait-il imprimé sur le front des étoiles
> Ce que la nuit des temps enferme dans ses voiles?

Voilà, semble-t-il, un premier principe philosophique, fondé

---

1. Ducis, *Épîtres, les Souvenirs.*

ment de tous les autres. Il y a une Providence, dont les desseins sont suivis, mais connus d'elle seule. Toute la philosophie
de la Fontaine nous paraît se réduire à ce principe essentiel.
Saint-Marc Girardin en distingue deux : ne pas chercher à pénétrer l'avenir; ne pas critiquer la Providence.

> Concluons que la Providence
> Sait ce qu'il nous faut mieux que nous [1].

> Dieu fait bien ce qu'il fait [2].

> Dieu fit bien ce qu'il fit, et *je n'en sais pas plus* [3].

Il n'en sait pas, il n'en veut pas savoir davantage, et il conseille aux autres de n'être pas plus curieux. Mais qui ne voit
que ces deux principes n'en font qu'un seul? Pourquoi ne
doit-on pas chercher à pénétrer l'avenir? C'est parce que cet
avenir est réglé d'avance par une Providence consciente et
bonne. Pourquoi est-il puéril de critiquer la Providence? C'est
que nous ne pouvons ni comprendre entièrement, ni, en tout
cas, changer l'ordre de choses établi par elle dans ce présent
qui nous échappe, dans cet avenir plus insaisissable encore.
Que faire donc? Accepter avec sérénité la destinée, non pas en
hommes qui se courbent passivement sous le joug d'une fata-
lité inexorable, mais en hommes qui obéissent librement à une
loi supérieure.

> Il en faut revenir toujours à son destin,
> *C'est-à-dire à la loi par le Ciel établie.*

Il faut savoir vivre et il faut savoir mourir. Savoir vivre,
chose difficile, car pour savoir vivre il faut se connaître soi-
même, et combien se connaissent? Se connaître, c'est apprendre à se mouvoir dans les limites de sa destinée, sans
ambition d'en sortir. Et combien peu s'y sentent à l'aise ! Heureux encore ceux qui, comme le savetier enrichi, comme le
sage berger qu'a égaré un « petit grain d'ambition », peuvent
revenir sur leurs pas et rentrer dans le bonheur perdu ! Mais
aussi, quand on sait bien vivre on sait bien mourir, car on est
toujours « prêt à partir », à sortir de la vie « ainsi que d'un
banquet », en convive rassasié qui remercie son hôte de lui

1. Fable *Jupiter et le Métayer.*
— *le Gland et la Citrouille.*
— *Querelle des chiens et des chats.*

avoir donné place à la table commune. Ce qui fait la grandeur de la fable *la Mort et le Mourant*, égale aux plus beaux sermons de Bossuet, ce n'est pas la démonstration trop péremptoire qu'on devrait, « à cet âge », attendre la mort de pied ferme ; c'est que nous sommes en face d'un homme qui ne sait pas mourir, n'ayant pas su vivre. Les tergiversations de ce mourant qui meurt avec tant de mauvaise grâce nous font sourire ; mais ce qui domine, c'est l'idée de l'harmonie nécessaire entre la vie, qui prépare doucement à la mort, et la mort, qui est le terme attendu, nullement effrayant, de la vie.

Cette philosophie est celle de la résignation sereine. Mais, pour la Fontaine, vivre, ce n'est pas seulement durer, garder ce qu'on a, rester ce qu'on est, sans accuser la fortune ; ce n'est pas seulement même remplir toute sa destinée en donnant toute sa mesure : c'est être homme, dans la plus large acception du mot ; c'est, en évitant le mal pour soi, tâcher de l'épargner aux autres, de leur être utile et agréable, d'être agréable même à ceux qui viendront après nous :

> Mes arrière-neveux me devront cet ombrage.
> Eh bien ! défendez-vous au sage
> De se donner des soins pour le plaisir d'autrui ?

Le Vieillard et les Trois Jeunes Hommes est une leçon mélancolique de sérénité, de désintéressement, de dévouement à « autrui ». Cette vie si courte, si fragile, nous pouvons la prolonger à notre gré ; nous ne mourrons pas tout entiers si nous vivons dans ceux qui vivront après nous, comme le vieillard vit déjà par la pensée dans ses arrière-neveux.

Renvoyons à ce vieillard ceux qui parleraient encore d'égoïsme à propos des *Fables*. Si la morale proprement dite de la Fontaine semble parfois insuffisante, elle ne le semble plus lorsqu'on la complète par sa philosophie. Mais cette philosophie ne se développe que peu à peu, et particulièrement dans les derniers livres. De *la Cigale et la Fourmi* au *Vieillard* du livre XI, il n'y a pas seulement élargissement du génie, il y a élargissement de l'âme.

Cet échantillon de sujets proposés lors des concours scolaires offre un aperçu significatif sur les pratiques pédagogiques en place dans l'enseignement secondaire de l'Ecole républicaine. Dans les trois exemples qui suivent, les élèves sont invités à réfléchir tour à tour au grief d'immoralité que J-J. Rousseau fait à l'auteur des *Fables* (XLIX), à s'engager dans un exercice de style (L) et à commenter un procédé d'écriture particulier (LI). S'ensuivent deux compositions servant de modèles, avec en l'occurrence la première traitant de l'utilité à inscrire les *Fables* de La Fontaine dans le cursus scolaire. F. Hémon insiste d'abord sur l'importance de la formation du jugement de l'élève: l'instituteur doit faire de sorte que celui-ci ne retienne pas une fable comme un automate mais également qu'il la comprenne. Etant donné la valeur dramatique et poétique des fables, il va de soi que le fabuliste s'adresse avant tout à l'imagination de l'enfant. Il transmet en plus un amour de la nature animalière et végétale propre à l'univers des enfants. La Fontaine présente aussi de multiples leçons de sagesse pratique qui vont se vérifier au fur et à mesure que grandissent les enfants. On ne saurait nier, enfin, l'apport fondamental du poète à la construction de l'identité culturelle des Français.

Dans la deuxième composition modèle, F. Hémon démontre qu'à l'instar d'Homère, La Fontaine a créé une épopée populaire à l'usage de tous les Français. Dans la mesure où elles incarnent et transmettent l'essentiel de la tradition gauloise, les *Fables* constituent donc l'épopée authentique du peuple de France. D'où la popularité exceptionnelle du poète, qui rassemble et valorise "les traits de la race et du génie de nos aïeux."

LA FONTAINE   113

XLIX

Au livre II de son *Emile*, J.-J. Rousseau déclare qu'il se gardera bien de faire apprendre à son élève les fables de la Fontaine : « On fait apprendre, dit-il, les fables de la Fontaine à tous les enfants, et : 1° il n'y en a pas un qui les entende; 2° quand ils les entendraient, ce serait encore pis, car la morale en est tellement mêlée et si disproportionnée à leur âge, qu'elle les porterait plus au vice qu'à la vertu. »
Vous ferez la critique de cette thèse de Jean-Jacques. En raisonnant sur des exemples et en consultant vos propres impressions, vous en montrerez la justesse ou la fausseté.
(Nancy. — BACCALAURÉAT.)

L

Expliquer, quant à la forme grammaticale, à la versification, au tour littéraire, les vers de la Fontaine qui suivent :

Chacun a son défaut où toujours il revient :
Honte ni peur n'y remédie.
Sur ce propos, d'un conte il me souvient.
Je ne dis rien que je n'appuie
De quelque exemple...
(Fontenay-aux-Roses. — CONCOURS D'ADMISSION.)

LI

La Fontaine a dit :

> Loin d'épuiser une matière,
> On n'en doit prendre que la fleur.

Ce précepte vous paraît-il applicable sans réserve dans tous
les genres d'écrits ?
(Fontenay-aux-Roses. — DEVOIR DE PREMIÈRE ANNÉE.)

LII

Quel profit y a-t-il, outre l'intérêt moral, à faire apprendre
aux enfants de l'école primaire les fables de la Fontaine?
(Fontenay-aux-Roses. — DEVOIR DE SECONDE ANNÉE.)

414   COURS DE LITTÉRATURE

Qu'apprendre aux enfants ? Ce qui peut développer leurs facultés naturelles sans leur imposer une contrainte inutile et un
ennui.

Mémoire de l'enfant; nécessité de la meubler sans l'encom-
brer et d'y créer une réserve pour l'avenir. Les fables sont
faciles à retenir, parce que leur étendue restreinte peut être
embrassée d'un coup d'œil; parce que la forme du vers, et du
vers libre, les grave plus profondément dans l'esprit; parce
qu'elles sont, non pas des sermons de morale, mais de petits
drames et des contes. Imagination de l'enfant, qui a besoin
d'être dirigée sans être étouffée, qu'il faut ouvrir et étendre,
sans l'égarer. Ici l'on trouve à la fois la fiction et la vérité, un
drame très humain au fond, mais sans passions trop vives, un
conte merveilleux avec un fonds réel.

Les enfants aiment d'instinct la nature, connaissent plus ou
moins les bêtes et les plantes, s'y intéressent. Dans les fables
la nature tout entière vit, sent et parle, du roi des animaux à
l'insecte, du chêne au roseau. Point de lieux ni d'êtres abstraits; tout est précis et animé. C'est l'histoire naturelle en
action. Bernardin de Saint-Pierre a dit des fables : « Si elles
n'étaient pas l'histoire, elles seraient pour moi un supplément
à celle des animaux. » Malgré les inexactitudes et les distractions qu'on lui reproche, le fabuliste est souvent égal et même
supérieur à Buffon.

Ces enfants sont déjà des Français et le deviendront de
plus en plus; aucun poète ne réunit et n'incarne à un plus
haut degré les qualités éminentes de la race française. Définir
d'après lui ces qualités essentielles de l'esprit national.

Enfin et surtout ils seront des hommes. Les fables leur ap-
prendront à vivre. Bien des leçons de morale pratique, qui
peuvent leur paraître d'abord un peu sèches, seront mieux
comprises plus tard, lorsque l'expérience les aura éclairés; s'ils
perdent alors quelques-unes de leurs illusions généreuses, ils
resteront indulgents et sans fiel en compagnie du bon la
Fontaine. Le maître, d'ailleurs, saura choisir, et ne se croira
pas obligé de faire apprendre toujours et fatalement les premières fables qui ouvrent le recueil, sans aller jamais jusqu'aux fables vraiment belles.

LA FONTAINE

LIII

Expliquer ce mot de Joubert, repris par Sainte-Beuve :
« Notre véritable Homère, l'Homère des Français, qui le croirait? c'est la Fontaine. »
(Fontenay-aux-Roses. — Devoir de seconde année.)

Dans l'étude si fine, mais un peu systématique, qu'il consacre à la Fontaine, M. Taine dit aussi : « La Fontaine est notre Homère. » Ce rapprochement eût fort étonné Boileau, qui oubliait la fable dans son *Art poétique* ou la dédaignait. Il eût surpris également, peut-être scandalisé la Fontaine, qui disait dans l'*Épître à Huet :*

Homère et son rival sont mes dieux du Parnasse.

Auprès de ces grands noms il trouvait « bien petite » la gloire des modernes. Lui qui se déclarait inférieur à Esope et à Phèdre, pouvait-il se croire le rival d'un poète épique dans la fable? Mais les genres sont ce que les font les poètes. De son vivant même, la Fontaine s'entendait dire par la Bruyère qu'il savait élever les petits sujets jusqu'au sublime. Sa fable a donc pu s'élargir en épopée, et l'on est en droit de se demander si, en prenant, non pas telle ou telle fable en particulier, mais l'ensemble des fables qui composent les trois recueils successivement publiés, on ne se trouve pas en face d'un véritable poème épique, qui a son unité, bien qu'il ne soit pas fondu d'un seul jet.

Chaque nation veut avoir son épopée. Quelle serait celle de la France, si nous n'avions pas la Fontaine? Nos épopées carolingiennes ne sont pas largement populaires, et c'est à peine si l'on étudie d'assez près, depuis peu, la *Chanson de Roland*. Le *Roman de Renart* est une épopée trop amèrement satirique. L'épopée de Rabelais, si c'en est une, est bien mêlée et confuse, souvent illisible. Mais une épopée qui résumerait et vivifierait tous les précédents essais des écrivains gaulois, comme Homère résume et efface les poètes grecs antérieurs; qui ne serait point démesurée; qui, à égale distance de l'héroïsme gigantesque et du grotesque à outrance, serait plus accessible à tous dans des proportions plus modestes, plus doucement familière sans être vulgaire, aurait aussi plus de chances d'être l'épopée française par excellence et de plaire aux Français.

COURS DE LITTÉRATURE

Assurément cette épopée ne réalise pas toutes les conditions de l'épopée savante telle que l'a définie Boileau, mais elle réalise toutes les conditions d'une épopée vivante et moderne.

Elle est d'abord populaire au plus haut degré. En Grèce, on faisait apprendre aux enfants les poèmes d'Homère. La Fontaine est l'Homère, Homère souriant et paternel, des enfants de France, qui apprennent par cœur, sans effort, ses épopées en raccourci. Mais il n'est pas le poète d'un seul âge; c'est son privilège d'être également aimé à tous les moments de la vie, et même de plus en plus aimé à mesure que la vie s'avance et qu'on peut mieux le comprendre. Il est donc par excellence notre poète national. Il n'y a pas deux la Fontaine, pas plus qu'il n'y a deux Homère; tous deux sont restés inimitables.

Mais s'il est le plus populaire de nos écrivains, c'est qu'il est le plus Français, c'est qu'il réunit et met en lumière les traits distinctifs de notre race. « Il a reproduit en lui et dans sa poésie toute réelle les traits de la race et du génie de nos aïeux. Cette épopée de la Fontaine est bien gauloise; elle est hachée menu en cent actes divers, gaie et moqueuse, toujours légère et faite pour des esprits fins comme les gens de ce pays-ci. » (SAINTE-BEUVE.) Un mot lui suffit, comme à Homère, pour marquer un caractère; mais ce mot est définitif: il peint fait vivre un individu, et, par l'individu, tout un peuple.

Ce n'est pas l'homme seulement qui vit dans son œuvre une vie changeante: c'est la nature entière. Sans doute le naturalisme naïf et puissant d'Homère ne saurait être celui d'un poète du XVIIe siècle. Mais ce poète sait bien lui-même que le merveilleux — le vrai, non celui des machines poétiques dont Boileau recommande l'emploi — est l'âme de sa poésie. « Hommes, dieux, animaux, » y agissent; mais il va plus loin: il prête la parole et la vie aux arbres, aux plantes, aux objets inanimés. Ce sentiment de la vie universelle, toutes proportions gardées, est sincère chez la Fontaine comme chez Homère; c'est, dans le sens propre du mot, « un enchantement ».

Par sa naïveté et sa sincérité, la Fontaine se rapproche des grands anciens. Cette naïveté, il est vrai, est très particulière, mêlée de beaucoup d'art et de malice; mais c'est précisément par là qu'il est bien français et reste éternellement jeune, ainsi que les Grecs. Musset l'a bien dit:

Il est sorti du sol de la patrie,
Le vert laurier qui couvre son tombeau;
Comme l'antique, il est nouveau.

Dans ces sujets de composition, F. Hémon montre d'abord à quel point la morale tirée du "Laboureur et ses Enfants" (V, 9) sert à valoriser le travail scolaire (LVIII). Il préconise alors une approche pédagogique marquée par la bienveillance (LIX). Bien que le sujet suivant aborde le châtiment des défauts comiques dans le bestiaire lafontainien, on peut se demander pourquoi la cruauté de la fourmi ou la fourberie du renard échappent à la punition (LX). Alors qu'un sujet considère l'animal comme outil de l'apprentissage de la morale (LXI), un autre érige le renard et le loup en figures de premier ordre dans l'univers des *Fables* (LXII). Si un professeur entend amener ses élèves à dégager la "substantifique mœlle" des fables, le sujet LXV lui conviendra parfaitement. Le sujet suivant lui permettra d'apprendre la valeur de la mesure à l'école, car il s'agit, pour les élèves, de se préparer à l'utilisation de cette qualité exemplaire dans leur vie quotidienne (LXVI). Si, selon La Fontaine, l'enfance se caractérise par la cruauté, on comprend sans peine pourquoi il a voulu s'adresser aux jeunes gens aptes à corriger ce défaut dès leur plus jeune âge (LXVII). Un sujet traite du lyrisme personnel du poète (LXX) et un autre pose le problème de forme poétique (LXXV). Le sujet LXXVII rattache le fabuliste à la tradition moraliste du XVIIème siècle. Un autre s'appuie sur une citation de Chamfort afin d'envisager les *Fables* sous forme de dramatisation des lois de la nature (LXXIX). Enfin, un autre convie l'élève à faire le bilan des traits d'une morale négative et d'une morale positive dans cette œuvre (LXXX).

118   COURS DE LITTÉRATURE

Travaillez, prenez de la peine,
C'est le fonds qui manque le moins.

En faire une application particulière aux travaux scolaires.
(Vaucluse. — ÉCOLES NORMALES PRIMAIRES. — Aspirants.)

LIX

La Fontaine a dit dans une de ses fables :

Plus fait douceur que violence.

Démontrez la vérité de cette maxime dans les circonstances ordinaires de la vie, et particulièrement dans l'enseignement.
(Pyrénées-Orientales. — ÉCOLE NORMALE. — Aspirants.)

LX

Montrez que, dans les fables de la Fontaine, la sottise et la vanité sont presque toujours punies. Donnez des exemples.
(Vaucluse. — ÉCOLE NORMALE. — Aspirantes.)

LXI

Choisissez l'un des animaux que la Fontaine a pris pour personnages ordinaires de ses fables, et faites, d'après le poète, son portrait physique et moral ; rappelez le rôle qu'il joue dans les fables que vous connaissez et les divers enseignements que la Fontaine a voulu donner aux hommes par le moyen de cet animal.
(Indre-et-Loire. — BREVET SUPÉRIEUR. — Aspirantes, 1887.)

LXII

On fera connaître le rôle du renard et celui du loup dans les fables de la Fontaine. On dira ce qu'ils représentent et quelle place ils tiennent dans la comédie des animaux.
(Mayenne. — Brevet supérieur. — Aspirantes, 1887.)

LXIII

Caractériser et juger la morale de la Fontaine en s'appuyant sur des exemples.

LA FONTAINE   119

1° Indiquer les vertus, les qualités, que le fabuliste recommande de préférence, les vices ou les défauts contre lesquels il s'élève.
2° Déduire de cette étude préalable les principes et le caractère de sa morale ; en montrer le fort et le faible.
3° Conclure.
(Savoie. — Brevet supérieur. — Aspirants, 1887.)

LXIV

Discuter ce jugement de Lamartine : « Les fables de la Fontaine me paraissent à la fois puériles, fausses et cruelles. »
(Loire-Inférieure. — Brevet supérieur. — Aspirantes, 1887.)

LXV

La Fontaine a dit, en parlant des fables : « Ces badineries ne sont telles qu'en apparence, car dans le fond elles portent un sens très solide. » On développera et on appréciera cette pensée de la Fontaine.
(Deux-Sèvres. — Brevet élémentaire. — Aspirantes, 1887.)

LXVI

Expliquez cette maxime de la Fontaine : « Rien de trop. » Montrez, par des exemples, comment elle doit être appliquée dans l'école et dans la vie pratique.
(Marne. — Brevet élémentaire. — Aspirants.

LXVII

« Cet âge est sans pitié, » a dit la Fontaine en parlant de l'enfance. Le fabuliste avait-il raison ? Dans quelle mesure ? En quel sens ? Croyez-vous qu'il y ait lieu d'enseigner la pitié aux enfants et qu'on puisse y réussir ? Comment fera-t-on chez eux l'éducation de ce sentiment ?
(Savoie. — Brevet élémentaire. — Aspirantes, 1887.)

LXVIII

Comparez la fable *l'Huître et les Plaideurs* traitée par la Fontaine et par Boileau. Dites, en motivant votre jugement, quelle est celle que vous préférez.
(Savoie. — Brevet élémentaire. — Aspirants, 1887.)

LXIX

M. Nisard a dit, en parlant de la Fontaine : « Ce qui domine en lui, c'est l'imagination et la finesse, jointes à la naïveté. » Développez ce jugement.
(Calvados. — BREVET SUPÉRIEUR, octobre 1889. — Aspirantes.)

LXX

Sainte-Beuve a pu dire de La Fontaine qu'il a été le seul grand poète personnel de son siècle. Son œuvre, en effet, révèle ses sentiments, ses opinions, ses goûts, tout l'homme en un mot. Essayez de peindre son caractère d'après ses fables.
(Savoie. — BREVET SUPÉRIEUR, octobre 1889. — Aspirantes.)

LXXI

Comparer les fables de Fénelon à celles de la Fontaine.

LXXII

Le sentiment de la nature est-il le même chez la Fontaine et chez Rousseau?

LXXIII

La Mort et le Bûcheron chez la Fontaine, Boileau et J.-B. Rousseau.

LXXIV

De la pensée de la mort chez Bossuet et chez la Fontaine.

LXXV

La versification chez la Fontaine et chez Molière; le vers libre dans les *Fables* et dans l'*Amphitryon*.

LXXVI

Le Savetier et le Financier de la Fontaine et l'*Avare* de Molière.

LXXVII

Quelle méthode différente ont suivie la Bruyère et la Fontaine pour fronder les vices de leur temps? Citer, s'il est possible, des caractères et des fables.

LXXVIII

La Mort et le Mourant de la Fontaine rapprochée de la lettre de Mme de Sévigné sur la mort de Louvois et d'un passage connu de Montaigne (*Essais*, III, 13).

LXXIX

Expliquer ce mot de Chamfort (*Éloge de la Fontaine*): « Les *Fables* sont la loi naturelle en action. »

LXXX

Est-il vrai qu'on ne trouve chez la Fontaine qu'une morale négative? Indiquer les principaux traits de sa morale active.

LXXXI.

Quels ont été les principaux ennemis de la Fontaine, du xviie au xixe siècle, et pourquoi devaient-ils l'être?

LXXXII

La Fontaine orateur. Étudier les discours dans les *Fables*, et principalement dans le *Paysan du Danube*.

Les deux séries de questions posées par B. Van Hollebeke ont pour sujet des considérations formelles sur "Le Lièvre et la Tortue" (VI, 10) (c'est-à-dire, de diverses mises au point philologiques et des remarques sur le fond de cet apologue) supposant le rôle de l'intentionnalité créatrice du poète. Tantôt l'auteur engage l'élève à faire le résumé méthodique de cet apologue, tantôt il le pousse à dégager le drame moral qui s'y joue. Plusieurs questions visent à fonder une opposition des conduites des deux protagonistes, à savoir la légèreté d'esprit du lièvre par rapport à la présomption de la tortue. D'autres traitent soit de la diversité des registres stylistiques mise en jeu dans cette fable, soit des figures de style, telles l'hyperbole ou l'antithèse. Les dernières questions de B. Van Hollebeke s'orientent vers l'intention profonde du poète et l'on passe de la morale proprement dite à une réflexion sur son rôle dans la vie de l'élève.

— 鼎 —

QUESTIONS.

PREMIÈRE SÉRIE. (ÉTUDE DES MOTS.)

1. « *Rien ne sert.* » Quelle est la fonction du mot *rien* dans cette expression?

2. *Partir à point.* Donnez une expression équivalente.

3. Donnez un synonyme de *témoignage*, dans cette phrase.

4. «Vous n'atteindrez *point*, » Quelle différence y a-t-il entre *point* et *pas*?

5. Qu'est-ce que l'*ellébore*?

6. « *Prêt* d'être atteint. » Faites une remarque sur l'orthographe du mot *prêt*.

7. Qu'est-ce que les *calendes*? Que faut-il ajouter à cette expression, *les renvoie aux calendes*, pour qu'elle soit complète?

8. Le mot *arpenter* est-il employé ici au propre ou au figuré? Donnez-en un synonyme.

9. Qu'est-ce qu'une *lande*?

10. Dans quel cas emploie-t-on souvent l'expression : *écouter d'où vient le vent*?

11. Que signifie *aller son train de sénateur*?

12. *Avais-je pas raison?* Faites une remarque sur cette construction.

13. *Moi l'emporter!* Expliquez cet infinitif.

SECONDE SÉRIE. (ÉTUDE DES PENSÉES.)

1. Résumez en une phrase la fable que vous venez de lire.

2. Trouvez dans ce résumé trois parties bien distinctes.

3. Quel but La Fontaine s'est-il proposé, en nous racontant la victoire d'une tortue sur un lièvre?

4. Exprimez d'une autre manière l'idée contenue dans le premier vers de cette fable.

5. Le *but* du fabuliste étant connu, où faut-il chercher les *moyens* dont il s'est servi pour l'atteindre?

6. Quel contraste nous offre le titre?

7. Devinez-vous pourquoi La Fontaine a eu soin d'énoncer sa morale avant le récit?

8. Résumez la première partie en un seul mot.

9. Quel est le caractère du défi porté par la tortue au lièvre?

10. Indiquez le but particulier de l'*exposition*.

11. Faites ressortir le ton d'assurance qui règne dans la provocation de la tortue.

12. Pourquoi le lièvre répète-t-il le mot *sitôt?*

13. Pourquoi le poète emploie-t-il la périphrase : l'*animal léger?*

14. Quels sont les défauts qui se trahissent dans la réplique du lièvre?

15. Faites ressortir le contraste du caractère de nos deux personnages.

16. Comment pouvez-vous expliquer que le lièvre s'abaisse au point d'accepter le défi de la tortue?

17. Le poète a-t-il su donner des détails propres à ajouter de la vraisemblance à son récit? A-t-il aussi su omettre les circonstances inutiles?

18. Quel est le précepte que La Fontaine nous donne ici en passant, précepte important au point de vue de la composition littéraire?

19. Pourquoi l'auteur s'arrête-t-il à faire ressortir la supériorité du lièvre?

20. « *Quatre pas.* » Que pensez-vous de cette exagération?

21. Prouvez qu'il y a de l'*unité* dans la première partie de la fable. Récapitulez les détails, pour prouver qu'ils tendent tous à nous montrer que le *défi* de la tortue est *étonnant.*

22. Cette même partie concourt-elle au but général de la fable? Donnez-en la preuve.

23. Quelle est la transition de l'*exposition* à l'*action?* Prouvez que c'est une véritable transition?

24. Tenant toujours compte de la présomption du lièvre, que doit-on supposer qu'il fera pendant que la tortue s'efforcera d'atteindre son but?

25. Résumez la deuxième partie en un seul mot. Quel est le contraste que vous y découvrez.

26. La conduite de la tortue atteste-t-elle une *activité persévérante?*

27. Interprétez ce vers : *Elle se hâte avec lenteur.*

28. Quelles sont les réflexions auxquelles se livre son rival dédaigneux? Prouvez que les moindres détails trahissent son orgueil.

29. Marquez le contraste de la conduite du lièvre avec celle de la tortue, en opposant entre eux les différents membres de phrase consacrés à dépeindre la manière de lutter de l'un et de l'autre.

30. *A la fin.* Ce mot est-il en rapport avec la présomption de notre héros?

31. Justifiez ici l'expression *carrière*, qui appartient au style relevé.

32. Pourquoi le poète ne s'arrête-t-il pas à nous décrire la course du lièvre?

33. Prouvez 1° que tous les détails de cette deuxième partie ont un même but; 2° que cette partie elle-même tend au but général de la fable.

34. Résumez le *dénouement* en un mot.

35. Est-il naturel que la tortue victorieuse se donne la satisfaction de répondre à l'injure que lui a lancée son présomptueux rival?

36. Prouvez qu'elle se montre digne de la victoire.

37. Appréciez ces mots : *Moi l'emporter!*

38. Faites voir l'*unité* de cette troisième partie. Ramenez-la aussi au but général de la fable.

39. Le fabuliste n'a-t-il d'autre dessein que de faire un récit qui plaise au lecteur, ou bien, a-t-il un but plus élevé?

40. Généralisez la morale de cette fable.

41. Faites-en l'application à la vie réelle.

ANALYSE LITTÉRAIRE.

Une tortue défie un lièvre à la course; — ils luttent, elle avec activité, lui avec insouciance; — et la tortue est victorieuse.

Cette phrase, qui résume tout le récit, offre trois parties bien distinctes : il y a *défi*, — il y a *lutte*, — il y a *victoire*.

Quel *but* La Fontaine s'est-il proposé en nous racontant la victoire d'une tortue sur un lièvre?

Le premier vers nous fournit la réponse :

Rien ne sert de courir; il faut partir à point.

En d'autres termes : il est inutile d'user de vitesse, quand il est trop tard; il faut partir à temps; ou encore : la lenteur soutenue par la persévérance peut plus que l'agilité accompagnée d'insouciance et de présomption.

Le sujet et le but étant connus, il s'agit d'apprécier les développements. Ceux-ci doivent être pour l'auteur de véritables *moyens* de parvenir à son but. C'est ce que nous tâcherons de montrer successivement.

L'auteur voit dans la morale du "Lièvre et la Tortue" une vérité supérieure. En fait, la "mission" élevée de la fable consiste à rappeler "nos devoirs" et à critiquer "nos fautes." S'en tenir au plaisir poétique du texte, c'est rester "dans l'erreur," c'est s'empêtrer dans une lecture incorrecte et superficielle. Sous l'apparence d'une fable inoffensive, La Fontaine dissimule sa "leçon importante" qu'il prêche à l'intention de "l'homme vicieux." Se fondant sur une éthique universaliste, B. Van Hollebeke se livre alors à une série de généralisations morales. Après avoir exalté la vertu de la persévérance, il met en cause les conséquences néfastes de la présomption et de l'insouciance: la vie quotidienne des enfants apparaît bel et bien comme une lutte sur le plan académique et familial. Quoiqu'universelle, cette morale garde pour l'élève une signification particulière; elle s'applique, plus précisément, à ses expériences quotidiennes avec ses camarades de classe qui s'érigent soit en ennemis/rivaux, soit en modèles à imiter. Le professeur doit s'employer, enfin, à cultiver la volonté de ses élèves, car tous, même les moins intelligents, peuvent atteindre à la sagesse.

— 22 —

Et maintenant, qu'on le dise, l'*unité*, cette grande loi de tout ce qui peut être créé de vrai et de beau dans le domaine de la pensée, l'unité n'est-elle pas observée rigoureusement dans cette petite composition littéraire? Quelle unité de vues dans ce contraste même, où tout parle, portrait, langage, conduite!

MORALE

Revenons à la *morale*, au but véritable de l'auteur, et demandons-nous, une seconde fois, pourquoi La Fontaine a écrit cette fable. Peut-il n'avoir eu pour but que de plaire au lecteur par un récit naïf, dont l'originalité résulte du contraste même des animaux qu'il fait lutter ensemble? Ou bien s'est-il proposé avant tout de rendre cet amusement utile, et de ne plaire que pour mieux atteindre le résultat voulu? La fable n'est-elle pas une censure adroite et délicate, et n'a-t-elle pas pour mission de nous dire nos devoirs et de flétrir nos fautes? La Fontaine ne veut-il pas cacher une leçon importante et sévère sous la riante apparence d'un récit inoffensif? N'est-il pas vrai de dire qu'il accuse plaisamment les travers fictifs des animaux pour prêcher à l'homme vicieux, mais pour le faire sans l'irriter? — Oui, le fabuliste porte ses vues aussi loin, et l'on serait dans l'erreur, si l'on s'en tenait au simple énoncé d'une fable, si l'on ne voyait dans celle-ci que le développement de cette idée restreinte et même un peu banale: *dans une lutte de vitesse, rien ne sert de courir quand il est trop tard, il faut partir à temps.*

Dans le cours de mes explications, j'ai déjà pu remplacer cet énoncé par un autre d'une portée plus générale : *la lenteur soutenue par la persévérance peut plus que l'agilité accompagnée d'insouciance et de présomption.* Généralisons encore. Le fabuliste, d'un côté, attaque l'*insouciance*, la *présomption*, et nous en fait craindre les suites funestes; de l'autre, il propose une *activité persévérante* comme une vertu à pratiquer, et il nous offre un appât dans les résultats prodigieux qu'elle peut produire. Ainsi généralisée, la morale de cette fable devient d'une application universelle.

Mais elle contient pour l'élève un enseignement spécial : elle lui offre l'image des luttes journalières qu'il a à soutenir contre ses condisciples, qui, eux aussi, sont pour lui des rivaux ou plutôt des émules.

A celui donc qui possède une intelligence privilégiée, de ne pas s'exposer au châtiment que mérite une insouciance présomptueuse.

Mais à celui aussi que la nature a peu gratifié de ses dons, de ne pas se décourager, de compter sur les succès que promet une sage persévérance.

« *Qui veut, peut.* » La volonté, précieux don du ciel, est de toutes nos facultés la plus noble; c'est principalement sur elle que l'on doit agir dans l'enseignement; car elle est puissante : c'est elle qui fait les grands hommes.

Enfin, rappelons-nous cette pensée encourageante : « Le génie, c'est la patience. »

L'auteur voit dans la morale du "Lièvre et la Tortue" une vérité supérieure. En fait, la "mission" élevée de la fable consiste à rappeler "nos devoirs" et à critiquer "nos fautes." S'en tenir au plaisir poétique du texte, c'est rester "dans l'erreur," c'est s'empêtrer dans une lecture incorrecte et superficielle. Sous l'apparence d'une fable inoffensive, La Fontaine dissimule sa "leçon importante" qu'il prêche à l'intention de "l'homme vicieux." Se fondant sur une éthique universaliste, B. Van Hollebeke se livre alors à une série de généralisations morales. Après avoir exalté la vertu de la persévérance, il met en cause les conséquences néfastes de la présomption et de l'insouciance: la vie quotidienne des enfants apparaît bel et bien comme une lutte sur le plan académique et familial. Quoiqu'universelle, cette morale garde pour l'élève une signification particulière; elle s'applique, plus précisément, à ses expériences quotidiennes avec ses camarades de classe qui s'érigent soit en ennemis/rivaux, soit en modèles à imiter. Le professeur doit s'employer, enfin, à cultiver la volonté de ses élèves, car tous, même les moins intelligents, peuvent atteindre à la sagesse.

— 22 —

Et maintenant, qu'on le dise, l'*unité*, cette grande loi de tout ce qui peut être créé de vrai et de beau dans le domaine de la pensée, l'unité n'est-elle pas observée rigoureusement dans cette petite composition littéraire? Quelle unité de vues dans ce contraste même, où tout parle, portrait, langage, conduite!

MORALE

Revenons à la *morale*, au but véritable de l'auteur, et demandons-nous, une seconde fois, pourquoi La Fontaine a écrit cette fable. Peut-il n'avoir eu pour but que de plaire au lecteur par un récit naïf, dont l'originalité résulte du contraste même des animaux qu'il fait lutter ensemble? Ou bien s'est-il proposé avant tout de rendre cet amusement utile, et de ne plaire que pour mieux atteindre le résultat voulu? La fable n'est-elle pas une censure adroite et délicate, et n'a-t-elle pas pour mission de nous dire nos devoirs et de flétrir nos fautes? La Fontaine ne veut-il pas cacher une leçon importante et sévère sous la riante apparence d'un récit inoffensif? N'est-il pas vrai de dire qu'il accuse plaisamment les travers fictifs des animaux pour prêcher à l'homme vicieux, mais pour le faire sans l'irriter? — Oui, le fabuliste porte ses vues aussi loin et l'on serait dans l'erreur, si l'on s'en tenait au simple énoncé d'une fable, si l'on ne voyait dans celle-ci que le développement de cette idée restreinte et même un peu banale : *dans une lutte de vitesse, rien ne sert de courir quand il est trop tard, il faut partir à temps.*

MANUELS DE L'ENSEIGNEMENT SECONDAIRE

B. VAN HOLLEBEKE, ETUDES SUR LA FONTAINE

B. Van Hollebeke estime que les maximes lafontainiennes servent à préparer les jeunes gens à un âge plus mûr. Il s'applique à mettre en évidence divers enseignements qui font ressortir la profondeur de la sagesse du fabuliste. Mis à part l'idéal de la connaissance de soi ("Le Juge arbitre, l'Hospitalier et le Solitaire" XII, 27), il souligne l'inutilité de la plainte tout aussi bien que l'inefficacité de la peur ("Le Cochon, la Chèvre et le Mouton" VIII, 12). Parmi les multiples observations désabusées de La Fontaine, on peut citer la nécessité de ne pas se faire d'illusions ("Le Loup et le Chien maigre" IX, 10), de se contenter de ce que l'on a ("Le Héron" VII, 4) et la critique du plaisir superficiel ("Le Rat de ville et le Rat des champs" I, 9). Dans "Le Lion et le Moucheron" (II, 9), on assiste à un retour à la morale de la crainte du plus petit que soi: épuisé de fatigue, le lion est vaincu par la petite espèce; par la suite, le moucheron tombe ironiquement dans la toile d'araignée. Enfin, "Le Milan et le Rossignol" (IX, 18) met en relief l'impérialisme de l'appétit et "Le Loup et le Renard" (XI, 6) démontre à l'évidence que la crainte et le désir relèvent tous deux des passions envoûtantes.

– 4 –

> Quand l'élève aura fait avec soin ce travail sur La Fontaine, il sera initié à la manière d'étudier un auteur quelconque.
>
> En effet, dans toute composition littéraire, à quelque genre qu'elle appartienne, on doit pouvoir distinguer un but et retrouver l'idée dominante au milieu des mille détails qui l'enveloppent.
>
> L'ouvrage que nous offrons au public est l'essai de ce genre d'étude appliqué aux Fables de La Fontaine.
>
> Dans les Analyses littéraires qui se trouvent au commencement du volume, notre dessein a été de faire voir comment, dans les productions de l'intelligence conformes aux règles du

— 5 —

vrai et du beau, tous les détails sont en parfaite harmonie et concourent ensemble au même
but.

Nous avons cru indispensable d'accompagner le
texte d'un *commentaire*. S'il est un écrivain français qui réclame des éclaircissements, c'est bien
La Fontaine. On l'a dit : « La langue qu'il parle,
il la parle seul. » Nous trouvons chez lui des
mots nouveaux, des tournures originales, enfin des
archaïsmes nombreux qui ont fait dire, avec raison,
qu'il est le dernier des Gaulois, comme Racine
est le premier des Français.

Les *Questions* sur les fables choisies sont la
partie à laquelle nous attachons le plus d'importance. Elles sont présentées en deux séries pour
chaque fable : la première a pour objet les
remarques sur la langue; la seconde, les observations littéraires, l'analyse de la pensée.

Après avoir fait l'objet d'explications orales, ces
questions deviendront la matière d'un devoir écrit.
L'élève, s'aidant du commentaire, rédigera les
réponses en les unissant entre elles par des transi-
tions bien ménagées.

Les devoirs d'imitation, dont nous donnons un
spécimen après la première fable, nous les considé-
rons comme un puissant moyen d'*invention*. Le

— 6 —

professeur constate ordinairement que les jeunes
gens, arrivés dans les classes supérieures, manquent
d'imagination. Mais le plus souvent qu'a-t-on fait
pour éveiller en eux cette belle faculté? S'ils n'ont
jamais vu que des mots et non des idées, leur a-t-on
donné le moyen de suppléer à la nature, trop souvent ingrate, par l'étude des bons écrivains? Pour
devenir artiste habile et original, le peintre, à son
début, copie les grands maîtres. Si nous voulons
apprendre à écrire, pourquoi ne pas calquer les
modèles du style?

Enfin, nous avons cherché l'unité dans la variété
infinie des *maximes* de La Fontaine, que l'on peut
regarder avec raison comme l'abrégé de ses fables.

Si le professeur n'a pas la mission de transformer
en érudits les jeunes gens qui lui sont confiés, du
moins sa tâche est-elle de leur inculquer ce sens droit
et pratique, qui doit les guider dans la vie. Or, La
Fontaine, mieux que tout autre, prépare l'enfance
aux devoirs d'un âge plus avancé; car, s'il est
le poète des enfants, il est aussi le conseiller des
hommes, et, comme l'a dit ingénieusement
M. Nisard : « Il est le lait de nos premières
années, le pain de l'homme mûr, le dernier mets
substantiel du vieillard. »

— 187–188 —

VERS PROVERBES OU MAXIMES.

———•———

La Fontaine lui-même a appelé ses fables

« Une ample comédie à cent actes divers. »

C'est nous dire assez que, dans cette diversité infinie de sujets, on peut découvrir, sinon une rigoureuse unité, du moins un lien qui les unit. En étudiant La Fontaine, on s'aperçoit aisément qu'il y a des sujets qu'il traite avec prédilection, des vertus qu'il recommande tout particulièrement, des vices qu'il prend à tâche de flétrir, enfin des travers qui provoquent son sourire caustique. Tel a été notre point de départ pour grouper ses maximes en catégories.

VERTUS DONT IL RECOMMANDE LA PRATIQUE.

LA CHARITÉ, L'AMOUR DE SES SEMBLABLES.

On voit l'homme dans l'écrivain. Ce qui nous frappe tout d'abord dans La Fontaine, c'est ce caractère aimable qui fait de lui l'ami de tous les âges et de toutes les conditions. Ses pages les plus éloquentes sont inspirées par l'amitié. Que de fables délicieuses, que de morales attachantes, dans lesquelles on reconnaît l'ami de Fouquet, l'hôte reconnaissant de madame de la Sablière, l'homme enfin pour qui le monde semblait reprendre les mœurs de l'âge d'or!

Sensible aux bienfaits, il en comprenait tout le prix :

Il se faut entr'aider, c'est la loi de nature.

(*L'Âne et le Chien.* VIII, 17.)

En ce monde il se faut l'un l'autre secourir.

(*Le Cheval et l'Âne.* VI, 16.)

Mais tous les cœurs ne sont pas également ouverts aux sentiments affectueux. Il est des hommes plus sensibles à leur intérêt personnel qu'aux charmes de la vertu. Pour ceux-là surtout La Fontaine a des maximes; car sa morale, essentiellement positive, peut souvent se résumer en ce précepte : « Faites le bien, et vous vous en trouverez bien. »

— 188–189 —

Il faut, autant qu'on peut, obliger tout le monde :
On a souvent besoin d'un plus petit que soi.

(*Le Lion et le Rat*. II, 11.)

. . . . Entre nos ennemis
Les plus à craindre sont souvent les plus petits.

(*Le Lion et le Moucheron*. II, 9.)

Si tu veux qu'on t'épargne, épargne aussi les autres.

(*L'Oiseleur, l'Autour et l'Alouette*. VI, 15.)

Il ne se faut jamais moquer des misérables ;
Car qui peut s'assurer d'être toujours heureux ?

(*Le Lièvre et la Perdrix*. V, 17.)

L'ACTIVITÉ.

L'activité est la première condition de l'existence.
Et qu'on ne s'étonne point de voir notre fabuliste prôner
cette qualité. En nous dépeignant le caractère du bonhomme, la postérité a fait la part trop grande à son insouciance. Croyons-en M. Nisard : « On sait, dit-il, que, pour
aimer beaucoup le dormir et le rien faire, La Fontaine ne
se ménageait pas au travail ; et sa paresse, dans l'inter-
valle de ses charmants chefs-d'œuvre, pourrait bien n'avoir
été que du repos. »

Travaillez, prenez de la peine :
C'est le fonds qui manque le moins.

(*Le Laboureur et ses Enfants*. V, 9.)

Aucun chemin de fleurs ne conduit à la gloire.

(*Les deux Aventuriers et le Talisman*. X, 14.)

Rien ne sert de courir ; il faut partir à point.

(*Le Lièvre et la Tortue*. VI, 10.)

Aide-toi, le ciel t'aidera.

(*Le Chartier embourbé*. VI, 18.)

Patience et longueur de temps
Font plus que force ni que rage.

(*Le Lion et le Rat*. II, 11.)

VICES ET TRAVERS QU'IL CRITIQUE.

Deux classes de gens surtout lui inspirent de l'aversion :
les *avares* et les *pédants*.

LES AVARES.

Son épitaphe est là pour nous dire quelle était l'idée
qu'il se formait des richesses, et voici des sentences qui
définissent sa pensée d'une manière plus explicite :

L'usage seulement fait la possession.

(*L'Avare qui a perdu son trésor*. IV, 20.)

— 190–191 —

Le bien n'est bien qu'en tant que l'on peut s'en défaire.
(*L'Enfouisseur et son Compère.* X, 5.)

Cela établi, de nouvelles maximes viennent menacer
l'avare du châtiment qu'il mérite :

L'avarice perd tout en voulant tout gagner.
(*La Poule aux œufs d'or.* V, 13.)

L'avare rarement finit ses jours sans pleurs.
(*Le Trésor et les deux Hommes.* IX, 16.)

LES PÉDANTS.

La Fontaine était avant tout enfant de la nature, et si un
travers pouvait mériter son aversion plus que l'avarice,
c'était le pédantisme :

Ne forçons point notre talent,
Nous ne ferions rien avec grâce.
(*L'Ane et le petit Chien.* IV, 5.)

Que sert-il qu'on se contrefasse?
Prétendre ainsi changer est une illusion.
L'on reprend sa première trace
A la première occasion.
(*Le Loup et le Renard.* XII, 9.)

Un auteur gâte tout, quand il veut trop bien faire.
(*Le Bûcheron et Mercure.* V, 1.)

Dieu ne créa que pour les sots
Les méchants diseurs de bons mots.
(*Le Rieur et les Poissons.* VIII, 8.)

À ce travers touchent de près la *vanité*, qui souvent fait
des dupes, et les *illusions*, qui causent des déceptions bien
cruelles :

. . . . Tout flatteur
Vit aux dépens de celui qui l'écoute.
(*Le Corbeau et le Renard.* I, 2.)

L'homme est de glace aux vérités;
Il est de feu pour les mensonges.
(*Le Statuaire et la Statue de Jupiter.* IX, 6.)

Nous faisons cas du beau, nous méprisons l'utile,
Et le beau souvent nous détruit.
(*Le Cerf se voyant dans l'eau.* VI, 9.)

Volontiers on fait cas d'une terre étrangère,
Volontiers gens boiteux haïssent le logis.
(*La Tortue et les deux Canards.* X, 3.)

Quand le malheur ne serait bon
Qu'à mettre un sot à la raison,
Toujours serait-ce à juste cause
Qu'on le dit bon à quelque chose.
(*Le Mulet se vantant de sa généalogie.* VI, 7.)

Nous nous pardonnons tout, et rien aux autres hommes.
(*La Besace.* I, 7.)

— 191–192 —

On se voit d'un autre œil qu'on ne voit son prochain.

(Ibid.)

Tout vainqueur insolent à sa perte travaille.
Défions-nous du Sort, et prenons garde à nous
Après le gain d'une bataille.

(Les deux Coqs. VII. 13.)

Le bien, nous le faisons; le mal, c'est la Fortune.
On a toujours raison, le Destin toujours tort.

(L'ingratitude et l'injustice des hommes envers la Fortune. VII, 14.)

La jeunesse se flatte et croit tout obtenir.

(Le vieux Chat et la jeune Souris. XII, 5.)

Ne nous associons qu'avecque nos égaux.

(Le Pot de terre et le Pot de fer. V, 2.)

S'attaquant ensuite aux *fourbes*, aux *trompeurs*, il a compris que la meilleure manière de les corriger de leurs vices est de prouver que leur méchanceté leur est nuisible et tourne contre eux-mêmes :

La ruse la mieux ourdie
Peut nuire à son inventeur,
Et souvent la perfidie
Retourne sur son auteur.

(La Grenouille et le Rat. IV, 11.)

Tel, comme dit Merlin, cuide engeigner autrui
Qui souvent s'engeigne soi-même.

(Ibid.)

Toujours par quelque endroit fourbes se laissent prendre.

(Le Loup devenu Berger. III, 3.)

Chien hargneux a toujours l'oreille déchirée.

(Le Chien à qui on a coupé les oreilles. X, 9.)

. . . . Corsaires à corsaires
L'un l'autre s'attaquant ne font pas leurs affaires.

(Tribut envoyé par les Animaux à Alexandre. IV, 12.)

Mais, dans l'écrivain, l'on ne découvre pas seulement l'homme; on y voit aussi son époque. Au temps où vécut notre fabuliste, la vénalité des fonctions était une des grandes plaies de la société; aussi les abus qu'elle engendre lui arrachent-ils çà et là une plainte amère :

Selon que vous serez puissant ou misérable,
Les jugements de cour vous rendront blanc ou noir.

(Les Animaux malades de la peste. VII, 1.)

Ne faut-il que délibérer?
La cour en conseillers foisonne.
Est-il besoin d'exécuter?
On ne rencontre plus personne.

(Conseil tenu par les Rats. II, 2.)

On fait tant, à la fin, que l'huître est pour le juge,
Les écailles pour les plaideurs.

(Les Frelons et les Mouches à miel. I, 21.)

— 193–194 —

L'abus du pouvoir le révolte. Plus d'une fable est dirigée contre les vices et les ridicules des grands de la terre :

> . . . . De tout temps
> Les petits ont pâti des sottises des grands.
>
> *(Les deux Taureaux, et une Grenouille.* II, 4.)

> Alléguer l'impossible aux rois, c'est un abus.
>
> *(Le Lion, le Loup et le Renard.* VIII, 3.)

> D'un magistrat ignorant
> C'est la robe qu'on salue.
>
> *(L'Ane portant des reliques.* V, 14.)

Et, comme pour donner une compensation au faible et lui rendre supportable l'idée de son infériorité, il se plaît à lui dépeindre les inconvénients de la grandeur :

> Il n'est pas toujours bon d'avoir un haut emploi.
>
> *(Les deux Mulets.* I, 4.)

> Les petits, en toute affaire,
> Esquivent fort aisément;
> Les grands ne le peuvent faire.
>
> *(Le Combat des Rats et des Belettes.* IV, 6.)

RÈGLES DE CONDUITE.

Le bonhomme, qui savait si peu se diriger lui-même, avait néanmoins le coup-d'œil observateur; il voyait bien quelle était la manière la plus sage de se conduire dans le monde.

La Prudence, une sage méfiance, sont des qualités indispensables pour se garantir contre les accidents de la vie humaine :

> Deux sûretés valent mieux qu'une.
> Et le trop en cela ne fut jamais perdu.
>
> *(Le Loup, la Chèvre et le Chevreau.* IV, 15.)

> Nous n'écoutons d'instincts que ceux qui sont les nôtres,
> Et ne croyons le mal que quand il est venu.
>
> *(L'Hirondelle et les petits Oiseaux.* I, 8.)

> . . . . Il ne faut jamais
> Vendre la peau de l'ours qu'on ne l'ait mis par terre.
>
> *(L'Ours et les deux Compagnons.* V, 20.)

> Fortune aveugle suit aveugle hardiesse.
>
> *(Les deux Aventuriers et le Talisman.* X, 14.)

> Plus fait douceur que violence.
>
> *(Phébus et Borée.* VI, 3.)

> . . . . La méfiance
> Est mère de la sûreté.
>
> *(Le Chat et un vieux Rat.* III, 18.)

— 194-195 —

Garde-toi, tant que tu vivras,
De juger des gens sur la mine.
(Le Cochet, le Chat et le Souriceau. VI, 5.)

Il ne faut point juger les gens sur l'apparence.
(Le Paysan du Danube. XI, 7.)

Les gens sans bruit sont dangereux;
Il n'en est pas ainsi des autres.
(Le Torrent et la Rivière. VIII, 23.)

Ce qu'on donne aux méchants toujours on le regrette.

Laissez leur prendre un pied chez vous,
Ils en auront bientôt pris quatre.
(La Lice et sa Compagne. II, 7.)

La modération est sœur de la prudence; bien plus, elle
la gouverne et lui pose des limites. Car l'excès nuit en tout,
et la prudence elle-même doit avoir des bornes :

Il est certain tempérament
Que le maître de la nature
Veut que l'on garde en tout......
(Rien de trop. IX, 11.)

. . . Rien de trop est un point
Dont on parle sans cesse et qu'on n'observe point.
(Ibid.)

Le trop d'attention qu'on a pour le danger
Fait le plus souvent qu'on y tombe.
(Le Renard et les Poulets d'Inde. XII, 18.)

Puis le fabuliste nous expose divers autres principes qui
doivent nous guider dans la vie :

En toute chose il faut considérer la fin.
(Le Renard et le Bouc. III, 5.)

Il n'est, pour voir, que l'œil du maître.
(L'Œil du Maître. IV, 21.)

Ne t'attends qu'à toi seul.....
(L'Alouette et ses petits, avec le Maître d'un champ. IV, 21.)

Il n'est meilleur ami ni parent que soi-même.
(Ibid.)

Jamais auprès des fous ne te mets à portée :
Je ne puis te donner un plus sage conseil.
Il n'est enseignement pareil
A celui-là de fuir une tête éventée.
(Le Fou qui vend la Sagesse. IX, 8.)

Rien n'est si dangereux qu'un ignorant ami;
Mieux vaudrait un sage ennemi.
(L'Ours et l'Amateur des jardins. VIII, 10.)

Il est bon de parler et meilleur de se taire.
(Ibid.)

F. Hémon, *Cours de littérature*

Les sujets proposés aux divers concours dans ce manuel témoignent de la multiplicité des perspectives critiques que les élèves du secondaire devaient aborder à cette époque. Alors qu'un sujet de narration pousse ces derniers à s'interroger sur la légende d'observateur naturaliste que s'est créée La Fontaine, un sujet de dissertation les renvoie à la critique exégétique de Sainte-Beuve, qui envisage le fabuliste en tant qu'aide scolaire. Deux autres questions traitent du discours poétique de l'auteur des *Fables*: tantôt sa langue aurait les mêmes qualités de francité, de largesse et de vivacité que celle de Molière, tantôt cette langue contribuerait au fondement du français moderne. D'autres sujets amènent les élèves, enfin, soit à examiner le châtiment des défauts comiques chez La Fontaine, soit, à partir d'une observation de Chamfort, de faire la part entre l'efficacité de la correction morale dans les *Fables* et l'inefficacité de cette entreprise "correctionnelle" dans le théâtre de Molière.

NARRATIONS[1]

I

D'après ce que vous savez du caractère, des habitudes et de la vie de la Fontaine, vous raconterez une de ses journées: (Nancy. — Baccalauréat de l'enseignement spécial, août 1887.)

II

« Un jour, Molière soupait avec Racine, Despréaux, la Fontaine et Descoteaux, fameux joueur de flûte. La Fontaine était, ce jour-là, encore plus qu'à l'ordinaire, plongé dans ses distractions. Racine et Despréaux, pour le tirer de sa léthargie, se mirent à le railler, et si vivement, qu'à la fin Molière trouva que c'était passer les bornes. Au sortir de table, il poussa Descoteaux dans l'embrasure d'une fenêtre, et, lui parlant de l'abondance du cœur : « Nos beaux esprits, dit-il, ont beau se trémousser, ils n'effaceront pas le bonhomme. » (*Histoire de l'Académie,* par Pellisson et d'Olivet.)

III

Des amis avaient mené la Fontaine à la campagne. A l'heure du dîner, on le cherche : il avait disparu. Après l'avoir attendu quelque temps, on se met à table. Vers la fin du repas, le bonhomme apparaît, et s'excuse : il a rencontré, dans un bois voisin, le convoi d'une fourmi : il l'a suivi, et n'a pas cru pouvoir l'abandonner ayant que la cérémonie fût terminée.

1. La Bibliographie et les Jugements sont renvoyés à la fin du fascicule consacré aux Fables.

V

On sait dans quelles circonstances éclata la brouille entre la Fontaine et Lulli (voir p. 14). La satire du *Florentin* est dirigée contre le musicien lui-même; l'*Épître à M. de Niert* est un réquisitoire contre l'opéra, importé d'Italie en France. On sait aussi que Mᵐᵉ de Thiange réconcilia ces ennemis d'un moment. Peindre la scène de la réconciliation, en se souvenant de la satire qui oppose si plaisamment le musicien au poète.

VI

La Fontaine rend visite à son protecteur le surintendant Fouquet, qui habite son château de Saint-Mandé. L'antichambre est encombrée de courtisans affairés, qui dédaignent le bonhomme, et que le bonhomme observe avec un malin plaisir. Mais il s'ennuie d'attendre et s'irrite. On l'introduit dans cette magnifique bibliothèque, ornée des statues d'Osiris et des tombeaux des rois d'Égypte que Fouquet a fait venir à grands frais de l'Orient. Il regarde, admire, et s'adoucit. Puis il reconnaît sur les rayons plusieurs de ses auteurs favoris, et il oublie tout pour renouer connaissance avec eux. Fouquet le surprend dans le feu de sa lecture. Il rit, se plaint de n'avoir plus de ses vers, s'en fait promettre un prochain envoi, et le reconduit jusqu'à la porte du château à travers la foule des courtisans, qui s'inclinent.

46   COURS DE LITTÉRATURE

Rollin, l'ancien maître et ami de Louis Racine. On suppose que celui-ci a eu communication du manuscrit et a été choqué de ce passage, dont il signale à son disciple l'inexactitude. Il a connu la Fontaine, dont Louis Racine ne peut parler que par ouï-dire, et il trace le vrai portrait du fabuliste, avec ses grâces et ses faiblesses. S'il avait été tel que le peint Louis Racine, le grand Racine ne lui eût pas témoigné une estime si affectueuse.

XIX

Charles-Louis de la Fontaine, petit-fils du fabuliste, avait projeté de donner une édition nouvelle des œuvres de son aïeul. Il écrivait à Fréron : « J'y joindrai une Vie aussi simple que lui-même. » Jamais il ne réalisa ce projet. On suppose que Fréron, qui l'y avait encouragé et le voyait ensuite occupé d'autres soins, le presse de tenir sa promesse, en esquissant d'avance la vie et la physionomie du poète.

103–104

DISSERTATIONS ET LEÇONS

I

Comparer la fable de *Philémon et Baucis* dans Ovide et dans la Fontaine.

(Paris. — Leçon d'agrégation, 1858.)

II

Il nous faut du nouveau, n'en fût-il plus au monde. (*Adonis*.)
Que pensez-vous de cette remarque appliquée à la littérature?

(Paris. —Licence ès lettres, avril 1886.)

III

En étudiant l'*Épître à Huet*, comparer les idées de la Fontaine sur les anciens et les modernes aux idées analogues exprimées par Boileau, la Bruyère et Fénelon. Signaler, avec les ressemblances de fond, la différence d'accent.

IV

Quels sont les traits communs entre Fénelon et la Fontaine? Par où diffèrent-ils? Pour la première partie de ce devoir on pourra consulter Sainte-Beuve, *Lundis*, II, pages 2 et 3.

V

Comparez l'*Épître à Huet* à la deuxième épître d'André Chénier, *sur l'Invention*, en faisant ressortir combien la Fontaine est plus poète, Chénier plus artiste.

VI

Expliquer ce mot de Sainte-Beuve (*Lundis*, VII, p. 523) :
« Il y a deux la Fontaine, l'un avant et l'autre après Boileau. »

IMPRIMERIE DELAGRAVE
VILLEFRANCHE-DE-ROUERGUE
FRANCE

En résumé, la Fontaine ne pouvait être toujours sublime dans la fable ; mais il l'a été quand il l'a voulu (*l'Astrologue, le Paysan du Danube, les Deux Rats, le Renard et l'Œuf, le Songe d'un habitant du Mogol,* etc.). Il n'est incorrect qu'en apparence et aux yeux des puristes, car sa langue est aussi française, aussi large et vivante que celle de Molière.

III

La Fontaine dit à la Rochefoucauld :

Les délicats sont malheureux ;
Rien ne saurait les satisfaire.

Expliquer ces mots en les appliquant aux questions de goût.

(Paris. — Agrégation des lettres. — Composition, 1869.)

IV

La Fontaine philosophe et moraliste dans les derniers livres des *Fables.*

(Paris. — Leçon d'agrégation, 1873.)

104–105

V

Montrer, soit d'après les livres VII et VIII, soit d'après les livres X et XI, comment le second recueil des fables offre, selon l'expression de l'auteur, « un air et un tour un peu différents » de celui qu'il avait donné aux premières fables.

(Paris. — LEÇON D'AGRÉGATION, 1878; DEVOIR DE LICENCE, mai 1884.)

VI

Étudier la versification dans les *Fables* de la Fontaine et examiner les principales critiques dont elle a été l'objet.

(Paris. — IT., 1878, 1881.)

VII

Comment la Fontaine a-t-il été original dans l'imitation de l'antiquité et de l'ancienne littérature française?

(Paris. — AGRÉGATION DES LETTRES. — Composition, 1881. — AGRÉGATION DES FILLES, 1885.)

VIII

Du style et de la langue de la Fontaine dans les *Fables*.

(Paris. — LEÇON D'AGRÉGATION, 1885.)

IX

Comparer Molière et la Fontaine comme peintres de mœurs et de caractères.

(Paris. — LICENCE ÈS LETTRES, juillet 1888.)

X

Joubert a dit dans ses *Pensées :* « Il y a dans la Fontaine une plénitude de poésie qu'on ne trouve nulle part dans les autres auteurs français. » Discuter et justifier, s'il y a lieu, cette opinion du célèbre penseur.

(Paris. — DEVOIR D'AGRÉGATION, mars 1888.)

XI

La Fontaine dit à la fin de la préface des *Fables :* « On ne considère en France que ce qui plaît : c'est la grande règle et pour ainsi dire la seule. » Comment l'application de ce principe a-t-elle pu, au XVIIᵉ siècle, produire tant de chefs-d'œuvre ?

(Paris. — DEVOIR D'AGRÉGATION, mai 1888.)

XII

Discuter cette opinion de Chamfort : « L'homme corrigé par Molière, cessant d'être ridicule, pourrait demeurer vicieux.

Corrigé par la Fontaine, il ne serait plus ni vicieux ni ridicule :
il serait raisonnable et bon. »
(Paris. — Devoir de licence, avril 1884.)

XIII

La Fontaine a-t-il fait des fables immorales ?
(Paris. — Devoir de licence, décembre 1883.)

XIV

La poésie dans les fables de la Fontaine.
(Paris. — Devoir de licence, janvier 1881.)

XV

Discuter le jugement de la Fontaine sur les *Maximes* de la
Rochefoucauld.
(Paris. — Devoir de licence, mai 1881.)

XVI

Expliquer et apprécier cette pensée de Sainte-Beuve : « La
fable n'était chez la Fontaine que la forme préférée d'un
génie bien plus vaste que ce genre de poésie. »
(Aix. — Devoir de licence, 1888.)

XVII

Mon imitation n'est point un esclavage.

Appliquer ce vers à la Fontaine lui-même; étudier en lui :
1° l'imitateur; 2° l'écrivain original.
(Besançon. — Devoir de licence, octobre 1879. — Lyon.
— Licence ès lettres, composition, novembre 1888. —
Rennes. — Devoir de licence.)

XVIII

Pourquoi Fénelon, déplorant la mort de la Fontaine, l'a-
t-il comparé à Anacréon, à Virgile, Horace et Térence ?
(Besançon. — Devoir de licence, mars 1883.)

XIX

Les ancêtres de la Fontaine en France.
(Besançon. — Devoir de licence, janvier 1884.)

XX

Commenter ce mot de Joubert sur la Fontaine : « Le fablier
donna ses fleurs et ses fruits, sans jamais blesser la main
qui les cueillait. »
(Besançon. — Devoir de licence, février 1886.)

XXI

« La Fontaine est doublement créateur; il sent dans la vieille
langue tout ce qui vit encore, et il le remet au jour; et, pour
la langue nouvelle, aucun poète n'y est plus hardi. » (Nisard.)
(Besançon. — Licence ès lettres, session de juillet 1886.)

107

XXII

Étudier dans la préface du premier recueil de la Fontaine les idées de l'auteur sur le genre même de la fable. — Comparer les six premiers et les six derniers livres d'après l'examen des *Fables* et l'avertissement du livre VII.

(Besançon. — DEVOIR DE LICENCE, 1888.)

XXIII

« On ne trouvera pas ici, dit la Fontaine dans la préface de ses *Fables,* l'élégance ni l'extrême *brièveté* qui rendent Phèdre recommandable : ce sont qualités au-dessus de ma portée. Comme il m'était impossible de l'imiter en cela, j'ai cru qu'il fallait en récompense *égayer* l'ouvrage plus qu'il n'a fait. » Comment la Fontaine a-t-il *égayé* les fables, et par quelles qualités, qu'on chercherait inutilement dans Phèdre, est-il devenu un fabuliste inimitable?

(Caen. — LICENCE, juillet 1885.)

J. Arnoux, *La Morale d'après les 'Fables' de La Fontaine*

Si J. Arnoux recommande de choisir avec soin les apologues destinés à l'enseignement primaire, c'est qu'à la cour, les *Fables* s'adressent aux gens plus âgés. Comme les enfants n'ont pas l'expérience pour outil d'analyse, la compréhension de l'œuvre de La Fontaine est hors de leur portée. Donc, à l'Ecole républicaine, à travers l'enfant, c'est bel et bien l'adulte que le poète entend toucher. L'autorité professorale réside non seulement dans la relecture constante des *Fables*, mais aussi dans l'ouverture de cette œuvre à l'actualité de l'élève. Dans ses conseils en vue de l'explication de texte, J. Arnoux envisage la fable en tant que morceau dramatique. Mis à part l'analyse philologique du texte, il préconise la mise en évidence du précepte moral, à condition d'appliquer ce précepte à la vie personnelle de l'élève ainsi qu'à l'existence humaine en général. Quant à la récitation, il prône la présentation dramatique des fables en classe, d'où l'importance d'une intonation convenable. De multiples auditions de ce "drame judiciaire" qu'est "Les Animaux malades de la peste" (VII, 1) finiront de la sorte par susciter l'intérêt réel des élèves. Cet exercice cristallise, en somme, l'ensemble des qualités intellectuelles et personnelles propre à la leçon de français. J. Arnoux s'en remet, enfin, à "L'Aigle et l'Hibou" (V, 18) afin de démontrer dans quelle mesure la formation des enfants repose sur l'art de les ménager avec mesure.

CHAPITRE II

La morale de La Fontaine.

Le point de départ de cette morale est la constatation d'un fait : ce qui domine en ce monde, c'est la force et la violence; le puissant écrase le faible et les petits ont toujours « pâti des sottises des grands » Le Bonhomme ne perd pas son temps à s'en indigner; il ne s'inquiète pas de changer ce qui doit être et ce qui est; mais, au fond et discrètement, il est avec les opprimés, puisque, en définitive, il nous inspire de l'aversion pour les persécuteurs. Le loup, dans son dialogue avec l'agneau, il est pas seulement odieux, il est hypocrite et ridicule; l'homme, dans sa discussion avec la couleuvre[1], joue exactement le même rôle, celui d'un tyran absurde et de mauvaise foi. Le monde est dépeint comme il va et l'homme tel qu'il est, avec une fine nuance de mépris pour l'oppresseur.

Il faut donc, à son avis, nous résigner et accepter les faits accomplis; il faut aussi obéir à notre maître, bien que ce soit « notre ennemi », sauf à nous moquer de lui, quand nous pourrons le faire sans danger. C'est là une morale de sujets, non de citoyens libres; et elle convient parfaitement à de timides bourgeois qui n'auraient qu'une chose à cœur : vivre ignorés dans leur petit coin, sans le moindre grain d'ambition, redoutant les voyages et l'imprévu et agrémen-

1. *Le Loup et l'Agneau*, livre Ier. — *L'Homme et la Couleuvre*, livre X.

tant leur plate existence par la pratique modérée de la morale épicurienne.

Telles étaient les vertus du dix-septième siècle; elles ne sauraient convenir au nôtre qui, avant tout, cherche le mieux.

Il y a plus : nous trouvons dans La Fontaine des préceptes formels qui ne nous paraissent pas acceptables et qui ne peuvent être présentés à des enfants dans les réserves les plus expresses : il se moque de la fidélité aux opinions politiques, il recommande la flatterie à l'égard des grands; il donne, en somme, pour fondement à la morale, l'utilitarisme le plus étroit et place l'économie bourgeoise bien au-dessus de la charité.

Il nous dit, par exemple, dans un apologue, assez médiocre, d'ailleurs, que « ce qu'on donne aux méchants toujours on le regrette ». Un tel conseil, dans sa forme absolue et pris au pied de la lettre, est la négation même de l'idée de bienfaisance; comment prévoir sûrement la méchanceté des gens et démasquer d'avance ceux qui seront des ingrats? Celui qui se livre froidement à un pareil calcul avant de faire le bien est et restera un parfait égoïste; la peur d'être dupé comprimera tous les élans de son cœur. Il ne faut pas recommander cette fable à nos élèves.

Toutefois les préceptes de La Fontaine n'ont rien d'impératif et la dureté en est tempérée par une forme souriante; il a du bon sens, avec une certaine étroitesse; il est pour la modération en toute chose et il se contredit quelquefois, ce qu'il n'y a pas lieu de regretter.

---

1. La Cigale et la Fourmi.
2. La Lice et sa Compagne, livre II.
3. Rien de trop, livre IX.

12   LA MORALE D'APRÈS LES FABLES.

La règle de conduite à déduire de ces fables pourrait se formuler ainsi : se résigner à la domination du plus fort ou du plus habile, tout en essayant de lui jouer quelques bons tours à l'occasion, suivant l'exemple du renard qui est le principal personnage du recueil. Cela n'a rien d'héroïque, ni même de généreux, et s'adapte malaisément aux belles aspirations de la jeunesse.

Il y a donc une élimination et un choix à faire dans les fables, puisque la morale en est pour le moins troublante, sinon dangereuse.

.*.

La Fontaine a dédié son premier recueil de fables au Dauphin, âgé de six ans et demi, et dans sa préface il rappelle que Platon recommandait aux nourrices de son temps d'apprendre les fables d'Ésope à leurs nourrissons, « car on ne saurait s'accoutumer de trop bonne heure à la sagesse et à la vertu ». Le Bonhomme n'a-t-il pas voulu lancer une épigramme ? On serait tenté de le croire. Il n'en reste pas moins qu'il s'est adressé aux enfants.

Cependant ses fables, dans leur ensemble, ne sont guère à leur portée ; un grand nombre conviendraient plutôt aux adolescents et même aux hommes mûrs. Il semble l'avoir compris lui-même, puisqu'il nous avoue que « son humeur n'est pas de s'occuper de ce petit peuple ». D'ailleurs, les contemporains, en général, ne s'y sont pas trompés. Consultons, en effet, trois de ses plus intelligents admirateurs au dix-septième siècle : La Bruyère, Mᵐᵉ de Sévigné et Fénelon.

Le premier dit dans son célèbre discours à l'Académie française : « La Fontaine est plus égal que

Marot et plus poète que Voiture... Il instruit en badinant, persuade aux hommes la vertu par l'organe des bêtes, élève les petits sujets jusqu'au sublime. » Nous estimons que l'œuvre de Marot et de Voiture, que l'art de hausser jusqu'au sublime les petits objets sont choses étrangères à l'éducation des enfants.

Mᵐᵉ de Sévigné apprend par cœur certaines fables de La Fontaine [1], mais nous ne voyons pas qu'elle conseille cet exercice à ses petits-enfants dont elle s'occupe volontiers dans ses lettres. A propos d'un pamphlet de Furetière où le Bonhomme était grossièrement attaqué, elle écrit à Bussy-Rabutin [2] : « Il y a de certaines choses qu'on n'entend jamais, quand on ne les entend pas d'abord ; on ne fait point entrer certains esprits durs et farouches dans le charme et dans la facilité des fables de La Fontaine... ; ils sont indignes de jamais comprendre ces sortes de beautés et sont condamnés au malheur de les improuver et d'être improuvés par les gens d'esprit. Nous avons trouvé beaucoup de ces pédants... (Il n'y a qu'à) prier Dieu pour eux ; car nulle puissance humaine n'est capable de les éclairer. »

L'admiration de la spirituelle marquise revêt des formes vives et originales ; mais, « avec les gens d'esprit » de son siècle, elle n'a pas vu dans La Fontaine un éducateur ; elle a surtout goûté le poète que La Bruyère déclarait « un modèle difficile à imiter »

***

1. Lettre du 29 avril 1671 à sa fille.
2. 14 mai 1686.

32   LA MORÄLE D'APRÈS LES FABLES.

CHAPITRE VII

Conseils au sujet de la préparation, de l'explication et de la récitation.

On noüs permettra de présenter ici quelques indications précises, que nous a suggérées une longue expérience dans l'enseignement des lettres et l'inspection des écoles.

Elles porteront sur trois points principaux : la préparation, l'explication et la récitation.

1° Avant la classe, le maître doit étudier soigneusement et de très près le morceau qu'il lira ou donnera en récitation. Nous admettons comme un axiome qu'il n'y a pas de morceau facile. A l'attitude assurée ou hésitante du professeur, à l'intérêt qu'il éveille, l'élève sent naturellement s'il a préparé ou non. Auriez-vous expliqué une fable plusieurs fois, la sauriez-vous même par cœur, vous êtes tenu, si vous êtes consciencieux et si vous voulez maintenir votre autorité, de la revoir indéfiniment : vous y découvrirez des aperçus nouveaux, vous noterez des rapprochements avec les événements récents ou des faits relatifs à votre école ; et, comme vous serez intéressé fortement vous-même, vous deviendrez intéressant.

Il est évident que vous aurez tout d'abord choisi l'apologue qui se rattache de près à votre enseignement moral ou historique, ou à tel incident sur lequel vous voulez appeler l'attention de votre auditoire ; par lui-même, ce choix sera déjà pour les élèves une

indication et presque une leçon. Rien n'est à né-
gliger dans la direction d'une classe ; les bons maîtres savent que les plus menus détails concourent
efficacement à l'œuvre complexe de l'éducation.

.

2° Quant à l'explication, on pourra y procéder de
la façon suivante :

A. Décomposer le morceau en ses parties essentielles : exposition, nœud, dénouement ;

B. Dégager l'idée dominante de la fable (précepte
de morale, conseil, constatation d'un fait capable de
suggérer des réflexions sur la vie) ;

C. Examiner le choix des personnages (hommes
animaux, êtres inanimés) qui ont concouru à l'action ;

D. Expliquer d'une façon brève et très précise les
mots, les locutions ou les phrases difficiles ; élucider
les allusions historiques ;

E. Comparer brièvement, s'il y a lieu, la fable avec
les morceaux d'autres auteurs qui peuvent s'y rattacher ;

F. Apprécier la morale ou le conseil que le poète a
voulu nous donner ; en faire une application pratique
soit à la vie de l'écolier, soit à la vie humaine.

A ce cadre général, chaque maître apportera des
modifications suivant ses goûts personnels, ses aptitudes ou ses études particulières, et d'après la nature
de son enseignement. L'important est d'adopter une
méthode rigoureuse et de s'y tenir.

.

3° La récitation peut être individuelle, et, dans

34   LA MORALE D'APRÈS LES FABLES.

certains cas, dramatique, c'est-à-dire à plusieurs personnages.

Je ne veux pas exposer longuement quelles sont
les qualités d'un bon débit : il doit être lent, distinct
et vivant. Trop souvent nos élèves articulent mal,
laissent tomber les syllabes muettes, et sont d'une
monotonie fatigante. Le maître leur donnera l'exemple
et leur montrera comment on détache les mots et les
syllabes, comment on varie le ton suivant les idées
exprimées et de quelle façon on gouverne sa voix à
la fin des phrases[1].

J'insisterai sur la récitation dramatique.

Nous lisons dans La Fontaine (*le Bûcheron et
Mercure*, livre V) :

J'oppose quelquefois, par une double image,
Le vice à la vertu, la sottise au bon sens,
    Les agneaux aux loups ravissants,
La mouche à la fourmi, faisant de cet ouvrage
Une ample comédie à cent actes divers,
        Et dont la scène est l'univers.

De son côté, Florian dit dans sa préface qu'« un
» apologue est une espèce de petit drame ; il a son
» exposition, son nœud, son dénouement... Comme
» le fabuliste ne peut être aidé par de véritables
» acteurs et qu'il doit cependant me donner la co-
» médie, il s'ensuit que son talent le plus nécessaire
» doit être celui de peindre : car il faut qu'il montre
» aux regards ce théâtre, ces acteurs qui lui man-
» quent ; il faut qu'il fasse lui-même ses décorations,
» ses habits, que non seulement il écrive ses rôles,
» mais qu'il les joue en les écrivant... »

---

1. « La prononciation vicieuse et la mauvaise écriture sont deux
défauts très analogues : c'est bégayer pour les yeux et les oreilles. »
DIDEROT.

La fable est donc pour nos deux poètes une comédie ; lorsqu'elle est à plusieurs personnages, il convient non pas de la réciter, mais de là jouer. Cela est-il possible ? Assurément. J'en ai fait l'expérience lorsque j'étais professeur, et les résultats en étaient excellents. Prenons *le Loup et l'Agneau ;* un élève est le loup, un autre l'agneau, un troisième, représentant le fabuliste, dit tous les vers qui constituent la morale ou le récit.

Dans l'apologue de Florian : *la Carpe et les Carpillons,* nous aurons trois acteurs : la carpe, les carpillons et le poète.

L'apologue *les Animaux malades de la peste* est un véritable drame judiciaire à cinq personnages : le fabuliste, le lion, le renard, l'âne et le loup. Il suffit d'essayer ; tout d'abord, les élèves surpris se prennent à sourire ; à une seconde audition, ils deviennent plus attentifs et sont intéressés comme on l'est au théâtre.

Il y a plus : les élèves qui jouent sont tenus de comprendre ; s'ils débitent à faux, l'auditoire le sent instinctivement, et par ses moqueries plus ou moins discrètes les amène à se rectifier. Quant au maître, par la représentation du drame ou de la comédie, il juge mieux de la valeur du morceau, et se rend compte s'il convient ou non à ses élèves.

Jouer les fables, c'est donc répondre directement aux vues de La Fontaine et de Florian, c'est donner une leçon de tenue et de maintien, c'est ajouter un intérêt tout nouveau à la récitation, c'est provoquer un exercice des plus utiles à l'intelligence, c'est éclairer par un commentaire actif et vivant le précepte de morale, c'est, enfin, organiser la meilleure leçon de français qu'on puisse fournir aux enfants.

78 LA MORALE D'APRÈS LES FABLES.

(On pourra, d'après ce récit, imaginer un sujet de rédaction tiré de la vie scolaire.)

52. *La Tortue et les deux Canards* (La Fontaine, livre X), C. M.

Récit alerte et d'un vif intérêt; la vanité de la tortue est punie logiquement.

ANALYSE EXPLICATIVE

I. — Plan. Exposition.

Une tortue était, à la tête légère,
Qui, lasse de son trou, voulut voir le pays.
Volontiers on fait cas d'une terre étrangère;
Volontiers gens boiteux haïssent le logis.

Récit. *a*) Discours des canards :

Deux canards à qui la commère
Communiqua ce beau dessein,
Lui dirent qu'ils avaient de quoi la satisfaire.
« Voyez-vous ce large chemin?
Nous vous voiturerons, par l'air, en Amérique :
Vous verrez mainte république,
Maint royaume, maint peuple, et vous profiterez
Des différentes mœurs que vous remarquerez.
Ulysse en fit autant. » On ne s'attendait guère
De voir Ulysse en cette affaire.

b) Départ des voyageurs :

La tortue écouta la proposition.
Marché fait, les oiseaux forgent une machine
Pour transporter la pèlerine.
Dans la gueule, en travers, on lui passe un bâton.
« Serrez bien, dirent-ils; gardez de lâcher prise. »
Puis chaque canard prend ce bâton par un bout.

309

c) Le voyage.

La tortue enlevée, on s'étonne partout
    De voir aller en cette guise
    L'animal lent et sa maison,
Justement au milieu de l'un et l'autre oison.
« Miracle, criait-on, venez voir dans les nues
    Passer la reine des tortues. »

d) Transition :

« La reine, vraiment oui : je la suis en effet;
Ne vous en moquez point. » Elle eût beaucoup mieux fait
De passer son chemin, sans dire aucune chose;

Dénouement :

Car, lâchant le bâton en desserrant les dents,
Elle tombe, elle crève aux pieds des regardants.
Son indiscrétion de sa perte fut cause.

Morale :

  Imprudence, babil et sotte vanité,
        Et vaine curiosité,
        Ont ensemble étroit parentage :
        Ce sont enfants tous d'un lignage.

Le récit est construit merveilleusement et l'intérêt
ménagé jusqu'à la catastrophe finale.

II. — La tortue est vaniteuse, sotte et bavarde :
elle en est punie. Sachons résister à l'amour-propre
et à la démangeaison de nous mettre en évidence.

III. — Les canards sont des hâbleurs, mais leur
harangue est fort habile; on dirait, d'après Taine
(p. 152 et 271), que ce sont des « commis qui montrent leur article » et de véritables « entrepreneurs de
transports ». Quant à la tortue, nous savons que, si

sa maison est lourde à voiturer, elle a « la tête légère » ; elle gobera les louanges des badauds qui la
verront dans les airs volant au-dessus des simples
mortels.

IV. — Le style est riche et varié.

En Amérique; au dix-septième siècle, c'était un
long et presque fabuleux voyage.

Les mœurs, l'ensemble des coutumes, la civilisation.

Ulysse, roi de la petite île d'Ithaque, erra pendant
dix ans à la recherche de sa patrie, après la chute
de Troie.

Une machine, un simple moyen de transport.

La pèlerine; d'après l'étymologie *(peregrinus), pèle-
rin)* a signifié d'abord voyageur ; pour nous la tortue
serait aujourd'hui « une touriste ».

En cette guise, de cette manière, avec cet appareil.

L'un et l'autre oison, les deux canards ; le canard
ressemble à une petite oie.

En effet, en réalité ; cette expression a ici sa force
étymologique.

Indiscrétion, manque de retenue et maladresse.

Parentage, vieux mot, pour famille, parenté.

Un lignage, un seul lignage, une même souche.

V. — On lira avec intérêt dans Taine (p. 151 et
271) une comparaison entre la fable de La Fontaine et
l'apologue de Pilpay, conteur indien. On peut aussi
rapprocher le dénouement de celui de : *le Renard et
le Corbeau,* et relire *le Rat et l'Eléphant,* livre VIII.

VI. — En somme, il y a là une piquante leçon à
l'adresse des gens vaniteux ; c'est un sujet sur lequel
La Fontaine est revenu souvent avec beaucoup de
verve ; bien d'autres après lui ont daubé sur la sottise humaine, et toujours en vain, car elle est de
toutes les époques et de tous les régimes, elle est im-
mortelle.

RÉSIGNATION AU DESTIN :

82. *Le Cochon, la Chèvre et le Mouton* (La Fontaine, livre VIII), C. M. — A lire.

On conseille aux petits d'accepter sans se plaindre ce qui est inévitable : c'est une sorte de fatalisme oriental. Remarquons ici que la résignation est une vertu monarchique, et que les éducateurs républicains enseignent de préférence l'effort qui réagit.

Le récit est vivement mené et la langue savoureuse. Notons toutefois deux vers rocailleux (est-ce à' dessein ?) :

Le charton[1] dit au Porc : Qu'as-tu tant à te plaindre ?
Tu nous étourdis tous; que ne te tiens-tu coi ?

CONTRE LES GRANDS ET LA COUR :

83. *Le roi de Perse* (Florian, livre II), C. M.

Les courtisans sont rapaces et le roi doit s'abstenir de leur donner l'exemple. C'est une fine épigramme plutôt qu'un apologue.

84. *Les Singes et le Léopard* (Florian, livre III), C. S.

Tableaux vifs, personnages dessinés nettement,

---

1. Le conducteur du char.

gradation dans le récit et morale logiquement déduite.

La fréquentation des grands est dangereuse ; méfions-nous d'eux quand ils prêchent l'égalité des hommes. La Fontaine a dit quelque part :

L'univers leur sait gré du mal qu'ils ne font pas.

85. *Le Chêne et le Roseau* (La Fontaine, livre Ier), C. S.

C'est une leçon donnée par les petits aux puissants de la terre qui sont orgueilleux comme le chêne ; souvent l'orage abat les plus hautes têtes, sans toucher à ceux qui rampent, et la foudre tombe de préférence sur les hautes cimes. Récit régulier, gradation soutenue, langue souple et riche : un parfait chef-d'œuvre. (Voir, dans Bossuet, l'exorde de l'*Oraison funèbre de la reine d'Angleterre*.)

86. *Le Lion, le Loup et le Renard* (La Fontaine, livre VIII), C. S. — A lire.

La vengeance d'un courtisan est souvent cruelle ; elle reste toujours élégante : tel le renard supprimant le loup qui se posait en concurrent (voir Taine, p. 97-108). Son discours, d'ailleurs, est une merveille d'habileté et de perfidie. Le style est plein de force et de saveur.

CHAPITRE XIII

Fables réservées aux maîtres.

L'ÉDUCATION PEUT-ELLE MODIFIER LE CARACTÈRE DES ENFANTS ?

163. *La Colombe et son Nourrisson* (Florian, liv. V).

« Rien ne change le caractère », prétend le poète, et, s'il nous prouve qu'on ne peut transformer d'un coup le milan en une colombe, il ne démontre pas qu'il est impossible de modifier dans une certaine mesure les tendances et les aptitudes natives.

164. *L'Horoscope* (La Fontaine, livre VIII).

La Fontaine tombe dans la même erreur quand il nous dit d'une façon toute prosaïque :

Propos, conseil, enseignement,
Rien ne change un tempérament.

Il a, d'autre part, exposé dans cette fable l'absurdité de l'astrologie judiciaire, et sur ce point il a raison.

165. *L'Éducation* (La Fontaine, livre VIII, dans le recueil complet).

Ici, La Fontaine nous prouve par l'exemple du chien Laridon qu'on dégénère si l'on ne cultive pas ses dons naturels ; par conséquent, l'on perfectionne ces mêmes dons par une éducation raisonnée. C'est ainsi qu'il réfute indirectement la théorie expo-

180   LA MORALE D'APRÈS LES FABLES.

sée dans les deux morceaux précédents. (Voir la fable de Fénelon, *les deux Lionceaux*.)

En fait, l'expérience nous confirme les effets d'une bonne éducation et la transformation graduelle de certains caractères. S'il n'en était pas ainsi, il faudrait nous hâter de fermer nos écoles.

Le philosophe anglais, Stuart Mill, est de cet avis, quand il dit de l'éducation :

« C'est la culture que chaque génération donne à celle qui doit lui succéder, pour la rendre capable de conserver les résultats des progrès acquis, et, s'il se peut, de les porter plus loin. »

SUR LES PASSIONS :

166. *Le Philosophe scythe* (La Fontaine, livre XII).

Comme le sage laboureur de Virgile, il faut émonder sans couper toutes les branches. Les stoïciens supprimaient les passions, ou plutôt voulaient les supprimer, car est-il possible d'y parvenir ? Or, dans les passions, il n'y a que l'abus qui soit dangereux ; le rôle d'un bon maître est de les canaliser habilement et de les diriger vers le bien. Diderot a dit justement : « Un homme sans passions est un roi sans sujets. » Chez l'enfant, aussi bien que dans un jardin, « tout languit et tout meurt », si l'on procède à « un abatis universel ». (Voir Taine, p. 185.)

UNE LEÇON DE MORALE :

167. *Le Lion, le Singe et les deux Anes* (La Fontaine, livre XI).

Etude très fine sur l'amour-propre : 1° Ce sentiment est le principe de tous nos défauts (d'après La Rochefoucauld) ; 2° Effets de la camaraderie entre gens d'une même profession, ou solidarité (Molière en a blâmé l'excès dans *les Femmes savantes*, III, ii) [1] ; 3° Exemple des deux ânes qui se louent mutuellement. (Ils nous font penser au Vadius et au Trissotin de Molière, III, v.) Le singe, qui a fait sa conférence devant un roi, ajourne prudemment la leçon sur l'injustice.

SUR LA COLÈRE :

168. *Jupiter et les Tonnerres* (La Fontaine, livre VIII).

C'est un appel à la clémence royale et une satire des ministres plus sévères que le prince lui-même. Quelques beaux vers à méditer :

> O vous, rois, qu'il (Jupiter) voulut faire
> Arbitres de notre sort,
> Laissez, entre la colère
> Et l'orage qui la suit,
> L'intervalle d'une nuit.
> . . . .
> Tout père frappe à côté.

---

1. Voir aussi la comédie de Scribe : *la Camaraderie.*

Appendice VII

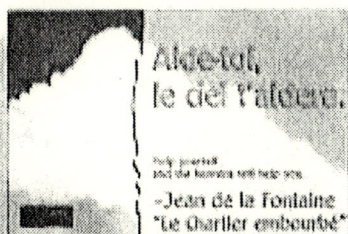

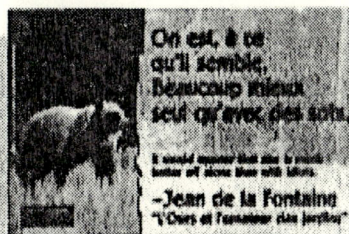

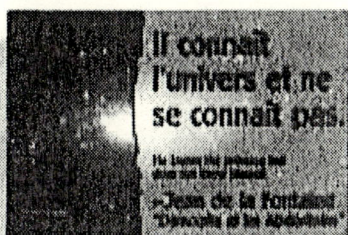

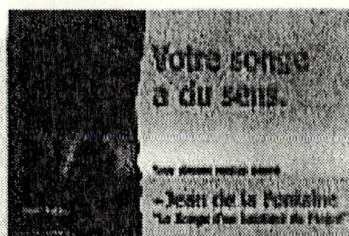

BIBLIOGRAPHIE

1. MANUELS SCOLAIRES

Abry, E. et al. *Histoire illustrée de la littérature française*. Paris: Didier, 1942.

Albalat, A. *Comment il faut lire les auteurs classiques français*. Paris: Colin, 1923.

Albert, P. *La Littérature française au XVIIème siècle*. Paris: Hachette, 1880.

Allain, P. *Nouveau guide pour la préparation au baccalauréat ès lettres*. Paris: Delalain, 1849.

Annales du baccalauréat. Paris: Vuibert, 1913.

Ardré, P. *Trésor de la jeunesse*. Paris: André-Guédon, 1867.

Arnoux, J. *La Morale d'après les fables*. Paris: Belin, 1909.

Asselin, V. *Choix de dissertations françaises et latines*. Paris: Hachette, 1872.

Bénard, L. et H. Bonnemain. *Etudes littéraires sur les auteurs français*. Paris: Delaplane, 1892.

Bézard, J. *La Classe de français* (livre du maître). Paris: Vuibert, 1908.

Bizeul, le Père Sévère-Jacques et P. Boulay. *Tableau d'histoire littéraire*. Paris: Poussielgue, 1885.

Bornecque, P. *La France et sa littérature*. Lyon: Ed. de Lyon, 1953.

Brémond, E. et D. Moustier. *L'Education morale et civique à l'école*. Paris: Delalain, 1922.

Brosselette, L. *Etudes de composition française*. Paris: Delagrave, 1909.

Brunel, P. et al. *Histoire de la littérature française*. I, Paris: Bordas, 1972.

Buisson, F. *Leçons de morale à l'usage de l'enseignement primaire*. Paris: Hachette, 1926.

Cahen, A. *Morceaux choisis des auteurs français*. II, Paris: Hachette, 1894.

Canat, R. *La Littérature française par les textes*. Paris: Delaplane, 1920.

Caruel, le Père. *Etudes sur les auteurs français*. Tours: Cattier, 1901.

Castaigne, E-J. *Trois fabulistes: Esope, Phèdre et La Fontaine*. Paris: Picard, 1889.

Castex, P. et P. Surer. *Manuel des études littéraires françaises, XVIIème siècle*. Paris: Hachette, 1966.

Chapsal, M. *Modèles de littérature française*. II, Paris: Hachette, 1841.

Chatelain, U-V. *La Composition française* (livre du maître). Paris: Nathan, 1920.

Clarac, P. *Oeuvres choisies de La Fontaine*. Paris: Delalain, 1926.

Clément, L. *Fables de La Fontaine*. Paris: Colin, 1926.

Colincain, M-F. *Fables de La Fontaine*. Paris: Delagrave, 1894.

Collection des meilleurs auteurs (Bibliothèque nationale). 2 vols., Paris: Bureaux de la Publication, 1868.

Collinet, J-P. "La Fontaine". *Les Grands écrivains du monde*. Paris: Nathan, 1978, 224-40.

Condamin, J. *La Composition française au baccalauréat; conseils, plans synoptiques*. Lyon: Vitte et Perrussel, 1889.

Corneille, Ch. *Recueil des sujets de compositions (donnés depuis l'institution des concours d'agrégation jusqu'en 1875)*. I, Paris: Hachette, 1876.

Crouzet, M. et Mme P. *Le Français au brevet supérieur illustré*. Paris: Didier, 1910.

De Calonne, E. *Recueil de compositions françaises*. Paris: Dupont, 1884.

Defodon, Ch. *Choix de fables*. Paris: Hachette, 1883.

Delaitre, Ch. *La Fontaine*. Paris: Hachette, 1884.

Delapalme, M. *Choix de fables*. Paris: Hachette, 1872.

Delmont, l'Abbé T. *Nouveau recueil de compositions françaises*. Paris: Poussielgue, 1911.

Deltour, F. *Principes de composition et de style*. Paris: Delagrave, 1875.

Demogeot, J. *Histoire de la littérature française*. Paris: Hachette, 1886.

De Parvillez et M. Moncarey. *La Littérature française*. Paris: Beauchesne, 1922.

Des Granges, Ch. et Ch. Carrier. *La Littérature expliquée* (livre du maître). Paris: Hatier, 1931. et Ch. Channier. *La Littérature française au brevet de capacité (niveau primaire)*. Paris: Hatier, 1920.

Desportes, A. *Choix de fables*. Paris: Hachette, 1873.

Dhénin, F. *De l'explication de texte au sujet général*. Paris: Bordas, 1965.

Ditandy, A. *Analyse explicative et raisonnée de cent morceaux choisis des classiques français*. Paris: Belin, 1882.

Doumic, R. *Histoire de la littérature française*. Paris: Delaplane, 1900.

Doumic, R. et L. Levrault. *Etudes littéraires sur les auteurs français*. Paris: Delaplane, 1918.

Dreyfus, C., éd. *La Fontaine, Fables choisies*. 2 vols., Paris: Larousse, 1965.

Drioux, l'Abbé. *Histoire de la littérature française*. Paris: Belin, 1850.

Ducros, M-L. *Morceaux choisis des prosateurs et des poètes français*. Paris: André-Guédon, 1891.

Durand, H. *Lectures expliquées*. Paris: Lecène et Oudin, 1884.

Etienne, L. et H. Rigault. *Recueil nouveau de morceaux choisis*. Paris: Delagrave, 1878.

———. *Le Fablier des écoles*. Paris: Dezobry & Magdeleine, 1852.

———. *Le Fablier des enfants*. Paris: Delalain, 1859.

———. *Le Fabuliste du jeune âge*. Paris: Denn, s.d.

Faguet, E. *La Fontaine expliqué aux enfants*. Paris: Lecène et Oudin, 1885. et L. Mainard. *Recueil de textes des auteurs français*. Paris: Lecène et Oudin, 1891.

———. *Morceaux choisis des auteurs français*. Paris: Masson, 1897.

———. *Notices littéraires sur les auteurs français*. Paris: Lecène et Oudin, 1886.

Fernessole, le Père. *La Littérature française par l'étude des textes*. Paris: De Gigord, 1912.

Fleury, J. *Histoire élémentaire de la littérature française*. Paris: Plon, 1890.

Fouillée, Mme A. *Le Tour de la France par deux enfants. Devoir et patrie*. Paris: Belin, 1882.

Francinet ... *Principes généraux de la morale, de l'industrie, du commerce et de l'agriculture*. Paris: Belin, 1869.

Gariel, J. *La Fontaine. Fables choisies*. Paris: Hatier, 1908.

Gasc-Desfossés, A. et L. *Recueil des sujets de composition française donnés à la Sorbonne... de 1881 à 1885*. Paris: Croville-Morant, 1886.

Gazier, A. *Choix de fables de La Fontaine*. Paris: Colin, 1886.

Le Génie de La Fontaine. Paris: Ledentu, 1817.

Géruzez, E. *Histoire abrégée de la littérature française*. Paris: Delalain, 1880.

———. *Choix de fables de La Fontaine*. Paris: Hachette, 1872.

———. *Cours de littérature*. Paris: Delalain, 1854.

Gidel, Ch. *Histoire de la littérature française*. Paris: Lemerre, 1877.

Hémon, F. *Cours de littérature*. I, V, Paris: Delagrave, 1909.

Howarth, W. et al. *Explications. The Technique of French Literary Appreciation*. London: Oxford University Press, 1971.

Janssens, J. *La Fable et les fabulistes*. Bruxelles: Office de publicité, 1955.

Labaigue, Ch. *Morceaux choisis de littérature française*. Paris: Belin, 1888.

Labaigue, Ch. et R. Pessonneaux. *La Lecture expliquée* (livre du maître). Paris: Belin, 1914.

Labbé, E. *Etudes de pédagogie morale*. Paris: Dupont, 1883.

La Fontaine et ses fables. Paris: Maison de la bonne presse, 1922.

(Le) La Fontaine de la jeunesse. Paris: Ardant, 1853.

Lagarde, A. et L. Michard. *XVIIème siècle*. Paris: Bordas, 1962.

Lanson, G. *Histoire de la littérature française*. Paris: Hachette, 1951.

———. *Manuel illustré d'Histoire de la littérature française*. Paris: Hachette, 1953.

Larousse, P. *Gymnastique intellectuelle* (livre du maître). Paris: Larousse, 1905.

Leclerc, H. *L'Education par la fable*. Paris: Dupont, 1873.

———. *Fables et historiettes*. Paris: Librairie Dupont, 1873.

Leloir, L. *L'Art de dire*. Paris: Lecène et Oudin, 1886.

Lemaistre, F., ed. *Fables de La Fontaine*. Paris: Garnier, 1870.

Levrault, L. *La Fable*. Paris: Delaplane, 1905.

Llewellyn, R., éd. *Fables*. Montréal: Ed. Variétés, 1944.

Longhaye, le Père G. *Histoire de la littérature française au dix-septième siècle*. II, III, Paris: Retaux, 1895.

Lyon, G. *Code moral de l'expérience et de la sagesse (ou pensées philosophiques et morales de La Fontaine)*. Toulouse: Privat, 1885.

Mainard, L. *Etudes littéraires*. Paris: Delaplane, 1882.

Martino, P. éd. *Histoire de la littérature française*. I, Paris: Larousse, 1948-49.

Merlet, G. *Extraits des classiques français*. Paris: Fauraut, 1901.

———. *Etudes littéraires sur les classiques français*. 2 vols., Paris: Hachette, 1883.

Mesnard, J. *Précis de littérature française au XVIIème siècle*. Paris: PUF, 1990.

Michel, P. *Expliquez-moi... les grands écrivains français par la dissertation. XVIIème siècle*. 3, Paris: Foucher, 1947.

Mironneau, A. et E. Roger. *Lecture expliquée*. Paris: Colin, 1920.

———. *La Morale de La Fontaine*. Langres: Champenoise, 1902.

———. *La Morale en action des fables de La Fontaine*. Paris: Canel, 1828.

Mornet, D. *La Littérature française par la dissertation*. Paris: Larousse, 1936.

Mortier, R., éd. *La Fontaine, Fables*. Paris: Quillet, 1928.

Muller, V. *Le Fabuliste de la famille*. Paris: Delagrave, 1867.

Navatel, L-C. et B. Perez. *Développement des sujets de composition française donnés à la Sorbonne*. Paris: Croville-Morant, 1894.

Noël, A., éd. *Fables de La Fontaine*. Paris: Delalain, 1882.

———. *Le Panthéon de la fable*. Paris: Boyer, 1873.

Pellissier, G. *Précis de l'histoire de la littérature française*. Paris: Delagrave, 1920.

Pérez, B., E. Malvoisin et al. *La Composition de Rhétorique, recueil de tous les sujets de composition française donnés à la Sorbonne de 1893 à 1898*. Paris: Croville-Morant, 1893.

Perret, P. *"Le Loup et l'Agneau."* Pantin: La Compagnie du Livre, 1994.

Pilon, E. *La Fontaine. Textes choisis et commentés*. Paris: Plon, 1913.

Pintard, R. et F. Flutre, éds. *Fables*. Paris: Hachette, 1949.

Porchat, J-J. *Le Fablier des écoles*. Paris: Delagrave, 1873.

Pylodet, L. *Leçons de littérature française*. New York: Holt Co., 1867.

Radouant, R., éd. *Fables*. Paris: Hachette, 1929.

Rassat, M. *Cours complet d'instruction élémentaire*. II, Paris: Delagrave, 1886.

Régnier, A. *Oeuvres de La Fontaine*. 2 vols., Paris: Hachette, s.d.

Renouard, A-A., éd. *Fables de La Fontaine*. I, Paris: Chez A-A. Renouard, 1811.

Ricquier, L. *Fablier scolaire*. Paris: Delagrave, 1897.

Ridgeley, B., éd. *Fables choisies*. Englewood Cliffs, N. J.: Prentice-Hall, 1967.

Robert, L. *Cours de lecture expliquée*. Paris: Colin, 1901.

Rougé, C. *Choix de Fables de La Fontaine*. Paris: Belin, 1882.

Roustan, M. *La Littérature française par la dissertation*. I, Paris: Delaplane, 1919.

Ruelle, M. *Fables choisies de La Fontaine*. Paris: Dupont, 1872.

———. *Le La Fontaine des écoles primaires*. Paris: Dupont, 1871.

Salomon, P. *Précis d'histoire de la littérature française*. Paris: Masson, 1964.

Sarthou, M. *La Lecture expliquée du brevet élémentaire*. Paris: Nathan, 1912.

Scholl, A. *Les 'Fables' de La Fontaine filtrées*. Paris: Dentu, 1886.

Tarsot, L. et M. Charlot. *Etudes biographiques et critiques*. Paris: Delalain, 1900.

Theveau, P. et al. *La Littérature française aux examens*. Paris: Roudil, 1965.

Thirion, E. *Fables de La Fontaine*. Paris: Hachette, 1921. éd. *Philémon et Baucis*. *Choix de fables*. Paris: Hachette, 1900.

Vaillant, l'Abbé. *Fables et morceaux divers de poésie*. Paris: Perisse Frères, 1880. *Fables à l'usage des enfants… où sont racontés les grands événements de l'histoire sainte*. Paris: Perisse Frères, 1880.

Vallos, A. *Le Trésor poétique de l'enfance*. Lyon: F. Guyot, 1836.

Valton, E. *Choix de sujets de composition française donnés aux examens de la licence ès lettres*. Paris: Delalain, 1861.

Van Hollebeke, B. *Etudes sur La Fontaine*. Naman: Wesmall-Charlier, 1877.

Vapereau, G. *Eléments d'histoire de la littérature française*. Paris: Hachette, 1887.

Villefranche, J-M. *Le Fabuliste chrétien*. Paris: Delagrave, 1879.

Vincent, P. et F. Bouffandeau. *Leçons d'histoire littéraire*. Paris: Nathan, 1889.

Walckenear, C. A. *Histoire de la vie et des ouvrages de La Fontaine*. 2 vols. Paris: Didot, 1858. éd. *Fables de La Fontaine*. Paris: Didot, 1852.

Wever, Ch. *Textes français*. Paris: Masson, 1912.

Wissemans, P. *Auteurs français portés au programme du brevet supérieur*. Paris: Dupont, 1883.

2. CRITIQUE EXÉGÉTIQUE

Abbou, P. et H. Tubiana. *Du Savetier au Financier: Guide pour bien gérer aujourd'hui son patrimoine et ses affaires*. Paris: Ed. HMT, 1995.

Adam, A. et al. *Littérature française*. I, Paris: Larousse, 1972.

Adam, A., éd. *Fables de La Fontaine*. Paris: Flammarion, 1966.

———. *Histoire de la littérature française*. IV, Paris: Domat, 1948.

Adam, J-M. "Types de séquences textuelles élémentaires". *Pratiques* 57 (1987) 54-79.

Albalat, A. "Le Vrai La Fontaine". *Revue hebdomadaire* 11 (1909) 179-87.

Albanese, R. "La Notion d'échange dans 'Le Loup et le Chien'," *Studi Francesi*, 138 (2002) 20–28.

———. "Réflexions sur la dialectique nature/culture dans 'Le Loup et l'Agneau,'" *Le Fablier* 12 (2000) 65-71.

———. "Le Discours scolaire au dix-neuvième siècle: Le cas La Fontaine". *French Review* 72 (1999) 824-38.

———. "Images de la femme dans le discours scolaire républicain (1880-1914)". *French Review* 62 (1989) 740-48.

Allott, T. "Une Décennie d'éditions et de traductions des oeuvres de La Fontaine". *Le Fablier* 3 (1991) 17-23.

Amette, J-P. "La Fontaine: Génial précurseur du Bébête Show". *Le Point*, 982, le 13 juillet 1991, 39.

————. "La Fontaine vrai-faux courtisan". *Le Point*, 982, le 13 juillet 1991, 40-42.

————. "L'Incarnation du génie français". *Le Point*, 982, le 13 juillet 1991, 44-45.

Andin, M-L. " 'Nostalgérie': Hommage à La Fontaine". *Fables et fabulistes*. Paris: Ed. Interuniversitaires, 1992. 271-94.

Appleton, C. "Les Idées politiques de La Fontaine d'après ses fables". *La Réforme sociale* 84 (1924) 337-46.

Arditi, M. *Mon Cher Jean… De la cigale à la fracture sociale*. Genève: Zoé, 1997.

Arnould, L. *La Terre de France chez La Fontaine*. Tours: Mame, 1924.

Bailly, A. *L'Ecole classique française*. Paris: Colin, 1947.

————. *La Fontaine*. Paris: Fayard, 1937.

Bared, R. *La Fontaine*. Paris: Seuil, 1995.

Barney, R. "Le Gland et la Citrouille". *Etudes textuelles*. I, 56 (1991) 9-29.

Barrault, J-L. "Portrait de La Fontaine". *Cahiers de la Compagnie Madeleine Renaud/ Jean-Louis Barrault* 49 (1964-65) 56-104.

Bassy, A-M.. "XVIIIème siècle: les décennies fabuleuses". *Jean de La Fontaine*. C. Lesage, éd. Paris: Seuil, 1995, 152-58.

————. *Les 'Fables' de La Fontaine: Quatre siècles d'illustration*. Paris: Promodis, 1986.

————. *Histoire de l'édition française*. III, Paris: Promodis, 1985.

————. *Dictionnaire des littératures de langue française*. II, Paris: Bordas, 1984.

————. "La Fontaine et ses deux reflets". *Cahier de la Recherche de Sciences de Textes et Documents* 6 (1979) 31-40.

————. "Le Paradoxe du réalisme et du merveilleux dans l'illustration des *Fables* de La Fontaine au XVIIème siècle". *Bulletin du Bibliophile* 11 (1979) 216-38.

————. "Les Fables de La Fontaine et le labyrinthe de Versailles". *Revue française de Bibliophiles de Guyenne* 12 (1976) 367-426.

————. *Fables: La Fontaine*. Paris: Hatier, 1973.

————. éd. *Fables*. Paris: Flammarion, 1995.

Baudin, E. *La Philosophie morale des fables de La Fontaine*. Neuchâtel: Ed. de la Baconnière, 1951.

Bellessort, A. *Sur les grands chemins de la poésie classique*. Paris: Perrin, 1914.

Bernelle, A. "La Fontaine est difficile…". *Vie et Langage* 87 (1959) 303-10.

Beugnot, B. "Spécularités classiques." *Destins et enjeux du XVIIème siècle*. Y-M. Bercé et al., éds. Paris: PUF, 1985, 173-81.

————. "Autour d'un texte: L'ultime leçon des *Fables*" *Travaux de Linguistique et de Littérature* XIII, 2 (1975) 291-301.

————. "L'Idée de retraite dans l'oeuvre de La Fontaine". *Cahiers de l'Association internationale des Etudes françaises* 26 (1974): 131-42.

————. "La Fontaine et Montaigne: Essai de bilan". *Etudes françaises* 1 (1965) 43-65.

Beynel, M. "Iconographies du XIXème siècle: Comment interpréter les *Fables* de La

Fontaine?". *XVIIème siècle* 43 (1991) 437-48.

Biard, J-D. *Le Style des fables de La Fontaine*. Paris: Nizet, 1970.

Biart, L. *Autour de La Fontaine*. Paris: Dreyfous, 1890.

Bideau, M. et al. *Fables et fabulistes, variations autour de La Fontaine*. Paris: Ed. Interuniversitaires, 1992.

Biet, C. "La Justice dans les *Fables*: La Fontaine et le 'droit des gens'". *Le Fablier* 5 (1993) 17-24.

Birberick, A. *Reading Undercover: Audience and Authority in Jean de La Fontaine*. Lewisburg, Pa.: Bucknell University Press, 1998.

———. "L'Ecriture circulaire: La Fontaine and the Sovereign Reader". *Papers in French Seventeenth-Century Literature* 23, 44 (1996) 47-56.

———. "The Reader at the Threshold: Prefacing La Fontaine's *Fables* (1668)." *Romance Languages Annual* 3 (1992) 12-16.

———. éd. *Refiguring La Fontaine: Tercentenary Essays*. Charlottesville, Va.: Rookwood Press, 1996.

Bisi, A. *L'Actualité de La Fontaine*. Rome: Società de Dante Alighieri, 1947.

Blavier-Paquot, S. "Et même les fables de La Fontaine". *Missions et démarches de la critique*. Paris: Klincksieck, 1973.

———. *La Fontaine: Vues sur l'art du moraliste dans les 'Fables' de 1668*. Paris: Les Belles Lettres, 1961.

Bloch, M. *L'Economie politique enseignée par les fables de La Fontaine*. Versailles: Cerf, 1896.

Blocker, D. *Premières leçons sur les 'Fables' de La Fontaine*. Paris: PUF, 1996.

Bonnier, X. "Lecture à clef pour serrure formelle: 'Le Corbeau et le Renard'". *Poétique* 80 (1989) 459-87.

Bornecque, P. *La Fontaine, Fables*. Paris: Hatier, 1979.

———. *La Fontaine fabuliste*. Paris: SEDES, 1973.

———. "Thèmes et organisation des *Fables*". *Europe* 515 (1972) 39-52.

Bourget, P. *Etudes et portraits*. Paris: Plon, 1905.

Bourguignon, J. "'Le Philosophe scythe' de La Fontaine. Essai d'analyse stylistique". *Revue de Linguistique Romane* 34 (1970) 95-106.

———. "Mythologie et mélange des tons dans les *Fables* de La Fontaine". *Travaux de Linguistique et de Littérature* 4 (1966) 81-87.

Boutang, P. *La Fontaine politique*. Paris: Hallier/Michel, 1981.

Branan, E. *Au-delà des 'bagatelles', des 'Contes' et des 'badineries'des 'Fables'*. Lexington, Ky.: French Forum, 1993.

Bray, B. "Avatars et fonctions du 'je' d'auteur dans les *Fables* de La Fontaine". *Travaux de Linguistique et de Littérature* 13, 2 (1975) 305-22.

Bray, R. *Les 'Fables' de La Fontaine*. Paris: SFELT, 1946.

Brémond, C. "En lisant une fable". *Communications* 47 (1988) 41-62.

Brereton, G. *An Introduction to the French Poets*. London: Methuen, 1973.

Brody, J. "Lecture philologique d'une fable de La Fontaine: 'Le Coq et le Renard,' (II, 15)". *'Diversité, c'est ma devise', Festschrift für Jurgen Grimm*. Paris: Biblio 17, 1994, 81-91.

———. *Lectures de La Fontaine*. Charlottesville, Va: Rookwood Press, 1994.

———. "Pour une lecture philologique d'une fable de La Fontaine: 'Les Vautours et les Pigeons' (VII, 7)". *Revue d'Histoire Littéraire de la France* 2 (1989) 179-94.

———. "'Le Pouvoir des fables' (VIII, 4)". *La Poétique des 'Fables' de La Fontaine*. L. M. Hellet et al., éds. London, Ontario: Mestengo Press, 1989, 69-83.

———. "Irony in La Fontaine: From Message to Massage." *Papers on French Seventeenth-Century Literature* 11 (1979) 77-89.

Brunet, G. *Ombres vivantes*. Paris: A l'Etoile, 1932.

———. "L'Art de vivre en l'oeuvre de La Fontaine". *Mercure de France* 149 (1921) 40-69.

Brunetière, F. "Jean de La Fontaine". *Etudes critiques* 7 (1903) 55-83.

Burellier, F. *Fables, La Fontaine*. Paris: Bertrand-Lacoste, 1993.

———. "Le Classicisme et le modèle philologique: La Fontaine, Racine et La Bruyère". *L'Information Littéraire* 42 (1990) 20-24.

Bury, E. *L'Esthétique de La Fontaine*. Paris: SEDES, 1996.

Busson, H. "L'Exotisme de La Fontaine dans les *Fables* des livres VII à XII". *Littérature et théologie: Montaigne, Bossuet, La Fontaine, Prévost*. Paris: PUF, 1962, 143-93.

———. *La Religion des classiques*. Paris: PUF, 1948.

Caglar, P. *Etude sur Jean de La Fontaine: "Fables", livres VII à XII*. Paris: Ellipses, 1996.

Calder, A. *The 'Fables' of La Fontaine*. Geneva: Droz, 2001.

———. "Humour in the 1660's: La Rochefoucauld, Molière and La Fontaine". *Seventeenth-Century French Studies* 20 (1998) 125-38.

Calogero, G. "La Portée politique de la fable selon La Fontaine: pour une analyse de 'Le Pouvoir des fables'". *L'Information Littéraire* 43 (1991) 4-16.

Chaillou, M. "Une Lecture noire des *Fables*". *Jean de La Fontaine*. C. Lesage, éd. Paris: Seuil, 1995, 222-24.

Chamarat, G. "Les Fables de La Fontaine, bréviaire du comédien". *Les Annales* 211 (1968) 14-28.

Chambers, R. "Narrative in Opposition: Reflections on a La Fontaine Fable". *French Forum* 8 (1983), 216-31.

———. "The Uses of Narrative: La Fontaine on the Power of Fables". *Paragraph* 2 (1983), 24-41.

———. "Histoire d'oeuf: Secrets and Secrecy in a La Fontaine Fable". *Sub-stance* 32 (1981) 65-74.

Chamfort, S-R. "Eloge de La Fontaine". *Oeuvres complètes*. I, Genève: Slatkine, 1961.

Champigneul, Y. "L'Absolutisme royal. Une lecture de La Fontaine". *Littératures*. J. Ethier-Blais, éd. Montréal: Hurtubise H.M.H., 1971, 27-60.

——. "La Fontaine et les voyages par voie de terre". *Revue d'Histoire Littéraire de la France*, 69 (1969) 913-34.

Charles, M. *L'Introduction à l'étude des textes*. Paris: Seuil, 1995.

Charlier, A. "Essai sur le génie français (La Fontaine et Couperin)". *Itinéraires* 224 (1978) 48-67.

Chassang, A. "Essai de bilan des idées littéraires de La Fontaine". *L'Information Littéraire* 13 (1961) 217-25; 14 (1962) 35-44.

Chaudier, S. "Discours et conflit dans les *Fables* de La Fontaine". *Présence de La Fontaine*. J-P.Landry, éd. Lyon: Aprime, 1996, 95-115.

Chauveau, J-P. "Le Pouvoir des *Fables*, ou la royauté de La Fontaine". *Jean de La Fontaine, Deux Approches de l'oeuvre*. La Rochelle: Rumeur des Ages, 1995, 9-28.

Chenet, F. "Une Contre-Fable: 'La Légende du beau Pécopin et de la belle Bauldour' ou Hugo lecteur de La Fontaine". *Fables et fabulistes*. Paris: Ed. Interuniversitaires, 1992, 251-69.

Chupeau, J. "La Fontaine et le refus du voyage". *L'Information Littéraire* 20 (1968) 62-72.

Clarac, P. *L'Age classique, 1660-1680*. II, Paris: Arthaud, 1969.

——. *Jean de La Fontaine*. Paris: Seghers, 1965.

——. *La Fontaine par lui-même*. Paris: Seuil, 1963.

——. "Les *Fables* de La Fontaine, de l'école primaire à la Sorbonne". *Bulletin de la Société française de Pédagogie* 134 (1960) 1-27.

——. *La Fontaine*. Paris: Hatier, 1959.

——. "Variations de La Fontaine dans les six derniers livres des *Fables*". *L'Information Littéraire* 3 (1951) 1-10.

——. "L'Inquiétude de La Fontaine". *L'Information Littéraire* 1 (1949) 5-9.

Clarac, P. éd. *Oeuvres diverses*. Paris: Gallimard (Pléiade), 1948.

Clarétie, J. "La Fontaine et ses critiques". *Revue des Cours littéraires* 1 (1863-64) 469-77.

Colincamp, F. éd. *La Fontaine, Fables*. Paris: Dezobrez, Tandon & Cie, 1862.

Collin, R. *La Fontaine*. Paris: Paris-Match, 1970.

Collinet, J-P. "Un Motif majeur de La Fontaine dans ses *Fables*". *Fabuleux La Fontaine*. K. Meerhoff et P. J. Smith, éds. Amsterdam: Rodopi, 1996, 39-48.

——. "La Fontaine et la mer". *Jean de La Fontaine. Deux Approches de l'oeuvre*. La Rochelle: Rumeur des Ages, 1995, 31-75.

——. "La Fontaine et ses jeunes veuves". *Travaux de Littérature* 7 (1994) 165-83.

——. "L'Art de dire La Fontaine: naissance et développement d'une tradition". *Correspondances: Mélanges offerts à Roger Duchêne*. Aix-en-Provence: l'Université de Provence, 1992, 81-91.

————. "La Cigale et le Hérisson". *La Fontaine et quelques autres*. Genève: Droz, 1992, 81-90.

————. "La Fontaine mosaïste: une lecture des 'Deux Pigeons' (*Fables*, IX, 2)". *Le Fablier* 4 (1992) 11-16.

————. "Guerre et révolution dans les *Fables* de La Fontaine." *Recherches et Travaux* 42 (1992). *Hommage à Maurice Rieuneau*, Université de Grenoble, III, 53–66.

————. "La Fontaine et l'enfance". A. Mansau, éd. *Enfance et littérature au XVIIème siècle*. Paris: Klincksieck, 1991, 123-34.

————. "Métamorphoses de La Fontaine". *Littératures*, 25 (1991) 25-40.

————. "La Fontaine, le sommeil et les songes". *French Review* 63, 2 (1989) 221-36.

————. *Le Monde littéraire de La Fontaine*. Genève: Slatkine, 1989.

————. "La Fontaine et son faux Orphée (*Fables*, X, 10)". *L'Intelligence du passé. Les faits, l'écriture et le sens. Mélanges offerts à Jean Lafond*. Tours: l'Université François Rabelais, 1988, 381-89.

————. *La Fontaine en amont et en aval*. Pisa: Goliardica, 1988.

————. "La Fontaine et l'art de la réécriture". *Cahiers de Littérature du XVIIème siècle* 10 (1988) 219-36.

————. "Le Temps et son expression poétique chez La Fontaine". *Ouverture et dialogue. Mélanges offerts à Wolfgang Leiner*. U. Döring et al., éds. Tübingen: Gunter Narr, 1988, 67-81.

————. "Les Classiques à l'école". *Destins et enjeux du XVIIème siècle*. Y-M. Bercé et al., éds., Paris: PUF, 1985, 223-30.

————. "La Fontaine et Foucquet". *L'Age d'or du mécénat (1598-1661)*. Paris: Ed. du CNRS, 1985, 273-82.

————. "L'Image du roi dans les *Fables* de La Fontaine". *L'Image du souverain dans les lettres françaises des guerres de religion à la révocation de l'édit de Nantes*. Paris: Klincksieck, 1985, 293-308.

————. "Du 'Rat domestique et l'Ouytre' anonyme et 'Rat et l'Huître' de La Fontaine". *Papers on French Seventeenth-Century Literature* 12 (1985) 59-67.

————. "L'Image de la femme dans les *Fables* de La Fontaine". *Onze nouvelles études sur l'image de la femme dans la littérature française du dix-septième siècle*. W. Leiner, éd. Tübingen: Gunter Narr, 1984, 121-44.

————. "La Fontaine: De la mythologie à l'affabulation". *La Mythologie au XVIIème siècle*. Marseilles: CMR 17, 1981, 265-74.

————. "La Fontaine et Molière". *Cahiers de l'Association Internationale des Etudes Françaises* 26 (1974) 173-84.

————. "La Fontaine, ou comment on devient fabuliste". *Actes du deuxième colloque de Marseille du CMRS/17*. Marseille: CRDP, 1973, 177-91.

————. "L'Art de lire selon La Fontaine". *Europe* 515 (1972) 90-98.

————. "La Fontaine et les problèmes de l'éducation". *Marseille* 88 (1972) 143-49.

————. éd. *La Fontaine, Œuvres complètes*. Paris: Gallimard (Pléiade), 1991.

————. éd. *La Fontaine, Fables*. Paris: Gallimard, 1991

————. éd. *La Fontaine, Fables*. Paris: Gallimard, 1974.

Colmant, P. "Jean de La Fontaine, moraliste observateur". *Etudes classiques* 27 (1959) 197-202.

Comoth, R. "L'Art du moraliste dans les *Fables* de La Fontaine". *Le Flambeau* 45 (1962) 284-87.

Compère, G. et al. *Au Pays de La Fontaine*. Paris: Casterman, 1994.

Coppin, J. "La Fontaine". *Dictionnaire des lettres françaises*. Paris: Fayard, 1954, 566-67.

Coquet, J-C. "Instances d'énonciation et modalités. 'Le Loup et l'Agneau' de La Fontaine (I, 10)". *Cruzeiro semiotico* 6 (1987) 5-14.

Couprie, A. "Autour du thème de la Cour dans les *Fables* de La Fontaine: problèmes méthodologiques". *L'Information Littéraire* 32 (1980) 54-58.

Coutance, A. *La Fontaine et la philosophie naturelle*. Paris: Reinwald, 1882.

Couton, G. "Le Livre épicurien des *Fables*: essai de lecture du livre VIII". *Travaux de Linguistique et de Littérature* 13, 2 (1975) 283-90.

————. "A propos du 'Meunier, son Fils et l'Ane'. Quelques voeux". *Mélanges historiques et littéraires sur le XVIIème siècle offerts à Georges Mongrédien*. Paris: Publications de la Société d'Etudes du XVIIème Siècle, 1974, 273-77.

————. *La Politique de La Fontaine*. Paris: Les Belles Lettres, 1959.

————. *La Poétique de La Fontaine*. Paris: PUF, 1957.

————. éd. *La Fontaine, Fables choisies mises en vers*. Paris: Garnier, 1962.

Crescenzo, R. "La Fable, de la mythologie à la littérature…". *L'Information Littéraire* 45 (1993) 3-7.

Croquette, B. "Les Héros de l'épopée à l'aune de la fable: La Fontaine et Homère". *Revue de Littérature comparée* 4 (1996) 469-73.

————. "Combat perdu? La Fontaine, 'Les Deux Coqs' (VII, 13)". *Textuel* 34/44 (1987) 120-25.

Crouslé, M. "La Satire dans les *Fables* de La Fontaine". *Revue des Cours littéraires* 5, 7 (1868) 127-35.

Curial, H. *La Fontaine, Fables: Livres VII à XII (1668-1693)*. Paris: Hatier, 1996.

Cutts, J. P. "An Anterior Analogue of La Fontaine's 'La Cigale et la Fourmi'". *Revue de Littérature comparée* 36, 2 (1962) 252-57.

Dammien, A. *Une Soirée chez La Fontaine*. Abbéville: Paillart, 1901.

Dandrey. P. "La Fable de La Fontaine: la fabrique d'une 'forme-sens'". *L'Information Littéraire*, 48 (1996) 3-9.

————. "Le Cordeau et le Hasard: réflexions sur l'agencement du recueil des *Fables*." *Papers on French Seventeenth-Century Literature* 44 (1996) 73-86.

————. "La Fontaine et les livres". *Jean de La Fontaine*. C. Lesage, éd. Paris: Seuil, 1995, 226-27.

————. *La Fontaine ou les métamorphoses d'Orphée*. Paris: Gallimard, 1995.

——. "Un *Fablier* pour le tricentenaire". *Le Fablier* 7 (1995) 11-12.

——. "Les Deux Esthétiques du classicisme français". *Littératures classiques* 19 (1993) 145-70.

——. *La Fabrique des 'Fables': Essai sur la poétique de La Fontaine*. Paris: Klincksieck, 1992.

——. "Moralité". *Littératures classiques*, supplément au numéro 16 (1992) 29-47.

——. "Actualité de La Fontaine". *Le Fablier* 3 (1991) 71-75.

——. "Bibliographie analytique (1980-1989)". *Le Fablier* 3 (1991) 45-65.

——. "Présentation d'ensemble". *Le Fablier* 3 (1991) 9-13.

——. "Quelques mots-clefs de l'écriture de fable: les 'confidences' de La Fontaine dans deux apologues du livre XII (fables 5 et 9)". *Cahiers de Littérature du XVIIème siècle* 10 (1988) 239-61.

——. "Séduction du pouvoir: La Fontaine, le berger, et le roi". *Cahiers de Littérature du XVIIème siècle* 8 (1986) 9-33.

——. "L'Emergence du naturel dans les *Fables* de La Fontaine (à propos du 'Héron' et de 'La Fille')". *Revue d'Histoire Littéraire de la France* 83 (1983) 371-89.

——. "Genèse d'une fable: 'Le Héron' de La Fontaine et l'histoire de la zoologie". *XVIIème siècle* 140 (1983) 361-73.

——. "Commentaire comparé. La fable double: 'Le Héron, La Fille'". *L'Information Littéraire* 34 (1982) 155-59.

——. "Une Révolution discrète: les *Fables* de La Fontaine et l'esthétique de la continuité ornée". *Papers on French Seventeenth-Century Literature* 9, 17 (1982) 655-74.

——. "La Fable double de 'L'Horoscope': une poétique implicite de La Fontaine". *XVIIème siècle* 124 (1979) 277-86.

Dandrey, P. et al., éd. *La Fontaine et la fable*. Paris: Didier-Erudition, 1996.

D'Angeli, D. "Les *Fables* de La Fontaine ont trois cent ans". *Culture française* 15 (1968) 97-99.

Danner, R. "La Fontaine's Dialogic World: A Bakhtinian Approach to Two Fables". *Refiguring La Fontaine: Tercentenary Essays*. A. Birberick, éd. Charlottesville, Va.: Rookwood Press, 1996, 71-100.

——. "'Les Vautours et les Pigeons' and Book VII of the *Fables*". *Papers on French Seventeenth-Century Literature* 14, 26 (1987) 185-91.

——. *Patterns of Irony in the 'Fables' of La Fontaine*. Athens: Ohio University Press, 1985.

——. "La Fontaine's *Fables*, Book X: The Labyrinth Hypothesis." *L'Esprit Créateur* 21 (1981) 90-98.

——. "La Fontaine's 'Compagnons d'Ulysse': The Merits of Metamorphosis". *French Review* 54 (1980) 239-47.

——. "Seduction and Sacrifice in La Fontaine's 'Le Satyre et le Passant'". *Papers in French Seventeenth-Century Literature* 8 (1977-78) 196-207.

———. "La Fontaine's Ironic Vision in the *Fables*". *French Review* 50 (1977) 562-71.

———. "Individualism in La Fontaine's 'Le Loup et le Chien'". *Kentucky Romance Quarterly* 24 (1977) 185-90.

Darmon, J-C. "Les *Fables* et le jardin: figuration du plaisir selon Jean de La Fontaine". *Philosophie épicurienne et littérature au XVIIème siècle.* Paris: PUF, 1998.

———."La Fontaine et la philosophie: remarques sur le statut de l'évidence dans les *Fables*". *XVIIème siècle* 187 (1995) 267-305.

Debaisieux, M. "Le Retour des cigales: images du poète dans les premières fables de La Fontaine". *Refiguring La Fontaine: Tercentenary Essays*. A. Birberick, éd, Charlottesville, Va.: Rookwood Press, 1996, 47-69.

Debreuille, J-Y. "Le Rêveur définitif". *Présence de La Fontaine*. J-P. Landry, éd. Lyon: Aprime, 1996, 107-15.

De Broc, H., vicomte. *La Fontaine moraliste*. Paris: Plon, Nourrit et Cie, 1896.

Décaudin, M. "Vues nouvelles sur La Fontaine". *Revue des Langues Vivantes* 28 (1962) 268-69.

De Cessole, B. "La Fontaine: la France l'aime depuis 300 ans". *Le Figaro magazine*, le 4 mars 1995, 46-53.

Declercq, G. et O. Ducrot. "Jean de La Fontaine, 'Les Animaux malades de la peste': approche pragmatique et rhétorique." *Les Animaux malades de la peste: Colloque d'Albi 1983*. G. Maurand, éd. Université de Toulouse-Le Mirail, 5-38.

Defrenne, M. "Le Phénomène créateur chez La Fontaine: le poète et le monde". *Australian Journal of French Studies* 12 (1975) 119-67.

De Gourmont, R. "Les Animaux et la morale dans les fables de La Fontaine". *Mercure de France* 57 (1905) 510-23; 58 (1905) 24-39.

DeJean, J. "The Law(s) of the Pedagogical Jungle: La Fontaine Read by Rousseau". *Semiotica* 51 (1984) 181-96.

De Kerdrel, A. *Le Bon La Fontaine*. Paris: Vannes, 1894.

De Labriolle, F. "Krylov lecteur de La Fontaine". *Revue de Littérature comparée* 4 (1996) 133-45.

Delaitre, Ch. *La Fontaine*. Paris: Hachette, 1884.

Delaunois, M. "Pour un La Fontaine vivant". *Etudes classiques* 20 (1952) 402-9.

Delboeuf, J. *La Fontaine et l'enseignement de la langue maternelle*. Paris: Gand, 1879.

Delboulle, A. *Les 'Fables' de La Fontaine*. Paris: Bouillon, 1891.

Delcroix, M. "'L'Oiseleur, l'Autour et l'Alouette': Analyse". *Cahiers de l'Association des Etudes françaises* 26 (1974) 143-58.

De Ley, H. *Fixing Up Reality. La Fontaine and Lévi-Strauss*. Paris: PFSCL, 1996.

———."Fables and Myths, La Fontaine and Lévi-Strauss: La Fontaine's *Bricolage*". *Papers on French Seventeenth-Century Literature* 19 (1992) 475-87.

De Lincy, L. *Le Livre des proverbes français*. I, Paris: Paulin, 1842.

De Messières, R. "La Guerre et les relations internationales dans les *Fables* de La Fontaine". *French Review*, 13 (1940) 277-85, 373-79.

De Mourgues, O. "Two Speeches in La Fontaine's Fable VII, i". *Modern Language Review* 58 (1963) 70-73.

————. *O Muse, fuyante proie: Essai sur la poésie de La Fontaine*. Paris: Corti, 1962.

————. *La Fontaine: Fables*. London: Arnold, 1960.

Discours de M. Sully Prudhomme. Inauguration de la statue de La Fontaine à Paris (le 26 juillet 1891).

Donné, B. "Actualité des publications lafontainiennes: 1996". *Le Fablier* 8 (1996) 197-207.

D'Ormesson, J. "Le Triomphe de La Fontaine". *Le Figaro littéraire*, le 16 mars 1995, 1-3, 8.

"Dossier La Fontaine". *Lire*, mars 1995, 46-50, 52-54, 56-61.

D'Ouakil, B. *Jean de La Fontaine: le poète de tous les âges*. New York: Vanni, 1946.

Duchêne, R. "Les Fables de La Fontaine sont-elles des contes?". *Littératures classiques*, supplément au numéro 16 (1992) 85-102.

Dufay, F. "Ecole: le mal-aimé". *Le Point*, 982, le 13 juillet 1991, 43.

Dutourd, J. "La Fontaine: le malentendu". *Le Point*, 982, le 13 juillet 1991, 46-47.

Edwards, M. "La Fontaine and the Subversion of Poetry". *The Equilibrium of Wit. Essays for Odette de Mourgues*. P. Bayley et al., éds. Lexington, Ky.: French Forum, 1983, 193-200.

Epstein, N. "Rethinking the Study of Irony in La Fontaine". *Dalhousie French Studies*, 37 (1996) 31-39.

"Fable". *Encyclopaedia Universalis*. VI, Paris, Encyclopaedia Universalis, 1970, 876-79.

Fabre, J. "L'Aventure et la fortune dans les *Fables* de La Fontaine". *Bulletin de la Faculté des Lettres de l'Université de Strasbourg* 27 (1950) 313-27.

Fabuleux La Fontaine: neuf études réunies par K. Meerhoff et P. J. Smith. Amsterdam: Rodopi, 1996.

Faguet, E. *Histoire de la poésie française*. IV, Paris: Boivin, 1930.

————. *La Fontaine*. Paris: Société française d'imprimerie et de librairie, 1913.

Fargue, L-P. "La Fontaine". *La Nouvelle Revue française* 44 (1935) 519-37.

Faurisson, R. "La Belle Enigme des 'Deux Amis' de La Fontaine (VII, 11)". *L'Information Littéraire* 24 (1972) 183-84.

Fayolle, R. "Notes sur le devenir de La Fontaine". *Fables et fabulistes*. Paris: Ed. Interuniversitaires, 1992, 323-33.

Fizaine, J-C. "Du faux sage au vrai mage. L'Image de La Fontaine chez Hugo après l'exil". *Fables et fabulistes*. Paris: Ed. Interuniversitaires, 1992, 227-50.

Foureman, A. "'Mérite' and Morality in Books IX to XII of La Fontaine's *Fables*". *Modern Language Quarterly* 24 (1963) 197-206.

Fragonard, F. éd. *Fables*. Paris: Presses Pocket, 1989.

François, C. "Le Chat des *Fables* de La Fontaine". *Romance Notes* 12, 2 (1971) 370-76.

Fumaroli, M. *Le Poète et le roi. Jean de La Fontaine en son siècle*. Paris: Ed. de Fallois, 1997.

———. "Préface". *Poétique de La Fontaine*. P. Dandrey. Paris: PUF, 1996.

———. "Le Grand Ancêtre de la chanson française". *Le Fablier* 7 (1995) 97-98.

———. "Préface". *Jean de La Fontaine, oeuvres, sources et postérité d'Esope à l'Oulipo*. Paris: Ed. Complexe, 1995.

———. *La Diplomatie de l'esprit: De Montaigne à La Fontaine*. Paris: Hermann, 1994.

———. "La Fontaine sans fables". *Le Figaro littéraire*, le 26 mars 1990, 4-5.

———. éd., *La Fontaine, Fables*. I, Paris: Lettres françaises, 1985.

Galimard Flavigny, B. "La Fontaine autour du monde". *L'Oeil* 474 (1995) 22-27.

Gallardo, J-L. "De la discorde à la discordance. La Fontaine, *Fables*, VI, 20". *Poétique* 102 (1994) 215-29.

Ganim, R. "Scientific Verses: Subversion of Cartesian Theory and Practice in the 'Discours à Madame de la Sablière". *Refiguring La Fontaine: Tercentenary Essays*. A. Birberick, éd. Charlottesville, Va.: Rookwood Press, 1996, 101-25.

Garagnon, A-M. "Propos sur une fable de La Fontaine: 'Le Singe et le Léopard'". *Cahiers de Littérature du XVIIème siècle* 6 (1984) 183-90.

Gaucheron, J. "Visage de La Fontaine à trois cent cinquante ans". *Europe* 515 (1972) 3-21.

———. "La Fontaine". *Europe* 426 (1964) 112-19.

Gaudard, F-Ch. "La Versification chez La Fontaine". *Champs du signe* 2 (1992) 149-80.

Génetiot, A. "La Poétique de La Fontaine et la tradition mondaine: les six derniers livres des *Fables*". *L'Information Littéraire* 44 (1992) 18-27.

Ghéon, H. "La Fontaine, auteur populaire". *L'Action française*, le 29 mars 1923, 2.

Giardina, C. "La Pluralité du sens chez La Fontaine à partir de l'étude de quatre fables". *L'Information Littéraire* 43 (1991) 13-16.

Gillet, R. "Vérité et idéologie dans les notices biographiques et critiques: l'exemple de La Fontaine". *L'Ecriture du savoir*. La Butte: Association Diderot, 1991, 13-24.

Giraud, Y. "Etude d'un fragment lyrique de La Fontaine". *L'Information Littéraire* 25 (1973) 46-49.

Giraudoux, J. *Les Cinq Tentations de La Fontaine*. Paris: Grasset, 1938.

Godchot, le Colonel S. *Le Tricentenaire de La Fontaine*. Alger, 1921.

Gohin, F. *La Fontaine: études et recherches*. Paris: Garnier, 1937.

———. *L'Art de La Fontaine dans ses fables*. Paris: Garnier, 1929.

Gonod, M. "Comment La Fontaine a touché tous les Français". *Paris-Match* 1492 (déc. 1977).

Goujon, P. "La Rhétorique juridique dans les *Fables* de La Fontaine: 'Le Loup et l'Agneau'". *Le Fablier* 5 (1993) 57-60.

Grammont, M. "La Psychologie de La Fontaine". *Journal de Psychologie normale et pathologique* 32 (1935) 91-98.

———. "L'Art de La Fontaine". *Le Français moderne* 1 (1933) 97-115.

Granderoute, R. "La Fable et La Fontaine dans la réflexion pédagogique de Fénelon à Rousseau". *Dix-huitième siècle* 13 (1981) 335-48.

Graziani, F. "La Poétique de la fable: entre *inventio* et *dispositio*". *XVIIème siècle* 182 (1994) 83-93.

Greimas, A-J et T. M. Keane. "Pour ferrer la cigale". *Espaces du texte. Recueil d'hommages pour Jacques Geninasca*. P. Frölichen et al., éds. Neuchâtel: Ed. de la Baconnière, 1990, 57-61.

Greverand, G. "L'Illustration des *Fables* de La Fontaine". *Iconographie et littérature: d'un art à l'autre*. Paris: PUF, 1983, 81-96.

Grimm, J. 'Deux vrais amis vivaient au Monomotapa…': Evasion orientale, 'rentrée en soi' et fol emportement dans les *Fables*". *La Fontaine et l'orient*. A. Baccar, éd. Paris: PFSCL, 1996, 47-55.

———. "'Proprement toute notre vie…'. Evasion utopique, 'rentrée en soi' et fol emportement dans les *Fables*". *Et in Arcadia Ego, Actes de Montréal*. A. Soare, éd. Paris: PFSCL, 1996, 117-23.

———. *Le Pouvoir des fables. Etudes lafontainiennes*. I, Paris: Biblio 17, 1994.

———. "'Diversité est ma devise!' L'Art de persuader dans les *Fables* de La Fontaine". *Revue d'Histoire Littéraire de la France* 92 (1992) 178-97.

———. "Y a-t-il une critique sociale dans les *Fables* de La Fontaine?" *Littératures Classiques*, supplément au numéro 16 (1992) 61-83.

———. "Jean de La Fontaine: 'malgré Jupiter même et les temps orageux'. Pour une réévaluation du livre XII des *Fables*". *Oeuvres et Critiques*, XVI, 2 (1991) 57-69.

———. "Le livre XII des *Fables* — somme d'une vie, somme d'un siècle?" *Le Fablier*, 1 (1989) 63–68.

———. *Etudes lafontainiennes*, I, Paris, Biblio 17 (1994) 140-50.

———. "'Quel Louvre! Un vrai charnier': la Représentation de la société de cour dans les *Fables* de La Fontaine." *Littératures Classiques* 11 (1989) 221-31.

———. "Stratégies de désorientation dans les *Fables* de La Fontaine". *Ouverture et dialogue. Mélanges offerts à Wolfgang Leiner*. Tübingen: Gunter Narr, 1988, 175-91.

———. "La Fontaine, Lucrèce, et l'épicurisme." *Literatur und Wissenschaft: Festschrift für Rudolf Baehr*. B. Winklehner, éd. Tübingen: Stauffenburg Verlag, 1987, 41-54.

———. "Les *Fables* de La Fontaine: leur représentation figurée". *Die Neueren Sprachen* 86 (1987) 37-47.

Grisé, C. "Pouvoir et pièges: La Fontaine et 'Le Pouvoir des fables'". *Et in Arcadia Ego*. A. Soare, éd.. Paris: PFSCL, 1997, 141-42.

———. "The Optics of Relativism in the *Fables* of La Fontaine". *Refiguring La Fontaine: Tercentenary Essays*. A. Birberick, éd. Charlottesville, Va.: Rookwood Press, 1996, 126-56.

———."La Structure cognitive des *Fables* de La Fontaine, ou vers une nouvelle taxonomie". *La Poétique des 'Fables' de La Fontaine*. L. M. Heller et I. M. Richmond, éds. London, Ontario: Mestengo Press, 1994, 41-51.

Groos, R. "Les *Fables* de La Fontaine". *Cahiers Charles Maurras* 22 (1967) 41-49.

———. et al., éds. *Fables, contes et nouvelles*. Paris: Gallimard (Pléaide), 1954.

Gross, N. "Order and Theme in La Fontaine's *Fables*, Book VI". *L'Esprit Créateur* 21, 4 (1981) 78-89.

Gruffat, S. "De la moralité au récit ou comment se jouer des lois du genre". *Présence de La Fontaine*. J-P. Landry, éd. Lyon: Aprime, 1996, 75-83.

Guers, S. "Les Illustrations des *Fables* de La Fontaine". *Cahiers du dix-septième* 3 (1989) 169-81.

Guignot, L. "L'Esprit juridique dans les *Fables* de La Fontaine". *Revue d'Histoire Littéraire de la France* 32 (1925) 177-211.

Guillet, L. *Divers visages de La Fontaine*. Paris: Jouve, 1948.

Guillon, M-N., éd. *La Fontaine et tous les fabulistes*. 2 vols., Paris: Chez la Ve Nyon, 1803.

Guinat, M. *La Morale des 'Fables' de La Fontaine*. Paris: Lemerre, 1886.

Guiton, M. *La Fontaine. Poet and Counterpoet*. New Brunswick, N. J.: Rutgers University Press, 1961.

Gutwirth, M. "Certaine thématisation de la liberté dans les *Fables* de La Fontaine". *Homage to Paul Bénichou*. S. Romanowski, éd. Birmingham, Al.: Summa, 1994, 221-39.

———. "'De quoi faire à Margot, pour sa fête, un bouquet': l'avatar lafontainien du lieu amène". *Cahiers du dix-septième* 5 (1991) 31-39.

———. *Un Merveilleux sans éclat: La Fontaine ou la poésie exilée*. Genève: Droz, 1987.

———. "Réflexions sur le métier du poète: trois fables de La Fontaine". *Le Statut de la littérature. Mélanges offerts à Paul Bénichou*. Genève: Droz, 1982, 137-51.

———. "'Le Paysan du Danube', dialogue à trois voix: Guevara, La Fontaine, Hippolyte Taine". *Mélanges de littérature et d'histoire offerts à Georges Couton*. Lyon: PUL, 1981, 383-91.

———. "Rigueur dans la désinvolture: le Livre II des *Fables*". *Dalhousie French Studies* 2 (1981) 46-64.

———. "'Le Chêne et le Roseau' ou les cheminements de la mimésis". *French Review* 48 (1975) 695-702.

Guyaux, A. et al. "La Fontaine dans ses fables". *Papers on French Seventeenth-Century Literature* 12 (1979-80) 191-212.

Haig, S. "La Fontaine's 'Le Loup et le Chien' as a Pedagogical Instrument". *French Review* 42 (1969) 701-5.

Haillant, M. "Explication de texte: 'Le Chat, la Belette et le Petit Lapin'". *L'Information Littéraire* 25 (1973) 93-98.

Hall, G. "On Some of the Birds in La Fontaine's Fables". *Papers on French Seventeenth-Century Literature* 12 (1985) 15-27.

Hallays, A. *Essais sur le XVIIème siècle: Jean de La Fontaine.* Strasbourg: Perrin, 1922.

———. "Une Promenade au pays de Jean de La Fontaine". *L'Illustration*, le 9 juillet 1921, 31-33.

Hanlet, l'Abbé C. *Le Premier Maître de français, Jean de La Fontaine.* Paris: Dessain, 1962.

———. *Initiation aux 'Fables' de La Fontaine.* Bruxelles: Office de Publicité, S. C., 1948.

Haraszti, J. *En glanant La Fontaine.* Paris: Picart, 1922.

Hatzfeld, H. "'La Mort et le Bûcheron'" *Initiation à l'explication de textes français.* München: Hueber, 1969, 22-26.

Haudot, R. *Troisième Centenaire de Jean de La Fontaine.* Château-Thierry: Imprimerie commerciale, 1921.

Heid, M. *Etude sur La Fontaine.* Colmar: Decker, 1880.

Hemmerdinger, B. "La Gloire de La Fontaine". *Belfagor* 52 (1997) 733-34.

Henriot, E. "Ce Bon La Fontaine". *Historia* 296 (1971) 146-52.

———. "Les *Fables* de La Fontaine ont trois cent ans". *Historia* 256 (1968) 86-88.

———. *Courrier littéraire. XVIIème siècle.* Paris: Michel, 1958.

Hertich, C. *Pour relire La Fontaine, fleur des Gaules.* Paris: Saint-Etienne, 1943.

Houdard, S. et H. Martin. "Quand la force est sujette à dispute". *Poétique* 53 (1983) 48-59.

Howarth, W. et al. "La Fontaine. 'L'Huître et les Plaideurs', explication littéraire". *The Technique of French Literary Appreciation.* London, Oxford University Press, 1971, 70-79.

Hubert, R. "Interprétation figurée des *Fables* de La Fontaine". *Kentucky Romance Quarterly* 14 (1967) 177-91.

Hytier, J. "La Poésie de La Fontaine. Légitime défense". *French Studies* 26 (1972) 27-29.

———. "La Vocation lyrique de La Fontaine". *French Studies* 25 (1971) 136-55.

———. "The Soul of La Fontaine". *The American Society Legion of Honor Magazine* 27 (1955) 325-35.

(Les) Idées d'épargne et de prévoyance dans les 'Fables' de La Fontaine. Paris: Warnier, 1892.

Jammes, F. *Le Tombeau de Jean de La Fontaine*. Paris: Mercure de France, 1921.

Janssens, J. *La Fable et les fabulistes*. Bruxelles: Office de publicité, 1955.

Jasinski, R. "De quelques contresens sur les *Fables*". *Europe* 515 (1972): 26-38.

——. *La Fontaine et le premier recueil des 'Fables'*. 2 vols., Paris: Nizet, 1966.

——. "Sur la philosophie de La Fontaine dans les Livres VII à XII des *Fables*". *Revue d'Histoire de la Philosophie et d'Histoire générale de la Civilisation* 1 (1933) 316-30; 2 (1934) 218-42.

Jean de La Fontaine: Deux Approches de l'oeuvre. La Rochelle: Rumeur des Ages, 1995.

Jehasse, J. "La Fontaine, la fable humaniste et Lucien". *Le Fablier* 1 (1989) 35-38.

Jeune, S. *Poésie et système. Taine interprète de La Fontaine*. Paris: Colin, 1968.

Jousset, P. "Jouvence de La Fontaine. Petite physiologie d'un plaisir de lecture". *Poétique* 74 (1988) 249-62.

Jouve, D. "Commentaire stylistique. La Fontaine, 'L'Huître et les Plaideurs'". *L'Information Grammaticale* 52 (1992) 6-9.

Kibedi, V. A. "Cohérence textuelle d'une fable de La Fontaine ('La Mort et le Bûcheron')". *Littérature. Objets, méthodes, éléments d'un enseignement renouvelé*. L. Hek, et al., éds. Gromngen: CRIN, 1981, 37-43.

Kochmann, R. "La Fontaine et les *Fables*: esquisse d'un espace". *L'Intelligence du passé. Les faits, l'écriture et le sens. Mélanges offerts à Jean Lafond*. Tours: l'Université François Rabelais, 1988, 391-99.

Kohn, R. *Le Goût de La Fontaine*. Grenoble: Allier, 1962.

Lafay, H. "'L'Homme et la Couleuvre' ou la parole de La Fontaine: analyse de fonctionnement textuel". *Mélanges de littérature et d'histoire offerts à Georges Couton*. Lyon: PUL, 1981, 373-82.

——. "'Les Animaux malades de la peste': essai d'analyse d'intertextualité". *Romantische Zeitschrift für Literaturgeschichte* 1 (1977) 40-45.

Lafenestre, G. *La Fontaine*. Paris: Hachette, 1905.

Laffly, G. "Avez-vous lu La Fontaine?". *Les Lettres et les arts* 481 (1981) 69-78.

Lafond, J. "L'Architecture des Livres VII à XII des *Fables*". *Le Fablier* 5 (1993) 27-31.

"La Fontaine". *Encyclopaedia Universalis*. 9, Paris, Encyclopaedia Universalis, 1971, 737-38.

"La Fontaine". *La Grande Encyclopédie*. 11, Paris: Larousse, 1974, 6902-04.

La Fontaine Président! Chronique fabuliste d'une campagne présidentielle. Paris: Eska, 1995.

Lagarde, F. "Une Casuistique du salut dans les *Fables* de La Fontaine, ou de l'impuissance des beaux discours". *Papers on French Seventeenth-Century Literature* 28 (1988) 85-98.

La Harpe, J-F. *Cours de littérature*. VII, Paris: Emler, 1829.

——. "Eloge de La Fontaine". *La Fontaine et tous les fabulistes*. M. N. Guillon, éd. Paris: Chez la Ve Nyon, 1803.

Lalbalettrier, G. *Le Récit et la moralité dans les 'Fables' de La Fontaine*. Orléans: Gout, 1908.

Lamartine, A. de. *Méditations*. Paris, Garnier, 1968.

Lambron, M. "La Fontaine: génial précurseur du Bébête Show". *Le Point* 982 (le 13 juillet 1991) 37-39

———. "Un Zoo humain". *Le Point* 982 (le 13 juillet 1991) 44-45.

Lamennais, F. *De l'art et du beau*. Paris: Garnier, 1885.

Landry, J-P. "Variations sur la retraite dans les *Fables*". *Présence de La Fontaine*. Lyon: Aprime, 1996, 45-58.

Larocque J. "Les Poètes devant le pouvoir (Jean de La Fontaine)". *La Nouvelle Revue* 5 (1890) 553-82.

Larue, A. "La Traduction plastique des *Fables* de La Fontaine". *Revue de Littérature comparée*, numéro spécial (1996) 147-63.

Lassalle, T. "Discours pluriel, voix singulière. L'Eternel féminin dans quelques fables de La Fontaine". *Présence de La Fontaine*. J-P. Landry, éd. Lyon: Aprime, 1996, 9-21.

Laude, P. "Structures de réduction dans les *Fables*". *Papers on French Seventeenth-Century Literature* 26 (1987) 217-32.

"La Métamorphose dans les *Fables* de La Fontaine". *XVIIème siècle* 153 (1986) 371-81.

Laufer, R. "Observations physiques sur les *Fables* de La Fontaine". *Approches des Lumières. Mélanges offerts à Jean Fabre*. Paris: Klincksieck, 1974, 277-81.

Lebel, M. "La Fontaine". *Etudes Littéraires* 1 (1964) 27-45.

Lebrun, M. *Regards actuels sur les "Fables" de La Fontaine*. Paris: Presse Universitaire du Septentrion, 2000.

Legouvé, E. "Tout La Fontaine en une seule fable". *Dernier travail, derniers souvenirs*. Paris: Hetzel, 1898, 19-29.

Le Hir, Y. "Visages de La Fontaine". *Missions et démarches de la critique*. Paris: Klincksieck, 1973, 755-61.

LePage, R. G. "The 1668 Edition of the *Fables*: An Iconographic Interpretation". *L'Esprit Créateur* 21 (1981) 66-77.

Leplatre, O. *Fables de Jean de La Fontaine*. Paris: Gallimard, 1998.

———. "L'Animal, le héros et le roi: l'échange symbolique et la mort dans les *Fables* de La Fontaine". *La Mort du héros dans la littérature française. Actes du colloque organisé à l'Université Jean Moulin Lyon 3*, 1997, 75-88.

———. "Les Mots de la faim: Petite anthropologie de la nourriture dans les *Fables* de La Fontaine". *Papers on French Seventeenth-Century Literature* 24 (1997) 199-214.

———. "Lectures en coin d'une utopie royale". *L'Information Littéraire* 48 (1996) 3-7.

————. "Le Pouvoir absolu de la haine, la passion du politique dans les *Fables* de La Fontaine". *Romanic Review* 87 (1996) 195-208.

————. "Du temps que les bêtes parlaient". *Présence de La Fontaine*. J-P. Landrey, éd.. Lyon: Aprime, 1996, 59-73.

————. *Fables, La Fontaine*. Paris: Nathan, 1994.

————. «Le Repas d'une image ('Le Loup et le Renard', La Fontaine, *Fables*, XI, 6)". *Poétique* 98 (1994) 235-46.

————. "'Tirer marrons du feu', ou comment un discours critique parasite la production d'une fable ('Le Singe et le Chat', La Fontaine, *Fables*, IX, 17)". *Papers on French Seventeenth-Century Literature* 49 (1994) 431-42.

Lesage, C. "Comment La Fontaine édita ses fables, 1668-1694". *Jean de La Fontaine*. Paris: Seuil, 1995, 146-51.

————. "Trahison et chance, la destinée enfantine et scolaire de La Fontaine". *Jean de La Fontaine*. Paris: Seuil, 1995, 208-21.

Lesage, C., éd. *Jean de La Fontaine*. Paris: Seuil, 1995.

Levaillant, M. "Jean de La Fontaine, poète français". *Le Figaro*, le 10 juillet 1921, 1.

Levallois, J. *Critique militante*. Paris: Didier, 1863.

Lévêque, J-J. *Jean de La Fontaine*. Paris: ACR Ed., 1995.

Levrault, L. *La Fable*. Paris: Delaplane, 1905.

Lévy, F-A. *Complications de texte*. Paris: La Chasse au Snork, 2000.

Lobet, M. "La Fontaine, Molière et les moralistes français". *Classiques de l'an 2000*. Paris: Ed. de la francité, 1970, 99-102.

Logan, J. "La Fontaine, Plato, and 'La Cigale et la Fourmy'" *Philological Quarterly* 65 (1986) 197-209.

————. "La Fontaine: Irony, Subversion, De-construction". *Papers on French Seventeenth-Century Literature* 11 (1979) 9-12.

Longnon, J. "Le Génie de La Fontaine". *Revue Critique des Idées et des Livres* 22 (1913) 393-409.

Lugli, V. "La Fontaine, poète de la nature". *Cahiers de l'Association Internationale des Etudes françaises* 6 (1954) 27-39.

Lyons, J. "Author and Reader in the *Fables*." *French Review* 49 (1975) 59-68.

Macary, J. "Molière/La Fontaine: deux écritures comiques". *Francographies* 5 (1996), 13-23.

Magné, B. "'La Laitière et le Pot au lait', ou les comptes de Perrette". *Cahiers de la Littérature du XVIIème siècle* 4 (1982) 67-89.

Malandain P. *La Fable et l'intertexte*. Paris: Temps actuels, 1981.

————. "Victor et Jean, poètes". *Revue des Sciences Humaines* 156 (1974) 519-46.

Malignon, J. "La Fontaine". *Dictionnaire des écrivains français*. Paris: Seuil, 1971, 250-56.

Margerie, A. de. *La Fontaine moraliste*. Nancy: Wagner, 1861.

Margolin, J-C. "La Dimension socio-politique des *Fables* de La Fontaine". *Studi Francesi* 111 (1993) 495-512.

Marguerin. "Les Héros des *Fables* de La Fontaine". *Revue Pédagogique* 4 (1884) 345-63.

Marillaud, P. "La Peste: approche historique." *Les Animaux malades de la peste: Colloque d'Albi.* G. Maurand, éd. Université Toulouse-Le Mirail, 39-47.

Marin, L. *La Parole mangée.* Paris: Méridiens-Klincksieck, 1986.

———. "La Raison du plus fort est toujours la meilleure". H-G. Ruprecht et al., éds. *Exigences et perspectives de la sémiotique: Recueil d'hommages pour Algirdas Julien Greimas.* Amsterdam: Benjamins, 1985, 725-47.

———. "Les Tactiques du renard". *Le Portrait du roi.* Paris: Minuit, 1981, 117-29.

———. "Le Récit originaire, l'origine du récit, le récit de l'origine". *Papers on French Seventeenth-Century Literature* 11 (1979) 13-28.

———. "L'Animal-Fable 'Esope'". *Critique* 375 (1978) 775-82.

———. "Le Pouvoir du récit". *Le Récit est un piège.* Paris: Minuit, 1978, 17-34.

Marmier, J. "Les Livres VII à XII des *Fables* de La Fontaine et leurs problèmes". *L'Information Littéraire* 24 (1972) 199-205.

Martel, A. *La Fontaine n'est pas un imbécile.* Paris: Le Soleil dans la tête, 1960.

Mathieu, A. "La Fontaine et l'enfant". *Itinéraires* 10 (1995) 5-10.

Maurand, G. "Les 'Enfants' des *Fables* de La Fontaine. Essai d'analyse actantielle d'un personnage". *Littératures Classiques* 14 (1991) 135-50.

———. "Analyse de la fable: 'Le Rat qui s'est retiré du monde' (La Fontaine, *Fables* VII, 3)". *Lire et enseigner. Le Texte et l'image.* 9ème Colloque d'Albi, Toulouse, L'Union: CALS, 1989, 45-76.

Maurand G. et C. Maurand. *Lire La Fontaine.* Colloque d'Albi, Langages et Signification, Toulouse, L'Union: CALS, 1992.

Mazaheri, H. "'Les Obsèques de la Lionne' ou l'art de survivre sous le despotisme". *Lettres Romanes* 45 (1991) 3-12.

———. "La Portée politique de la fable selon La Fontaine: pour une analyse du 'Pouvoir des Fables'" *L'Information Littéraire* 43 (1991) 4-12.

———. "Sur la pensée politique de La Fontaine d'après la fable 'Le Bassa et le Marchand'". *Esperienze Letterarie* 15 (1990) 79-84.

McGowan, M. "Moral Intention in the Fables of La Fontaine". *Journal of the Warburg & Courtauld Institute* 29 (1966) 264-82.

Méchoulan, E. "Pour une rhétorique de l'effet: La Fontaine et 'Le Pouvoir des Fables'". *Littérature* 84 (1991) 23-32.

Meerhoff, K. "Une Pédagogie pour enfants ou pour adultes?: la réception des *Fables* au XVIIIème siècle". *Fabuleux La Fontaine.* K. Meerhoff et P. J. Smith, éds. Amsterdam: Rodopi, 1996, 129-53.

Mennehand, E. "Les *Fables* de La Fontaine à l'école primaire". *Revue Pédagogique,* 1 (1880) 173-79.

Mesnard, J. "Présentation". *La Poétique des 'Fables' de La Fontaine.* L. M. Heller et I. M. Richmond, éds. London, Ontario: Mestengo Press, 1994, 1-3.

————. "L'Univers poétique des *Fables* de La Fontaine". *La Poétique des 'Fables' de La Fontaine*. L. M. Heller et I. M. Richmond, éds. London, Ontario: Mestengo Press, 1994, 5-25.

Meyer, G. "Commentaire commenté: 'Le Paysan du Danube', XI, 7". *Humanités modernes* 14 (1970) 17-20.

————. "Commentaire composé: 'L'Homme et la Couleuvre' X, 1". *Humanités modernes* 14 (1970) 20-23.

————. "Texte commenté: 'Le Juge arbitre, l'Hospitalier et le Solitaire' XII, 29". *Humanités modernes* 10 (1966) 16-20.

Michaut, G., *La Fontaine*. 2 vols., Paris: Hachette, 1929.

————. éd., *Fables*. I. Paris: Bossard, 1927.

————. "Travaux récents sur La Fontaine". *Revue d'Histoire Littéraire de la France* 23 (1916) 63-106.

Michel, P. *Continuité de la sagesse française*. Paris: SEDES, 1965.

Milhaud, G. "La Fontaine à l'avant-garde des sciences et de la philosophie". *Europe* 515 (1972) 73-83.

Moland, L. , éd. *Oeuvres complètes de La Fontaine*. I, Paris: Garnier, 1872.

Molinié, G. "Le Style de La Fontaine dans ses *Fables*". *Le Fablier* 5 (1993) 25-26.

Mongrédien, G. *La Vie littéraire au XVIIème siècle*. Paris: Tallandier, 1947.

Montbertrand, G. "Les Jeux des figures de l'antithèse et de l'ironie dans 'La Jeune Veuve' de La Fontaine". *French Literature Series* 14 (1987) 12-25.

Monval, G. *Les Tombeaux de Molière et de La Fontaine*. Pons: Texier, 1882.

Moravcevich, J. "Reason and Rhetoric in the *Fables* of La Fontaine". *Australian Journal of French Studies* 16 (1979) 347-60.

Moreau, P. *Thèmes et variations dans le premier recueil des 'Fables' de La Fontaine (1668)*. Paris: CDU, 1960.

Morlin, I. "'Désormais je ne bouge'. Du voyageur malgré lui aux voyageurs repentis". *Présence de La Fontaine*. J-P. Landry, éd. Lyon: Aprime, 1996, 23-44.

Mornet, D. "La Fontaine et le sentiment de la nature". *Histoire de la littérature française classique*. Paris: Colin, 1947, 275-300.

Moussarie, J. "Les *Fables* de La Fontaine: un malentendu tenace". *Fables et fabulistes*. Paris: Ed. Interuniversitaires, 1992, 35-60.

Muller, R. *Les Gloires poétiques de la France*. Rouen: Mégard, 1868.

Népote-Desmarres, F. *Jean de La Fontaine, les 'Fables'*. Paris: PUF, 1999.

————. "Au terme d'une lecture des *Fables*: l'image du roi et du poète". *Le Fablier* 8 (1996) 121-28.

Nicolardet, L. *La Fontaine et la comédie humaine*. Paris: Dentu, 1885.

Niderst, A. "Y a-t-il une sagesse orientale dans les *Fables* de La Fontaine?". *La Fontaine et l'orient*. A. Baccar, éd. Paris: PFSCL, 1996, 109-16.

————. "Sur la composition des *Fables* de La Fontaine". *French Review* 65 (1991) 187-94.

Nisard, D. *Histoire de la littérature française.* III, Paris: Didot, 1857.

Nodier, C. *Cours de belles lettres.* Genève: Droz, 1988.

Nsengimana, J. "Au coeur des identités culturelles: lecture croisée d'un conte de Bigaro Diop et d'une fable de Jean de La Fontaine". *Le Fablier* 5 (1993) 43-47.

Orizet, J. "Jean de La Fontaine ou la morale du plaisir". *Revue des Deux Mondes* (avril 1995) 131-39.

O'Sharkey, E. "The Natural World in La Fontaine's *Fables*". *Epopée animale, fable fabliau.* G. Biancotto et al., éds. Paris: PUF, 1984, 409-21.

Pallister, J. "Incorporated Myth in the *Fables* of La Fontaine". *French Literature Series* 3 (1976) 161-63.

Parmentier, B. *Le Siècle des moralistes.* Paris: Seuil, 2000.

Pascal, J-N. *Les Successeurs de La Fontaine au siècle des lumières (1715-1815).* New York: Peter Lang, 1995.

Passy, F. *Les 'Fables' de La Fontaine.* Paris: Fischbacher, 1888.

Pastoureau, M. "Le Bestiaire de La Fontaine". *Jean de La Fontaine.* C. Lesage, éd. Paris: Seuil, 1995, 140-45.

Payen, J-C. et al. *La Poésie des origines à 1715.* Paris: Colin, 1968.

Pedersen, J. "Les Images poétiques de La Fontaine". *Images et figures dans la poésie française de l'âge baroque.* Copenhague: Akedemisk Verlag, 1974, 267-89.

Pelckmans, P. "Permettez qu'en forme commune la Parque m'éxpédie ...". *Fabuleux La Fontaine.* K. Meerhoff et P. J. Smith, éds. Amsterdam: Rodopi, 1996, 13-27.

Pérès, A. "Le Concept d'Etat et son illustration dans la littérature française des XVIème et XVIIème siècles". *L'Ecole des Lettres* II, 3 (1991-1992) 49-62.

Périvier, J-H. "Fondement et mode de l'éthique dans les *Fables* de La Fontaine". *Kentucky Romance Quarterly* 18 (1971) 333-42.

———. "'La Cigale et la Fourmi' comme introduction aux *Fables*". *French Review* 42 (1969) 419-27.

Perrin-Naffakh, A-M. "Locutions et proverbes dans les *Fables* de La Fontaine". *Proverbia in Fabula.* B. Carnes, éd. New York: Peter Lang, 1988, 285-94.

Petit, L. *La Fontaine à la rencontre de Dieu.* Paris: Nizet, 1970.

———. "A propos d'une fable de La Fontaine: Quimper-Corentin, lieu d'exil". *Revue d'Histoire Littéraire de la France* 51 (1951) 468-71.

Petit de Julleville, L. *Histoire de la langue et de la littérature française.* V, Paris: Colin, 1898.

Petitjean, A. "Du récit oral à la fable écrite: la narration en jeu". *Pratiques* 34 (1982) 5-29.

Peyre, A. *Du prestige de la pensée.* Paris: Debresse, 1936.

Pilon, E. *La Fontaine.* Paris: Plon, 1912.

Pineaux, J. *Proverbes et dictons français.* Paris: PUF, 1967.

Pintard, R. et F. Flutre, éds. *La Fontaine. Fables.* Paris: Hachette, 1949.

Plessy, B. *Jean de La Fontaine.* Lyon: LUGD, 1995.

Poidebard, A. "La Morale dans les *Fables* de La Fontaine". *La Revue lyonnaise* 2 (1884) 363-84.

Powell, K. *Fables in Frames. La Fontaine and Visual Culture in Nineteenth-Century France.* New York: Peter Lang, 1997.

———. "The Art of Making Animals Talk: Constructions of Nature and Culture in Illustrations of the *Fables* of La Fontaine". *Word & Image* 12 (1996) 251-73.

Présence de La Fontaine: Actes de la journée du 21 octobre 1995. J-P. Landry. Lyon: l'Université de Lyon II, 1997.

Proust, J. "Remarques sur la disposition par livres des *Fables* de La Fontaine". *De Jean Lemaire de Belges à Jean Giraudoux.* Paris: Nizet, 1970, 227-48.

Queneau, R. *Histoire des littératures.* III, Paris: Gallimard, 1958.

Rat, M. *Le Bonhomme Jean de La Fontaine.* Bruxelles: Brepals, 1964.

Reffait, C. *Hippolyte Taine: La Fontaine et ses fables.* Paris: PUF, 1996.

Régnier, A. éd. *Oeuvres de Jean de La Fontaine* ("Les Grands Ecrivains de la France"). 12 vols., Paris: Hachette, 1883-92.

Remacle, M. "Analyse textuelle pour les classes inférieures. La Fontaine, 'Le Loup et l'Agneau'". *Cahiers d'Analyse textuelle* 2 (1960) 53-60.

Richard, N. *La Fontaine et le deuxième recueil des 'Fables'.* Paris: Nizet, 1972.

Ricord, M. " 'Le Rat et l'Huître' (VIII, 9). Le pouvoir des fables ou l'imaginaire de la lecture". *L'Ecole des Lettres,* le 15 mars 1996, 39-46.

Ridgely, B. "Beavers, Bobacks and Owls: Reality and Fantasy in Three Episodes of Animal Behavior in the *Fables* of La Fontaine". *Papers on French Seventeenth-Century Literature* 4/5 (1976) 29-56.

———. "Astrology and Astronomy in the *Fables* of La Fontaine". *PMLA* 80 (1965) 180-89.

Robert, M. "Une Hypothèse sur la signification du personnage du 'berger' dans 'Les Animaux malades de la peste' de La Fontaine". *Studia Universitatis Babes-Bolyai* 17 (1970) 131-38.

Rochambeau, le comte de. *Bibliographie des oeuvres de La Fontaine.* Paris: Rouquette, 1911.

Rohou, J. "Les *Fables,* le négociant et le financier: un La Fontaine aveugle et réactionnaire?" *XVIIème siècle* 188 (1995) 467-94.

Roques, M. *Etudes de littérature française.* Lille: Giard, 1949.

———. "La Composition de la fable de La Fontaine 'Le Vieillard et les trois Jeunes Hommes'". *Revue d'Histoire Littéraire de la France* 12 (1905), 227-32.

Rosen, C. W. *Style and Morality in La Fontaine* (thèse de doctorat), Princeton, 1951.

Rousseau, J-J. et al. "Avez-vous lu 'La Cigale et la Fourmi'? Lecture collective". *Europe* 515 (1972) 132-45.

Rousseaux, A. "Le Secret de La Fontaine". *Le Monde classique.* Paris: Michel, 1941, 110-19.

Roustan, M. "Explication: 'La Mouche et la Fourmi'". *Interpretazionen französischen*

Gedichten. K. Wais, éd. Darmstadt: Wissenschaftliche Buchgesellschaft, 1970, 78-97.

Roy, C. *Descriptions critiques. Le commerce des classiques.* Paris: Gallimard, 1949.

Rubin, D. L. "Translation and Atavism: Rewriting La Fontaine." *Le Labyrinthe de Versailles: Parcours critiques de Molière à La Fontaine.* M. Debaisieux, éd. Amsterdam: Rodopi, 1998, 199-210.

———. "(Dis)solving Double Irony: La Fontaine, Marianne Moore, and Ulysses's Companions". *Papers on French Seventeenth-Century Literature* 44 (1996) 87-94.

———. "Refabulations". *Refiguring La Fontaine: Tercentenary Essays.* A. Birberick, éd. Charlottesville, Va.: Rookwood Press, 1996, 203-22.

———. "The In's and Out's of Cognitive Traps: A Framework and Two Specimen Symmetries". *La Poétique des 'Fables' de La Fontaine.* London, Ontario: Mestengo Press, 1994, 53-59.

———. "*Fluctuat nec mergitur*: Thoughts on Polymodality in La Fontaine's *Fables* 11." *The Shaping of Text: Style, Imagery, and Structure in French Literature.* E. Mickel, éd. Lewisburg: Bucknell University Press, 1993, 72-79.

———. "Form and Force in La Fontaine's *Fables* XI". *Mélanges offerts à Marie-Odile Sweetser.* C. Gaudiani, éd. Tübingen: Narr, 1993, 235-53.

———. *A Pact With Silence: Art and Thought in the 'Fables' of La Fontaine.* Columbus: Ohio State University Press, 1991.

———. "Triple Calculus: Notes Toward a Poetic and Rhetoric of La Fontaine's *Fables*, Book 7". D. Fenoalta and D. L. Rubin, éds. *The Ladder of High Designs.* Charlottesville: University Press of Virginia, 1991, 91-109.

———. "Metamorphoses of Aesop". *Ouverture et dialogue: Mélanges offerts à Wolfgang Leiner.* V. Döring et al., éds. Tübingen: Gunter Narr, 1989, 371-78.

———. "La Fontaine and Phaedrus: A Relation Reargued". *French Studies in Honor of Phillip A. Wadsworth.* Birmingham, Al.: Summa, 1985, 19-27.

———. "On Dream in La Fontaine's *Fables*". *Papers on French Seventeenth-Century Literature* 11 (1984) 115-22.

———. "A Genre Renewed: Formal Reflections on the *Fables* of Jean de La Fontaine". *Papers on French Seventeenth-Century Literature* 19 (1983) 747-55.

———. "Four Modes of Double Irony in La Fontaine's *Fables*". *The Equilibrium of Wit: Essays for Odette de Mourgues.* Lexington, Ky.: French Forum, 1982, 201-12.

———. "Introduction" (*Jean de La Fontaine*). *L'Esprit Créateur* 21 (1981) 7-9.

Runte, R. "La Dominance dans les *Fables* de La Fontaine". *La Poétique des 'Fables' de La Fontaine.* L. M. Heller, et al., éds. London, Ontario: Mestengo Press, 1994, 61-67.

———. "Narrator and Reader: Keys to Irony in La Fontaine". *Australian Journal of French Studies* 16 (1979) 389-400.

———. "Reconstruction and Deconstruction: La Fontaine, Aesop, and the Eighteenth-

Century French Fabulist". *Papers on French Seventeenth-Century Literature* 11 (1979) 29-46.

Ryan, M-L. "'Le Corbeau et le Renard': de la sémiotique narrative à l'intelligence artificielle". *Revue des Sciences Humaines* 72 (1986) 59-78.

Saint-Marc Girardin, F-A. *La Fontaine et les fabulistes.* 2 vols. Paris: Calmann-Lévy, 1862.

Sainte-Beuve, Ch.-A. *Causeries du lundi.* III, Paris: Garnier, 1927.

————. *Les Grands Ecrivains français.* M. Allem, éd. Paris: Garnier, 1927.

————. "Préface". *Fables de La Fontaine.* Paris: Jouvet, 1885.

Saulnier, V. *La Littérature française du siècle classique.* Paris: PUF, 1963.

Schaeffer, J-M. "*Aesopus auctor inventus*: naissance d'un genre: la fable ésopique". *Poétique* 63 (1985) 345-64.

Schérer, E. *Etudes sur la littérature contemporaine.* VI, Paris: Calmann-Lévy, 1886.

Schmitt, M-P. "Les *Fables* à l'école primaire: l'animal prescrit". *Jean de La Fontaine.* C. Lesage, éd. Paris: Seuil, 1995, 204-7.

————. "La Place et l'image de La Fontaine dans l'enseignement durant la décennie". *Le Fablier* 3 (1991) 33-41.

Schneider, P. "Actualité de La Fontaine". *Critique* 7 (1951) 397-411.

Scholl, A. *Les 'Fables' de La Fontaine filtrées.* Paris: Dentu, 1886.

Seebacher, J. "Concert de poètes sous un portique: sur une fable sans morale de La Fontaine (XI, 8)". *Autobiography, Historiography, Rhetoric. A Festschrift in Honor of Frank Paul Bowman.* M. Donaldson-Evans et al., éds. Amsterdam: Rodopi, 1994, 245-50.

Sénécal, D. et al. "La Fontaine et les animaux parlèrent...". *Lire*, mars 1995, 46-61.

Serres, M. "L'Homme est un loup pour l'homme". *René Girard et le problème du mal.* Paris: Grasset, 1982, 301-9.

————. *Le Parasite.* Paris: Grasset, 1980.

————. *Hermès, IV.* Paris: Minuit, 1977.

————. "Le Jeu du loup". *Savoir, faire, espérer: les limites de la raison.* I, Bruxelles: Fac. Universitaires St. Louis, 1976, 229-47.

Seznec, A. "Connaissance philosophique/création philosophique: 'Discours à Mme de la Sablière'". *The Equilibrium of Wit: Essays For Odette de Mourgues.* P. Bayley et al., éds. Lexington, Ky.: French Forum, 1982, 213-31.

Siegfried, A. *La Fontaine, Machiavel français.* Paris: Ventadour, 1955.

Slater, M. *The Craft of La Fontaine.* London: Athlone Press, 2000.

————. "La Fontaine fabuliste et les contes d'enfant". *Et in Arcadia Ego.* A. Soare, éd. Paris: PFSCL, 1997, 107-16.

————. "La Fontaine's Hidden Images". *Seventeenth-Century French Studies* 18 (1996) 91-101.

————. "Reading La Fontaine's Titles." *Papers on French Seventeenth-Century Literature* 44 (1996) 23-34.

————. "Death in the *Fables* of La Fontaine". *Actes de Lexington*. J. Charron et al. éds. Paris: PFSCL, 1995, 217-35.

————. *La Fontaine, Selected Fables*. Oxford: Oxford University Press, 1995.

————. "La Fontaine and 'un homme dans le soleil". *French Studies Bulletin* 54 (1995) 4-6.

————. "La Fontaine's Views of Animals in his *Fables*". *Seventeeenth-Century French Studies* 13 (1991) 179-94.

————. "La Fontaine and Brevity". *French Studies* 44 (1990) 143-55.

————. "La Fontaine's *Fables*, Book VII: The Problem of Order". *Modern Language Review* 82 (1987) 573-86.

Smith, C. "La Fontaine's Fable II, 4 and French Classicism". *The Seventeenth Century: Directions Old and New*. E. Moles et al., eds. Glasgow: University of Glasgow, 1992, 5-14.

Soare, A. "'La Grenouille qui veut se faire aussi grosse que le Bœuf' ou le petit et le grand infini selon La Fontaine". *Littératures* 21-22 (2000) 119-58.

————. "'Le Corbeau et le Renard,' ou la fugue en /ra/ et /ar/". *Dalhousie French Studies* 42 (1998) 59-76.

————. "Lasse! Cigale hélas! Fourmi: chant et cri dans la première fable de La Fontaine". *Papers on French Seventeenth-Century Literature* 23 (1996) 135-46.

Solvet, P-L. *Etudes sur La Fontaine*. Paris: Egron, 1812.

Soriano, M. "Le Ton inimitable de La Fontaine". *The Wolf and the Lamb. Popular Culture in France*. J. Beauroy et al., éds. Saratoga, Ca.: Anma Libri, 1977, 39-51.

————. "Les Histoires de fous chez La Fontaine". *Stanford French Review* 1 (1977) 5-27.

————. "Des *Contes* aux *Fables*". *Europe* 515 (1972) 99-131.

————. "Histoire littéraire et folklore: la source oubliée de deux fables de La Fontaine". *Revue d'Histoire Littéraire de la France* 70 (1970) 836-60.

Souillée, P. *La Fontaine et ses devanciers*. Paris: Durand, 1861.

Spitzer, L. "L'Art de la transition chez La Fontaine". *Etudes de style*. Paris: Gallimard, 1970, 166-207.

————. "'Les Deux Pigeons'". *Interpretazionen zur Geschichte der französischen Lyrik*. Heidelberg, 1961, 84-95.

————. "'Le Meunier, son Fils et l'Ane'". *Interpretazionen zur Geschichte der französischen Lyrik*. Heidelberg, 1961, 62-83.

Steele, A. J. "'Le Fermier, le Chien et le Renard'". *The Art of Criticism*. P. Nurse, ed. Edinburgh: Edinburgh University Press, 1969, 101-12.

Stevens, E. S. *A Critical Bibliography of La Fontaine, 1900-1970* (thèse de doctorat), University of North Carolina, 1973.

Suleiman, S. "Le Récit exemplaire: parabole, fable, roman à thèse". *Poétique* 32 (1977) 468-89.

Sutherland, M. *La Fontaine*. London: Cape, 1953.

Sweetser, M-O. "Conseils d'un vieux chat à une jeune souris: les leçons du livre XII". *Papers on French Seventeenth-Century Literature* 44 (1996) 95-104.

———. "La Modernité de La Fontaine". *Refiguring La Fontaine: Tercentenary Essays*. A. Birberick, éd. Charlottesville, Va.: Rookwood Press, 1996, 1-21.

———. "Pleasures and Pains, Lessons and Revelations of Travel in La Fontaine". *Dalhousie French Studies* 36 (1996) 23-38.

———. "Le Poète et le petit prince: stratégies d'éducation dans 'Les Compagnons d'Ulysse'". *'Diversité, c'est ma devise.' Festschrift für Jurgen Grimm*. Paris: Biblio 17, 1994, 509-23.

———. "Images féminines chez La Fontaine: traditions et subversions". *Correspondances. Mélanges offerts à Roger Duchêne*. Tübingen: Gunter Narr, 1992, 201-13.

———. "Un nouvel Orphée: chant et charmes dans les *Fables*". *Hommages à Jean-Pierre Collinet*. Dijon: Ed. universitaires, 1992, 343-54.

———. "Une Décennie d'études critiques des oeuvres de La Fontaine". *Le Fablier* 3 (1991) 25-30.

———. "La Fontaine et Esope: une discrète déclaration". *Le Fablier* 1 (1989) 15-21.

———. *La Fontaine*. Boston: G. K. Hall, 1987 (Twayne Series).

———. "Le Jardin: nature et culture chez La Fontaine". *Cahiers de l'Association Internationale des Etudes françaises* 34 (1982) 59-72.

Sykes, L. C. "Il y a une grandeur, dans La Fontaine...". *Currents of Thought in French Literature*. New York: Barnes & Noble, 1966, 51-66.

Taine, H. *La Fontaine et ses fables*. Paris: Hachette, 1861.

Tastu, A. éd. "Préface". *Fables de La Fontaine*. Paris: Lehnby, 1850.

Tiefenbrun, S. "The Art and Artistry of Teaching in the *Fables* of La Fontaine". *L'Esprit Créateur* 21 (1981) 50-65.

———. "Signs of Irony in La Fontaine's *Fables*". *Papers on French Seventeenth-Century Literature* 11 (1979) 51-76.

Titcomb, E. "Recent Gleanings on La Fontaine". *Modern Language Notes* 80 (1965) 368-72.

Toldo, P. "La Fontaine et Molière". *Revue d'Histoire Littéraire de la France* 18 (1911) 733-66.

Tournand, J-C. *Introduction à la vie littéraire du XVIIème siècle*. Paris: Bordas, 1970.

Tournon, A. "Les Fables du Crétois". *Littératures Classiques*, supplément au numéro 16 (1992) 7-27.

Trudeau, D. "La Fortune d'un pot au lait". *Poétique* 71 (1987) 291-312.

Vaillancourt, D. "Le Lecteur fabulé". *La Poétique des 'Fables' de La Fontaine*. L. M. Heller et al., éds. London, Ontario: Mestengo Press, 1994, 27-40.

Valéry, P. "La Fontaine". *Dictionnaire des lettres françaises. XVIIème siècle*. C. Grente, éd. Paris: Fayard, 1954, 556-59.

Van Baelen, J. "La Fontaine. Répertoire bibliographique de la critique, 1955-1975".

Papers on French Seventeenth-Century Literature 5 (1977) 121-63.

Van Delft, L. "La Fable comme fragment." *Hommages à Jean-Pierre Collinet.* J. Foyard et al., éds. Dijon: Ed. Universitaires Dijonnaises, 1992, 365-75.

———. "La Cartographie morale au XVIIème siècle". *Etudes françaises* 21 (1985) 91-115.

———. *Le Moraliste classique.* Genève: Droz, 1982.

Vandendorpe, C. *Apprendre à lire des fables. Une approche sémio-cognitive.* Montréal: La Préambule, 1989.

Versailles, A. éd. *La Fontaine. Oeuvres.* Paris: Ed. Complexe, 1995.

Vier, J. *Histoire de la littérature française, XVIème-XVIIème siècles.* Paris: Colin, 1959.

Vinaver, E. "'Le Chêne et le Roseau'". *Modern Languages* 42 (1961) 1-8.

Vincent, M. "La Fontaine's Frame(d)works". *Refiguring La Fontaine: Tercentenary Essays.* A. Birberick, éd. Charlottesville, Va.: Rookwood Press, 1996, 22-46.

———. "Myth/Tragedy/Fable: Curing 'Les Animaux malades de la peste'". *Papers on French Seventeenth-Century Literature* 44 (1996) 35-46.

———. *Figures of the Text: Reading and Writing (in) La Fontaine.* Amsterdam: Benjamins Publishing Co., 1992.

———. "Transtextual Traps: 'Le Rat et l'Huître'". *Papers on French Seventeenth-Century Literature* 22 (1985) 39-57.

———. "Fragmented Lovers' Discourse: Textuality and Sexuality in La Fontaine's 'Les Deux Pigeons'". *Papers on French Seventeenth-Century Literature* 9 (1982) 675-90.

———. "Naming Names in La Fontaine's 'Le Chat, la Belette et le Petit Lapin'". *Romanic Review* 73 (1982) 292-301.

Vinet, A. *Poètes du siècle de Louis XIV.* Paris: Chez les éditeurs, 1861.

Wadsworth, P. A. "Le Douzième Livre des *Fables*". *Cahiers de l'Association Internationale des Etudes françaises* 26 (1974) 103-15.

———. "The Art of Allegory in La Fontaine's *Fables*". *French Review* 45 (1972) 1125-35.

———. "La Fontaine's Theories on the Fable as a Literary Form". *Rice University Studies* 57 (1971) 115-27.

———. "La Fontaine and His Views on Marriage". *Rice University Studies* 51 (1965) 81-96.

———. *Young La Fontaine. A Study of His Artistic Growth in His Early Poetry and First Fables.* Evanston, Ill.: Northwestern University Press, 1952.

Weil, F. "'La Perdrix et les Coqs' ou le jeu de l'ambiguïté dans les *Fables*". *L'Intelligence du passé. Les faits, l'écriture et le sens. Mélanges offerts à Jean Lafond.* Tours: l'Université François Rabelais, 1988, 401-8.

Wogue, J. "Les Idées politiques et sociales de La Fontaine". *Revue bleue* 71 (1933) 529-33; 558-62.

Youssef, Z. *La Poésie de l'eau dans les 'Fables' de La Fontaine*. Paris: Biblio 17, 1981.

———. "La Conception du bonheur chez La Fontaine". *XVIIème siècle* 167 (1990) 185-202.

Zévaès, A. "Jean de La Fontaine poursuivi en 1875". *Les Procès littéraires au XVIIème siècle*. Paris: Perrin, 1924, 175-80.

Zuber, R. "Les Animaux orateurs: quelques remarques sur la parole des *Fables*". *Littératures Classiques*, supplément au numéro 16 (1992) 49-60.

———. "'Le Songe d'un habitant du Mogol': étude littéraire". *Bulletin de la faculté des lettres de Strasbourg* 41 (1963) 361-70.

Zuber, R. et M. Cuénin. *Littérature française. Le classicisme, 1660-1680*. vol. 4, Paris: Arthaud, 1984.

3. ETUDES GÉNÉRALES

Abercromie, N. *The Dominant Ideology Thesis*. London: Allen & Unwin, 1980.

Abraham, P. et al., éds. *Manuel d'histoire littéraire de la France*. II, Paris: Ed. Sociales, 1966.

Alain, *Propos sur l'éducation*. Paris: Rieder, 1932.

Albertini, P. *L'Ecole en France, XIX-XXème siècles. De la maternelle à l'université*. Paris: Hachette, 1992.

———. "Le *Cursus studiorum* des professeurs de lettres au XIXème siècle". *Histoire de l'Education* 45 (1990) 43-69.

———. "Les Mutations de l'enseignement secondaire depuis 1960". *Textuel* 34/44 (1990) 87-97.

———. "L'Histoire littéraire au lycée: repères chronologiques". *Histoire de l'Education* 33 (1987) 33-45.

Althusser, L. "Idéologies et appareils idéologiques d'Etat". *Positions*. Paris: Ed. Sociales, 1976, 67-125.

Amalvi, C. "Les Guerres des manuels autour de l'école primaire (1899-1914)". *Revue historique* 532 (1979) 359-98.

———. *Les Héros de l'histoire de France*. Paris: Ed. Phot'oeil, 1979.

Anderson, B. *Imagined Communities: Reflections On the Origins and Spread of Nationalism*. London: Verso, 1983.

Anderson, R. D. *Education in France, 1848-1870*. Oxford: Clarendon Press, 1975.

Ariès, P. *L'Enfant et la vie familiale sous l'Ancien Régime*. Paris: Seuil, 1973.

Armand, A. *L'Histoire littéraire*. Paris: Bertrand-Lacoste, 1993.

Armengaud, A. "L'Attitude de la société à l'égard de l'enfant au XIXème siècle". *Annales de Démographie historique* (1973) 303-12.

Arnold, A. J. "French National Identity and the Literary Politics of Exclusion: The Jeanne Hyvrard Case". *Australian Journal of French Studies* 33 (1996) 157-65.

Atlas de l'enseignement en France. Paris: Commission française pour l'enquête

Bibliographie

Carnegie, 1934.

Austin-Broos, D. *Creating Culture*. Sydney: Allen & Unwin, 1987.

Badinter, R. *La Prison républicaine (1871-1914)*. Paris: Fayard, 1992.

Baker, D. N. et P. J. Harrigan, éds. *The Making of Frenchmen: Current Directions in the History of Education, 1679-1979*. Waterloo, Ontario: Historical Reflections Press, 1980.

Balibar, R. *L'Institution du français*. Paris: PUF, 1985.

——. *Les Français fictifs*. Paris: Hachette, 1974.

Banton, M. *Racial Theories*. Cambridge: Cambridge University Press, 1987.

Barni, J. *Manuel républicain*. Paris: Baillière, 1872.

Barreau, J-C. *La France va-t-elle disparaître?* Paris: Grasset, 1997.

Barrère, A. et D. Martuccelli. "La Citoyenneté à l'école: vers la définition d'une problématique sociologique". *Revue française de Sociologie* 39 (1998) 651-71.

Barthes, R. "Réflexions sur un manuel". *L'Enseignement de la littérature*. S. Doubrovsky et al., éds. Paris: Plon, 1969, 170-77.

Barzun, J. *Race: A Study in Modern Superstition*. New York: Harcourt Brace, 1937.

——. *The French Race*. New York: Columbia University Press, 1932.

Bassy, A-M. "Fable". *Dictionnaire des littératures de langue française*. I, Paris: Bordas, 1984, 779-80.

——. "Livres". *Dictionnaire des littératures de langue française*. II, Paris: Bordas, 1984, 1326-31.

Bauer, A. *La Culture morale aux divers degrés de l'enseignement public*. Paris: Giard et Brière,1913.

Béhar, H. "L'Analyse culturelle des textes". *L'Histoire littéraire aujourd'hui*. H. Béhar et R. Fayolle, éds. Paris: Colin, 1990, 151-61.

Bénac, H. *Guide pour la recherche des idées dans les dissertations et les études littéraires*. Paris: Hachette, 1961.

Benedict, R. *Patterns of Culture*. New York: Pelican Press, 1947.

Benoist, C. "De l'enseignement de la composition française dans les classes de Sixième et de Cinquième". *Revue Universitaire* 14 (1905) 127-32.

Bercé, Y-M. et al., éds. *Destins et enjeux du XVIIème siècle*. Paris: PUF, 1985.

Bernard, R. "Ecole et langue française: normalisation et normativité". *Cahiers d'histoire* 21 (1976) 211-27.

——. *Ecole, culture et langue française*. Paris: Tema, 1972.

Bernès, H. "Modifications aux listes d'auteurs de l'Enseignement secondaire" *Revue Universitaire* 4 (1895) 259-75.

Bessière, J., éd. *L'Ecole*. Paris: Larousse, 1978.

Bettelheim, B. *Psychanalyse des contes de fées*. Paris: Laffont, 1992.

Bézard, J. *La Classe de français*. Paris: Vuibert, 1908.

Bezucha, R. "The Moralization of Society: The Enemies of Popular Culture in the Nineteenth Century". *Popular Culture in France*. J. Beauroy et al., éds. Saratoga,

Ca.: Anma Libri, 1977, 175-87.

Bhabha, H. *The Location of Culture*. London: Routledge, 1994.

Billard, C. et P. Guibbert. *Histoire mythologique des Français*. Paris: Galilée, 1976.

Binet, A. *Les Idées modernes sur les enfants*. Paris: Flammarion, 1911.

Birnbaum, P. *'La France aux Français': Histoire des haines nationalistes*. Paris: Seuil, 1973.

Bodley, J. *La France*. Paris: Guillaumin, 1901.

Bompaire-Evesque, C-F. *Un Débat sur l'université au temps de la Troisième République*. Paris: Aux Amateurs de Livre, 1988.

Bonnefon, P. *La Société française du XVIIème siècle*. Paris: Colin, 1924.

Boudon, R. *L'Idéologie ou l'origine des idées reçues*. Paris: Fayard, 1986.

Bouglé, C. et al. *Du Sage antique au citoyen moderne*. Paris: Colin, 1921.

Bourdieu, P. *Le Sens pratique*. Paris: Minuit, 1980.

————. "La Production de la croyance; contribution à une économie des biens symboliques". *Actes de la Recherche en Sciences Sociales* 13 (1977) 4-43.

————. "Systèmes d'enseignement et systèmes de pensée". *Revue Internationale des Sciences Sociales* 19, 3 (1967) 367-88.

————. "La Transmission de l'héritage culturel". *Le Partage des bénéfices; expansions et inégalités en France* (Colloque d'Arras). Paris: Minuit, 1966, 383-426.

Bourdieu, P. et J-C. Passeron. *La Reproduction; éléments pour une théorie du système d'enseignement*. Paris: Minuit, 1970.

Bourdieu, P. et M. de Saint-Martin. "L'Excellence scolaire et les valeurs du système d'enseignement français". *Annales E.S.C.* 25 (1970) 147-75.

Boutan, P. *"La Langue des Messieurs." Histoire de l'enseignement du français à l'école primaire*. Paris: Colin, 1996.

Braudel, F. *L'Identité de la France*. Paris: Michel, 1985.

Brown, R. W. *How the French Boy Learns To Write: A Study in the Teaching of the Mother Tongue*. Cambridge: Harvard University Press, 1915.

Bruner, J. *Le Développement de l'enfant: Savoir-dire, savoir-faire*. Paris: PUF, 1983.

Brunetière, F. *Les Ennemis de l'âme française*. Paris: Hetzel, 1899.

Brunot, F. *L'Enseignement de la langue française*. Paris: Colin, 1914.

Buffat, M. "Sur Pierre Clarac". *Textuel* 34/44 (1987) 139-46.

Buisson, F. *Dictionnaire de pédagogie et d'instruction primaire*. Paris: Hachette, 1882-87.

Cairns, J. "Letters and International Politics, 1911-1914: The French Writer in a World Crisis". *University of Toronto Quarterly* 23 (1954) 122-42.

(The) Cambridge Encyclopedia of Language. New York: Cambridge University Press, 1987, 14-15, 33-36.

Capéran, L. *La Laïcité en marche*. Paris: Nouvelles Editions Latines, 1961.

————. *Histoire contemporaine de la laïcité française*. Paris: Rivière, 1959.

Capitan-Peter, C. *Charles Maurras et l'idéologie de l'Action française*. Paris: Seuil,

1972.

Caput, J-P. *La Langue française; histoire d'une institution, 1715-1974.* II, Paris: Larousse, 1975.

Caron, F. *La France des patriotes.* Paris: Fayard, 1985.

Carré, A-M. *Le Sacerdoce des laïcs.* Paris: Spes, 1960.

Chadwick, K. "Education in Secular France: (Re)defining *laïcité*". *Modern and Contemporary France* 5 (1997) 47-59.

Chambers, R. "Cultural Studies as a Challenge to French Studies". *Australian Journal of French Studies* 33 (1996) 137-56.

Charle, C. *La République des universitaires, 1870-1940.* Paris: Seuil, 1994.

———. *A Social History of France in the Nineteenth Century.* Oxford: Berg, 1994.

———. *Les Elites de la République, 1880-1900.* Paris: Fayard, 1987.

Charlot, B. *La Mystification pédagogique: réalités sociales et processus idéologiques dans la théorie de l'éducation.* Paris: Payot, 1976.

Chartier, A-M. et J. Hébrard. *Discours sur la lecture (1880-1980).* Paris: Centre Georges Pompidou, 1989.

Chartier, R. éd. *Pratiques de la lecture.* Marseille: Rivages, 1985

Chartier, R. et J. Hébrard. "Les Imaginaires de la lecture," dans H-J. Martin et al, éds. *Histoire de l'édition française.* IV, Paris: Promodis, 1986.

Chaunu, P. *La France. Histoire de la sensibilité des Français à la France.* Paris: Laffont, 1982.

Chervel, A. *L'Enseignement du français à l'école primaire (1791-1879).* I, Paris: INRP, 1992.

———. "L'Histoire des disciplines scolaires". *Histoire de l'Education* 38 (1988) 59-119.

———. "Observations sur l'histoire de l'enseignement de la composition française". *Histoire de l'Education* 33 (1987) 21-34.

———. *Les Auteurs français, latins et grecs au programme de l'enseignement secondaire de 1800 à nos jours.* Paris: INRP et Ed. de la Sorbonne, 1986.

———. "Sur l'origine de l'enseignement du français dans le secondaire". *Histoire de l'Education* 25 (1985) 3-10.

———. *Et il fallut apprendre à écrire à tous les petits Français.* Paris: Payot, 1977.

Chervel, A. et M-M Compère. "Les Humanités dans l'histoire de l'enseignement français". *Histoire de l'Education* 74 (1997) 5-38.

Chervel, A. et D. Manesse. *La Dictée. Les Français et l'orthographe, 1873-1987.* Paris: INRP/Calmann-Lévy, 1989.

Chevalier, L. *Classes laborieuses, classes dangereuses.* Paris: Plon, 1953.

Chevènement, J-P. "Pour une république refondée". *Revue des Deux Mondes* (avril 1997) 28-34.

Chevrel, Y. "Ecrire l'histoire des lectures?". *L'Histoire littéraire aujourd'hui.* H. Béhar et R. Fayolle, éds. Paris: Colin, 1960, 129-38.

Chobaux, J. "Un Système de normes pédagogiques. Les Instructions officielles dans l'enseignement élémentaire français". *Revue française de Sociologie*, 8 (1967) 34-58.

Choppin, A. *Les Manuels scolaires en France de 1789 à nos jours*. Paris: INRP, 1995.

———. "Le Livre scolaire". *Histoire de l'édition française*. H-J. Martin et al., éds. IV, Paris: Promodis, 1986, 281-305.

———. "L'Histoire des manuels scolaires: une approche globale". *Histoire de l'Education* 9 (1980) 1-25.

Citron, S. *Le Mythe national: l'histoire de France en question*. Paris: Ed. Ouvrières, 1987.

———. "Enseignement secondaire et idéologie élitiste entre 1880 et 1914". *Le Mouvement social* 96 (1976) 81-101.

Citti, P. "Les Classiques et la mémoire littéraire (1857-1910)". *L'Intelligence du passé. Les faits, l'écriture et le sens. Mélanges offerts à Jean Lafond*. Tours: l'Université François Rabelais, 1988, 523-29.

Clanet, C. *L'Interculturel*. Toulouse: PUM, 1990.

Clarac, P. "Sur Gustave Lanson". *Revue d'Histoire Littéraire de la France* 67 (1967) 68-78.

———. *L'Enseignement du français*. Paris: PUF, 1963.

Clark, L. *Schooling the Daughters of Marianne. Textbooks and the Socialization of Girls in Modern French Primary Schools*. Albany: SUNY, 1984.

Cohen, A. *The Symbolic Construction of Community*. London: Tavistock, 1985.

Cohen, P. *Freedom's Moment. An Essay on the French Idea of Liberty from Rousseau to Foucault*. Chicago: University of Chicago Press, 1997.

Collini, S. "Sources of Remembrance". *Times Literary Supplement* 4372 (Jan. 16, 1987) 51-52.

Colls, R. et P. Dodd, éds. *Englishness. Politics and Culture (1880-1920)*. London: Croom Helm, 1986.

Compagnon, A. "The Diminishing Canon of French Literature in America". *Stanford French Review* 15 (1991) 103-15.

———. *La Troisième République des lettres*. Paris: Seuil, 1983.

Compayré, G. *Organisation pédagogique et législation des écoles primaires*. Paris: Delaplane, 1908.

———. *L'Evolution intellectuelle et morale de l'enfant*. Paris: Hachette, 1893.

Conley, T. "Afterword/Identity: Never More". *Identity Papers. Contested Nationhood in Twentieth-Century France*. S. Ungar et T. Conley, éds. Minneapolis: University of Minnesota Press, 1996, 272-82.

Conner, W. *Ethnonationalism*. Princeton, N. J.: Princeton University Press, 1994.

Corbin, A. "Histoire littéraire et histoire sociale". *Revue d'Histoire Littéraire de la France* 95, supplément au numéro 6 (1995) 176-78.

Court, F. *Institutionalizing English Literature: The Culture and Politics of Literary*

Study, 1750-1900. Stanford, Ca.: Stanford University Press, 1992.

Croiset, A. "L'Enseignement du français". *Revue Universitaire* 18 (1909) 414-19.

Croiset, A., éd. *L'Education morale dans l'Université (enseignement secondaire)*. Paris: Alcan, 1901.

Crubellier, M. *L'Ecole républicaine, 1870-1940. Esquisse d'une histoire culturelle*. Paris: Ed. Christian, 1993.

———. "Lire, 1880-1980. Au coeur d'une histoire culturelle". *Histoire de l'Education* 53 (1992) 3-12.

———. *La Mémoire des Français. Recherches d'histoire culturelle*. Paris: Kronos, 1991.

———. *L'Enfance et la jeunesse dans la société française, 1880-1950*. Paris: Colin, 1979.

Cuisinier, J. et al., éds. *Ethnologie de la France*. Paris: PUF, 1986.

Culler, J. *Framing the Sign: Literature and Its Institutions*. Norman: University of Oklahoma Press, 1988.

Curtius, E. *L'Idée de civilisation dans la conscience française*. Paris: Pub. de la Conciliation Internationale, 1929.

Darbon, A. "L'Enseignement de la morale au lycée". *Revue Universitaire* 16, 1 (1907) 413-23; 16, 2 (1907) 11-25.

Daudet, A. *Le Stupide XIXème siècle*. Paris: Nouvelle Librairie Nationale, 1922.

Davis, N. "The Historian and Popular Culture". *Popular Culture in France*. J. Beauroy et al., éds. Saratoga, Ca.: Anma Libri, 1977, 9-16.

Day, C. "The Rustic Man: The Rural Schoolmaster in Nineteenth-Century France". *Comparative Studies in Society and History* 25 (1983) 26-49.

Debré, M. *La Mort de l'Etat républicain*. Paris: Gallimard, 1947.

De Certeau, M. *L'Invention du quotidien*. I, Paris: Gallimard, 1990.

De Certeau, M. et al., éds. *Une Politique de la langue*. Paris: Gallimard, 1975.

De Diéguez, M. *Essai sur l'universalité de la France*. Paris: Michel, 1991.

DeJean, J. "Teaching Frenchness". *French Review* 61 (1988) 398-404.

De Lauwe, Chombart, M-J. *Un Monde autre: l'enfance. De ses représentations à son mythe*. Paris: Payot, 1971.

Delbos, G. et P. Jorion. *La Transmission des savoirs*. Paris: Maison des sciences de l'homme, 1984.

Delfau, G. et A. Roche. *Histoire/Littérature: Histoire et interprétation du fait littéraire*. Paris: Seuil, 1977.

De Margerie, A. *Hippolyte Taine*. Paris: Poussielgue, 1894.

(Un) Demi-Siècle de pédagogie du français à travers les textes officiels (1923-1972). Limoges: CRDP, 1972.

Des Gashons, J. *Gens de France au labeur*. Paris: Nelson, 1936.

Desjardins, P. *Le Devoir présent*. Paris: Colin, 1892.

Deutsch, K. *Nationalism and Social Communication. An Inquiry into the Founda-*

tions of Nationality. Cambridge, Mass.: MIT Press, 1953.

DeVries, R. et B. Zan. *Moral Classrooms, Moral Children: Constructing a Constructivist Atmosphere in Early Education*. New York, Teachers College Press, 1994.

Diaz-Plaja, F. *The Frenchman and the Seven Deadly Sins*. New York, Scribners, 1972.

"(Le) Discours de l'école sur les textes". *Littérature* 7 (1972).

Dodd, P. "Englishness and the National Culture". *Englishness. Politics and Culture, 1880-1920*. R. Colls and P. Dodd, éds. London: Crown Helm, 1986, 1-28.

Domenach, J-M. *Le Crépuscule de la culture française?*. Paris: Plon, 1995.

———. *Ce qu'il faut enseigner*. Paris: Seuil, 1989.

Doriac, A. et G. Dujarric, *Discours modèles*. Paris: Michel, 1953.

Doubrovsky, S. et T. Todorov, éds. *L'Enseignement de la littérature*. Paris: Plon, 1971.

Doyle, B. "The Invention of English". *Englishness: Politics and Culture. 1880-1920*. R. Colls et al., London: Crown Helm, 1986, 89-115.

Dubar, C. *La Socialisation. Construction des identités sociales et professionnelles*. Paris: Colin, 1991.

Dubois, J. "Lecture sociologique de l'histoire littéraire". *Pratiques* 31 (Colloque de Cérisy) (1980) 85-94.

———. *L'Institution de la littérature*. Brussels: Labor, 1978.

Duby, G., éd. *Histoire de la France rurale*. IV, Paris: Seuil, 1976.

Duchet, C. "La Sociocritique dans l'histoire littéraire". *Revue d'Histoire Littéraire de la France* 95 (1995) 179-84.

Duchet, C., éd. *Histoire littéraire de la France*. Paris: Ed. Sociales, 1977.

Dugast, F. et al. *Les Devoirs de français. Du collège au lycée*. Rennes: PUR, 1990.

Dulong, G. "L'Enseignement du français dans la classe de première". *Revue Universitaire* 17 (1908) 93-116.

Dupanloup, F. *De la haute éducation intellectuelle*. 3 vols., Paris: Douniol, 1866.

Durkheim, E. *L'Education morale*. Paris: PUF, 1974.

———. *L'Evolution pédagogique en France*. 2 vols., Paris: Alcan, 1938.

Eagleton, T. *The Ideology of the Aesthetic*. Oxford: Blackwell, 1990.

Easthope, A. *Literary Into Cultural Studies*. New York: Routledge, 1991.

"Education". *La Grande Encyclopédie*. 7, Paris, Larousse, 1973, 4106-10.

Elwitt, S. *The Making of the Third Republic: Class and Politics in France*. Baton Rouge: Louisiana State Press, 1975.

Encyclopedia Universalis, 9, Paris: SGIE, 1971.

Encyclopédie générale de l'éducation française. 2 vols., Paris: Rombaldi, 1952-54.

Encyclopédie pratique de l'éducation en France. Paris: Institut Pédagogique National, 1960.

(L')Enseignement de la littérature: crises et perspectives (colloque de l'Université de Strasbourg). Paris: Nathan, 1977.

Enseigner l'histoire littéraire. Rouen: Presses Universitaires de Rouen, 1993.

Escarpit, R. et al., éds. *Le Littéraire et le social*. Paris: Flammarion, 1970.

Espagne, M. *Le Paradigme de l'étranger*. Paris: Cerf, 1993.

Eustis, A. *Hippolyte Taine and the Classical Genius*. Berkeley, Ca.: University of California Press, 1951.

Fabiani, J-L. *Les Philosophes de la République*. Paris: Minuit, 1987.

Fabre, M. *L'Enfant et les fables*. Paris: PUF, 1989.

———. *Lecture et subjectivité. Le cas de la lecture des fables au cours moyen*. Lyon: Libre pensée, 1988.

Faguet, E. *De l'idée de patrie*. Paris: Société Française d'Imprimerie et de Librairie, 1913.

———. *La Démission de la morale*. Paris: Société Française d'Imprimerie et de Librairie, 1910.

Falcucci, C. *L'Humanisme dans l'enseignement secondaire en France au XIXème siècle*. Toulouse: Privat, 1939.

Farrington, F. *French Secondary Schools*. London: Longmans, 1915.

———. *The Public Primary School System of France*. New York: Columbia University Press, 1906.

Fayolle, R. "Bilan de Lanson". *L'Histoire littéraire aujourd'hui*. H. Béhar et R. Fayolle, éds. Paris: Colin, 1990, 12-22.

———. "La Critique littéraire de 1914 à nos jours". *Manuel d'histoire littéraire de la France (1913-1976)*. Paris: Ed. Sociales, 1982, 759-93.

———. "Du régent d'humanités et de rhétorique au professeur de français". *Le Français Aujourd'hui* (2ème supplément au numéro 45) (1981) 4-5.

Flandrin, J-L. "Enfance et société". *Annales E.S.C* 19 (1964) 322-29.

Foncin, P. *L'Alliance Française*. Paris: Imprimerie Nationale, 1889.

Forbes, J. et al., éds. *French Cultural Studies*. New York: Oxford University Press, 1995.

Ford, C. *Creating the Nation in Provincial France*. Princeton, N. J.: Princeton University Press, 1993.

———. "Which Nation? Language, Identity and Republican Politics in Post-Revolutionary France". *History of European Ideas* 17 (1993) 31-46.

Foucault, M. *Surveiller et punir*. Paris: Gallimard, 1975.

———. *Folie et déraison. Histoire de la folie à l'âge classique*. Paris: Plon, 1961.

Fouillée, A. *La Conception morale et civique de l'enseignement*. Paris: Revue Bleue, 1902.

———. *La France au point de vue moral*. Paris: Alcan, 1900.

———. *Psychologie du peuple français*. Paris: Alcan, 1898.

Fowler, R. et al., éds. *Language and Control*. London: Routledge & Kazan Paul, 1979.

———. "Critical Linguistics". *Language and Control*. London: Routledge & Kazan Paul, 1979. 185-213.

Fowler, R. et G. Kress. "Rules and Regulations". *Language and Control*. London: Routledge & Kazan Paul, 1979, 26-45.

Fraisse, E. "L'Invention d'une littérature scolaire: les manuels de morceaux choisis de 1872 à 1923". *Etudes de Linguistique appliquée* 59 (1985) 102-9.

France, A. *Le Génie latin*. Paris: Calmann-Lévy, 1917.

(La) France et les Français. Paris: Gallimard (Pléiade), 1972.

Fressange, G. "Le Discours didactique dans les manuels de morceaux choisis de français". *Langue française* 4 (1970) 45-69.

Frijhoff, W., éd. *L'Offre d'école. Eléments pour une étude comparée des politiques éducatives au XIXème siècle*. Paris: INRP, 1983.

Frow, J. *Cultural Studies and Cultural Value*. Oxford: Clarendon Press, 1995.

Fumaroli, M. *L'Etat culturel. Une religion moderne*. Paris: Fallois, 1991.

————. "Classicisme français et maladie de l'âme". *Le Débat* 29 (1984) 92-114.

Fusil, C. "La Dissertation française dans les classes de première". *Revue Universitaire* 17 (1908) 299-304.

Gadoffre, G. "Images nationales françaises et stéréotypes nationaux". *Bulletin International des Sciences Sociales* 3 (1951) 622-30.

Gaiffe, F. *L'Envers du grand siècle*. Paris: Michel, 1924.

Gardner, H. *In Defense of the Imagination*. London: Oxford University Press, 1982.

Geertz, C. *The Interpretation of Cultures*. New York: Harper & Row, 1973.

Gemie, S. *Women and Schooling in France, 1815-1914*. Keele: Keele University Press, 1995.

Gendarme de Bévotte, G. *Souvenirs d'un universitaire*. Paris: Perrin, 1938.

Genouvrier, E. *Naître en français*. Paris: Larousse, 1986.

Gerbod, P. "The Baccalaureate and Its Role in the Recruitment and Formation of French Elites in the Nineteenth Century". *Elites in France: Origins, Reproduction, and Power*. J. Howorth et P. Cerny, éds. London: Frances Printer, 1981, 46-55.

————. *La Condition universitaire en France au XIXème siècle*. Paris: PUF, 1965.

Gillis, J., éd. *Commemorations. The Politics of National Identity*. Princeton, N. J.: Princeton University Press, 1992.

Gillory, J. *Cultural Capital: The Problem of Literary Canon Formation*. Chicago: University of Chicago Press, 1993.

Gilly, M. *Bon élève, mauvais élève*. Paris: Colin, 1969.

Girard, P. "L'Histoire véridique de Victor, l'enfant sauvage de l'Aveyron, ou des origines lointaines de la psychiatrie infantile". *Lyon médical* 251 (1984) 361-67.

Girardet, R., éd. *Le Nationalisme français, 1871-1914*. Paris: Colin, 1966.

Goblot, E. *La Barrière et le niveau. Etude sociologique sur la bourgeoisie française moderne*. Paris: PUF, 1967.

Goldenstein, J-P. "Le Temps de l'histoire littéraire". *L'Histoire littéraire aujourd'hui*. H. Béhar et al., éds. Paris: Colin, 1990, 58-66.

Goulement, J-M. "Le Cours de littérature de La Harpe ou l'émergence du discours de l'histoire des idées". *Littérature* 24 (1976) 51-62.

Goyau, G. *L'Idée de patrie et l'humanitarisme*. Paris: Perrin, 1902.

Graff, G. *Beyond the Culture Wars*. New York: Norton & Co., 1992.

―――. *The Legacies of Literacy: Continuities and Contradictions in Western Culture and Society*. Bloomington: Indiana University Press, 1987.

―――. *Professing Literature: An Institutional History*. Chicago: University of Chicago Press, 1987.

Grande Encyclopédie (La). Paris: Larousse, 1974.

Grojnowski, D. "Naissance de l' 'explication française'". *Textuel* 34/44 (1987) 55-62.

Guéhenno, J. *Jeunesse de la France*. Paris: Grasset, 1936.

Gueunier, N., et al. *Lecture des textes et enseignement du français*. Paris: Hachette, 1974.

Guichard, M-T. "Les Nouveaux 'Barbares'". *Le Point*, 1315 (nov. 1997) 101-6.

Guillory, J. *Cultural Capital. The Problem of Literary Canon Formation*. Chicago: University of Chicago Press, 1993.

Gunn, G. *The Culture of Criticism and the Criticism of Culture*. New York: Oxford University Press, 1987.

Habib, C. "Eloge de la soumission". *Textuel* 34/44 (1987) 147-53.

Haddab, Z. "Les Variantes de la morale: la petite bourgeoisie et les manuels scolaires". *Actes de la Recherche en Sciences Sociales* 30 (1979) 7-18.

Halwachs, M. *Les Cadres sociaux de la mémoire*. New York: Arno, 1975.

Hamon, P. *Texte et idéologie. Valeurs, hiérarchies et évaluations dans l'oeuvre littéraire*. Paris: PUF, 1984.

Handler, R. "Is 'Identity' a Useful Cross-Cultural Concept?". *Commemorations. The Politics of National Identity*. J. Gillis, éd. Princeton, N. J.: Princeton University Press, 1992, 27-40.

Harris, P. *Managing Cultural Differences*. Houston: Gulf Publishing Co., 1996.

Hazard, P. "L'Ame française à la veille de la guerre". *Revue Internationale de l'Enseignement* 74 (1920) 264-69.

Heathorn, S. "'Let Us Remember that We, Too, Are English': Constructions of Citizenship and National Identity in English Elementary School Reading Books, 1880-1914". *Victorian Studies* 38 (1995) 395-427.

Hébrard, J. "Apprendre à lire à l'école en France: un siècle de recommandations officielles". *Langue Française* 80 (1988) 111-28.

―――. "La Scolarisation des savoirs à l'époque moderne". *Histoire de l'Education* 38 (1988) 3-58.

Hello, E. *L'Homme*. Montréal: Ed. Variétés, 1945.

Hémon, F. "Les Auteurs français de l'enseignement primaire". *Recueil des monographies pédagogiques publiées à l'occasion de l'exposition universelle de 1889*. III, Paris: Imprimerie Nationale, 1889, 380-440.

Herskovits, M. *Les Bases de l'anthropologie culturelle*. Paris: Payot, 1952.

Hertz, F. *Nationality in History and Politics*. New York: Humanities Press, 1967.

Heywood, C. *Childhood in Nineteenth-Century France*. New York: Cambridge University Press, 1988.

Higgins, L. "Pagnol and the Paradoxes of Frenchness". *Identity Papers. Contested Nationhood in Twentieth-Century France*. S. Ungar et T. Conley, éds. Minneapolis: University of Minnesota Press, 1996, 91-112.

Hirschman, A. O. *Deux siècles de rhétorique réactionnaire*. Paris: Fayard, 1991.

Histoire de l'enseignement de 1610 à nos jours. I, Paris: Bibliothèque Nationale, 1974.

Hobsbawm, E. J. *Nations and Nationalism Since 1780*. New York: Cambridge University Press, 1990.

Hobsbawm, E. J. et T. Ranger, éds. *The Invention of Tradition*. Cambridge: Cambridge University Press, 1983.

Hodge, B. "Birth and the Community". *Language and Control*. R. Fowler et al., éds. London: Routledge & Kegan Paul, 1979, 175-84.

Hodge, B. et al. "The Ideology of Middle Management". *Language and Control*. R. Fowler et al., éds. London: Routledge & Kegan Paul, 1979, 81-93.

———. "Orwellian Linguistics". *Language and Control*. R. Fowler et al., éds. London: Routledge & Kegan Paul, 1979, 6-25.

Hofstede, G. *Culture's Consequences: International Differences in Work-Related Values*, London: Sage, 1988

Hoge, W. "Ah, Britain! The Light at the End of the Tunnel". *New York Times International*, March 9, 1998.

Houdart-Mérot, V. *La Culture littéraire au lycée depuis 1880*. Rennes: PUR, 1998.

Howendahl, P. *Building a National Literature: The Case of Germany, 1830-1870*. Ithaca, N. Y.: Cornell University Press, 1989.

Howkins, A. "The Discovery of Rural England". *Englishness. Politics and Culture, 1880-1920*. R. Colls et al., éds. London: Crown Helm, 1986, 62-88.

Hunwick, A. "La Harpe: The Forgotten Critic". *Modern Language Review* 67 (1972) 282-90.

Ingram, M. "A Nationalist Turn in French Cultural Policy". *French Review* 71 (1998) 797-808.

"(L)'Institution littéraire". *Littérature* 42 et 44 (1981).

Isambert-Jamati, V. *Les Savoirs scolaires*. Paris: Ed. Universitaires, 1990.

———. "L'Enseignement de la langue écrite dans les lycées du Second Empire et des premières années de la République". *Revue des Sciences Humaines* 174 (1979) 20-35.

———. *Crises de la société, crises de l'enseignement*. Paris: PUF, 1970.

Jégouzo, G. et al. *Les Paysans et l'école*. Paris: Cujas, 1976.

Jey, M. *La Littérature au lycée. Invention d'une discipline (1880-1925)*. Metz: Centre d'Etudes Linguistiques, 1998.

———. "Les Classiques et l'ère Ferry: les auteurs dans les programmes scolaires au tournant du siècle". *Littératures Classiques* 19 (1993) 237-47.

Joly, H. *Souvenirs universitaires*. Paris: Bloud et Gay, 1922.

Jones, K. et K. Williamson. "The Birth of the Schoolroom. A Study of the Transformation in the Discursive Conditions of English Popular Education in the First Half of the Nineteenth Century". *Ideology and Consciousness* 5-6 (1979) 58-110.

Jouhaud, C. "Histoire et histoire littéraire". *L'Histoire littéraire aujourd'hui*. H. Béhar et al., éds. Paris: Colin, 1990, 162-75.

Kahn, S. "Taine's Historical Criticism". *French Review* 24 (1951) 215-24.

Kamuf, P. "The Division of Literature". *Diacritics* 25 (1995) 53-72.

Kaplan, A. *French Lessons: A Memoir*. Chicago: University of Chicago Press, 1993.

Katan, Y. "L'Enseignement de la morale et de l'instruction civique sous la IIIème République jusqu'en 1914". *Etudes dédiées à Madeleine Gravitz*. Paris: Dalloz, 1982, 419-37.

Kirsop, W. "Classrooms, Connoisseurs and Canons: Nineteenth-Century French Literature in Australia". *Australian Journal of French Studies* 30 (1993) 145-53.

Klineberg, O. "Psychologie et caractère national". *Revue de Psychologie des Peuples* 1 (1948) 14-26.

Kress, G. et al. "The Social Values of Speech and Writing". *Language and Culture*. R. Fowler et al. London: Routledge & Kazan Paul, 1979, 46-92.

Kristeva, J. *Etrangers à nous-mêmes*. Paris: Fayard, 1988.

Kritzman, L. "Identity Crises: France, Culture, and the Idea of Nation". *Sub-stance* 24 (1995) 5-20.

Kuentz, P. "L'Envers du texte". *Littérature* 7 (1972) 3-26.

Labbé, E. *La Morale enseignée par les grands écrivains*. Paris: Delagrave, 1896.

Labbé, P. *La Question scolaire et la conscience nationale*. Orléans: Imprimerie coopérative, s.d.

Labuda, A. "La Langue de l'empereur: la culture littéraire dans les lycées sous le Second Empire". *Littérature* 22 (1976) 75-95.

Lagarde, F. "Effets de Racine". *XVIIème siècle* 200 (1998) 521-28.

Lanson, G. "Contre la rhétorique et les mauvaises humanités," H. Peyre, éd., *Essais de méthode, de critique et d'histoire littéraire*. Paris: Hachette, 1965, 57-60.

———. "L'Enseignement secondaire". *Enseignement et démocratie*. A. Croiset, éd. Paris: Alcan, 1905, 181-207.

———. "L'Unité morale du pays et l'Université". *Revue Politique et Littéraire* 7 (1907) 9-13.

———. *L'Université et la société moderne*. Paris: Colin, 1902.

———. "L'Enseignement secondaire". *Enseignement et démocratie*. A. Croiset, éd. Paris: Alcan, 1905, 181-207.

————. et al., éds. *L'Enseignement du français*. Paris: Imprimerie Nationale, 1905.

Laparra, R. *Le Français en première*. Paris: Bordas, 1964.

Lapie, P. *Morale et pédagogie*. Paris: Alcan, 1927.

Lavisse, E. *A propos de nos écoles*. Paris: Colin, 1895.

————. *Questions d'enseignement national*. Paris: Colin, 1885.

Lebovics, H. "Creating the Authentic France: Struggles Over French Identity in the First Half of the Twentieth Century". *Commemorations. The Politics of National Identity*. J. Gillis, éd. Princeton, N. J.: Princeton University Press, 1994, 239-57

————. *True France. The Wars Over Cultural Identity, 1900-1945*. Ithaca, N. Y.: Cornell University Press, 1992.

Le Bras, H. et E. Todd. *L'Invention de la France. Atlas anthropologique et politique*. Paris: Librairie générale française, 1981.

Leca, J. "Individualisme et citoyenneté". *Sur l'individualisme*. P. Birnbaum et al., éds. Paris: Presses de la Fondation Nationale des Sciences Politiques, 1986, 159-209.

Lecoq, J. "Littérature du XVIIème siècle et enseignement du second degré" *L'Information Littéraire* 40 (1988) 19-27.

Leduc-Adine, J-P. "Règles du jeu au concours". *Littératures* 19 (1975) 16-25.

Leenhardt, J. "Introduction à la sociologie de la lecture". *Revue des Sciences Humaines* 49 (1980) 39-55.

Leenhardt, J. et al. *Lire la lecture. Essai de sociologie de la lecture*. Paris: Le Sycomore, 1982.

Legouvé, E. *La Lecture en action*. Paris: Hetzel, 1882.

————. *Les Pères et les enfants au XIXème siècle*. Paris: Hetzel, 1867.

Lehning, J. *Peasant and French. Cultural Contact in Rural France During the Nineteenth Century*. Cambridge: Cambridge University Press, 1995.

Leitch, V. "Deconstruction and Pedagogy". *Theory in the Classroom*. C. Nelson, éd. Urbana, Il.: University of Illinois Press, 1986, 45-56.

Lejeune, P. "L'Enseignement de la 'littérature' au lycée au siècle dernier". *Le Français Aujourd'hui* 28 (1975) 15-24.

Lelièvre, C. *Histoire des institutions scolaires (1789-1989)*. Paris: Nathan, 1990.

Le Men, S. "La Pédagogie par l'image dans un manuel de la Troisième République:

Le Pen, J-M. *Les Français d'abord*. Paris: Carrère/Lafon, 1984.

Lerner, D. et al., éds. *The Policy Sciences*. Stanford, Ca.: Stanford University Press, 1951.

Le Senne, R. *Traité de morale générale*. Paris: PUF, 1961.

————. *Traité de caractérologie*. Paris: PUF, 1945.

Lestocquoy, J. *Histoire du patriotisme en France*. Paris: Michel, 1968.

"Le Tour de la France par deux enfants". *Usages de l'image au XIXème siècle*. Paris: Créaphis, 1992, 119-27.

Lévêque, M. "L'Enseignement moral dans les lycées de jeunes filles". *Revue*

Universitaire 18 (1909) 207-10.

Lévi-Strauss, C. *Le Cru et le cuit*. Paris: Plon, 1964.

———. *Race et histoire*. Paris: Gonthier, 1961.

Lévy, B-H. *L'Idéologie française*. Paris: Grasset, 1981.

Linton, R., éd. *The Science of Man in the World Crises*. New York: Columbia University Press, 1964.

Lipiansky, E-M. *'L'Ame française', ou le National-Libéralisme. Analyse d'une représentation sociale*. Paris: Anthropos, 1979.

"(La) Littérature dans l'école". *Revue des Sciences Humaines* 46 (1979).

"(La) Littérature et ses institutions". *Pratiques* 32 (1981).

Loucif, S. "Les Canons de la littérature française au sein de l'université américaine: état présent et perspectives". *Littératures Classiques* 19 (1993) 303-11.

Luc, J-N. *La Petite Enfance à l'école, XIXème-XXème siècles. Textes officiels*. Paris: INRP, 1982.

Lyotard, J-F. *La Condition postmoderne*. Paris: Minuit, 1979.

Mabire, C. "Le Rôle de la composition française dans les lycées de jeunes filles". *Revue Universitaire* 18 (1909) 111-16.

Machery, P. *Pour une théorie de la production littéraire*. Paris: Maspero, 1966.

Maingueneau, D. *Les Livres d'école de la République, 1870-1914. Discours et idéologie*. Paris: Le Sycomore, 1979.

Malson, L. et J-M. Gaspard Itard. *Les Enfants sauvages, mythe et réalité*. Paris: Union générale d'éditions, 1964.

Mandrou, R. "Cultures populaire et savante: rapports et contact". *Popular Culture in France*. J. Beauroy et al., éds. Saratoga, Ca.: Anma Libri, 1977, 17-38.

———. *Introduction à la France moderne (1500-1640)*. Paris: Michel, 1961.

Manesse, D. et I. Grellet. *La Littérature au collège*. Paris: INRP, Nathan, 1994.

Mangan, J., éd. *The Imperial Curriculum. Racial Images and Education in the British Colonial Experience*. New York: Routledge, 1993.

Mansau, A., éd. *Enfance et littérature au XVIIème siècle*. Paris: Klincksieck, 1991.

Mansuy, M., éd. *L'Enseignement de la littérature*. Paris: Nathan, 1977.

"(Les) Manuels". *Cahiers Pédagogiques* 22 (1960).

"Manuels: Danger!". *Cahiers Pédagogiques* 132 (1975).

Marcoin, F. *A l'école de la littérature*. Paris: Les Editions Ouvrières, 1992.

Mareuil, A. *Littérature et jeunesse aujourd'hui; la crise de la lecture dans l'enseignement contemporain*. Paris: Flammarion, 1971.

———. "Les Programmes de français dans l'enseignement du second degré depuis un siècle (1872-1967)". *Revue française de Pédagogie* 7 (1969) 31-45.

Margolin, J-C. "La Fonction de la *fabula* dans la pensée d'Erasme". *Revue de Littérature comparée*, numéro spécial (1996) 21-44.

Marion, H. *Leçons de morale*. Paris: Colin, 1913.

———. *Le Mouvement des idées pédagogiques en France depuis 1870*. Paris:

Imprimerie Nationale, 1889.

Marshall, J. *Michel Foucault: Personal Autonomy and Education*. Dordrecht: Kluwer, 1996.

Martin Saint-Léon, E. *Etude sur les éléments constitutifs de la nation française*. Paris: Ed. SGS, 1935.

Martin, H-J. et R. Chartier. *Histoire de l'édition française*. III, Paris: Promodis, 1985.

Martin, M-M. *La Formation morale de la France*. Paris: Gallimard, 1949.

Mas, R. "Le Professeur de français et le théâtre". *Cahiers pédagogiques* 51 (1964) 19-21.

Maury, L. *Les Origines de l'école laïque en France*. Paris: PUF, 1996.

Mayeur, F. *L'Enseignement secondaire des jeunes filles sous la Troisième République*. Paris: Presses de la Fondation des Sciences Politiques, 1977.

Mayeur, J-M. *Les Débuts de la Troisième République*. Paris: Seuil, 1973.

McGuffey, W. H. *McGuffey's Sixth Eclectic Reader*. New York: New American Library, 1962.

Mead, M. "The Study of National Character". *The Policy Sciences: Recent Developments in Scope and Method*. Stanford, Ca.: Stanford University Press, 1951, 20-85.

Memmi, A. "Les Fluctuations de l'identité culturelle". *Esprit* 228 (1997) 94-106.

Mendel, G. *Pour décoloniser l'enfant*. Paris: Payot, 1971.

Mercier, L. *Les Universités populaires, 1899-1914: éducation populaire et mouvement ouvrier au début du siècle*. Paris: Ed. ouvrières, 1986.

Métraux, R. et M. Mead. *Themes in French Culture*. Stanford, Ca.: Stanford University Press, 1954.

Meyer, P. *L'Enfant et la raison d'Etat*. Paris: Seuil, 1977.

Miller, J. *The Passion of Michel Foucault*. New York: Simon & Schuster, 1993.

Milo, D. "Les Classiques scolaires". *La Nation. Les Lieux de mémoire*. P. Nora, éd. II, 3, Paris: Gallimard, 1986, 517-62.

Molino, J. "Quelques hypothèses sur la rhétorique au XIXème siècle". *Revue d'Histoire Littéraire de la France* 80 (1980) 181-92.

Mollo, S. *L'Ecole dans la société*. Paris: Dunod, 1970.

Morais, R. C. "Even the Chefs Are Leaving France". *Forbes*, Nov. 30, 1998, 84-94.

Morawski, S. "Les Conceptions esthétiques d'Hippolyte Taine". *La Pensée* (1957) 32-48.

Morazé, C. *Les Français et la République*. Paris: Colin, 1956.

Mornet, D. "Les Méthodes de l'histoire littéraire dans l'enseignement secondaire". *Revue Internationale de l'Enseignement* 50 (1906) 151-56.

Mortgat, E. "La Quête des premiers classiques français et les origines de l'histoire littéraire nationale". *Littératures Classiques* 19 (1993) 201-14.

Müller, D. et al., éds. *The Rise of the Modern Educational System: Structural Change and Social Reproduction, 1870-1920*. Cambridge: Cambridge University Press,

1987.

Murphy, A. *The Ideology of French Imperialism, 1817-1881*. Washington, D. C.: Catholic University Press, 1968.

Nelson, C., éd. *Theory in the Classroom*. Urbana, Il.: University of Illinois Press, 1986.

Nicolay, F. *Les Enfants mal élevés*. Paris: Perrin, 1907.

Nicolet, C. *L'Idée républicaine en France (1789-1924)*. Paris: Gallimard, 1982.

Nique, Ch. *Comment l'Ecole devint une affaire d'Etat*. Paris: Nathan, 1990.

Nora, P., éd. *Les Lieux de mémoire*. 3 vols., Paris: Gallimard, 1984.

Norindr, P. "French Cultural Identity and Nation Building Under Mitterand". *Identity Papers. Contested Nationhood in Twentieth-Century France*. S. Ungar et T. Conley, éds. Minneapolis: University of Minnesota Press, 1996, 233-58.

Nucci, L., éd. *Moral Development and Character Education: A Dialogue*. Berkeley: McCutchan, 1989.

Ognier, P. "L'Idéologie des fondateurs et des administrateurs de l'Ecole républicaine à travers la *Revue Pédagogique* de 1878 à 1900". *Revue française de Pédagogie* 66 (1984) 7-14.

Onimus, J. *L'Enseignement des lettres et la vie*. Paris: Desclée et Brouwer, 1965.

Ory, P. et J-F Sirinelli. *Les Intellectuels en France, de l'Affaire Dreyfus à nos jours*. Paris: Colin, 1986.

Ozouf, J. *Nous, les maîtres d'école*. Paris: Julliard, 1967.

Ozouf, J. et M. *La République des instituteurs*. Paris: Gallimard, 1992.

Ozouf, M. *L'Ecole de la France*. Paris: Gallimard, 1984.

Ozouf, M. et al., "Michelet" *Dictionnaire critique de la Révolution française*. Paris: Flammarion, 1988.

Palma, B. D. *Descent into Discourse: The Reification of Language and the Writing of Social History*. Philadelphia: Temple University Press, 1990.

Parigot, H. "La Crise du français". *Revue Hebdomadaire* 11 (1910) 141-65.

Payot, J. *La Morale à l'Ecole*. Paris: Colin, 1908.

Peiffer, V. "Le Mal-vivre des profs". *Le Point* 1315, le 29 nov. 1997, 110-11.

Percheron, A. *L'Univers politique des enfants*. Paris: Colin, 1974.

Petit de Julleville, L. "Les Classiques français". *Revue Universitaire* 9 (1900) 325-32.

Peyrefitte, A. *Le Mal français*. Paris: Plon, 1976.

Piaget, J. *Le Jugement moral chez l'enfant*. Paris, Delachaux et Niestlé, 1963.

Pichois, C. "De l'histoire littéraire". *Revue d'Histoire Littéraire de la France* 95, supplément au numéro 6 (1995) 21-28.

Piobetta, J-B. *Education nationale et instruction publique*. Paris: Baillière et fils, 1944.

———. *Le Baccalauréat*. Paris: Baillière et fils, 1937.

Pitts, J. "Continuité et changement au sein de la France bourgeoise". *A la Recherche de la France*. S. Hoffmann et al., éds. Paris: Seuil, 1963, 267-343.

Platt, P. *French or Foe?*. London: Culture Crossings, 1994.

Pompidou, G. *Anthologie de la poésie française*. Paris: Hachette, 1961.

Ponton, R. "Traditions littéraires et tradition scolaire. L'exemple des manuels de lecture de l'école primaire française: quelques hypothèses de travail". *Lendemains* 36 (1984) 53-63.

Poulet, E. *Liberté, laïcité. La guerre des deux France et le principe de la modernité*. Paris: Cerf-Cujas, 1987.

Power, F. C., A. Higgins et L. Kohlberg. *Lawrence Kohlberg's Approach to Moral Education*. New York: Columbia University Press, 1989.

Preiswerk, R. et D. Perrot. *Ethnocentrisme et histoire*. Paris: Ed. Anthropos, 1975.

Prost, A. "Les Enjeux sociaux du français (1): l'école primaire". *Le Français Aujourd'hui* 59 (1982) 7-13.

———. "Les Enjeux sociaux du français (2): l'enseignement secondaire". *Le Français Aujourd'hui* 59 (1982) 63-78.

———. "Jalons pour une histoire de la pratique pédagogique". *Histoire de l'enseignement de 1610 à nos jours*. I, Paris: Bibliothèque Nationale, 1974, 105-11.

———. *Histoire de l'enseignement en France, 1800-1967*. Paris: Colin, 1968.

Quartararo, A. T. *Women Teachers and Popular Education in Nineteenth-Century France. Social Values and Corporate Identity at the Normal School Institution*. Newark: University of Delaware Press, 1995.

Quérel, P. *Au feu les manuels!* Paris: Cahiers de l'Education Permanente, 1982.

Racevskis, K. *Michel Foucault and the Subversion of Intellect*. Ithaca, N. Y.: Cornell University Press, 1983.

Raffy, S. "Made in France". *Textuel* 34/44 (1987) 127-32.

Raynaud, P. "Destin de l'idéologie républicaine". *Esprit* 84 (1983) 27-39.

Raynaud, P. et al. *La Fin de l'école républicaine*. Paris: Calmann-Lévy, 1990.

Rebérioux, M. *La République radicale? 1898-1914*. Paris: Seuil, 1975.

Rechniewski. E. "Teaching National Cultures". *Australian Journal of French Studies* 33 (1996) 225-32.

Reed-Danahy, D. *Education and Identity in Rural France*. Cambridge: Cambridge University Press, 1996.

———. "Farm Children at School: Educational Strategies in Rural France". *Anthropological Quarterly* 60 (1987) 83-89.

Reed-Danahy, D. et S. Rogers. "Introduction". *Anthropological Quarterly* 60 (1987) 51-55.

Rémond, R. "La Morale de Franklin et l'opinion française sous la Monarchie censitaire". *Revue d'Histoire Moderne et Contemporaine* 7 (1960) 201-13.

Renan, E. *La Réforme intellectuelle et morale*. Paris: M. Lévy, 1872.

Renauld, Ch. "A Propos de l'orientation de l'enseignement moral dans les lycées de jeunes filles". *Revue Universitaire* 18 (1909) 25-34.

Reuchlin, M. éd. *Cultures et conduites*. Paris: PUF, 1976.

Reuter, Y. "L'Explication de texte au lycée". *Textuel* 34/44 (1987) 193-99.

―――. "Littérature et secondaire". *Littérature* 44 (1981) 87-97.

―――. *Revue Universitaire*

Richter, N. *La Lecture et ses institutions, 1700-1918*. Le Mans: Bibliothèque de l'Université du Maine, 1984.

Ringer, F. *Fields of Knowledge. French Academic Culture in Comparative Perspective, 1890-1920*. Cambridge: Cambridge University Press, 1992.

―――. *Education and Society in Modern Europe*. Bloomington: Indiana University Press, 1979.

Rioux, J-P. *Nationalisme et conservatisme. La Ligue de la Patrie française, 1899-1904*. Paris: Beauchesne, 1977.

Rogers, S. C. "Good to Think: The 'Peasant' in Contemporary France". *Anthropological Quarterly* 60 (1987) 56-63.

Roheim, G. *Origine et fonction de la culture*. Paris: Galland, 1972.

Rohou, J. "Pour une histoire fonctionnelle de la pratique littéraire". *L'Histoire littéraire aujourd'hui*. H. Béhar et al., éds. Paris: Colin, 1990, 139-50.

Rolland, R. *Jean-Christophe*. IX, Paris: A. Michel, 1926.

Ronzeaud, P. "Le XVIIème siècle dans le second degré". *Le XVIIème Siècle Aujourd'hui*. Marseille: CMRS, 1974. 57-81.

Rosenblum, M. *Mission To Civilize: The French Way*. New York: Harcourt Brace Javonovich, 1986.

Rouxel, A. *Enseigner la lecture littéraire*. Rennes: PUR, 1996.

Rulon, H-C. et al. *Un Siècle de pédagogie dans les écoles primaires (1820-1940). Histoire des méthodes et des manuels scolaires dans l'Institut des frères de l'Instruction chrétienne de Ploërmel*. Paris: Vrin, 1962.

Ruscio, A. *Le Credo de l'homme blanc*. Paris: Ed. Complexe, 1995.

Ruyssen, T. "L'Enseignement de la morale au lycée". *Revue Universitaire* 7 (1898) 1-14.

Saïd, E. *Culture and Imperialism*. New York: Vintage Press, 1993.

Sansot, P. *La France sensible*. Seyssel: Champ Vallon, 1985.

Sarrazin, B. "La Lettre et l'esprit". *Textuel* 34/44 (1987) 9-20.

Savariau, N. "La Littérature française au temps des premiers lycées". *Revue d'Histoire Littéraire de la France* 95 (1995) 709-33.

Schlanger, J. "Quel âge ont les classiques?". *Poétique* 22 (1991), 487-97.

Schmitt, M. *Leçons de littérature. L'Enseignement littéraire au lycée*. I, Paris: L'Harmattan, 1994.

―――. "Les Cotes aux concours". *Littératures Classiques* 19 (1993) 281-91.

―――. "Les Classiques en classe". *Cahiers de Littérature du XVIIème siècle* 10 (1988) 127-33.

Schnapper, D. *La France de l'intégration*. Paris: Gallimard, 1991.

Schor, N. "The Crisis of French Universalism". *Yale French Studies* 100 (2001) 43-64.

————. "Lanson's Library". *French Literature Series* 22 (1995) 1-10.

Schor, R. *L'Opinion française et les étrangers en France*. Paris: Pub. de la Sorbonne, 1985.

Sctrick, R. "Pratique du signifiant". *Textuel* 34/44 (1987) 177-83.

Seba, J-R. "Critique des catégories de l'histoire de la littérature: téléologie et réalisme chez Lanson". *Littérature* 16 (1974) 50-66.

Seippel, P. *Les Deux Frances*. Paris: Alcan, 1905.

Shell, M. *Children of the Earth: Literature, Politics, and Nationhood*. Oxford: Oxford University Press, 1993.

Shumway, D. *Creating American Civilization: A Genealogy of American Literature as an Academic Discipline*. Minneapolis: University of Minnesota Press, 1994.

Siegfried, A. "Approaches to an Understanding of Modern France". *Modern France. Problems of the Third and Fourth Republics*. E.Earle, éd. Princeton, N. J.: Princeton University Press, 1951, 3-16.

————. *France, a Study in Nationality*. New Haven, Ct.: Yale University Press, 1940.

Silverman, M. *Deconstructing the Nation: Immigration, Racism, and Citizenship in Modern France*. London: Routledge, 1992.

Simon, J. *L'Ecole*. Paris: Hachette, 1877.

Singer, B. "The Village Schoolmaster as Outsider". *Popular Culture in France*. J. Beauroy et al., éds. Saratoga, Ca.: Anma Libri, 1977, 189-208.

Smith, A. *The Ethnic Origins of Nations*. London: Basil Blackwell, 1986.

————. *Theories of Nationalism*. New York: Holmes & Meier, 1983.

"Sociologie de l'éducation". *Revue française de Sociologie* 8 (1967); 9 (1968).

Sorum, P. C. *Intellectuals and Decolonization in France*. Chapel Hill: University of North Carolina Press, 1977.

Stanton, D. "Classicism (Re)constructed: Notes on the Mythology of Literary History". *Continuum*. D. L. Rubin, éd. I, New York: AMS Press, 1989, 1-30.

Steiner, G. *Dans le château de Barbe-Bleu, notes pour une redéfinition de la culture*. Paris: Gallimard, 1986.

Sternhill, Z. *La Droite révolutionnaire, 1885-1914*. Paris: Seuil, 1978.

Stewart, H. F. et P. Desjardins, éds. *French Patriotism in the Nineteenth Century*. Cambridge: Cambridge University Press, 1923.

Stock-Morton, P. *Moral Education for a Secular Society. The Development of 'Morale Laïque' in Nineteenth-Century France*. Albany: SUNY Press, 1988.

Stora-Lamarre, A. *L'Enfer de la IIIème République. Censeurs et pornographes (1881-1914)*. Paris: Ed. Imago, 1990.

Strumlingher, L. *What Were Little Girls and Boys Made Of? Primary Education in Rural France, 1830-1880*. Albany: SUNY Press, 1983.

Sugarman. B. *The School and Moral Development*. New York: Barnes & Noble, 1973.

"Survivances du XVIIème siècle au XIXème". *XVIIème siècle* 129 (1980).

Taguieff, P. A. *La Force du préjugé*. Paris: La Découverte, 1987.

Taine, H. *Les Origines de la France contemporaine*. 6 vols., Paris: Hachette, 1888-94.

Terdiman, R. *Discourse/Counter-Discourse. The Theory and Practice of Symbolic Resistance in Nineteenth-Century France*. Ithaca, N. Y.: Cornell University Press, 1985.

"(Le) Texte et ses réceptions". *Revue des Sciences Humaines* 60 (1983).

Thérive, A. "Classicisme et nationalisme littéraire". *Revue Critique des Idées et des Livres* 36 (1924) 250-54.

Thibaudet, A. *La République des professeurs*. Paris: Grasset, 1927.

Thiesse, A-M. et H. Mathieu. "Déclin de l'âge classique et naissance des classiques. L'évolution des programmes littéraires de l'agrégation depuis 1890". *Littérature* 42 (1981) 89-108.

Tissot, E. *Les Evolutions de la critique française*. Paris: Didier, 1890.

Todorov, T. *Nous et les autres. La Réflexion française sur la diversité humaine*. Paris: Seuil, 1989.

―――. "L'Histoire de la littérature". *Langue française* 7 (1970) 14-19.

Tost, M-G. "Les Examens du personnel de l'enseignement primaire". *Recueil de monographies pédagogiques publiées à l'occasion de l'exposition universelle de 1889*. III, Paris: Imprimerie Nationale, 1889, 231-372.

Tournier, M. et M. Navarro. *Les Professeurs et le manuel scolaire*. Paris: IPN, 1985.

Trew, T. "Theory and Ideology at Work". *Language and Control*. R. Fowler et al., éds. London: Routlege & Kegan Paul, 1979, 94-116.

―――. "'What the Papers Say': Linguistic Variation and Ideological Difference". *Language and Control*. R. Fowler et al., éds. London: Routledge & Kegan Paul, 1979, 117-56.

Turiel, E. *The Development of Social Knowledge: Morality and Convention*. New York: Columbia University Press, 1983.

Ungar, S. "The Coluche Effect". *Identity Papers. Contested Nationhood in Twentieth-Century France*. S. Ungar et T. Conley, éds. Minneapolis: University of Minnesota Press, 1996, 259-71.

―――. "Introduction: Questioning Identity". *Identity Papers. Contested Nationhood in Twentieth-Century France*. S. Ungar et T. Conley, éds. Minneapolis: University of Minnesota Press, 1996, 1-15.

Vallès, J. *L'Enfant*. Paris: Mornay, 1926.

Vandérem, F. "Les Lettres et la vie: nos manuels d'histoire littéraire". *La Revue de France* 2, 16 (1922) 822-33.

Vaujany, J. *L'Ecole primaire sous la IIIème République*. Paris: Perrin, 1912.

Veck, B. éd. *La Culture littéraire au lycée. Des humanités aux méthodes?* Paris: INRP, 1994.

Vial, F. *Trois Siècles d'histoire de l'enseignement secondaire*. Paris: Delagrave, 1936.

Viala, A. "Présentation". *Littératures Classiques* 19 (1993) 7-9.

————. "Qu'est-ce qu'un classique?". *Littératures Classiques* 19 (1993) 11-31.

————. "L'Histoire des institutions littéraires". *L'Histoire littéraire aujourd'hui*. H. Béhar et al., éds. Paris: Colin, 1990, 118-28.

————. "Ouverture vers une pragmatique de la lecture littéraire". *Cahiers de Littérature du XVIIème siècle* 19 (1988) 9-14.

————. "De la *praelectio* à la lecture expliquée: recherche en paternité légitime". *Textuel* 34/44 (1987) 31-38.

————. "Etat historique d'une discipline paradoxale". *Le Français Aujourd'hui* 72 (1985) 41-49.

Vigner, G. *Savoir-vivre en France*. Paris: Hachette, 1978.

Vincent, G. *L'Ecole primaire française. Etude sociologique*. Lyon: PUL, 1980.

————. *Le Peuple lycéen*. Paris: Gallimard, 1974.

Wardhaugh, R. *An Introduction to Sociolinguistics*. Oxford: Blackwell, 1992.

Watkins, E. *Throwaways: Work Culture and Consumer Education*. Stanford, Ca.: Stanford University Press, 1993.

Watson, D. "The Politics of Educational Reform in France during the Third Republic, 1900-1940". *Past and Present* 34 (1966) 81-99.

Weber, E. *My France. Politics, Culture, Myth*. Cambridge, Mass.: Harvard University Press, 1991.

————. *France, Fin de siècle*. Cambridge: Harvard University Press, 1986.

————. *La Fin des terroirs. La Modernisation de la France rurale (1870-1914)*. Paris: Fayard, 1983.

————. "Who Sang the Marseillaise?". *Popular Culture in France*. J. Beauroy et al., éds. Saratoga, Ca.: Anma Libri, 1977, 161-73.

————. *Peasants into Frenchmen*. Stanford: Stanford University Press, 1975.

————. *The Nationalist Revival in France, 1905-1914*. Berkeley, Ca.: University of California Press, 1968.

Weidmann Koop, M-C. "La Violence dans les établissements scolaires en France." *Contemporary French Civilization* 24 (2000) 54-74.

Weil, P. *La France et ses étrangers*. Paris: Calmann-Lévy, 1991.

Weill, G. *L'Europe du XIXème siècle et l'idée de nationalité*. Paris: Michel, 1938.

————. *Histoire de l'idée laïque au XIXème siècle*. Paris: Alcan, 1929.

————. *Histoire de l'enseignement secondaire en France (1802-1920)*. Paris: Payot, 1921.

Wharton, E. *French Ways and Their Meaning*. New York: Appleton, 1919.

Williams, R. *Culture and Society, 1780-1950*. New York: Columbia University Press, 1983.

————. *Marxism and Literature*. Oxford: Oxford University Press, 1977.

Winock, M. *Parlez-moi de la France*. Paris: Plon, 1995.

Wogue, J. "L'Enseignement de l'histoire littéraire dans les lycées et collèges". *Revue de l'Enseignement Secondaire et Supérieur* 13 (1890) 400-9.

Wohl, R. *The Generation of 1914*. Cambridge, Mass.: Harvard University Press, 1971.

Wylie, L. "Youth in France and in the United States". *The Challenge of Youth*. E. Erikson, éd. New York: Anchor, 1965, 291-311.

―――. "La Société française résiste au changement". *A la recherche de la France*. S. Hoffmann et al., éds. Paris: Seuil, 1963, 233-64.

Wylie, L. et J-F. Brière. *Les Français*. Englewood Cliffs, N. J.: Prentice Hall, 1995.

Young, M., éd. *Knowledge and Control: New Directions for the Sociology of Education*. London: Collin-Macmillan, 1971.

Zeldin, T. *Histoire des passions françaises, 1848-1945*. 2 vols., Paris: Seuil, 1980.

―――. éd. *Conflicts in French Society: Anticlericalism, Education and Morals in the Nineteenth Century*. London: Allen & Unwin, 1970.

INDEX

Index

thantChamfort, Nicolas-Sébastien-Roch de, 4-5, 13, 28, 55, 81, 119, 129, 239, 276, 279, 295, 298
Chardon, M., 61, 162
Charles, Christophe 175
Charlot, Maurice, 119, 128
Chartier, A-M., 38, 58, 128
Chateaubriand, François René de, 6
Chaulnes, 50
Chénier, André, 64, 297
Chervel, André, vii, 2, 28, 32, 42, 58, 62, 87, 92, 161, 165
Chevalier, Louis, 129
Chevènement, Jean-Pierre, 165
Ching, Barbara, vii
Chirac, Jacques, 168-169, 174
Chombart de Lauwe, Marie-José, 116, 129-130
Choppin, Alain, vii, 65
Citron, Suzanne, 166, 175-176
Clanet, Claude, 159
Clarac, Pierre, 21-23, 61, 63, 92, 129, 149, 159, 175
Clarétie, Jules, 102, 140
Clark, Linda, 95
Colbert, 27
Colincain, M-F., 132
Collin, Robert, 100
Collinet, Jean-Pierre, iii, vii, 27, 93, 113, 115, 130, 134, 166
Compayré, Gabriel, 58, 123, 128-129, 165
Compère, Gaston, 58
Condamin, Joseph, 94
Condorcet, 39
Contoux, 89
Corneille, Pierre, i, 19, 26, 51, 68, 143, 164, 215, 223
Corneille, Thomas, 280
Cousin, Victor, 100
Couton, Georges, 104
Croiset, Alfred, 94
Crubellier, Maurice, 58, 128-130, 158, 171-172, 176
Curtius, Ernst, 98, 128

Dandrey, Patrick, 27, 60, 159, 167-168
Danner, Richard, vii, 27, 29
Darmon, Jean-Charles, 30
Darwin, Charles, 70
De Broc, Hervé, Vicomte, 16
DeJean, Joan, 27, 30
Delabre, Stéphanie, vii
Delagrave, Charles, 259
De la Vieville, le Marchand, 260
Delaitre, Charles, 30
De Fontanes, Louis Jean Pierre, Marquis, 260
De Ley, Herbert, 30
Delmont, l'Abbé Théodore, 91, 93-94, 96
De Mourgues, Odette, 30
Descoteaux, 295
Descartes, 14, 74, 80, 122, 136
Despréaux, 295 (voir aussi Boileau)
De Vries, Rheta, 93
Diderot, Denis, 315
Domenach, Jean-Marie, 163, 175
Döring, U., 93
Douaire, P. 50
Doubrovsky, Serge, 129
Druon, Maurice, 160
Dubar, Claude, 158
Ducerceau, le Père, 260
Duchêne, Roger, 168
Ducis, Jean-François, 89, 269
Dufay, F., 175
Dulong, G., 66
Durand, Hippolyte, 129
Durkheim, Emile, 72, 143
Dutaemblay, 260

Edelinck, Gérard, 259
Emelina, Jean, vii
Eluard, Paul, 6, 22
Erickson, E., 130
Esope, 2, 31, 51, 259, 263-264, 274, 303

Faguet, Emile, 16-17, 39, 52-55, 94, 177-178, 222, 259, 261
Falcucci, Clément, 93

371

Printed in the United States
1082800002B

9 781886 365247